www.ingramcontent.com/pod-product-compliance
Lightning Source LLC
Chambersburg PA
CBHW070849290526
45795CB00001B/45

السلوك السياسى للأقباط

إعداد : مايكل نبيل أخنوخ

Political behavior of copts

إسم الكتاب : السلوك السياسى للأقباط

المؤلف : مايكل نبيل أخنوخ

بريد الكترونى : Ramegypt@yahoo.com

المقاس :

عدد الصفحات : ٣٠٠ صفحة

الناشر :

اسم المطبعة :

رقم الإيداع :

رقم الإيداع الدولى : 9781492392057

البابا المعظم
الأنبا تواضروس الثانى
بابا الأسكندرية وبطريرك الكرازة المرقسية الـ ١١٨

تقديم

مقدمة

السياسة في العصر الحاضر بعد التطوّر الكبير الذي عرفته المجتمعات البشرية :-

أصبحت السياسة تعرف بأنها تدبير شئون الشعب ، وأصبح لها فى هذا المجال آفاق واسعة منها إذا كان الشعب يشكّل دولة بالمعنى الدستورى فإن تدبير شئونها يعنى أولاً إيجاد السلطة التي تقوم بذلك ، وفى هذا المجال فإنّ جميع دول العالم اليوم تحدد في دساتيرها آلية إنبثاق السلطة وتقسّمها إلى سلطات ثلاث لتمنع الإستبداد الذى يظهر عند تجميع السلطات في يد واحدة ، كما أن أغلب الدساتير فى عصرنا هذا تجعل السلطة مؤسسة جماعية بعد أن كانت سلطة فردية ، وهذا يحتاج إلى تنظيم يضمن فعالية الدولة في القيام بواجبات السلطة ، وإنطلاقاً من حقّ كلّ مواطن فى أن يكون له رأيه فى تدبير شئون الدولة التى ينتمى إليها ظهرت الأحزاب السياسية التى تحدد نظرتها إلى السلطات وإلى ممارسة واجباتها في تدبير شئون الناس ، وتسعى للحصول على تأييد الجماهير لها للوصول إلى السلطة ، وحتى تستطيع هذه الأحزاب أن تنجح في مهمتها كان لابدّ من سن قوانين تنظم وجودها وحماية حريتها وتمكينها من التعبير عن أهدافها ومطالبها من خلال وسائل الإعلام الحديثة ، لذلك يمكن القول أن السياسة في هذا العصر لا بدّ أن تتناول كلّ هذه المسائل فهى أساس الحياة السياسية اليوم ، أما إذا كان الشعب يتألّف من شرائح دينية مختلفة كالمسيحين المصريين مثلاً وتعيش كأقلية في بلاد إسلامية فإنّ هذا الواقع يطرح إشكاليات كثيرة فيما يتعلّق بتعامل هذه الشريحة مع المجتمع ومع الدولة ، وتحتاج إلى تأصيل جديد لأنّ ظروف مثل هذا الواقع اليوم إختلفت بشكل كبير عن الظروف التي عاشها المسيحيون في القرون الماضية ، وهذا هو موضوع هذا البحث .

المسيحية هي أسلوب حياة كامل يبدأ برعاية الفرد و تهذيب أخلاقه وتنظيم حياته ، ثمّ يصل إلى رعاية الأسرة منذ نشأتها وتنظيم العلاقات بين الزوجين، وبينهما وبين الأولاد ، كما تحدد طبيعة العلاقة بين الفرد المسيحى و مجتمعه و حاكمه أيضاً ، فالمسيحية تنظم أحوالها السياسية والإقتصادية والإجتماعية وترتب علاقاتها مع الجماعات الإنسانية الأخرى ، فسياسة الفرد هي أسلوب تعامله مع نفسه ومجتمعه وحاكمه ، وسياسة الشعوب هي تنظيم شئونها ، فليس هناك مسيحية سياسية و مسيحية غير سياسية ، بل هناك مسيحية و السياسة جزء منها .

تتعرض الدراسة لواقع المواطنين المصريين الأقباط، وتطرح تساؤلاً حول ما إذا كان هناك ما يمكن وصفه بـ " السياسة القبطية " في مصر، وذلك في ضوء تطورين هامين : تصاعد الشعور بالظلم الطائفي لدى فئات واسعة من المواطنين المصريين الأقباط ،

و الثورات المصرية المتتالية ، وما يمكن أن تقوم به لإعادة صياغة العلاقة بين مسلمي مصر وأقباطها في إطار هوية وطنية مشتركة ، كما تسعى الدراسة إلى التمييز بين ما هو فعلى وما هو غير واقعى ومبالغ فيه ضمن الطروحات المختلفة حول وضع المصريين الأقباط و الكنيسة الأرثوذكسية عموماً .

تتناول الدراسة لمحات سريعة لتاريخ الأقباط في مصر بداية من نشأة المسيحية ووصولاً للحظة الراهنة، ودراسة أوضاع الأقباط السياسية خلال الحقب التاريخية المختلفة، كما تتناول المصادر التي يعتبرها الأقباط سبباً للظلم الطائفي الواقع عليهم ، والإطار القانوني ومسائل الأحوال الشخصية والعلاقة بين المسلمين والأقباط ، سيما في ضوء صعود خطاب إسلامى متشدد في مرحلة ما بعد ثورتى ٢٥ يناير و ٣٠ يونيو ، وتخلص الدراسة إلى نتيجة مؤداها أن اساس تعامل الاقباط مع السياسة هو فهمهم للكتاب المقدس مع فصل الأقباط فى تعاملهم مع حكوماتهم بين سياسة الكنيسة تجاه الحاكم

و الدولة و حرية الأقباط فى تعبيرهم عن آرائهم أو حتى عصيان الحاكم وصولاً لحقوقهم وإعمال مبدأ المواطنة المتساوية وأن الديمقراطية هي الإطار الملائم لحكمهم .

أهمية الدراسة :-

لقد تناول العديد من الباحثين والدارسين العرب والأجانب تراث المسيحية سواء على المستوى الدينى أو التاريخى أو الأثرى لكن لم يتعرض الكثيرين لتاريخهم السياسى ، ولذلك حاولت هذه الدراسة تناول قضية الديانة المسيحية و خصوصاً المسيحية الأرثوذكسية في مواجهة السلطة الحاكمة و العدوان الخارجي و الثورات الداخلية على إعتبارها جزءاً من قضية أعمق وأشمل ألا وهي علاقة الدين والدولة ، خصوصا في ظل تعاظم دور الخطاب الديني السياسي فى الوقت الحالى .

منهج الدراسة :-

إعتمدت الدراسة على المنهج التاريخي لتتبع دور الدين المسيحى (كعامل ثوري) وأثره في التعبئة السياسية لدى المصريين الأقباط تاريخياً ، كما إستعانت الدراسة بمنهج تحليل السلوك السياسي والإدراك لدى القيادة السياسية المصرية وكيفية إدارته للأزمات والتحديات الخارجية.

أما بالنسبة للأدوات فقد ركزت الدراسة على أداة تحليل المضمون لبعض الإقتباسات المنتقاة من العظات الدينية و الأحاديث الصحفية لبطاركة الكرسى المرقسى خاصة البابا شنودة الثالث ١١٧و البابا تواضروس الثانى ١١٨ ، كما إعتمدت الدراسة على المصدر الرئيسى للفكر الدينى و السياسى المسيحى ألا و هو (الكتاب المقدس) إلى جانب

الدراسات التاريخية لسيرة البطاركة الأرثوذكس ، جدير بالذكر أن هذه الدراسة إعتمدت على أسلوب العينة لا الحصر الشامل للخطاب الكنسى لكافة الطوائف المسيحية .

تقسيم الدراسة :-

تنقسم الدراسة إلى أربعة مفاصل رئيسية هى :-

١- نشأة المسيحية و إرتباطها منذ نشأتها بالسياسة و ثورات اليهود على الرومان .

٢- الإطار السياسى والدينى الذى عاشت فيه الكنيسة القبطية الأرثوذكسية عبر العصور .

٣- دور الكنيسة القبطية الأرثوذكسية فى مواجهة السلطة الحاكمة و الدولة .

٤- دور الأقباط فى مواجهة العداون الخارجى و الثورات الداخلية .

أولاً: نشأة المسيحية و إرتباطها منذ نشأتها بالسياسة و ثورات اليهود على الرومان :-

إذا أردنا أن نتعرّف إلى فلسطين كما بدت فى زمن السيد المسيح فيحدثنا عن ذلك معلمنا لوقا البشير فى إنجيله قائلاً : **(فى السنة الخامسة عشرة من ملك طيباريوس قيصر حين كان بونسيوس بيلاطس** (أى: بيلاطس البنطى) **والياً على اليهودية وهيرودس تتراخساً** (أى رئيس الربع) **على الجليل وفيلبّس أخوه تتراخساً على بلاد أيطورية وبلاد تراخونيتس وليسانياس تترارخساً على ابلينة وحنان وقيافا رئيسى الكهنة كانت كلمة الله على يوحنا بن زكريا فى البريّة)(لو٣: ١-٢)** فيشرح لنا مناطق فلسطين: اليهودية، السامرة، الجليل ، ومنها إلى المناطق المجاورة: إيطورية، تراخونيتس وأبيلينة. أنظر الخريطة التالية :-

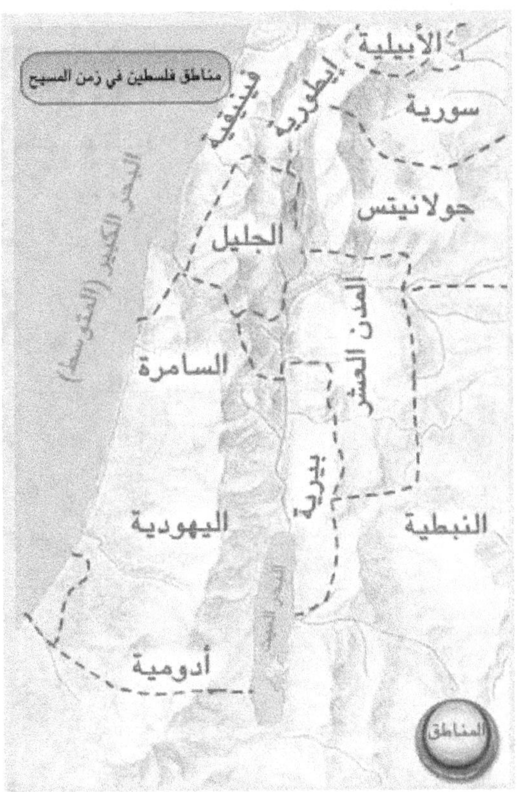

يحكم هذه المناطق (ملوك صغار) أو (تترارخس) أى يحكم كل واحد منهم ربع مملكة هيرودس الكبير، فيأخذون جزءاً من محاصيل الأرض ويجعلون الناس يعملون في السخرة، وهكذا يستطيعون أن يعيشوا في الرخاء و أن يجعلوا حولهم الخدم والحشم و يخلّدوا أسماءهم فى أبنية يشيدّونها ، ففى زمن يسوع شيّد هيرودس أنتيباس (تترارخس

الجليل) عاصمة جديدة سمّاها طبرية (قرب بحيرة طبرية) تيّمناً بإسم الإمبراطور طيباريوس قيصر، و فى التعداد الذى يخبرنا عنه معلمنا لوقا نلاحظ مقاطعة ناقصة هى (السامرة) وقد كان يحكمها بونسيوس بيلاطس كما يحكم اليهودية وهي جزء من فلسطين (المنطقة الوسطى) و غالباً أغفل القديس لوقا هذا الإسم بسبب الخلافات بين اليهود (أو مقاطعة يهوذا التى كانت عاصمتها أورشليم) والسامريين، فالسامريون إضطهدوا كهراطقة على يد رؤساء الكهنة فى أورشليم منذ مئة سنة ق. م تقريباً، ومنذ ذلك الوقت سمَّم بغضٌ عنيف العلاقات بين اليهود والسامريين فإتّهمهم اليهود بأنهم ينجسّون الأرض بحضورهم، و يبرز النظام السياسى الذى كانت فلسطين تعيش فيه أن الإمبراطور طيباريوس هو السيّد المطلق فى حكم البلاد ، فهو يحكم عبر أشخاص يعيّنهم حيث يتم تسلّيم السلطة في اليهودية (أو يهوذا) والسامرة الى والٍ روماني عينه الإمبراطور، وقد تسلمّها فى سائر المناطق أبناء هيرودس الكبير الذى حكم فلسطين فى الفترة (٣٧- ٦ ق. م) ثم غار الإمبراطور على سلطته فإنتزع منهم لقب الملك وأحلّ محلّه لقب تترارخس، ولم يتورّع أيضاً عن سلبهم سلطتهم ، و قد كانت اليهودية هي أفضل مثال على ذلك.

تعب أغسطس من تشكيّات وجهاء اليهود الذين أكثروا من البعثات إلى روما وهم يتهمّون أرخيلاوس بالتسلط والإستبداد، فعزل هذا الذى كان إبن هيرودس الكبير وأحلَّ محلّه والياً إمبراطورياً، وكان ذلك في السنة السادسة بعد المسيح، هذا التبديل فى النظام تمّ بتحريض من الوجهاء اليهود و الكهنة والشيوخ، فقد كان هيرودس الكبير قد وضع يده على سلطتهم وتوّج ملكاً، وحين عملوا على عزْل أرخيلاوس أحسّوا أنهم صاروا الرؤساء السياسيين في اليهوديّة ومحاورى روما الوحيدين، لم يكن أحد حينذاك يجروء على مجرد الشكّ فى أن روما هى التى تدير شئون البلاد ولكنها كانت أيضاً تحتاج إلى رضى رئيس الكهنة والشيوخ ليستمر حكمها فى سلام، لهذا كانت روما تساندهم من جهة وتراقب سلطتهم من جهة أخرى ،

فمن الجهة الدينية يبقى رئيس الكهنة فى وظيفته طوال حياته وكانت سلطته وراثية لذا تخوّف الرومان من قوة هذه السلطة فعزلوا حنان سنة ١٥م، وإذ أرادوا ان يظلّوا على وفاق مع الأرستوقراطية اليهودية عينّوا صهره قيافا رئيس كهنة ، إذن كانت فلسطين خاضعة لسلطات عديدة تجتمع خيوطها كلها فى يد الإمبراطور فإن خسروا رضاه كان عقابهم العزل أو المنفى و هذا ما حدث لبونسيوس بيلاطس وهيرودس أنتيباس فذهبا إلى المنفى، من أجل هذا كان أصحاب السلطة يبحثون عن الغنى السريع، وكانوا قساة مع سكان يجب أن يقمعوا فيهم كل حركة تمرّد.

أما من الجهة الإقتصادية تبقى **الزراعة والتجارة** النشاطين المهمين اللذين يعتمد عليهما العالم القديم، فقد كانت فلسطين تنتج القمح والشعير كما إشتهرت بخمرها وزيتها، إلا أن

هذا الغنى كانت تخنقه الضرائب التى يجمعها الرومان حيث يؤخذ الربع من الغلال من قبل الأرستوقراطية اليهودية والوثنية ثم يتم إرساله إلى باقى مدن الإمبراطورية و طبعاً لن تنسى حصّتها، كما جعل الكهنة الذين يحكمون البلاد من أورشليم المدينة المقدّسة موضعاً تتوجّه اليه الأموال المرتبطة بالضرائب كما بالتقدمات الطوعية ، فعلى المزارع أن ينتزع كل سنة من غلّته العشر (أى عشر محصول الأرض) وبواكير كل محصول، فإذا زدنا على هذا ما تطلبه روما تصبح الحالة فى وضع لا يُطاق، لذا حاول الفلاّحون أن يتهرّبوا من واجباتهم الدينيّة مما أثار خوف عظماء الكهنة من الخسارة و قد دفعهم هذا الخوف إلى إستخدام القوة فأرسلوا رجالهم يحملون غلّة أخفاها الفلاّحون داخل بيوتهم، كما كانت هناك ضريبة أخرى تُفرض على كل يهودى هي ضريبة الدرهمين[1]،

ثم نجد الصناع وأصحاب الحرف وهم يتوزّعون في القرى مثل يسوع النجّار في الناصرة ، ولكن كان نتاج هذه الصناعات لا يصدَّر إلى خارج القرى لذا لم يكن يُؤمّن الربح الوفير،

ولا ننسى أن مراسم الحج التي تفرضها شريعة اليهود فى أعياد الفصح والعنصرة والمظال تجلب المال من يهود العالم كله لفائدة الأرستوقراطية الكهنوتية التى تهيمن على التجارة في الهيكل، كما تمكن اليهود من ممارسة التجارة فقد كانت الجليل بمثابة ملتقى الطرق التجارية ، فمنذ أقدمِ العهود مرت القوافل من سوريا إلى مصر بما سمّى (طريق البحر) وقد إستعمل الرومان هذه الطرق وحسّنوها، و في هذه المنطقة الغنية زاد الشرخ بين الأغنياء والفقراء ، و فى هذه المنطقة تربى السيد المسيح له المجد **(فى تلك الأيّام جاء يسوع من الناصرة فى الجليل وتعمّد على يد يوحنا فى نهر الأردن)(مر١ :٩) (وبعد إعتقال يوحنا جاء يسوع إلى الجليل)(مر١ :١٤).**

إذن نتج عن هذا النظام الإقتصادي أرستوقراطية غنية مؤلّفة من كهنة ويهود محظوظين، وترك الطبقات الفقيرة تتخبَّط في مشاكلها، فقد غطّت الديون هؤلاء الفلاّحين الصغار فباعوا أرضهم للملاّك الكبار وانضمّوا إلى الفقراء و المساكين أو إلى قطّاع الطرق ولهذا كان يهود أورشليم يشكّون بنقاء عرق الجليليين، وزاد إحتقار اليهود لهؤلاء الجليليين لأنهم يخالفون الواجبات الديّنية الأساسية لإبتعادهم عن أورشليم مما يمنعهم من القيام بالحج فى الأعياد الكبرى الثلاثة، كما كان فقرهم يمنعهم من دفع العشر، وهذا ما يجعل طعامهم نجساً من وجهه نظر الفريسيين، كما إعتبر اليهود أن أهل الجليل يجهلون الشريعة وبالتالى لا يمارسونها **(ولكن هذا الشعب الذى لا يفهم الناموس هو ملعون)(يو٧:٤٩)**، كل هذه

[1] كان على كل يهودى ذكر أن يدفعها حين يصبح إبن عشرين سنة، وكان يدفعها كل سنة، كانت هذه الضريبة تٌجمع في العالم كله وتوجّه إلى أورشليم بحماية الجيش الرومانى، و يخبرنا الإنجيل بأن السيد المسيح نفسه دفعها مع بطرس (مت ١٧: ٢٤- ٢٧).

الأسباب جعلت شعب الجليل يعيش وضعاً محتقراً ولهذا نبتت عنده الثورات، ففى سنة ٦ بعد ميلاد المسيح بمناسبة إحصاء قام به الرومان ثار الشعب وتبع يهوذا الجليلى، وكان سبب هذه الثورات هو جزية الرأس حيث يتم الإحصاء ويدفع كل واحد ما يتوجّب عليه، وقد تم قمع هذا التمرّد بقساوة ولكنه ظل كالنار تحت الرماد يشعلها الوطنيون من اليهود (أصحاب السيوف) والغيورون أو المندفعون الذين ربما كان منهم أحد تلاميذ المسيح (سمعان الغيور أو ربما سمعان الذى من قانا الجليل).

ونشاط يسوع جعله يتّصل بعالم الفلاّحين ، ولما بدأ الناس يتحدّثون عنه حاول أقرباؤه أن يعيدوه إلى الأمان لأنهم خافوا من ملاحقات الدولة متمثلة فى الكهنة والشيوخ والسلطة الرومانية**(أما هو النجار إبن مريم أما أخواته عندنا هنا)(مر٦: ٣)** وظلت الجليل موضع شكّ من قبل السلطة السياسية التى قمعت بشدّة كل تجمّع جليلى ، فهذا ما نستشفه من الحدث الذى وصل إلى يسوع وهو تجمّع بعض الجليليين المتحمّسين فمزج بيلاطس دماءهم بدماء ذبائحهم **(وكان حاضراً فى ذلك الوقت قوم يخبرونه عن الجليليين الذين خلط بيلاطس دمهم بذبائحهم)(لو١٣: ١)** وغالباً كانوا يحاولون صرف نظر السيد المسيح إلى مصيبة قتل الجليليين ليكف عن هجومه على الحاكم والقاضى فإشتكوا له من ظلم بيلاطس ، و ربما آرادوا أن يوقعوا به .. فإن هاجم بيلاطس إشتكوه له وإن وافق بيلاطس لصار معادياً للشعب.

فاليهود نظروا الى يسوع المعلم كنظرتهم لأنبياء اليهود الذين دائماً خلطوا تنبؤاتهم بالأحداث السياسية التى ستحدث لشعب إسرائيل لذا أعطاهم السيد المسيح مثل **(فقال إنسان شريف الجنس ذهب إلى كورة بعيدة ليأخذ لنفسه ملكاً ويرجع فدعا عشرة عبيد له وأعطاهم عشرة أمناء وقال لهم تاجروا حتى آتى وأما أهل مدينته فكانوا يبغضونه فأرسلوا وراءه سفارة قائلين لا نريد أن هذا يملك علينا ولما رجع بعدما أخذ الملك أمر أن يدعى إليه أولئك العبيد الذين أعطاهم الفضة ليعرف بما تاجر كل واحد فجاء الأول قائلاً يا سيد مناك ربح عشرة أمناء فقال له نعماً أيها العبد الصالح لأنك كنت أميناً فى القليل فليكن لك سلطان على عشر مدن ثم جاء الثانى قائلاً يا سيد مناك عمل خمسة أمناء فقال لهذا أيضاً وكن أنت على خمس مدن ثم جاء آخر قائلاًيا سيد هوذا مناك الذى كان عندى موضوعاً فى منديل لأنى كنت أخاف منك إذ أنت إنسان صارم تأخذ ما لم تضع وتحصد ما لم تزرع فقال له من فمك أدينك أيها العبد الشرير عرفت أنى إنسان صارم آخذ ما لم أضع وأحصد ما لم أزرع فلماذا لم تضع فضتى على مائدة الصيارفة فكنت متى جئت أستوفيها مع ربا ثم قال للحاضرين خذوا منه المنا وأعطوه للذى عنده العشرة الأمناء فقالوا له يا سيد عنده عشرة أمناء لأنى أقول لكم إن كل من له يعطى ومن ليس له فالذى عنده يؤخذ منه أما أعدائى أولئك الذين لم يريدوا أن أملك عليهم فأتوا بهم إلى هنا وإذبحوهم قدامى)**

(لو١٩: ١٢-٢٧).

المثل السابق مستوحى مما كان يحدث أيام المسيح، فقد كان الأمراء ملزمون بأن يذهبوا إلى روما ليحصلوا على رتب الترقى من قيصر، وحدث هذا مع هيرودس وأرخيلاوس، وفى حالة أرخيلاوس أرسل شعبه سفارة (أى مندوبين وسفراء عن الشعب) إلى قيصر شاكين لقيصر أعماله الوحشية ورافضين ملكه، وحينما رجع أرخيلاوس من روما إنتقم منهم بالذبح و قد أعطى لهم السيد المسيح هذا المثل ليشرح لهم أنه على علم ودراية بكل الأحداث السياسية الهامة التى حدثت من قبل مولده و أنه أتى لإصلاح ما قد هلك لكنه كان يقصد إصلاح النفوس لإعدادها للملكوت السماوى فمملكته ليست من هذا العالم .

لقد واصل الكهنة تربصهم بالوجود الثقيل للسيد المسيح الذى فضح مخططاتهم السلطوية وأصبح الصراع بينهم وبينه يتجه إلى فكرة إستئصال هذا الوجود عبر سلاح القتل الذى واجهوا به يوحنا المعدان ، و فى زمن المسيح زادت حدة الإستقطاب بين العامة و دليل ذلك تشاجر القديس يوحنا مع شخص يخرج الشياطين بإسم المسيح و ليس يتبعه مثلهم و هذا يكشف مستوى حدة الإستقطاب التى كانت سائدة فى تلك المرحلة **(أجاب يوحنا وقال يا معلّم رأينا واحد يخرج الشياطين بإسمك فمنعناه لأنه ليس يتبع معنا فقال له يسوع لا تمنعوه لأن من ليس علينا فهو معنا)(لو٩: ٤٩-٥٠)** و إستمر الكهنة يتآمرون على السيد المسيح و يحاولون إصطياده فى خطأ سياسى يمكنهم من قتله **(فراقبوه وأرسلوا جواسيس يتراءون أنهم أبرار لكى يمسكوه بكلمة حتى يسلموه إلى حكم الوالى وسلطانه)(لو٢٠:٢٠)** لقد أصبح الصراع الآن يتخذ أشكالاً لاتختلف كثيراً عن أساليب الأنظمة الشمولية فى عالمنا، ومحاولة الإختراق الإستخبارى هذه يقوم بها جواسيس محترفون يتخفون فى صورة أبرار يبحثون عن الحقيقة ، لكن معلمنا لوقا لم يتوقف هنا فهاهوذا يكشف أبعاد المؤامرة بكل تفاصيلها **(فسألوه قائلين يا معلّم نعلم أنك بالإستقامة تتكلم وتعلّم ولا تقبل الوجوه بل بالحق تعلّم طريق الله أيجوز لنا أن نعطى جزية لقيصر أم لا فشعر بمكرهم وقال لهم لماذا تجربوننى أرونى ديناراً لمن الصورة والكتابة فأجابوا وقالوا لقيصر فقال لهم إعطوا إذا ما لقيصر لقيصر وما لله لله فلم يقدروا أن يمسكوه بكلمة قدام الشعب وتعجبوا من جوابه وسكتوا)(لو٢٠:٢٠-٢٤)** إن قراءة سريعة فى هذه الحادثة ستكشف لنا سياسة السيد المسيح وسرعة تخلصه من هذا الموقف المحرج الذى آراد فيه الأعداء إيقاعه فى مواجهة مباشرة مع السلطة الرومانية المحتلة ، سياسة المسيح تكمن فى أنه إحتفظ بموقفه المناقض للسلطة دون أن يستثير حفيظتها من خلال لغته التى يعلم تلاميذه مقدار ماتحمل من مجاز ، حيث يختفى المعنى دائماً خلف المرئى ، حيث ليس بإمكان أحد رؤية اللامرئى إلا أن يكون قادراً على النفاذ إلى ماوراء الكلمات ، فالمسيح فى هذه المقولة كان يتحدث عن صورة قيصر وعن كتابة قيصر ولم يكن يتحدث أبداً عن تقسيم السلطة العليا فى المجتمع بين قيصر والله،

المسيح لم يجب هنا عن سؤال الضرائب ولكنه تحدث بشكل عائم كأى سياسى يخرج من معضلة بشكل يجعل الجميع منتصراً فلا يستثار أحد ، و محاكمة المسيح و طلب اليهود لصلبه إتضحت فيها الأبعاد السياسية للمجتمع اليهودى الشرير فالوالى الرومانى يحاكم المسيح حيث أنه فى الصباح الباكر من يوم الجمعة بلغ الوالى فى مخدعه قدومَ رئيس الكهنة مع مجلسه الموقَّر وأنهم أحضروا معهم النبى الناصرى الشهير صانع المعجزات الفائقة مكبل الأيدى فى صورةٍ تدلُّ على أنه إرتكب جريمة عظيمة ، وكان رؤساء اليهود يتشبَّثون بعظمتهم حتى فى علاقاتهم مع الولاة الرومان ، وكان الولاة يحترمون رؤساء اليهود ويعترفون لهم بسلطة واسعة ونفوذ عظيم فكانوا غالباً ينفّذون لهم أحكامهم الدينية دون مراجعة ، وقد حرص رؤساء اليهود على أن يتصرف بيلاطس معهم حسب عادته فلا يفحص القضية لأن الوقت قد دهمهم ، كما كانوا يخشون أن فَحْصَ القضية يعنى إلغاء حكمهم الظالم، ولما كانت شريعتهم تقول إن دخولَهم إلى دار المحكمة الوثنية ينجسهم ولا وقت ليتطهروا من هذا التنجُّس قبل العيد العظيم تساهل الوالى معهم وخرج إليهم وأدخل المسيح مع العسكر إلى الدار ثم سأل الرؤساءَ فى غياب المسيح **(أية شكاية تقدمون على هذا الإنسان أجابوا و قالوا له لو لم يكن فاعل شر لما كنا قد سلمناه اليك)(يو١٨ :٢٩-٣٠)** محاولين بهذا الرد أن لا يفحص بيلاطس القضية لكن الوالى تمسَّك بحقوقه القانونية **(فقال لهم بيلاطس خذوه أنتم و أحكموا عليه حسب ناموسكم)(يو١٨ : ٣١)** فإضطرُّوا أن يصوغوا دعواهم فى قالب قانونى مما يوجِب معاقبة المسيح بالإعدام ، ثم بدأت إتهامات اليهود للمسيح ....

كانت **الجريمة الأولى** التى نسبها شيوخ اليهود للمسيح هى أنه يفسد الأمة، أى يثير فتنة سياسية ضد الحكومة ، لكن لو صدق هذا القول لكان بيلاطس قد عرف هذا بواسطة جواسيسه دون تداخل الرؤساء الذين لا تسيئهم الفتنة ضد الحكومة ،

وكانت **الجريمة الثانية** أن المسيح يمنع أن تُعطى جزية لقيصر وهذا ما حاولوا أن يجعلوا المسيح يقوله لكنه رفض وقال **(أعطوا ما لقيصر لقيصر وما للّه للّه)(لو٢٠ :٢٥)**،

وأما **الجريمة الثالثة** فكانت أنه (يقول إنه هو مسيحٌ ملك) وهذا أيضاً كذب لأن هذه التهمة لا تؤثر على الوالى لأنه يعلم جيداً أن هؤلاء اليهود يفتخرون بكل من يقاوم الحكم الرومانى، فلا يمكن أن يسلِّموا يهودياً للقتْل بهذه التهمة حتى لو كانت صحيحة،

لذا أجابهم الوالي بنفور وتحقير وتهكّم **(خذوه أنتم وأحكموا عليه حسب ناموسكم)(يو١٨: ٣١)** مع أنه لا علاقة بين الجرائم التى ذكروها وبين ناموسهم، وكأنه يقول لهم (لا تستطيعون أن تفعلوا ما تشاؤون بدونى وأنا لست مضطراً لأخضع لمطالبكم بدون فحص)،

فإضطر الرؤساء إلى التذلُّل لينالوا مرامهم وقالوا **(لا يجوز لنا أن نقتل أحداً)(يو١٨: ٣١)**، حصل كل هذا فى العراء أمام دار الولاية، وبعده دخل الوالى ودعا المسيح ليفحص أمره،

(ثم دخل بيلاطس أيضاً إلى دار الولاية و دعا يسوع و قال له أنت ملك اليهود أجابه يسوع أمن ذاتك تقول هذا أم آخرون قالوا لك عنى أجابه بيلاطس ألعلى أنا يهودى أمتك و رؤساء الكهنة أسلموك إلى ماذا فعلت أجاب يسوع مملكتى ليست من هذا العالم لو كانت مملكتى من هذا العالم لكان خدامى يجاهدون لكى لا أسلم إلى اليهود و لكن الآن ليست مملكتى من هنا فقال له بيلاطس أفأنت إذا ملك أجاب يسوع أنت تقول إنى ملك لهذا قد ولدت أنا و لهذا قد أتيت إلى العالم لأشهد للحق كل من هو من الحق يسمع صوتى قال له بيلاطس ما هو الحق و لما قال هذا خرج أيضاً إلى اليهود و قال لهم أنا لست أجد فيه علة واحدة)(يو١٨ :٣٣-٣٨) وكان سؤاله الأول معقولاً ومناسباً لأن إتهام اليهود له بأنه قال إنه مسيح ملك لم يكن في مواجهته فسأله : **أأنت ملك اليهود؟** ولم يستطع المسيحُ أن يجيب بنعم فقط لئلا يأخذ الوالى هذا الجواب على معنى سياسى بخلاف الواقع، كما لم يستطع أن يقول كلا لأنه بالحقيقة ملك اليهود بل ملك كل العالم بالمعنى الروحى ، وكان يعلم ما قاله اليهود للوالى فأجابه : **أمِنْ ذاتك تقول هذا، أم آخرون قالوا لك عنى؟** أى هل تطلب أن تعرف حقيقة أمرى أو فقط أن تعرف صِدْق الذين سلمونى إليك؟ فنفى بيلاطس أنه يطلب معرفة الحقيقة بقوله : **ألعلى أنا يهودى؟** يعنى لماذا أهتمُّ أن أعرف مسيح اليهود ؟ **أمَّتُك ورؤساء الكهنة أسلموك إلى ماذا فعلتَ؟** ،حينئذ كلم المسيح بيلاطس بكلامٍ بيَّن فيه ماهية ملكوته الروحى، وبرهان ذلك أن أتباعه لم يدافعوا عنه بالسلاح بينما كان من الممكن أن يستعملوا السلاح لو كان فهموا ملكوته بالمعنى السياسى، لكن الوالى لم يكتفِ بهذا التصريح الروحى المُبهَم عنده فطلب جواباً واضحاً على سؤاله، فأجابه المسيح: **أنت تقول إنى ملك لهذا قد وُلدت أنا ولهذا قد أتيتُ إلى العالم لأشهد للحق** (أى الحق الإلهى) **وكلُّ مَنْ هو من الحق يسمع صوتى .**

فقال بيلاطس وهو خارجٌ ليقابل رؤساء الكهنة فى الفسحة الخارجية: **ما هو الحق؟** أى من يقدر أن يعرف الحق بين الآراء الدينية الكثيرة المتضاربة؟ هل هو بجانب فلاسفة اليونان المتعبّدين للجمال وآلهته - أم بجانب الرومان المتعبدين للقوة وآلهتها - أم بجانب اليهود المتعبِّدين لإلهٍ واحد وهو روحٌ لا صورة ظاهرة له - أم بجانبك أنت المرفوضِ من أمَّتك اليهودية التي تخالفها، وتقول إنك أتيت من السماء لتشهد للحق ، وهذا السؤال نجد إجابته فى إنجيل معلمنا القديس يوحنا**(إن ثبتم فى كلامى ... تعرفون الحق و الحق يحرركم)(يو٨ :٣١-٣٢)**،

ثم خرج بيلاطس ليعلن لليهود: **أنا لست أجد فيه علة واحدة** ، إنْ صحَّ زعْمُ البعض فقد تكون إمرأته قد زرعت فيه مَيْلاً إلى المسيح، والأمر ظاهر أنه كان يهاب المسيح ويحترمه **(فقال بيلاطس لرؤساء الكهنة و الجموع إنى لا أجد علة فى هذا الإنسان فكانوا يشددون قائلين إنه يهيج الشعب و هو يعلم فى كل اليهودية مبتدئاً من الجليل إلى هنا)**

(لو ٢٣: ٤-٥)
عند هذا التصريح من الوالى جدد اليهود شكاياتٍ متنوعة لم يْرضَ المسيح أن يجيب عليها، ولما سأله الوالى لماذا لا يدافعُ عن نفسه لم يجِبْه بكلمة لأنه يعلم أن كلامه يكون عبثاً، وتعجب الوالى من هذا السكوت لكنه أظهر إحترامه بإعادة شهادته أمام الرؤساء والجمهور ببراءة المسيح، فغضبوا وجددوا الشكوى بأن المسيح كان يحرك الشعب للفتنة ليس فقط فى ولاية بيلاطس بل أكثر أيضاً في وطنه في ولاية هيرودس أنتيباس فى مقاطعة الجليل حيث قضى المسيح معظم سنيه، ذكر رؤساء اليهود أن المسيح من الجليل ليهيِّجوا الوالى على المسيح ليقتله حيث كان الجليليين أكثر الناس إثارةً للفتن السياسية، لكن الرؤساء ندموا على قولهم هذا لأنه أدَّى إلى بطءٍ جديد فى مشروعهم حيث جعلوا الوالى يفكر فى وسيلة جديدة للتخلُّص من هذه الدعوى المزعجة بإحالتهم إلى حاكم الجليل اليهودى على الرغم مما كان بينهما من الخلاف الشديد، فأرسل بيلاطسُ المسيحَ إلى قصر هيرودس فى أورشليم ومعه المشتكين عليه وهو يحسب أن هذه الإِحالة تعفيه من المسئولية تجاه اليهود وتجاه هيرودس أيضاً ويكون فيها شيء من الإسترضاء فينتهى العداء بينه وبين هيرودس، و بالفعل وصل بيلاطس للغاية الثانية حيث صار هو وهيرودس صديقين مع بعضهما من ذلك اليوم ، لكنه لم ينجح في التخُّلص من مشكلة إرضاء اليهود ولا إراحة ضميره ، ثم وقف السيد المسيح أمام هيرودس **(فلما سمع بيلاطس ذكر الجليل سأل هل الرجل جليلى و حين علم أنه من سلطنة هيرودس أرسله إلى هيرودس إذ كان هو أيضا تلك الأيام فى أورشليم و أما هيرودس فلما رأى يسوع فرح جداً لأنه كان يريد من زمان طويل أن يراه لسماعه عنه أشياء كثيرة و ترجى أن يرى آية تصنع منه و سأله بكلام كثير فلم يجبه بشيء و وقف رؤساء الكهنة و الكتبة يشتكون عليه بإشتداد فإحتقره هيرودس مع عسكره و إستهزأ به و ألبسه لباساً لامعاً و رده إلى بيلاطس فصار بيلاطس و هيرودس صديقين مع بعضهما في ذلك اليوم لأنهما كانا من قبل فى عداوة بينهما)(لو٢٣: ٦-١٢)**،
لما وصل المسيح مع المشتكين عليه إلى قصر الملك هيرودس فرح هذا جداً، ليس فقط لإفتخاره بتنازل الوالى له بل لأنه منذ زمان كان يشتهى أن يرى المسيح لأنه أشهر أفراد رعيته فى الجليل ولم يكن قد رآه حتى ذلك الوقت، وقد فرح هيرودس لأنه ظن أن المسيح سيُجرى أمامه المعجزات التى قد سمع بها كثيراً، لكن ألا تكون رؤية المسيح موَثَقَاً بالقيود تذكيراً مؤلماً لهيرودس بيوحنا المعمدان لما أدخلوا أمامه رأسه على طبق؟ ، حيث أنه لما سمع سابقاً بالمسيح قال إنه يوحنا المعمدان الذى قام من القبر... فماذا يظن الآن؟
فحص هيرودس المسيح بكلام كثير لم يُحفظ لنا منه شيء لكن المسيح لم يكترث ولم يجِبْه بشيء، كان هيرودس الشرير قد أسكت صوت الله بفم المعمدان والآن لا يكلمه ابنُ الله بشيء فإحتقره هيرودس مع عسكره وإستهزأ به وألبسه لباساً لامعاً وردَّه (دون حكم) إلى

بيلاطس ...

(فدعا بيلاطس رؤساء الكهنة و العظماء و الشعب و قال لهم قد قدمتم إلى هذا الإنسان كمن يفسد الشعب و ها أنا قد فحصت قدامكم و لم أجد فى هذا الإنسان علة مما تشتكون به عليه و لا هيرودس أيضاً لأنى أرسلتكم إليه و ها لا شئ يستحق الموت صنع منه فأنا أؤدبه و أطلقه و كان مضطراً أن يطلق لهم كل عيد واحداً فصرخوا بجملتهم قائلين خذ هذا و أطلق لنا باراباس و ذاك كان قد طرح فى السجن لأجل فتنة حدثت فى المدينة و قتل فناداهم أيضاً بيلاطس و هو يريد أن يطلق يسوع فصرخوا قائلين إصلبه إصلبه فقال لهم ثالثة فأى شر عمل هذا إنى لم أجد فيه علة للموت فأنا أؤدبه و أطلقه فكانوا يلجون بأصوات عظيمة طالبين أن يصلب فقويت أصواتهم و أصوات رؤساء الكهنة فحكم بيلاطس أن تكون طلبتهم فأطلق لهم الذى طرح فى السجن لأجل فتنة و قتل الذى طلبوه و أسلم يسوع لمشيئتهم)(لو٢٣:١٣-٢٥)،

لما عاد الجمع بالمسيح إلى بيلاطس مع جواب أن هيرودس لم يقف له على ذنب حقيقى يستوجبُ قَتْله دعا بيلاطس الشعب مع رؤساء الكهنة والعظماء لعله يحصل من الشعب على مساعدةٍ ضد مكائد الرؤساء وإقترح على اليهود أن يكتفوا بجلْدِه زاعماً أن هذا إشفاق على المسيح و أنه بهذا يخدم العدالة بتخليص برىء من الإعدام وفى الوقت ذاته يجتنب إستياء اليهود منه الذى سيحصل لو أنه أطلق المسيح بدون أن يعذبه فقال لهم: **أنا أؤدبه وأطلقه،** بيلاطس يؤدب المسيح بعد أن برَّأه تماماً !!! والأمران ضِدان وهذه بداءة خطأه الذى جرَّه إلى أخطاء أعظم، عند ذلك تحوَّلت أفكار الجموع إلى أمرٍ آخر تعوَّدوه فى مثل هذا الوقت من كل عام وهو أن الوالى يُطلق أحد المسجونين تحت الحكم بالإعدام هديةً لهم بمناسبة عيد الفصح، فلما طالبوا بيلاطس بهذه المنحة رأى فى ذلك بابَ فرجٍ للمسيح فخيَّرهم مراعاةً لحريتهم بين المسيح وبين محكومٍ عليه بالإعدام إسمه باراباس قائد زمرةِ لصوصٍ إرتكبوا فتنة وقتلاً، ولم يتصور بيلاطس أن الجمهور سيطلب منه أن يطلق لهم باراباس ويقتلَ المعلمَ الديني التقي الصالح الذى شفى من مرضاهم عدداً لا يُحصى، وكان بيلاطس يظن أن الجمهورليس مدفوعاً كالرؤساء بعوامل الحسد ليفضِّلوا لِصاً صانع فتنة على صانع المعجزات الذى إتهموه زوراً بأنه صانع فتنة، فسأل الجمهور: **من تريدون أن أطلق لكم باراباس أم يسوع الذى يُدعَى المسيح ملك اليهود؟** ثم دخل بعد سؤاله وجلس على كرسى الولاية ليعطى فرصة للجمهور ليقرروا من يختارون، لكن بينما كانت أسباب تبرئة المسيح تزيد فى غرفة الوالى كان العكس تماماً يزيد فى خارجها لأن الرؤساء بذلوا كل جهدهم ليقنعوا الجمهور أن يُصرُّوا على قَتْله بدعوى أنه جدَّف إذْ أطلق على نفسه صفة الإله فجريمته أعظم من جريمة باراباس ولا سيما أنه آراد أن ينقُضَ هيكلهم المعظَّم، فلما طلب بيلاطس جوابهم صرخوا جميعاً قائلين: **خُذْ هذا وأطلق لنا باراباس،** ولما راجعهم لعل

إختيارهم كان عن إسراعٍ أو سوء فهم وكأنه يُظهِرُ لهم مرة أخرى مَيْله لأن يطلق المسيح، كان ينتظر أن يؤثر ذلك فيهم ليغيِّروا قرارهم ولكنهم أصرُّوا على قرارهم الأول قائلين: **أطلِقْ لنا باراباس،** لم يكتفِ الوالى بهذا الجواب فسألهم **ماذا تريدون أن أفعل بيسوع؟** فكرروا صراخهم : **إصلبه إصلبه،** لكن الوالى راجعهم ثالثة فقال: **وأى شرٍ عمل هذا؟ إني لم أجِدْ فيه علة للموت فأنا أؤدبه وأطلقه،** وبهذا كرَّر بيلاطس تصريحَه ببراءته يعنى أنه سلَّم بعض الحكم والسلطة للجمهور فتهيَّج طمعهم وعنادهم وتشبُّثهم بأن يفعل الوالى إرادتهم لا إرادته ، وأخذوا يلجُّون بأصوات عظيمة ويزدادون صراخاً قائلين: **إصلبه،** فقويت أصواتهم وأصوات رؤساء الكهنة وأصبح بيلاطس آلة بين أيديهم وإستسلم لجنون الجمهور وطلبهم أن يُصلَب، إلا أنه لم يسلِّم دون تحفظ بل حاول التخلُّص تماماً من مسئولية هذا الغدر و وضعها على الرؤساء والشعب وعلامة لذلك أخذ ماءً وغسل يديه أمام الجَمْع قائلاً: **(إنى برىء من دم هذا البار أبصروا أنتم فأجاب جميع الشعب و قالوا دمه علينا و على أولادنا)(مت٢٧: ٢٤، ٢٥)،**

(فأخذ عسكر الوالى يسوع إلى دار الولاية و جمعوا عليه كل الكتيبة فعروه و ألبسوه رداءً قرمزياً و ضفروا إكليلاً من شوك و وضعوه على رأسه و قصبة فى يمينه و كانوا يجثون قدامه و يستهزئون به قائلين السلام يا ملك اليهود و بصقوا عليه و أخذوا القصبة و ضربوه على رأسه)(مت ٢٧ :٢٦ -٣٠)،

فى قانون اليهود كان لا بد لمن يُحكَم عليه بالصلب أن يُجلَد أولاً وكان الجَلْد يوقف عند تسع وثلاثين جلدة على الأكثر لكن العدالة الرومانية المشهورة كانت عديمة الإِشفاق فكان جَلْد المجرمين يتجاوز فى القساوة كل الحدود المعقولة، حيث كان يتم الجلد بإستخدام أسواط من جلد مربوط فى أطرافها قطعٌ من حديد أو رصاص أو عظام فكثيراً ما كان يُغمى على المضروب وكان البعض يموتون فى أثناء الجلد، وقد أسلم بيلاطس المسيح للجلد فلعله كان يأمل أن يكتفى اليهود بهذا القصاص الصارم فيعدلون عن طلب الصلب .

أخذ الجنود الرومان المسيح وجعلوه بين أيديهم، سمعوا أنه تلقَّب ملكَ اليهود فقصدوا أن يسخروا به كملك فأخذوه إلى داخل دار الولاية وجمعوا عليه كل الكتبة وعرُّوه وألبسوه رداء قرمزياً (ثوب أرجوان) وضفروا إكليلاً من شوك ووضعوه على رأسه وقصبة فى يمينه (إشارةً إلى قضيب المُلْك والصولجان) وكانوا يجثون أمامه إستهزاءً قائلين: السلام يا ملك اليهود وكانوا يخطفون من يده القصبة ويلطمونه ويضربونه بها على رأسه ويبصقون عليه ثم يعيدون السجود له .

(فخرج بيلاطس أيضاً خارجاً و قال لهم ها أنا أخرجه إليكم لتعلموا أنى لست أجد فيه علة واحدة فخرج يسوع خارجاً و هو حامل إكليل الشوك و ثوب الأرجوان فقال لهم بيلاطس هوذا الإنسان فلما رآه رؤساء الكهنة و الخدام صرخوا قائلين إصلبه إصلبه قال لهم

بيلاطس خذوه أنتم و إصلبوه لأنى لست أجد فيه علة أجابه اليهود لنا ناموس و حسب ناموسنا يجب أن يموت لأنه جعل نفسه إبن الله فلما سمع بيلاطس هذا القول إزداد خوفاً فدخل أيضاً إلى دار الولاية و قال ليسوع من أين أنت و أما يسوع فلم يعطه جواباً فقال له بيلاطس أما تكلمنى ألست تعلم أن لى سلطاناً أن أصلبك و سلطاناً أن أطلقك أجاب يسوع لم يكن لك على سلطان البتة لو لم تكن قد أعطيت من فوق لذلك الذى أسلمنى إليك له خطية أعظم من هذا الوقت كان بيلاطس يطلب أن يطلقه و لكن اليهود كانوا يصرخون قائلين إن أطلقت هذا فلست محباً لقيصر كل من يجعل نفسه ملكاً يقاوم قيصر فلما سمع بيلاطس هذا القول أخرج يسوع و جلس على كرسى الولاية فى موضع يقال له البلاط و بالعبرانية جباثا و كان إستعداد الفصح و نحو الساعة السادسة فقال لليهود هوذا ملككم فصرخوا خذه خذه إصلبه قال لهم بيلاطس اصلب ملككم أجاب رؤساء الكهنة ليس لنا ملك إلا قيصرفحينئذ أسلمه إليهم ليصلب فأخذوا يسوع و مضوا به)(يو١٩: ٤-١٦) break

أخيراً أخذ بيلاطس المسيح من بين أيدي الجنود، وخرج به متوَّجاً بإكليل الشوك، ومسربلاً بالثوب الأرجواني، وقدَّمه إلى الجمع المنتِظر، مكرراً مرة أخرى تبرئته قائلاً: أُخرجه إليكم، لتعلموا أني لم أجد فيه علة واحدة. هوذا الإنسان. قال بيلاطس هذا وهو يشير إلى يسوع وقد أفرط في الاستهزاء به .فازدادت جرأة اليهود وصرخوا من جديد: اصلبه اصلبه. فكرر بيلاطس حكمه مرة أخرى ببراءته قائلاً: خذوه أنتم اأصلبوه، لأني لست أجد فيه علَّةً. فصرخوا: لنا ناموس، وحسب ناموسنا يجب أن يموت، لأنه جعل نفسه ابن الله .

كان بيلاطس قد تحقق امتياز المسيح في الصلاح والحكمة، فلما سمع أنه قال عن نفسه إنه ابنُ الله، ازداد خوفاً، ورجع للمسيح إلى داخل الدار وسأله: مِنْ أين أنت؟. فقابل المسيح سؤال الوالي الجدّي الجديد بالسكوت، لكن الوالي لم يتعود عدم إجابة أسئلته، وهو لا يحتمل ذلك، فقال له: أما تكلمني؟ ألست تعلم أن لي سلطاناً أن أصلبك وسلطاناً أن أطلقك؟ كأنه يقول له: ألم تلاحظ كل مساعيّ لأجل تبرئتك؟. فلماذا تمنعني بسكوتك عن أن أطلقك؟ قدم الأجوبة السديدة على هذه الشِكايات لكي أجد سببا لأطلاقك .

ومن هذا الذي يدَّعي بالسلطان؟ هل لبيلاطس سلطان على القانون ليخالفه، أو على العدالة ليدوسها؟ هل له سلطان على نفسه ليضحك على الخوف ويتبع ضميره؟ هل له سلطان على أفكار الذين هُمْ تحت حكمه من اليهود؟ هل له سلطان على شهامة هذا الجريح الواقف أمامه والمنهوك القوى الجسدية، فيزحزحه بمقدار شعرةٍ واحدةٍ عن استقامته وقصده؟ كان أشرف لبيلاطس أن لا يتلفظ بكلمة عن السلطان، في ساعة الخضوعِ لرعاياه في الظلم والقسوة .

رأى المسيح أن هذا الادعاء يستحق الجواب، ويتطلَّب منه إظهار عظمته وسلطانه الحقيقيين، فقال له: لم يكن لك عليّ سلطان البتة، لو لم تكن قد أُعطيت مِنْ فوق. لذلك، الذي أسلمني إليك له خطيئة أعظم . الذي أسلمه إلى بيلاطس هو رئيس الكهنة. فنفهم بكل سهولة

كيف عظمَّ المسيحُ خطيئة الرئيس اليهودي على خطيئة بيلاطس الوثني. بيلاطس مدفوع من الرئيس .لكن الرئيس اليهودي مدفوع من عواطفه الشريرة .

هزت إجابة المسيح أعماق نفس بيلاطس، فأراد أن يطلقه حراً، بعد أن حدَّد المسيح في إجابته سلطان بيلاطس، وأشار إلى سلطة الرب على قوات الشر .

أخيراً فرغت كل حيل الرؤساء، فلجأوا إلى التهديد. لو كان بيلاطس مستقيماً لكان التهديد يزيد عزمه على إجراء العدالة والحق، لأن لا شيء يثبِّت الرجل الكبير المستقيم في عزمه الصالح كالتهديد. لكن الشكايات الصادقة التي سبق وقُدِّمت ضد بيلاطس للقيصر جعلت القيصر يستاء منه، ويريد أن يعزله لأقل سبب .ولذلك هدد رؤساء اليهود بيلاطس بصراخهم: إنْ أطلقتَ هذا فلست محباً لقيصر. كل من يجعل نفسه ملكاً يقاوم قيصر. يعني إنْ أطلقتَ هذا، نشكوك إلى مولاك الإمبراطور، بأنك انتصرت لإنسانٍ قام لينازع القيصر على مُلْكه. وأنت تعلم ماذا تكون نتيجة ذلك عليك .

أناخت هذه الضربة الشيطانية بيلاطس تماماً أمامهم، فخرج وجلس على كرسي الولاية في موضع يُقال له البلاط وقال: هوذا ملككم .فصرخوا أكثر: خذه خذه. اصلبه. فقال لهم بيلاطس: أأصلب ملككم؟ فصرخوا: ليس لنا ملك إلا قيصر. واعتبروا ذلك حكمة سياسية تثبّت نفوذهم. لم يبْقَ لبيلاطس من حيلة، فأسلمه إليهم ليُصلب. ولما استلموه كرروا الاستهزاء به، ثم نزعوا الرداء الأرجواني وألبسوه ثيابه، وخرجوا ومضوا به للصلب .

الإجراءات غير القانونية في المحاكمة الدينية للمسيح

أظهرت المحاكمات الدينية أمام القادة اليهود مدى كراهية قادة اليهود للمسيح لأنهم أهملوا الكثير من قوانين الناموس. فقد شابت هذه المحاكمات العديد من الإجراءات غير القانونية بالنسبة لليهود، ومنها نذكر:

١) لم يكن يسمح بالمحاكمات أثناء فترات الأعياد، أما يسوع فقد تمت محاكمته أثناء عيد الفصح.

٢) كان يجب أن يصوت كل فرد من المجلس منفرداً فيما يخص الإدانة أو البراءة أما في حالة يسوع فقد تمت إدانته بالإجماع.

٣) في حالة الحكم بالموت كان يجب أن تمر ليلة كاملة قبل تنفيذ الحكم؛ ولكن لم تمر ساعات معدودة قبل صلب المسيح.

٤) لم يكن لليهود السلطة لتنفيذ حكم الإعدام إلا أنهم أشرفوا على صلب المسيح.

٥) لم تكن المحاكمات تنعقد ليلاً، ولكن محاكمة المسيح تمت قبل الفجر.

٦) كان يجب تقديم المشورة أو توفير الدفاع للمتهم، ولكن لم يقدم أي منها للمسيح.

٧) لم يكن يجب توجيه أسئلة إدانة للمتهم ولكن يسوع سئل عما إذا كان هو المسيح.

كانت المحاكمة أمام بيلاطس هي أول محاكمة أمام السلطات الرومانية (يوحنا ١٨: ٢٣) بعد جلد المسيح. كانت التهم الموجهة ضده هنا مختلفة تماما عنها أمام المحكمة الدينية. فقد وجه إليه الإتهام بأنه يثير غضب الجماهير ويمنعهم من دفع الجزية ويدعي أنه ملك. لم يجد بيلاطس سبباً ليقتل يسوع فأرسله إلى هيرودس (لوقا ٢٣: ٧). سخر هيرودس من يسوع ولكن لأنه أراد أن يتجنب المسئولية القانونية أعاده إلى بيلاطس (لوقا ٢٣: ١١-١٢). كانت هذه آخر محاكمة حيث أراد بيلاطس تهدئة عداء اليهود فقد أمر بتعذيبه. كان التعذيب الروماني عبارة عن الجلد ٣٩ جلدة قاسية. وفي محاولة أخيرة لإطلاق سراح يسوع قدم بيلاطس لليهود الخيار بين صلب باراباس المجرم مقابل إطلاق سراح يسوع، ولكن دون فائدة. فقد طالبت الجماهير بإطلاق سراح باراباس وصلب المسيح. أعطاهم بيلاطس ما طلبوه وسلمهم يسوع ليفعلوا ما يريدون به (لوقا ٢٣: ٢٥). إن محاكمات المسيح تمثل أقصى إستهانه بالعدالة. يسوع أكثر الناس براءة في تاريخ البشرية تمت إدانته وحكم عليه بالموت صلباً.

لماذا الصلب وليس الرجم؟!

أخذ بيلاطس ماءً وغسل يديه أمام الجمع وقال: أنا بريء من دم هذا البار [متى ٢٧/٢٤]، ثم سلّمه ليصلب. لا يختلف باحثان أن يسوع قد أدين من قبل سلطات الإمبراطورية الرومانية بتهمة الثورة وعقوبتها الإعدام. لكن المجلس الأعلى لليهود قد حكم عليه بالموت بتهمة التجديف، وبحسب الشريعة اليهودية فإن الإعدام يجب أن يتم رجمًا بالحجارة، غير أنه ولكون الحكم صادر عن الحاكم الروماني يتعين تنفيذ الطريقة الرومانية في الإعدام وهي الصلب، وذلك نظرا لأنه لم يكن لليهود في أوضاع فلسطين الدستورية أن يصدروا حكماً بالاعدام. ففي التلمود ورد في باب السنهدرين (١،١: ٢،٧): "اربعين سنة قبل خراب الهيكل رفعت عن الأمة الاسرائيلية حقوقها في أحكام الموت والحياة". في محاكمة يسوع لعبت كل من السلطة اليهودية والسلطة الرومانية دورها. مثّل بيلاطس السلطة الرومانية، والرؤساء السلطة اليهودية. بدأ العالم اليهودي محاكمة يسوع، وأتمّها العالم الروماني. هو جاء من أجل العالم اليهودي ومن أجل العالم الوثني (أي الروماني)، فحكما عليه. قتلا الله. قال اليهود: لا نريد أن يملك هذا علينا (لو ١٩: ١٤). وطلب الوثنيون من يسوع أن يتحوّل عن تخومهم (مر ٥: ١٧). أجل، جاء يسوع إلى خاصته، وخاصته لم تقبله. كان النور الاتي إلى العالم (يو ١: ٩- ١٠) فلم يعرفه العالم. أما الذين عرفوه فصاروا أبناء الله. هم اليهود الذين آمنوا به، وكان الرسل منهم. وهم الوثنيون الذين جاؤوا إليه بواسطة بولس. ولكن أيضاً بواسطة كل المرسلين الذين

يحملون الإنجيل إلى أقاصي الأرض. محاكمة يسوع قادته إلى الموت. ولكن موته صار حياة حتى للذين قتلوه. فهو ما جاء ليهلك العالم، بل ليخلّص العالم.

هل فى المسيحية ما يمكن أن يسمى بالفكر السياسى ؟

أن فى المسيحية نظاما سياسيا تشكلت ملامحه من النصوص الملزمة فى الكتاب المقدس و تعاليم الأباء الرسل و المجامع المسكونية و هو نظام يضع الخطوط العريضة دون أن يعرض كثيرا للتفاصيل و إنما نشأ الفكر السياسى فى المسيحية و هو يدور حول القانون و احيانا يسمى الناموس الذى يشمل مجموعه كبيرة من التفاصيل و القواعد الحقوقية المرعية فى حكم المجتمع و علاقة الحاكم بالمحكومين فعلى مدار التاريخ الذى اصبح يؤرخ من بعد ميلاد المسيح كنقطه فارقة فى تاريخ البشرية و كافة النظم القانونية و السياسية و منذ أن اصبحت المسيحية الديانة الرسمية للدولة الرومانية كان هناك نظام سياسى مسيحى واحد لكن تعددت اشكال الفكر السياسى الدائر من حول النظام تعددا سببه طبيعة البشر و الأمم القابله للخلاف و رغم تعدد أشكال الفكر السياسى المسيحى الناجم عن اختلاف الكنائس حول فكرة الملك أو الحاكم و الحق الألهى فى الحكم و نظرية خضوع المواطنين لسلطة الحكام و أباء الكنيسة من الناحية الروحية الدينية بما يؤدى الى بعض الخلاف عن مفهوم النظام ذاته و الناجم كذلك عن أمتداد الممارسة التاريخية للحكم تحت اسم المسيحية مما يؤكد وجود السياسة المسيحية و لتشتراكها فى ادارة الدولة لكن لأن النظم السياسية تحيد احيانا عن القوانين و التشريعات و يظهر الملوك الفاسدين فتثور الشعوب لتطالب بحريتها فنتج عن ذلك ظهور الثورة الفرنسية و اسقاط راية اسمية شكلية كانت مرفوعه باسم المسيحية من قبل بباوات الكنيسة الكاثوليكية .

<u>السياسة من وجهه نظر المسيحية</u>

يشير مطلح (السياسية) بصورة عامة الى فن سامي وهو فن قيادة الدولة أو المدينة والى طريقة تنفيذ هذه القيادة من قبل السلطات العامة من اجل الخير العام.

لذا فالسياسة بمعناها العام تعني مجموع العوامل والظروف الاقتصادية والقانونية و الدينية والثقافية التي تسمح للمواطن، كفرد وكجماعات، الى تطور حياته بحرية والارتقاء والنمو بها نحو الخير والحق.

لذا فالمفهوم الاول والاساسي للسياسة هو انها خدمة عامة تُمارس من أجل تحقيق وترسيخ الخير العام. فهي ترتبط ارتباطا مباشر بمفهوم السلطة ، ويتحدد دورها في استخدام السلطة لخدمة الناس والمجتمع. بحسب المفهوم الكتابي (الكتاب المقدس)، يجب على مثل هذه السلطة ان تُنجِد اولاً الضعفاء في المجتمع (الطفل، المرأة، الشيخ، المريض، المعوز، المحتاج). لذا يجب على السياسي ان يعي ذاته كانسان مؤتمن على المُلك العام وان يمارس سلطته بكل امانة وأخلاص، لانه يعرف جيدا بان السلطة تأتي من الله فمن يصعد الى سدة الحكم، عليه ان يعرف بانه يؤدي خدمة من اجل انتصار الخير والحق. والكنيسة من جانبها تعتبر السلطة السياسية صورة وشكل من اشكال المحبة. فهي دعوة للخدمة بكل معنى الكلمة .

الموقف أو الرأي السياسي :

من طبيعة أي إنسان أن يكون له رأي أو موقف تجاه كل حدث يعلم به ، حتى ولو كان الحدث لا يؤثّر عليه . عندما يسمع الإنسان باعتداء يقع على أبرياء في أي مكان فإنّه يتألّم ويستنكر هذا الاعتداء . إنه موقف سياسي قد لا يترتّب عليه عمل ، لكنّه يعبّر عن الفطرة عند الإنسان الطبيعى ، ويعبرّ عن روح التسامح و المحبة فى المسيحية .

الموقف أو الرأي هو الفكر السياسي لكلّ مسيحى ، في أي مكان وتحت أي ظرف كان ، و سنوات الأضطهاد التى عاشها الأقباط فى مصر على يد الرومان و صلابتهم فى رفض عبادة الحاكم و ألهته الوثنية دليل واضح على أن هناك وعى سياسى لدى الأقباط المسيحين جعلهم يأخذون موقف من الحاكم الظالم .

قد يكون موقف الأقباط سلبيا من الحدث مثل الثورات التى قاموا بها ضد الحكام الرومانيين أو المسلمين فى بداية دخول الأسلام مصر ، وقد يكون أيجابيا يعبّر عن روح المسيحية التى تدعو لمقاومة الشر بالخير مثل الأعتراض السلمى كهجرتهم للأراضى الزراعية و هروبهم للصحراء أو المظاهرات السلمية أو الهجرة لخارج الدولة . في جميع الحالات يعتبر رد الفعل سواء كان ايجابى أو سلبى موقفا سياسيا تجاه السلطة الحاكمه . لكن تدعو المسيحية الى أن يكون الموقف ملتزماً بروح المسيحية التى ترفض الأساليب الدموية لتغير السلطة .

ملامح الفكر السياسى فى المسيحية :

الفكر هو نتاج التفكير الذى هو عمل البشر و من صنع الأنسان أما السياسة فهى حكم المجتمع بواسطة السلطة و هكذا يصبح الفكر السياسى هو مجمل التفكير البشرى فى فكرة السلطة و علية (فالفكر السياسى هو مجموعة القوانين و الأسس و النظم السياسية التى وضعها المفكرون السياسيون لرسم صورة الدولة و تنظيم العلاقات بين السلطة الحاكمة و أفراد المجتمع الذى تمارس فية تلك السلطة) و مصادر (علم السياسة)

تختلف بطبيعتها : فالمصدر الأساسي ليس أبدا أو دائما داخل العقل ولكنه أيضا داخل الوحي. فالأفكار لا تأتي دائما أو نهائيا من الإنسان الباحث عن اكتشاف العالم، إنها تأتي من الله وهو صاحب السيادة و الذي يرسل رسله و انبيائة للناس فالعقيدة اليهودية والمسيحية تنتمي " لكلام" ينزل من الله (من السماء إلى الأرض).
يقول سقراط، بداية الفلسفة هي الحيرة و الدهشة والاستغراب التي تعطي الاهتزاز و الحراك للعقل، أما الفلسفة في المسيحية فهى الإيمان بأمور لا ترى و بالتالي هي ابتعاد عما يدركه العقل المحدود و الأنطلاق لما هو غير محدود أو ما لا يمكن أن يدركه العقل إذا هي(فعل ثقة). فالنبي إبراهيم يجسد إنسان الإيمان لأنه يخضع من غير تذمر لأوامر الله .

و الوحي لا يلغي العقل أو يقصيه، كما أن ما هو فوق طبيعي لا يلغي الطبيعي وحيث أن خالق ما فوق طبيعي هو من خلق الطبيعي. هناك معرفة عقلانية للأشياء ما فوق طبيعية وللحقائق الروحية الداخلية في الوحي. كل هذا يؤكد إمكانية معرفة أكيدة و طبيعية لله و في نفس الوقت وجود قانون أخلاقي و روحي طبيعي في داخل كل إنسان. إذا يوجد حقائق عقلانية خالصة : و الباب مفتوح أمام الفلسفة. و من وجهة نظر المسيحية، إن العهدين القديم و الجديد يعودان لتاريخ واحد متشابه حيث تنتشر عناية و تعاليم الله، الوحي يتقدم، يكتمل ويتحقق مع فعل التجسد. حيث فى الإنجيل يوجد برنامج سياسي للإصلاح الاجتماعي و الاقتصادي. فالمسيح يدعو إلى تغيير القلوب، وليس للقوانين أو المؤسسات. كما أنه تطرق إلى مسألة النظام أو المشاكل الأخلاقية و السياسية للحروب و مجامع كهنة اسرائيل و تفشى الرشوة و غياب العداله فى المجتمع . الإنجيل يعتني بشكل كبير بإزالة الصورة المتعلقة بالمسيح كقائد حربى لكنه . برغم التطور الروحي الذي تشهد به النصوص التوراتية وكل كلام القديسين، الفكرة القديمة عن المسيح كقائد حربى تبقى الأقوى في داخل المجتمع اليهودي: (المسيح سيأتي ليقوم أو يكمل مهمة سياسية) إقامة المملكة الدنيوية لإسرائيل إذا وفق ظروف الزمن، سيضع نهاية للاحتلال الروماني. ولكن هذه المهمة ليست المهمة التى كان السيد المسيح مكلف بها لكنه لم يتجاهل قضايا اليهود عندما عرضت علية و فى النهاية حوكم و صلب كسياسى معادى لقيصر يدعى أنه الملك .
لقد أفشل السيد المسيح الفخ الذي وضع له من قبل الفريسيين ،مميزا مجال عمل القيصر عن عمل الله، لقد ردَّ على الاتهامات السياسية معلنا أن مملكته (ليست من هذا العالم).إذا المسيح لم يبتعد عن السياسة و لكنه نفى تهمة العمل السياسى فقط .
فالمسيح لا يرفض المدينة الدنيوية بشكل عام، موقفه لم يكن رافضا للعالم: إنه يحاول شفاء المرضى، يتحدث عن جمال الخلق ، إنه يتحدث في كل كلامه عن الحياة و العمل

في كل الأيام...، يدعو ويقول إن محبة الله هي محبة لمن حولنا جميعا أيضا. في النهاية إنه لا ينكر السياسة.

التعليم الأكثر مباشرة من الناحية السياسية للإنجيل يعود إلى أية يعترف فيها بالمجال السياسى و القانونى للقيصر. الأناجيل تروي أن الفريسيين الراغبين بالوقيعة بين يسوع المسيح و السلطة الرومانية أرسلوا له تلامذتهم ليسألوه إذا كان مسموحا بدفع الضرائب أم لا للإمبراطور. أجاب السيد المسيح إجابة رسمت كل التاريخ السياسي للمسيحية **(فارسلوا اليه تلاميذهم مع الهيرودسيين قائلين يا معلم نعلم انك صادق و تعلم طريق الله بالحق و لا تبالي باحد لانك لا تنظر الى وجوه الناس.١٧- فقل لنا ماذا تظن ايجوز ان تعطى جزية لقيصر ام لا. فعلم يسوع خبثهم و قال لماذا تجربونني يا مراؤون. اروني معاملة الجزية فقدموا له دينارا.فقال لهم لمن هذه الصورة و الكتابة. قالوا له لقيصر فقال لهم اعطوا اذا ما لقيصر لقيصر و ما لله لله. فلما سمعوا تعجبوا و تركوه و مضوا.". ففي إنجيل (متى ٢٢ : ١٦ ـ ٢٢)**

" أعطوا للقيصر..."، بمعنى أولي، هذه الجملة كانت انقلابا أو ثورة. إنها تطرح مبدأ غريبا على العالم اليوناني و الروماني كما أيضا على العالم اليهودي: الدين و السياسة لهما مجالات مختلفة. القاعدة الجديدة تتعارض مع كل النظام السياسي الديني ومع كل الحكم الثيوقراطي، إنها تكسر الوحدة التقليدية للسلطة. وبمعنى آخر هذه الجملة ليست قطيعة، بل إنها تعترف بالجزء الشرعي للسياسة. يعني بوضوح أن: المسيح لا يدعو إلى التخلي عن السياسة.

إذا يمكن القول أن السياسة تنتمي إلى عالم الإنسان المسيحي، وأن السلطة هي في خدمة خير لا يستطيع أن يكون هنا إلا خيرا طبيعيا. السلطة لها غايات خاصة، إنها تندرج ضمن نظام طبيعي للسياسة المرادة من قبل الله.

سلطة الكنيسة

فالمجتمع الأنسانى ظاهرة حتمية فكانت السلطة أيضا ظاهرة حتمية ملازمة له و متواكبه معه و لأن المسيحين مجتمع من البشر محكوم بقوانين و شريعه منظمة لكيانه تبين له عقيدته و تنظم له السلوك و تقيم له قواعد الأخلاق و تتعرض لكافة أوجه النشاط الاجتماعى و الاقتصادى فتوضح له كيف يكون البيع و الشراء و كيف يتزوجون و كيف يعاقبون و كيف يدفعون الضرائب و كثير من الأحكام تقوم على أفتراض مسبق مقتضاه وجود سلطة حاكمة مفوض اليها أمر وضع هذة الأجكام موضع التنفيذ و قد نشأت هذة السلطة الحاكمه للكنيسة قبل اعتبار المسيحية دين الدولة الرومانية. فإن كان البيت المكون من زوج وزوجة كأصغر مجتمع أعطى الله فيها السلطة للزوج وأمر الزوجة بالخضوع له **(أيها النساء اخضعن لرجالكن كما للرب لأن الرجل هو رأس المرأة كما أن**

المسيح أيضا رأس الكنيسة). (أف٥: ٢٢-٢٣) لكن دون التقليل من أحترام المرأة أو سلب حريتها كأنسان **(غير أن الرجل ليس من دون المرأة ولا المرأة من دون الرجل في الرب) (١كو١١: ١١)**. وكذلك بالنسبة للأسرة المكونة من والدين وأبناء كمجتمع أكبر أعطى الله فيها السلطة للوالدين وأمر الأبناء بالخضوع لهما **(أيها الأولاد أطيعوا والديكم في كل شئ لأن هذا مرضى في الرب) (كو٣: ٢٠)** . وهكذا الحال بالنسبة لصاحب العمل و القادة **(أيها الخدام كونوا خاضعين بكل هيبة للسادة ليس للصالحين المترفقين فقط بل للعنفاء أيضا لأن هذا فضل إن كان أحد من أجل ضمير نحو الله يحتمل أحزانا متألماً بالظلم. لأنه أي مجد هو إن كنتم تلطمون مخطئين فتصبرون بل إن كنتم تتألمون عاملين الخير فتصبرون فهذا فضل عند الله. لأنكم لهذا دعيتم. فإن المسيح أيضاً تألم لأجلنا تاركا لنا مثالا لكي تتبعوا خطواته. الذي لم يفعل خطية ولا وجد في فمه مكر. الذي إذ شتم لم يكن يشتم عوضاً. وإذ تألم لم يكن يهدد بل كان يسلم لمن يقضى بعدل). (١بط٢: ١٨-٢٣)** أما الدولة و المجتمع الكبير الذى يضم كافة الأطياف البشرية **(اكرموا الجميع. احبوا الاخوة. خافوا الله. اكرموا الملك). (١بط٢: ١٧)** ، **(لتخضع كل نفس للسلاطين الفائقة لأن ليس سلطان إلا من الله والسلاطين الكائنة هي مرتبة من الله. حتى أن من يقاوم السلطان يقاوم ترتيب الله والمقاومون سيأخذون لأنفسهم دينونة. فإن الحكام ليسوا خوفاً للأعمال الصالحة. بل للشريرة. أفتريد أن تخاف السلطان افعل الصلاح فيكون لك مدح منه لأنه خادم الله للصلاح. ولكن إن فعلت الشر فخف لأنه لا يحمل السيف عبثا و إذ هو خادم الله منتقم للغضب من الذي يفعل الشر. لذلك يلزم أن يخضع له. ليس بسبب الغضب فقط بل أيضا بسبب الضمير. فإنكم لأجل هذا توفون الجزية أيضا إذ هم خدام الله مواظبون على ذلك بعينه. فأعطوا الجميع حقوقهم، الجزية لمن له الجزية، الجباية لمن له الجباية، والخوف لمن له الخوف، والإكرام لمن له الإكرام). (رو١٣: ١-٧)** ، فكم بالحري للكنيسة التي تجمع المؤمنين معاً لذلك نرى أن الله يفوض السلطة لأناس معينين فيها ويأمر بقية الأعضاء بالخضوع لهم.

ففى مثل السيد المسيح **(كأنما إنسان مسافر ترك بيته وأعطي عبيده السلطان ولكل واحد عمله...) (مر١٣: ٣٤)** نلاحظ تحديد عبيدة **(كالمسئولين)** و أعطاهم السلطان **(تفويض السلطة)**. ثم ولكل واحد عمله **(توصيف العمل)** .

ومعلمنا بولس الرسول يقول أيضا **(أكتب بهذا وأنا غائب لكي لا أستعمل جزماً وأنا حاضر حسب السلطان الذي أعطاني إياه الرب للبنيان لا للهدم) (٢كو١٣: ٢-١٠)** ويلاحظ أنه بالرغم من أنه يقول أن السلطة المعطاه له هي للبنيان لا للهدم ، نراه يقول **(إذا جئت أيضاً لا أشفق)** . مما يؤكد أنه سلطان مفوض لإحكام الانضباط في كنيسة الله.

و لاحظ أيضا **(فقال لهم يسوع أيضاً سلام لكم كما أرسلني الآب أرسلكم أنا. ولما قال هذا نفخ وقال اقبلوا الروح القدس. من غفرتم خطاياه تغفر له ومن أمسكتم خطاياه أمسكت). (يو ٢٠: ٢١-٢٣)** هنا تفويض السلطة بالحل والربط.

و قال أيضا **(... وإن لم يسمع منهم فقل للكنيسة وإن لم يسمع للكنيسة فليكن عندك كالوثني والعشار. الحق أقول لكم كل ما تربطونه علي الأرض يكون مربوطاً في السماء وكل ما تحلونه علي الأرض يكون محلولاً في السماء) (مت١٨: ١٧-١٨)** في هذا تأكيد للتفويض.

ومعلمنا بطرس الرسول يقول (أطلب إلي الشيوخ الذين بينكم أنا الشيخ رفيقهم والشاهد لآلام المسيح وشريك المجد العتيد أن يعلن. ارعوا رعية الله التي بينكم نظاراً لاعن اضطرار بل بالاختيار)(بط٥: ١-٢) وواضح هنا تفويض السلطة للرعاة أن يكونوا نظاراً. وفي سفر أعمال الرسل يسجل قرار أول مجمع لهم **(وإذ كانوا يجتازون في المدن كانوا يسلمونهم القضايا التي حكم بها الرسل والمشايخ الذين في أورشليم ليحفظونها) (أع١٦: ٤)** ويتضح من هذا أن السلطة الكنسية مفوَّضة لتصدر أحكاماً فيلتزم بها المؤمنون لكن عن طريق مجامع كنسية يتم التشاور فيها و الصلاة للوصول لقرار سليم فى أمر يهم جمهور الكنيسة ككل .

و يقول معلمنا بولس الرسول **(أطيعوا مرشديكم واخضعوا لأنهم يسهرون لأجل نفوسكم كأنهم سوف يعطون حساباً لكي يفعلوا ذلك لا آنيين لأن هذا غير نافع لكم) (عب١٣: ١٧)** واضح بكل جلاء حتمية الخضوع لسلطة المرشدين الروحيين.

ويقول أيضا معلمنا بولس الرسول **(ثم نسألكم أيها الاخوة أن تعرفوا الذين يتعبون بينكم ويدبرونكم في الرب وينذرونكم وأن تعتبروهم كثيراً جداً في المحبة من أجل عملهم)(١تس٥: ١٢-١٣).**

و كمال قال معلمنا بطرس الرسول **(فَاخْضَعُوا لِكُلِّ تَرْتِيبٍ بَشَرِيٍّ مِنْ أَجْلِ الرَّبِّ. إِنْ كَانَ لِلْمَلِكِ فَكَمَنْ هُوَ فَوْقَ الْكُلِّ) (رسالة بطرس الرسول الأولى ٢: ١٣)** ولكن نحن نعلم ان الرب في يده مقاليد كل الامور وحتي لو كان الملك شرير جدا فالرب قادر ان يحول كل الامور للخير حتي الاضطهاد يتحول الي خير وان لم يكن ارضي فسيكون خير سماوي **(وَنَحْنُ نَعْلَمُ أَنَّ كُلَّ الأَشْيَاءِ تَعْمَلُ مَعًا لِلْخَيْرِ لِلَّذِينَ يُحِبُّونَ اللهَ، الَّذِينَ هُمْ مَدْعُوُّونَ حَسَبَ قَصْدِهِ.) (رسالة بولس الرسول إلى أهل رومية ٨: ٢٨)** و عندما أصبحت المسيحية دين الدولة الرومانية و تم تعديل التشريعات القانونية لتواءم المسيحية و افكارها عن الحق و العدل و الرحمة فأصبحت الدولة و الكنيسة ممثلى السلطة الحاكمة .

وهكذا تبعت الجماعة المسيحيّة الأولى شريعة الانجيل وتعليم الرسل، ثمّ أدخلت النظم القانونية المسيحية وكانت الممارسة الاولى للسلطة التشريعيّة في مجمع أورشليم **(و كتبوا**

بايديهم هكذا الرسل و المشايخ و الاخوة يهدون سلاما الى الاخوة الذين من الامم في انطاكية و سورية و كيليكية. اذ قد سمعنا ان اناسا خارجين من عندنا ازعجوكم باقوال مقلبين انفسكم و قائلين ان تختتنوا و تحفظوا الناموس الذين نحن لم نامرهم. راينا و قد صرنا بنفس واحدة ان نختار رجلين و نرسلهما اليكم مع حبيبينا برنابا و بولس. رجلين قد بذلا انفسهما لاجل اسم ربنا يسوع المسيح. فقد ارسلنا يهوذا و سيلا و هما يخبرانكم بنفس الامور شفاها. لانه قد راى الروح القدس و نحن ان لا نضع عليكم ثقلا اكثر غير هذه الاشياء الواجبة.) (أعمال ١٥: ٢٣-٢٨). وقد ظهرت الحاجة إلى ترجمة الشرع الالهيّ بتدابير وضعيّة مع بولس الرسول بشأن الزواج **(و اما العذارى فليس عندي امر من الرب فيهن و لكنني اعطي رايا كمن رحمه الرب ان يكون امينا. فاظن ان هذا حسن لسبب الضيق الحاضر انه حسن للانسان ان يكون هكذا. انت مرتبط بامراة فلا تطلب الانفصال انت منفصل عن امراة فلا تطلب امراة. لكنك و ان تزوجت لم تخطئ و ان تزوجت العذراء لم تخطئ و لكن مثل هؤلاء يكون لهم ضيق في الجسد و اما انا فاني اشفق عليكم. فاقول هذا ايها الاخوة الوقت منذ الان مقصر لكي يكون الذين لهم نساء كان ليس لهم. و الذين يبكون كانهم لا يبكون و الذين يفرحون كانهم لا يفرحون و الذين يشترون كانهم لا يملكون. و الذين يستعملون هذا العالم كانهم لا يستعملونه لان هيئة هذا العالم تزول. فاريد ان تكونوا بلا هم غير المتزوج يهتم في ما للرب كيف يرضي الرب. و اما المتزوج فيهتم في ما للعالم كيف يرضي امراته.٣٤- ان بين الزوجة و العذراء فرقا غير المتزوجة تهتم في ما للرب لتكون مقدسة جسدا و روحا و اما المتزوجة فتهتم في ما للعالم كيف ترضي رجلها. هذا اقوله لخيركم ليس لكي القي عليكم وهقا بل لاجل اللياقة و المثابرة للرب من دون ارتباك. و لكن ان كان احد يظن انه يعمل بدون لياقة نحو عذرائه اذا تجاوزت الوقت و هكذا لزم ان يصير فليفعل ما يريد انه لا يخطئ فليتزوجا. و اما من اقام راسخا في قلبه و ليس له اضطرار بل له سلطان على ارادته و قد عزم على هذا في قلبه ان يحفظ عذراءه فحسنا يفعل.٣٨- اذا من زوج فحسنا يفعل و من لا يزوج يفعل احسن. المراة مرتبطة بالناموس ما دام رجلها حيا و لكن ان مات رجلها فهي حرة لكي تتزوج بمن تريد في الرب فقط.) (اكور ٧ : ١٠-١٦)**، والتبتّل **(١ كور ٧ : ٢٥-٣٩)**. وراحت الكنيسة الناشئة ترتّب شئون المؤمنين بشرائع وأنظمة، وفقاً لحاجاتهم الراعويّة والمدنيّة، حسب ترتيبات الأمبراطور قسطنطين (٣٠٦-٣٣٧) وسواه من الأباطرة من بعده، وتدابير المجامع المسكونيّة. هذه كلّها كانت تحيل نزاعات المسيحيّين الروحيّة والزمنيّة إلى محاكم أساقفتهم وبطاركتهم، ما استدعى صياغة قوانين وجمعها في مجموعات تشريعيّة، إنطلاقًا من القرنين الرابع والخامس. ومع الفتح الإسلاميّ اعترف الخلفاء الأوّلون

بصلاحيّة الأساقفة والبطاركة في سنّ القوانين وحلّ النزاعات في محاكمهم، لقاء دفع الجزية.

أزدواج السلطة ((ونظرية السيفين)):

ظهرت المسيحية كحركة دينيه لها نظامها المستقل عن الدولة وكانت هي المسئولة عن النواحي الروحية وتسعى لتخليص الإنسان من الخطيئة ، وكانت تنظر للدولة كمؤسسة مستقلة تستمد سلطتها من الله مما يستوجب خضوع الكنيسة لسلطتها . ولكن مع تعاظم دور الكنيسة وتمتعها بسلطة منافسة لسلطة الإمبراطور طرحت الكنيسة فكرة (الولاء المزدوج) والتي تدور حول وجوب خضوع المسيحي لنوع من الولاء المزدوج انطلاقا من ازدواج طبيعته فالإنسان يتكون من روح وجسد والروح تتوجه بالولاء نحو خالقها والذي تظهر سلطته في الأرض من خلال الكنيسة أما الجسد فيتوجه بولائه إلى السلطة الدنيوية ممثله في الحكومة الإمبراطورية ، وهكذا خرجت إلى الوجود (نظرية السيفين أو ازدواج السلطة) على أساس وجود نوعين من الوظائف في المجتمع :

١- وظائف خاصة بالقيم الروحية والأخلاقية وتتولاها الكنيسة وتراقبها .

٢- وظائف تتعلق بالمحافظة على الأمن والنظام وتحقيق العدالة وتتولاها الحكومة.

و هكذا وجد بشكل دائم سلطتان قضائيتان مختلفتان في طبيعتهما. و حاول الباباوات دائما إرشاد السلطة السياسية لكنهم لم يستطيعوا ذلك نهائيا. فالمؤسسة السياسية و المؤسسة الكهنوتية تبقيان غير مرتبطتين.

يمكن القول أن السياسة تنتمي إلى عالم الإنسان المسيحي، وأن السلطة هي في خدمة خير لا يستطيع أن يكون إلا خيرا طبيعيا. السلطة لها غايات خاصة، إنها تندرج ضمن نظام طبيعي للسياسة المرادة من قبل الله.

الفكر السياسى لدى القديس أمبروز

ولد إمبروسيوس عام ٣٤٠ ميلادية من أسرة تقية، فقد كان والده حاكما لبلاد الغال (فرنسا) في عهد قسطنطين الصغير، مقره تريف. وكانت أخته مارسيلينا التي تكبره بحوالي ١٠ سنوات إنسانة تقية قامت بدور فعّال في حياته كأم أكثر منها أختًا، أما أخوه ساتيروس الأكبر منه فمتقارب معه في السن. وإذ تنيح الوالد انتقلت الوالدة والولدان إلى قصرهم بروما كان إمبروسيوس وأخوه يدرسان معًا اللغة اليونانية والقانون الروماني والبيان والبلاغة. ذهب إمبروسيوس إلى ميلان ليتسلم عمله كحاكم ليجدها ميدانًا مضربًا بالمجادلات الأريوسية، إذ كانت تابعة للأسقف الأريوسي أوكسنيتوس، الذي لم يمضِ عام على مجيء إمبروسيوس لينتقل الأسقف، فتحولت المدينة إلى صراعات مرة حول اختيار الأسقف الجديد.زادت المجادلات حول اختيار الأسقف في وسط الكاتدرائية فاضطر

إمبروسيوس أن يحضر بصفته حاكم المدينة. وعند دخوله سمع الكل صوتًا واضحًا يقول: "إمبروسيوس هو الأسقف"، وتكرر الصوت، فاندفع الكل يطلب سيامته، أما هو فقاوم وهرب لكنه تحت إلحاح الشعب رضخ أخيرًا.

دخل الأسقف مع الشعب في صراع ضد الإمبراطورة يوستينة الأريوسية التي استسلمت أخيرًا للواقع حينما وجدت أن حتى الجنود لا يقبلون الأريوسية.

كان موقف القديس إمبروسيوس لا يُحسد عليه حينما استشاط الإمبراطور غضبًا على أهل تسالونيكي لأن عامة الشعب قتلوا أحد ضباطه، فدعي الشعب لمشاهدة المباريات في الساحة، وإذ جمعهم أصدر أمره للجنود بقتلهم فهلك الألوف وصار فزع في كل المملكة.

كان ثيؤدوسيوس مقتنعًا أن ما فعله كان من قبيل العدالة، وإذ أراد دخول الكنيسة منعه القديس إمبروسيوس حتى يقدم توبة عملية وعلنية ويصلح ما أمكن من آثار هذه المذبحة.

هنا يقف الأسقف لا موقف صاحب سلطان أو منازع للسلطة وإنما كأب روحي، كان حازمًا كل الجزم مع الإمبراطور وكان أيضًا يفتح له أبواب الرجاء بكل حب وحنو، لذلك حينما حاول المحيطون بالإمبراطور أن يصوروا الأسقف بالشخص المتسلط العنيف لم يقبل الإمبراطور، وإنما بعد فترة قدم دموع توبة وانسحاقًا حقيقيًا وسجد حتى الأرض ليقبل الله توبته. هنا طالبه الأسقف بسن شرائع لحماية الضعفاء، منها عتق الأبناء الذين باعهم الآباء بسبب الفقر، وإصدار قانون يحمي الشعب من قسوة بعض الرجال الرسميين سواء كانوا مدنيين أو عسكريين، وألا ينفذ حكم الإعدام على أحد إلا بعد ٣٠ يومًا من صدور الحكم. حتى تُعطى فرصة للحاكم أن يراجع نفسه.

و ظهرت أبوة إمبروسيوس حين شفع في المأسورين من الوثنيين بأكويلا حتى لا ترتاع جماهير الوثنيين بميلان أو غيرها من البلاد، وقد قبل الإمبراطور الأمر الذي كان له أثره في حياة الوثنيين.

لقد وضع القديس إمبروسيوس قاعدة هامه هى **(أن الحاكم يخضع فى الأمور الروحية و الدينية فى أطار الكنيسة و ليس فوق هذا النطاق)** و لقد كتب أيضا للأمبراطور فالنتيان بصدد أمور العقيدة بجرأة قائلا **(أن الأساقفة هم الخليقون بمحاكمة الأباطرة المسيحين و ليس العكس)** و فى موقف أخر رفض تسليم كنيسة ليستعملها الأريوسين بأمر الأمبراطور مع أنه أقر بسلطة الأمبراطور على الممتلكات الدنيوية بما فيها أرض الكنيسة لكنه رفض تسليم أوانى المذبح و مبنى الكنيسة المخصص للأستخدام الروحى فليس من حق الأمبراطور التعرض لها و مع ذلك فقد استنكر فى الوقت نفسة الزعم بمشروعية مقاومة تنفيذ أوامر الأمبراطور بالقوة فهو يبيح أن تناقش و أن تستنكر و تحتج و لكنه لا يحرض على الناس على الثورة و العصيان فالرأى عند القديس إمبروسيوس أن الحاكم الدنيوى يخضع فى المسائل الروحية لتوجيه الكنيسة .

الفكر السياسى لدى القديس أوغسطينوس :

يعتبر القديس أوغسطينوس من رواد الفكر السياسي المسيحي أو التفكير المسيحي في شئون الدولة. وقد كان يرى ضرورة الإفادة من فلسفة الوثنين و حكمة الماضى . وهذا يعني الإفادة من الأفلاطونية المُحْدثة وإقامة علاقةٍ بينها وبين اللاهوت المسيحي وما كان أرسطوو تفكيره معروفاً له، ولا لآباء الكنيسة الأوائل. وقد كان أفلاطون يرى أنّ هناك حقائق خالدة لا ترتبط بالزمان والمكان والظروف، وهي تتحول إلى قوانين أو نواميس. وما كان أوغسطين مفكراً سياسياً بالدرجة الأولى، لكنه أراد من وراء بحوثه إظهار الجمال الإلهي، والحقيقة والرحمة الإلهية؛ وذلك بحيث تتقاربُ المملكتان: مملكة الله الأبدية، والأُخرى الأرضية التي نعيشُ فيها. فقد كان أوغسطينوس أسقفا، وكان معنياً بما يُزعج رعيته أو يفيدها في حياتها المديدة، ومن ضمن ذلك طبعاً الشأن السياسي الذي يؤثّر في الكنيسة. وهكذا فقد كان مهتماً بالحكم العادل، الذي ينظّم حياة الناس ويسعدهم فلا يكونون مثل الأسماك التي يأكل بعضُها بعضاً. و للأسف الأنظمة السائدة فى عصره تحولت إلى عصاباتٍ تجلْب الضرر على الناس، بدلاً من منعه عنهم. وقد حدث في العصر الذي عاش فيه ذلك الامتزاج والتوتُّر بين القوانين الموروثة للدولة الرومانية، وأعراف القبائل الجرمانية، واللاهوت المسيحي الصاعد. ولننظر على سبيل المثال في قانون الإمبراطور جستنيان (المدوَّنة) والذي يمثّل مجموع ذلك الامتزاج، وأُنجز عام ٥٣٤م. لقد اعتبر A. P. D'Entreues ذلك القانون المدوَّنة الأولى المهمّة للقانون الطبيعي، والتي اكتسبت سرياناً عالمياً. كانت هناك عناصر خاصة ببيزنطة طبعاً؛ لكنّ المدوّنين رأوا أنّ هناك مبادئ ذات صيغة إنسانية عامة وشاملة، وهي باعتبارها كذلك تعبّر عن إنسانية الإنسان، وعن الإرادة الإلهية، وعن مقتضيات الطبيعة؛ في الوقتِ نفسِه. ماذا تعني المساواة هنا؟ تعني أنّ البشر متساوون في أنهم من مخلوقات الله، وفي أنهم وقعوا منذ آدم وحواء في الخطيئة الأصلية، وأنهم منذ ذلك الحين صاروا عُرضةً للذنوب والأخطاء. ولذلك فهم يحتاجون للقانون أو بعبارةٍ أخرى يحتاجون للشريعة.

وكما كانت للقانون الطبيعي تطوراته في الإمبراطورية الرومانية الشرقية (بيزنطة)، كذلك كانت هناك تطورات في الغرب. فمع تداعي الجزء الغربي من الإمبراطورية الرومانية، ظهرت البابوية باعتبارها مرجعيةً للاستقرار وللنظام والسلام. وعبر القرون طوَّر الكهنة والرُهبان مزيجاً من القانون الطبيعي، والقانون الإلهي؛ مفترضين أنّ الأول لا يناقضُ الثاني بل يتساوى معه ويهتدي به. فالكونُ من خَلْق الله، ونواميسه الأساسية موضوعةٌ من جانبه، ويسعَى الإنسان المؤمن للتلاؤم ضمن هذه الشريعة المزدوجة من خلال العقل، وطاعة الكنيسة.

كيف نرى هذا الانتماء الثنائي أو هذه المواطنة الثنائية في عالم أصبح رسميا مسيحي ؟
كيف يُنظِّم تاريخ المدينة الزمنية و تاريخها الروحي؟
المدينة الزمنية أو (مجال عمل القيصر) لديها استقلاليتها، ولكن تشارك بالنظام الطبيعي الذي أراده الله.
فما هو هذا النظام الطبيعي وكيف يمكن ترتيبه وتنظيمه مع النظام ما فوق الطبيعي؟
فيما يتعلق بالممارسة في الميدان السياسي، هذه الممارسة حصلت على حريات مع مبدأ التمييز بين الأنظمة منذ صعود المسيح و بانتظار عودته . فالمسيحيون الأوائل، كانوا في معظمهم مقتنعين باقتراب نهاية الزمن. لذلك حذر القديس بولس قائلا لا أحد يعرف تاريخ العودة لا في اليوم ولا في الساعة. لذلك دعا إلى حياة منظمة وبعيدة عن الفوضى، كل فرد فيها يملأ واجباته الاجتماعية. منتظرين عودة المسيح التاريخ سيستمر. و ستنتصر المسيحية بأفكارها و قوانينها. فالإمبراطورية الرومانية كانت خاضعة للدين الذي اضطهدته. فقد تحققت إرادة الله. التقليد الشرقي رأى فيما جرى لهذه الإمبراطورية وكأنه عناية إلهية.
أما القديس أوغسطينوس رفض ربط قدر الإمبراطورية عن قدر ومصير الكنيسة، إنه يرفض الفكرة القائلة بأن الشرور ستختفي مع الزمن. باختصارفالكمال ليس من هذا العالم. و ألف كتاب (مدينة الله ٤١٥ ـ ٤٢٧) واحد من أهم المؤلفات التي سيطرت على الفكر في الغرب المسيحي. الكتاب أخذ اتساعا كبيرا، عظيم في بلاغته وبيانه، لا يشكل وحدة منظمة كليا. من جانب هو كتاب لظروف وحالات، ومن جانب آخر هو توسط أو وساطة حول قدر الإنسانية على ضوء الوحي. أما الظروف و الحالات فهي: في عام ٤١٠،القوطيون Wisigoth استولوا على (المدينة الخالدة الأبدية – فى نظر البعض كانت روما) ونهبوها. النتائج كانت كبيرة: إنها نهاية عالم كان يبدو غير قابل للتدمير.
فالمؤمنون بالدين الروماني القديم يتهمون المسيحيين بكونهم مسئولين عن هذه الكارثة التي حصلت في الإمبراطورية. القديس اغسطينوس يرد عليهم: إنه يشير إلى ضعف روما الوثنية،ثم يتحدث عن قيم الفضائل المدنية المسيحية. في الجانب الآخر من هذا الحديث و الاختلاف، إنه يفصل قدر الإمبراطورية التي هي في خطر عن قدر الكنيسة.
بلا شك لقد كان هو أيضا مواطنا وفيا لإمبراطوريته، ولكن كمسيحي أراد أن يقول: الدين الحقيقي لا يخضع أو لا يتضامن مع السياسة بأي شكل أو أي وقت.
إن مبدأ اغسطينوس واضح جدا: إنه يميز وبقوة النظام الروحي و النظام الزمني، بين مجال السلطة الكهنوتية الكنسية ومجال السلطة السياسية. لكنه يعالج هذه القضايا بشكل

عام ولم يعط أية نظرية دقيقة للعلاقات بين الكنيسة والدولة. بالتأكيد هو يتمنى أن المدينة السياسية تلقَّح بالمسيحية لكنه لا يرى أية ضمانة أن هذا الحل سيطبق أو سيستمر.

الفكر السياسي لدى الأب توما الاكويني

في عام ٤٣٠، عندما تنيح القديس اغسطينوس ، عالم بأكمله كان في حالة تغير، إنه عالم الإمبراطورية الرومانية ومعها عصر الهرطقة الذي لم يكن قد انتهى أيضا. ثمانية قرون فيما بعد، عندما أخذ القديس توما الأكويني (١٢٢٥ - ١٢٧٤) قلمه للكتابة ، كانت المسيحية في القرون الوسطى قد وصلت الذروة. بالإضافة لذلك ومن الجانب الآخر للأحداث: النجاح التاريخي للمسيحية الرومانية تم تأكيده وتقويته في الغرب. رغم ذلك، القرن السابع عشر كان مسرحا لأزمة فكرية لم يسبق لها مثيل. الأكويني يميز ما بين الأنظمة. إنه في البداية عالم باللاهوت لكنه يدرك أيضا الفلسفة. القاعدة هي سهلة و أساسية: يجب متابعة العقل و السير وراءه إلى أكبر بعد ممكن. توما الأكويني سيعيد التفكير بالقضايا اللاهوتية مستعينا بالعقل الفلسفي وبشكل خاص بالأدوات التي حصل عليها من أرسطو. نظرتان أو اتجاهان هما مرتبطان: هذا يعني، مع احترام الاستقلالية، أن يكون هناك عمل على الاثنين، العقل والعقيدة. فهو يرى ان العقل يأتي من الله والوحي يأتي أيضا من الله، التوافق لا بد أن يتم بالضرورة.. دون شك توما الأكويني أخذ الكثير من أرسطو و الذي يدعوه " الفيلسوف"، ولكن أيضا قام بتصحيحه أو عدَّل بعض الأشياء الأكويني يتفق مع أرسطو من أجل اعتبار كل من ينقطع عن المدينة هو خارج الإنسانية المشتركة. لكن احترامه الكبير لأرسطو لم يمنعه من كتابة : (لا يوجد أي فيلسوف قبل مجيء المسيح، ورغم كل جهوده، استطاع أن يعرف الكثير عن الله) .

إن الفكر السياسي عند توما الأكويني هو جزء صغير من عمله الضخم. فيما يتعلق بالقانون الطبيعي، توما الأكويني يأخذ كلمة طبيعة بنفس المعنى الأرسطي، طبيعة كائن هي نهايته. طبيعة الإنسان هي قدره. القانون الطبيعي هو ما يميل الإنسان له وفق طبيعته وما هو معروف لديه بشكل طبيعي وهذا موجود و مسجل في العقل الإنساني. هذه النظرة هي ضمن خط الفلسفة الكلاسيكية، ويمكن وضعها ضمن التقليد المسيحي. القانون الطبيعي يقول القديس اغسطينوس بعد القديس بولس :(هو قانون موضوع داخل قلب الإنسان، ولا شيء يستطيع مسحه) . القانون الطبيعي يشارك القانون الأبدي ولكن ضمن ما تستطيعه أو تقدر عليه الطبيعية الإنسانية. من أجل أن يكون الإنسان متجه نحو نهايته ما فوق طبيعية، من الواجب إعطائه قانونا آخرا و الذي يشارك وفقه بطريقة سامية في القانون الأبدي : إنه قانون الوحي، بمعنى آخر، وفق شكله

الأكمل و المنجز، إنه القانون الإنجيلي. القديس توما الأكويني يميز بين المبادئ المشتركة أو الأولى، الثابتة التي لا تتغير، الشاملة و التي يعرفها الجميع، و المبادئ الخاصة أو الثانية و التي هي معرضة للمتغيرات و التحولات المرتبطة بالظروف وهي غير معروفة لدي الجميع. المبادئ الأولى للقانون الطبيعي لا يمكن برهنتها،إظهارها أو إثباتها فهي حقائق بحد ذاتها. هذه التعاليم أو المبادئ هي للعقل العملي (المتعلق بالفعل الإنساني)، هي المبادئ الأولى الجلية و المفهومة (مثال : الكل أكبر من الجزء) وهذا للعقل العلمي. في أساس السلوك الأخلاقي كما في المعرفة، هناك حقائق عقلية. ولكن ما هي هذه الحقائق؟

الحقيقة الأولى، عليها تؤسس كل المبادئ و القواعد الأخرى للقانون الطبيعي وهي : يجب البحث وعمل الخير وتجنب الشر. الخير الذي نتحدث عنه وهو الذي يحمل إليه الإنسان بشكل طبيعي. الأكويني يميز ثلاثة نماذج من الرغبة أو الميل الطبيعي.

أولا: الإنسان هو كائن، وبما أنه كذلك، فهو يهدف إلى الحفاظ على نفسه.

ثانيا: الإنسان هو حيوان، وبما أنه كذلك، فهو يميل للاتحاد مع الذكور و الإناث ويعتني بالصغار الخ...

ثالثا: الإنسان هو حيوان عاقل، وبالتالي هو مدفوع للبحث عن الحقيقة و العيش في مجتمع ثم تجنب السرقة والقتل و احترام والديه الخ... كل هذه المبادئ العامة تضاف على مفاهيم أخرى " ثانية" وهي نتائج قريبة.

المبادئ الثانية تحاول أن تكون قوانين طبيعية و لكن ليس لديها الحقيقة الفورية كما هو في المبادئ المشتركة وتطبيقها يمكن أن يتغير كما تتطلب الأوضاع و الحالات. توما الأكويني يؤكد دائما : أن المبادئ الأولى هي حاضرة في قلب الإنسان دائما، بينما المبادئ الثانية يمكن أن تمحى من القلب الإنساني بسبب العادات أو الدعاية أو الفساد. ينتج من تحليل القانون الطبيعي أن هذا القانون لا يقدم سوى معايير عامة للسلوك الإنساني، إنه القاعدة الأولى العقلانية للبشر، لكنه ليس نهائيا قاعدة كافية. لا بد إذا من أن يتناسق أو يتشكل مع قانون آخر، إنه القانون الإنساني.

في السياسة، حدد توما الأكويني سؤالا هاما: ماذا يمكننا أن نطرح حول النظام الذي ترتبط أو تدمج به السياسة؟ فيما يتعلق بالنظام الطبيعي، توما الأكويني يطور بشكل جوهري بعض المواضيع الأرسطية:

أولا: البعد المشترك ما بين الجماعات في الحياة الإنسانية. الإنسان هو اجتماعي بالطبيعة، شخصيته يتوجب عليها الكثير للذين بمصطلح حديث سندعوهم " مجتمعه التشاركي"، فهذه الشخصية لا تكتمل إلا داخل مجتمعها، إلا في حالات خاصة. يقول

الأكويني : " من بين كل الأشياء المطلوب من الإنسان عملها، وهو الأكثر ضرورة، هم الآخرون المشتركون معه في الإنسانية".

ثانيا: الطابع النوعي للتجمع أو المجتمع السياسي. المجتمع الأول الذي ينتمي إليه الإنسان هو العائلة، إنها ضرورية له بالمطلق، لكنها لا تكفي بحد ذاتها. المجتمع السياسي هو العمل أو الصنعة الأكثر تمامية للعقل العملي الإجرائي.

ثالثا: الطابع أو الصفة الطبيعية للسلطة السياسية و المكان المركزي لمسألة النظام السياسي.

المدينة هي مركبة من أجزاء متغايرة. سلطة واحدة هي ضرورية لترعى خير الجميع و تحافظ على وحدتهم. كما المدينة، السلطة السياسية هي في طبيعة الأشياء. الشكل الذي هي ممارسة ومنظمة من خلاله هو الموضوع المركزي للفلسفة السياسية.

رابعا: تعرف غايات ونهايات السياسة من خلال وصولها إلى الخير المشترك. المدينة هي أكبر من حاصل مجموع أجزائها، خير المدينة هو شيء آخر يختلف عن مجموع الأشياء الخاصة، إنه خير مشترك.

نظرية الخير المشترك

فالخير المشترك هو خير الجميع ولكنه غير منفصل عن خير الأشخاص. الخير المشترك هو أرقى و أسمى من الخاص و الشخصي كما هو الحال في أن الكل هو أسمى من الجزء. لكن هذا الكل ليس كيانا مميزا، يفضَّل على المواطنين، الخير المشترك ليس خير منفصل يبعد و ينحي المواطنين. الخير المشترك أو المنفعة المشتركة ليس خير أو منفعة لأنه في خدمة مجموعة من الأشخاص : فكل واحد يحصل على حياة بالاشتراك مع الآخرين، حياة منظمة مرتبة، كل واحد يحصل على المشاركة في عمل ومهمة مشتركة.

رؤية الأكويني حول الخير المشترك يمكن أن تعرَّف، كما يظهر، بالشكل التالي: شكل أو طريقة في الوجود بالاشتراك بشرف في الحياة الجديدة، أي بالحياة الكريمة الشريفة وذات الفضيلة للجمهور أو الجميع. ومن أجل إقامة هذه الحياة الجديدة، القديس توما الأكويني يحدد شروط ضرورية أو واجبة:

على الجمهور"أن يكون ضمن وحدة المدينة من أجل السلام"، " أن يدار و يحكم و يوجه نحو السلوك الجيد"، و أخيرا، ومن " خلال التطبيق الحكومي، يجب أن يكون هناك كميات كافية من الثروات من أجل حمل الجمهور إلى الحياة الكريمة". إن المنفعة المشتركة الزمنية هي غاية السياسة ضمن النظام الطبيعي. هذه الغاية هي ذاتها منظمة ومرتبة إلى نهاية أخيرة حيث على الكنيسة القيام بذلك. لكن هذا يجب ألا ينقص من استقلالية السياسة، " الحق السماوي الإلهي الناتج عن الرعاية والعناية لا يدمر أو يهدم

الحق الإنساني الناتج بدوره عن العقل الطبيعي". إذا ما فوق الطبيعي لا يدمر الطبيعي بل يرعاه، و الرعاية السماوية لا تدمر الطبيعية بل هي إكمال وتتمة لها، والله لا يدمر الإنسان لأن الإنسان جزء من الله .

إن التنظيم الواقع والمجسد للمجتمع يبين ويوضح القانون الإنساني. هذا القانون يجب أن يستند دائما ويشتق من القانون الطبيعي. هذه القاعدة لا يمكن المساس بها، و لكن لا تطبق بأي مكان بشكل ميكانيكي، بل يجب أن تضم خاصتين:

الخاصية الأولى : هي أن القانون الإنساني له صفات و طبائع خاصة، هو قانون وضعي عندما القانون الطبيعي يكون قانونا أخلاقيا. إنه يميَّز لأنه لا يتعلق إلا بالنظام الخارجي وهو يتلاءم مع الإجبار أو الإرغام. القانون الوضعي لا يتم خلطه مع القاعدة الأخلاقية.

الخاصة الثانية : الفعل السياسي هو بطبيعته خاص و جائز أو محتمل. العقل الإجرائي أو العملي عليه أن يحصل على النتائج من المبادئ العامة داخل الظروف و الشروط النوعية في حالة واقعة مجسدة. القسر أو الإرغام الحاصل من أجل الوصول للخير و المنفعة يمكن أن يحدث شرا أكثر من الخير. ويؤكد القديس توما الاكوينى ذلك بالقول :"إن على السياسة أن تلتزم بمبدئها محدثة أقل شر ممكن.

أن البشر يجب أن يحكموا،ولكن أن يحكموا ضمن نطاق وحدود المنفعة المشتركة،هذا يعني من جهة أخرى أن يحكموا من قبل أناس خيّرين. هنا القديس توما الاكوينى يتبع أرسطو ولكن تفكيره أكثر تشددا و انغلاقا. أما في كتابه De Regno،إنه يأخذ ويضم التقسيم الأرسطي للأنظمة الستة، ولكن يعود وبسرعة ليشدد التحليل حول هذا الموقف: الملكية من جهة، الأشكال المختلفة من الطغيان من جهة أخرى.

مصطلح " الملك" يجب أن يفهم ويدرك بمعنى يتعلق بجنس الكلمة ونوعها وشموليتها: إنه يشير إلى شخصية واحدة في مجموعة وربما يكون أميرا، إمبراطورا أو رئيسا شريطة أن يحكم للخير و المنفعة المشتركة.

إذا فقدت هذه الشخصية غاية السياسة التي هي الخير المشترك و التي هي تشترط شرعيته وشرعية سلطته، فهي ليست شخصية زعيم أو قائد، إنها تصبح شخصية طاغية.

الطغيان يمكن أن يمارس من قبل مجموعة صغيرة أو من قبل الشعب نفسه وخاصة عندما المجموع يحكم ويضطهد أقلية صغيرة.

القديس توما الاكوينى ينظم في نفس الفئة كل الأنظمة الفاسدة. في الخلاصة، يوجد بشكل أساسي نموذجين من الأنظمة: الأنظمة المنتظمة و الحسنة، والأنظمة الغير منتظمة و السيئة. والقاعدة يتم الحصول عليها من القانون الطبيعي. الشيء الثاني الذي يحدده القديس توما الاكوينى ، الذي يجب أو ينبغي كما جاء في كتابه (somme théologique) ، أن الجميع لديهم جزء في الحكم أو الحكومة. إنه يلتزم بمبادئه

العامة. يدعو إلى تفادي كل الطغيان والأنظمة الطاغية و بكل أشكالها، وعلى الفعل السياسي أن يُمارَس بالشراكة. في النهاية السياسة وفق القديس توما الاكوينى هي : **(فن أفضل الممكن).**

العمل السياسي :

هناك فرق كبير بين أن يقدّم الإنسان رأياً سياسياً ، أو يعلن موقفاً من حدث معين ، وبين أن يكون له عمل سياسي . فالعمل السياسي يقتضي أن يكون هناك مشروع سياسي له أهداف محددة ، وأسلوب معيّن لتحقيق هذه الأهداف ، و وسائل تساعده لتحقيق الأهداف . قد يكون للإنسان رأي معيّن في الحاكم ، كأن يعتبره مستبداً ، أو فاشلاً في سياسته الاقتصادية ، وقد يعلن هذا الرأي ، لكن هذا لا يكفي لاعتباره عاملاً في الحقل السياسي . أما إذا وضع مشروعاً لإزاحة هذا الحاكم ، أو للضغط عليه حتى يغير سياسته الاقتصادية ، أو لمحاولة إقناعه بذلك ، فهو في هذه الحالة يعتبر قائماً بعمل سياسي . وهذا ما يفعله الزعماء السياسيون والأحزاب السياسية ، وربما بعض مؤسسات العمل الأهلي التي تتصدى أحياناً للعمل السياسي .

بناءً على ذلك فإنّ العمل السياسي المسيحى في العصر الحاضر هو العمل الذي يقوم به مجموعة مسيحية ، عندما تحدد مشروعها السياسي ، وأسلوب عملها لتحقيق هذا المشروع .

القومية فى الكنيسة

منذ العهد الرسولى نشأت الفتنة القومية فى الكنيسة ، فقد جاء فى سفر أعمال الرسل (و فى تلك الأيام إذ تكاثر التلاميذ حدث تذمر من اليونانيين[2] على العبرانيين أن أراملهم كن يغفل عنهن فى الخدمة اليومية) (أع٦ : ١) .

أنا مسيحى لكونى مؤمناً بالمسيح و معمداً و واحداً فى المسيح مع كل الذين يؤمنون به و قد أكون مع المسيحيون الأجانب على إختلاف وطنى لكن ليس خلاف دينى أو أخلاقى ، فيبقى التراث الثقافى الذى ورثناه من التاريخ ، فهذا يصلى بالإنجليزية أو القبطية و ذاك بالعربية ، إلا أن هذا لا يعنى أن هناك أى إختلاف فاللغات أدوات ثقافة و الثقافة ليست جزءاً من الكيان الكنسى ، أنا أؤمن بالإعتزاز بالتاريخ القبطى و اللغة القبطية لأن المراد من ذلك إحياء تراث عظيم و توضيحه إلى من يجهله غير أن الإنجيل فى جوهره مستقل عن الأرض و أزمنتها و مستقل بالتالى عن اللباس التاريخى الذى إرتدته الكلمة ، إذن فالفاصل القطعى بين ما هو للكنيسة و ما هو ليس لها هو الفاصل بين ما هو خالق

---

[2] إختلفت الآراء فى تحديد هذه الفئة ، هل هم اليهود الذين عاشوا بين الأمم زماناً طويلاً ثم عادوا و قد نسوا لغتهم عبر الأجيال؛ أم هم من أصل أممى و قد قبلوا الإيمان اليهودى (الدخلاء) ثم آمنوا فيما بعد بالسيد المسيح ؛ أم هم أمميون قبلوا الإيمان المسيحى مباشرة دون دخولهم فى اليهودية ، أغلب الدارسين يرون أنهم الفئة الأولى أو على الأقل غالبيتهم من الفئة الأولى (تفسير القمص تادرس يعقوب) .

و ما هو مخلوق ، فالمسيح وحده هو الذى ننتسب له نحن ندرس العلوم البشرية لا لنتبناها عن دون فهم و لكن لنفرز منها ما يتفق مع تعاليم المسيح و أخلاق القديسين ، إن المسيحية ليست مبنية على أية فلسفة و لا مختلطة بما عداها أى لم تأت العقيدة تلفيقاً بين الإنجيل و الفلسفة ، و على هذا المنوال ما كانت الكنيسة مزجاً تاريخياً بين مقدساتها و أية أمة من الأمم ، غير أن هويتى الكنسية لا علاقة لها بجسد هذا العالم و قوميتى ، و إذا مت لطلب جسدى أن يدفن فى بلادى و روحى أن تسكن مع مخلصى الفادى .

الفرق بين الموقف السياسى للمسيحى القبطى و الموقف السياسى للكنيسة الأرثوذكسية

على الكنيسة ان تكون حرة و مستقله دينيا لكنها خاضعة لاي نظام سياسي مهما كانت مبادئه ما دام لا يمتد للتدخل فى الشئون الدينية للمسيحين و لا يصدر قوانين تمنع المسيحين من حرية العبادة و الاعتقاد .

المسيحية أعطت وجودا لمجتمع له قدر ومصير شامل إنه الكنيسة. الكنيسة هي مجتمع من المؤمنين مفتوح ومن غير تمييز لجميع البشر. إنها مؤسسة،أنشئت مع تكليف الرسل والمبشرين،وقد بنيت و أصبحت مركزية بشكل متدرج. المجتمع الكهنوتي أصبح مجتمع حقوق، من خصائصه وجود مؤسسات، إنها المؤسسة الكهنوتية.

إذا كيف تم تنظيم العلاقات بين الكنيسة (كمجتمع وكمؤسسة) و بين السلطة السياسية ؟ خلال القرون الثلاثة الأولى، المسيحيون احتفظوا بموقف يطابق المذهب أو الطريقة المثبتة من قبل بولس الرسول :احترام مطلق الإمبراطورية،مقاومة الأنظمة التي تحمل ضررا للمعتقد بالله الحقيقي.لكن الدين المسيحي الذي هو أقلية و مضطهَدة أصبح في القرن الرابع الدين الرسمي للإمبراطورية الرومانية،ثم فيما بعد الدين المجمع عليه تقريبا في الغرب أثناء العصور الوسطى. القضية و السؤال العملي للعلاقات بين السلطة الزمنية و السلطة الروحية تطرح بطرق مختلفة: لا يعني نهائيا الحفاظ على استقلال الروحي في مواجهة متطلبات السلطة الزمنية ولكن مصالحة أولوية الروحي و أسبقيته مع استقلالية الزمني.

بشكل آخر،لا يعني نهائيا معارضة بين حقوق الله و مع القيصر الوثني، ولكن تعريف الحقوق والواجبات للقياصرة المسيحيين وعلاقتهم مع الكنيسة.إذا هو افتتاح لتاريخ طويل للعديد من الإثارات لها أوجه متعددة. ثلاث أفكار عامة يمكن فصلها هنا : استمرار وديمومة ثنائية السلطة، الغموض في الأنظمة تحت شكل النزعات في الأهلية و الاختصاص،الغموض في الأنظمة تحت شكل تقليدية الدولة وصرامتها. مبدأ ثنائية السلطة لم يكن موضعا للنقاش.المجتمع المسيحي تمت إدارته وحكمه بنوعين من سلطات القضاء المنفصلة، وفق شرعيتين متمايزتين للقوانين. إذا وجد بشكل دائم سلطتان قضائيتان مختلفتان في طبيعتهما. حاول الباباوات دائما إخضاع السلطة السياسية

لكنهم لم يستطيعوا ذلك نهائيا.المؤسسة السياسية و المؤسسة الكهنوتية تبقيان غير مرتبطتين. هذا الانفكاك أدى إلى خصوصية الغرب القرون الوسطي، إذا ما قورن بالمناطق الأخرى في العالم، العالم الإسلامي و الإمبراطورية البيزنطية.

في وقت من الأوقات، " شارلمان " حاول توحيد المسيحية الغربية تحت سلطته الخاصة والتي في نفس الوقت هي زمنية وروحية (حيث اعتبر نفسه زعيما دينيا محاولا أخذ جزء من السلطة الداخلية للكنيسة). فيما بعد في القرن السادس حتى السابع عشر،حاول الباباوات الكاثوليك بجهد كبير إقامة تفوقهم السلطوي. روما مَنحت حق تجاوز وعزل الأباطرة، وذلك للسلطتين الروحية ممثلة بالكنيسة والزمنية ممثلة بالسلطة السياسية ولكن تحت وصاية الكنيسة. هذا التنافس بين السلطتين سيدور في النهاية وبشكل إجباري باتجاه تقوية سلطة الملوك.في نهاية العصر الوسيط، الملكية الوطنية تم فرضها كشكل سياسي.

الاشتباك بين الديني والسياسي لم يتوقف : الدين بقي صاحب سلطة ونفوذ في القرن السابع و الثامن عشر،و مؤيدى الملكية المطلقة سيستندون في تنظيرهم إلى نظرية الحق الإلهي. بعد الإمبراطورية القسطنطينية،وبعد الملكية الوطنية (على الطريقة الفرنسية) ادعت الاختيار و العناية الإلهية.

الصيغة (لاهوتي / سياسي) كانت سلطوية. وتمت ترجمتها على شكل اضطهاد ديني، وتسببت بعد محاولات" الإصلاح" بحروب أهلية خطيرة. هذه الحروب الدينية و الاضطهاد الذي تلاها ساهمت بشكل كبير في تطور الفكر السياسي الحديث. ردة الفعل كانت بعد هذه الحروب كالتالي :

التطرف الدينى يقسم ويفرق . السلطة السياسية تضطهد الدين . النتيجة الدين يجب أن يبعد عن السياسة. الكنيسة الكاثوليكية، و التي اعتقدت أنها نجحت بأن أصبحت كنيسة الدولة، وُجدت من الآن فصاعدا في موقع دفاعي. المحدّثون Modernes التزموا الصراع ضد السلطة السياسية للكنيسة الكاثوليكية وقد وصلت النتيجة إلى النجاح. الكاثوليكية فقدت في بلاد الغرب موقعها كدين للدولة، الكنيسة الرومانية أجبرت على ترك موقعها الزمني، المبدأ الحديث للتحييد الديني للدولة أصبح القاعدة العامة،المجتمعات تعلمنت أو تحول المجال الكنسي إلى دنيوي . اصبحت الكنيسة الكاثولكية ضحية أيضا في بعض الأحيان للسياسة المعادية للدين (اضطهاد الثورة الفرنسية لها)، أو كما في ألمانيا التى تحول معظمها لمذهب البروستانت و ايضا فى فرنسا ظهرت السياسة " المعادية للكهنوتية" في الجمهورية الثالثة الفرنسية.

الكنيسة أُبعدت عند النموذج السياسي مع احترام أن لا أحد لأسباب دينية يجبر على التصرف ضد عقيدته أو يمنع من ممارستها.الكنيسة من الآن فصاعدا هي جزء من هذه الثقافة الحديثة والتي هي الجوهر الأكثر قوة ووضوحا لكرامة الشخصية الإنسانية.

فالكنيسة دائما لديها الحرية والاستقلالية ان تعلن موقفها الصريح والواضح تجاه الانظمة السياسية. فالكنيسة تدين كل صور واشكال الاستعباد وقهر الحريات المدنية والدينية، وتدين كل نظام سياسي يحاول ان يتجاهل مبدأ الخير العام ويحوله الى مبدأ لخدمة مصلحة فردية او مصلحة حكومية ان الانظمة السياسية التسلطية والدكتاتورية هي انظمة مرفوضة، وان على الانظمة ان تعمل من اجل تحسين مجال الحريات وحقوق الانسان وكذلك تعلن الكنيسة بان السلطة يجب ان تكون في خدمة الشعب وان تعبر عن سيادة الشعب. وتؤكد على احقية الشعوب ان تحكم نفسها وفقا لانظمة تنسجم مع ثقافتها وتقاليدها الحضارية، ولكن دائما انطلاقا من احترام حقوق الانسان وكرامته. فمصادرة الارادات والحريات هي جريمة بحق الانسان، يدينها الانجيل والضمير الانساني. ولا يمكن للشعب ان يتحول الى كيان سلبي يتحمل قرارات وتسلط الاخرين.

لذلك يجب على الكنيسة ان تتمتع بالاستقلالية، ليس فقط تجاه كيان الدولة، ولكن تجاه النظام السياسي الحاكم. فالنظام السياسي هو نتاج الثقافة والتقليد وتاريخ الشعب. ولهذا نجد ان الانظمة الشمولية والتسلطية لا تحترم الحقوق الاساسية للانسان وتهمّش مكوناته المختلفة. هذه الانظمة لا يمكن ان تكون تعبيرا عن ارادة شعوبها، بل تجسيدا لنزاعات مجموعة معينة او حزب معين مهيمن وتسلطي.

لاحظ أن خضوع الكنيسة للسلطة المدنية هو موقف إيجابي متزن بين موقفين متناقضين هما التمرد والخنوع. حيث أن التمرد هو عصيان أوامر السلطة المدنية دون أسباب واضحة أو لمصالح خاصة . ويصدر التمرد عن قلب متكبر، وذات عنيدة، وإرادة عاصية، ونفس شريرة، كما يقول الكتاب المقدس **(الشرير إنما يطلب التمرد فيطلق عليه رسول قاسى)(أم١٧ :١١)** ولقد وضح ارميا النبي ما في التمرد من عصيان بقوله **(وصار لهذا الشعب قلب عاصٍ ومتمرد. عصوا ومضوا) (أر٥:٢٣)**

ومن أمثلة التمرد في الكتاب المقدس:

١- شاول الملك:

يذكر الكتاب المقدس قصة التعدي التي سقط فيها شاول الملك بالخروج على ترتيب الله والتعدي على حقوق السلطة الدينية المفوضة من قبل الله **(مكث (شاول) سبعة أيام حسب ميعاد صموئيل ولم يأت صموئيل إلى الجلجال والشعب تفرق عنه. فقال شاول قدموا إليَّ المحرقة وذبائح السلامة. فأصعد المحرقة. وكان لما انتهى من إصعاد المحرقة إذا صموئيل مقبل فخرج شاول للقائه ليباركه فقال صموئيل: ماذا فعلت؟ فقال شاول لأني رأيت أن الشعب قد تفرق عني وأنت لم تأت في أيام الميعاد والفلسطينيون متجمعون**

في مخماس فقلت الآن ينزل الفلسطينيون إلى الجلجال ولم أتضرع إلى وجه الرب فتجلدت وأصعدت المحرقة. فقال صموئيل لشاول قد انحمقت لم تحفظ وصية الرب إلهك التي أمرك بها ... الآن مملكتك لا تقوم) (١صم١٣: ٨-١٤)

ويلاحظ أنه رغم كل هذه المبررات الجبرية التي ذكرها شاول لكن الحكم كان عليه بأنه ارتكب حماقة لأنه تعدى ترتيب الله الذي فوض السلطة الدينية لصموئيل النبي الكاهن فقط أن يقدم الذبيحة، ونتيجة لتمرده زالت مملكته.

تمرد قورح وداثان وأبيرام:

وهذه صورة أخرى من صور التمرد فقد أخذ هؤلاء الثلاثة يقاومون موسى النبى مع أناس من بنى إسرائيل مائتين وخمسين رؤساء الجماعة مدعوين للاجتماع ذوي اسم. فاجتمعوا على موسى وهرون وقالوا لهما كفاكما.

(إن كل الجماعة بأسرها مقدسة وفى وسطها الرب فما بالكما ترتفعان على جماعة الرب ... وكلم الرب موسى وهرون قائلا افترزوا من بين هذه الجماعة فإني أفنيهم ... وفتحت الأرض فاها وابتلعتهم ... فنزلوا هم وكل ما كان لهم أحياء إلى الهاوية وانطبقت عليهم الأرض فبادوا من بين الجماعة) (عدد١٦: ١-٣٣)

تمرد ديوتريفوس على تعاليم الرسل : يذكر يوحنا الحبيب قصة تمرد ديوتريفوس هذا قائلا **(كتبت إلى الكنيسة ولكن ديوتريفوس الذي يحب أن يكون الأول بينهم لا يقبلنا. من أجل ذلك إذا جئت فسأذكره بأعماله التي يعملها هاذرا علينا بأقوال خبيثة وإذ هو غير مكتف بهذه لا يقبل الاخوة ويمنع أيضا الذين يريدون، ويطردهم من الكنيسة. أيها الحبيب (الشيخ غايس) لا تتمثل بالشر بل بالخير لأن من يصنع الخير هو من الله ومن يصنع الشر فلم يبصر الله) (٣يو٩: ١١)**

هذه بعض صور التمرد التي أوردها الكتاب المقدس ويتضح منها روح العصيان الاثم على السلطة في عناد وعصيان وتكبر. أما الخنوع فهو الاستسلام في مذلة لاستجداء رضى الناس وخاصة أصحاب السلطة بأية وسيلة ولو على حساب المبادئ والقيم ووصايا الرب.

ولعل موقف لوط من أهل سدوم كان موقف الخنوع، فقد أحاطوا بالبيت وقالوا له **(أين الرجلان (الملاكان) اللذان دخلا إليك الليلة. أخرجهما إلينا لنعرفهما (أي ليفعلا الشر بهما)، فخرج إليهم لوط إلى الباب واغلق الباب وراءه وقال لا تفعلوا شراً يا اخوتي. هوذا لي ابنتان لم تعرفا رجلاً أخرجهما إليكم فافعلوا بهما كما يحسن في عيونكم)(تك١٩: ٥-٨)** فقد حاول لوط أن يرضى أهل سدوم بأي وسيلة على حساب المبادئ والقيم بتعريض ابنتيه للرذيلة. إنه موقف الخنوع.

والوقع أن الخنوع يصدر عن نفسية مريضة كئيبة يائسة، فاقدة الثقة محصورة في موقف الضعف يرجفها الخوف فلا تملك إلا الخنوع والاستسلام مثلما حدث من بنهدد ملك آرام بعد هزيمته أمام آخاب ملك إسرائيل، فهرب ودخل المدينة من مخدع إلى مخدع. وعمل بنصيحة مشيريه فلبس المسوح وشد حبالاً على رأسه وأرسل إلى ملك إسرائيل وقال له **(إني أرد المدن التي أخذها أبى من أبيك، وتجعل لنفسك أسواق في دمشق فقطع له عهداً وأطلقه) (١مل٢٠: ٣٠-٣٤)** كان هذا العهد من منطلق الخنوع لا الخضوع بدليل أنه بعد سنوات ثلاث اكتشف آخاب أن ملك آرام لم يفِ بعهده وأنه لم يعطه راموت جلعاد فقامت الحرب بينهما من جديد. **(١مل٢٢: ١-٤٠)**

أما الخضوع السليم للسلطة فهو: موقف إيجابي متزن بين التمرد والخنوع أماالخضوع هو تصرف روحاني يرى الله في المشهد بينك وبين السلطة، أما التمرد والخنوع فهما تصرفات بشرية مع السلطة في حد ذاتها دون اعتبار لمشيئة الله.

فالخضوع هو تسليم لمن يقضى بعدل **(بط٢: ٢٣)** بصفته المسئول عن مصير المؤمن، أما التمرد فهو محاولة بشرية ممتلئة بالحقد والمرارة والعنف لتتخلص من السلطة التي تلعب بمصيرك. فمنطلق الخضوع هو أن مصير المؤمن ليس متروكا لأهواء الناس يلعبون به. بل هو محفوظ في يد الله كما قال معلمنا بولس الرسول **(لهذا السبب أحتمل هذه الأمور أيضا لكنني لست اخجل لأنني عالم بمن آمنت وموقن أنه قادر أن يحفظ وديعتي إلى ذلك اليوم). (٢تى١: ٣)**

إن من أروع الأمثلة على الخضوع بلا خنوع أو تمرد هو مثل ربنا وإلهنا ومخلصنا يسوع المسيح في موقفه أمام رؤساء الكهنة وبيلاطس البنطي. فما كان هناك أي أثر للتمرد وإلا لكان قد أعلن الحرب وحرض التلاميذ على الثورة لكي يخلص نفسه، بل على العكس نراه في البستان يقول لبطرس الذي استل سيفه وضرب عبد رئيس الكهنة فقطع أذنه**(رد سيفك إلى مكانه لأن كل الذين يأخذون السيف بالسيف يهلكون. أتظن أنى لا أستطيع الآن أن أطلب إلى أبى فيقدم لي أكثر من أثنى عشر جيشاً من الملائكة) (مت٢٦: ٥٢-٥٣)**

وموقف الرب يسوع المسيح لم يكن فيه شيئاً من الخنوع وإلا لحاول أن يستعطف العسكر وبيلاطس ويبرر موقفه وتصرفاته حتى يعفوا عنه، ولكن الرب يسوع المسيح له المجد كان قد قضى الليل كله في صلاة وخضوع مطلق لمشيئة الآب قائلاً **(ولكن لا لتكن إرادتي بل إرادتك) (لو٢٢: ٤٢)** فما كان بيلاطس والكهنة والعسكر في نظره سوى آلات في يد الآب يتمم بها مشيئته لأنه **(سلم لمن يقضى بعدل) (١بط٢: ٢٣)**

ولنا أيضا في قدوة معلمنا بولس الرسول الذي سار على منهج سيده مثلا آخر للخضوع بلا خنوع أو تمرد. ففي تعاملاته مع السلطات لم يتصرف قط بتمرد وإلا كنا نلمس روح

المرارة في كتاباته عن السلطات ولكنه علمنا عن الخضوع لها على أنها مرتبة من الله **(رو١٣ : ١-٨)**

وكذلك لم يكن خانعاً وإلا كان قد حاول استعطافهم ليطلقوه، ولكننا نراه يتكلم أمام فيلكس عن الأيمان بالمسيح بكل ثقة **(أع٢٤ : ٢٤-٢٥)** ويحتج أمام أغريباس بكل حكمة ومحبة (أع٢٦ : ١-٣٢) فلم يكن معلمنا بولس الرسول في خضوعه ممسوح الشخصية أي إنسان بلا شخصية بل كان ينظر إلى نفسه في المسيح يسوع بنظرة إيجابية عالما قيمة هذه النفس عند الرب لذلك يقول **(لهذا السبب أحتمل هذه الأمور أيضا لكنني لست اخجل لأني عالم بمن آمنت وموقن أنه قادر أن يحفظ وديعتي إلى ذلك اليوم) (٢تى١ : ١٢)**

فالمؤمن في خضوعه للسلطات التي يستخدمها الله لخيره وصقله وتشكيله ينمو في التشبه بالسيد المسيح له المجد. وما أجمل تعبير المرنم **(أدخلتنا إلى الشبكة جعلت ضغطاً على متوننا. ركبت أناساً على رؤوسنا. دخلنا في النار والماء ثم أخرجتنا إلى الخصب) (مز١٦ : ١١)**. وقد قال أيضا معلمنا بطرس الرسول **(فاخضعوا لكل ترتيب بشرى من أجل الرب إن كان للملك فكمن هو فوق الكل أو للولاة فكمرسلين منه للانتقام من فاعلي الشر وللمدح لفاعلي الخير). (١بط٢ : ١٣-١٤)**وقال أيضا **(اكرموا الجميع. احبوا الاخوة. خافوا الله. اكرموا الملك) (١بط٢ : ١٧)** وسليمان الحكيم قال **(لا تسب الملك ولا في فكرك). (جا١٠ : ٢٠)**

وبرغم الإضطهادات التى عانت منها الكنيسة القبطية الأرثوذكسية فى عصور كثيرة لكن لم يتم التحَكُّم في الكنيسة القبطية الأرثوذكسية ، ولم تسمح الكنيسة القبطية الأرثوذكسية لنفسها بالتدخل فى حكم مصر. وهذا الفصل بين الدين والدولة مبني على قول الرب يسوع نفسه: **(إعطوا ما لقيصر لقيصر، وما لله لله.) (متى٢٢ : ٢١)**. و قول بولس الرسول **(لتخضع كل نفس للسلاطين الفائقة، لأنه ليس سلطان إلا من الله، والسلاطين الكائنة هي مرتبة من الله،حتى إن من يقاوم السلطان يقاوم ترتيب الله، والمقاومون سيأخذون لأنفسهم دينونة.فإن الحكام ليسوا خوفا للأعمال الصالحة بل للشريرة. أفتريد أن لا تخاف السلطان؟ افعل الصلاح فيكون لك مدح منه، لأنه خادم الله للصلاح! ولكن إن فعلت الشر فخف، لأنه لا يحمل السيف عبثا، إذ هو خادم الله، منتقم للغضب من الذي يفعل الشر. لذلك يلزم أن يخضع له، ليس بسبب الغضب فقط، بل أيضا بسبب الضمير. فإنكم لأجل هذا توفون الجزية أيضا، إذ هم خدام الله مواظبون على ذلك بعينه. فأعطوا الجميع حقوقهم: الجزية لمن له الجزية. الجباية لمن له الجباية. والخوف لمن له الخوف. والإكرام لمن له الإكرام..) (رومية ١٣ : ١-٧)** ولم تقم الكنيسة القبطية أبدًا بمقاومة السُلطات أو الغُزاه، ولم تأخذ أي سُلطة، لأن كلام السيد المسيح واضح: **(رُدّ سيفك إلى مكانه، لأن كل الذين يأخذون السيف، بالسيف يهلكون.) (متى٢٦ : ٥٢)**. و كما وضح أرميا النبي**(جيد أن ينتظر**

الإنسان ويتوقع بسكوت خلاص الرب ... يجلس وحده ويسكت... يجعل في التراب فمه لعله يوجد رجاء. يشبع عاراً لأن السيد لا يرفض إلى الأبد فإنه لو أحزن يرحم حسب كثرة مراحمه. لأنه لا يذلّ من قلبه ولا يحزن بنى الإنسان. أن يدوس أحد تحت رجليه كل أسرى الأرض (ظلماً) أن يحرق حق الرجل (ظلماً) أمام وجه العلي. أن يغلب الإنسان في دعوى (ظلماً) (فهل) السيد لا يرى؟ من ذا الذي يقول فيكون والرب لم يأمر؟ من فم العلي ألا تخرج الشرور (المصائب) والخير؟) (مراثى٣:٢٦-٣٨).

فالكنيسة تنتظر إعلان الرب عن مشيئته التي لابد أن تسري دون عائق يعوقها و اثناء الانتظار تهتم الكنيسة بالصلاة والتسليم للرب وتوقع خلاص الرب بأن يغير الرب فكر الطغاه أو الظروف والملابسات. و تتوقع أن يكون رد الفعل لخضوعها مزيداً من الضغوط والقيود عليها ، فتحتمل الكنيسة الاضطهاد ، وهى متأكده أن الله يستخدم كل ذلك للخير **(ونحن نعلم أن كل الأشياء تعمل معاً للخير للذين يحبون الله الذين هم مدعوون حسب قصده) (رو٨:٢٨).** لذلك تحرص الكنيسة على أن تكون ردود أفعالها صحيحة حتى لا تكون سبب عثرة للشعب المسيحى و تدفعة للثورة بل تساعد المسيحين على الصبر **(انتظر الرب ليتشدد وليتشجع قلبك وأنتظر الرب. (مز٢٧:١٤)** و تحذرهم من الاندفاع لتغيير الواقع السيء بالقوة **(أسرعوا فنسوا أعماله.ولم ينتظروا مشورته) (مز٦:١-١٣)**

الأنسان المسيحى مطالب بأن يكون له موقف سياسى سواء كان يتفق فى موقفة مع الكنيسة أو يختلف لأنه أنسان حر ذو أرادة خاصة و مصالح خاصة به و ليس للكنيسة سلطة سياسية على رعايها .

أما الكنيسة الأرثوذكسية فلها موقف سياسى ثابت لا يتغير من حيث ضرورة الخضوع للسلطة المدنية الحاكمة فيما لا يخالف تعاليم السيد المسيح .

بين الثورة و التمرد على السلطة الحاكمة ؟

ان لفظ تمرد Revolte في اللغة الفرنسية يعني الفعل الجماعي الذي ترفض بواسطته مجموعة السلطة السياسية الموجودة أو القواعد الاجتماعية القائمة. ويدل أيضا على حالة من الفكر يرفض من خلالها فرد مع عداوة شديدة كل سلطة تحد من حريته. ان الروح المتمردة هي حالة مستمرة من المعارضة ضد النظام والمؤسسات والنزعة الأكاديمية بل وأيضا ضد الوضع البشري برمته وما يعانيه من ازدراء وامتهان.

فالثورة تغير مفاجئ في النظام الاجتماعي. لكن الثورة أكثر عقلانية من التمرد فهى لا تبحث فقط عن التحطيم بل تريد أيضا بناء نظام جديد، ولا تبقى في لحظة النقد والسجال بل تسعى الى أن تكون فاعلة وتتحول الى قوة اقتراح وتبدع بدائل ممكنة.

اذا كان التمرد واجب على كل فرد تعرض الى الاضطهاد والاستغلال فإن الثورة حق بالنسبة الى الشعوب التي تصاب بداء الاستبداد والشمولية. والثورة التامة والجذرية هي التي تريد تغيير نمط الحياة وتحويل العالم وتجديد الفنون واستبدال بنية الملكية و القضاء على نمط الحكم القديم وخلق نمط حكم مختلف يتناسب مع طموحات القوى الصاعدة ومختلف شرائح المجتمع في العدالة والكرامة والحقوق والحريات والمساواة. لكن اذا كان التمرد يقتصر على المجال الاجتماعي والسياسي فإن الثورة تطلق على مختلف المجالات وبالتحديد تشمل ميادين الثقافة والعلم والاقتصاد والسياسة والتقنية والفنون.
اللافت للنظر أن ثورة ٢٥ يناير فى مصر كانت نتيجة اجتماعية لسنوات من العمل السياسى استخدمت الاساليب السلمية للنضال السياسى و من هذة الاساليب العصيان المدني و التظاهرات السلمية و الاعتصامات وارتكزت بالأساس على المهمشين والعاطلين والعنصر الشبابي والطلبة والتلاميذ والعمال والناشطين والمثقفين والنقابيين والمحامين ورجال التعليم والصحفيين وحددت الخروج من النفق كهدف لها. كما أن مطمحها هو اسقاط دولة الفساد والتخلص من النظام الاستبدادى والتحرر من التبعية للغرب واعطاء السيادة للشعب والحرية للأفراد والشغل لطالبيه والحقوق للجميع دون استثناء.ان الانتشار الأعلامى لتيار الأسلام السياسى الذي عرفته هذه الثورة ومحاولة الركوب عليها وأسلامتها وتوظيفها لخدمة بعض الأجندات لجماعات اسلامية متطرفة جعلها تفقد رونقها و دفع الشعب المصرى أن يقوم بثورة أخرى على النظام الأخوانى فى ٣٠ يونيو ٢٠١٣ فالثورية المصرية ستظل مهما حادت عن مسارها ومهما حاول البعض افقادها لطابعها المدني والسلمي وستحقق أهدافها في ادخال المصريين الى الحداثة السياسية ، و اقرار دستور مصرى ذو طابع مدنى يحدد حقوق و واجبات كلا من الدولة و الشعب .

لكن متى يجوز للمسيحى و الكنيسة عصيان السلطة المدنية ؟

الكنيسة و المسيحيون مطالبين بالخضوع في كل شئ على اعتبار أن هذه السلطات المدنية مقامة من الله كما قال معلمنا بولس الرسول **(لأن ليس سلطان إلا من الله والسلاطين الكائنة هي مرتبة من الله) (رو١٣ :١)**. ولكن إذا ما أصدرت السلطات أمراً ضد وصايا الرب كأن يأمر أب ابنه بالسرقة، أو ابنته بالزنا، أو أن يأمر الملك المسيحيون بالسجود للأصنام أو التبخير للأوثان ففي هذه الحالة نكون قد وصلنا إلى نهاية حدود الخضوع للسلطة، وعندئذ يتحتم على المؤمن أن يطيع الله أكثر من الناس **(ينبغي أن يطاع الله اكثر من الناس) (أع٥ :٢٩)** وهذا ما أكده القديس أنطونيوس الكبير بقوله **(إن أُمرت بشيء يوافق مشيئة الله**

فاحفظه (أي نفذه)، وإن أُمرت بما يخالف الوصايا فقل إن الطاعة لله أولى من الطاعة للناس) (بستان الرهبان ص١٧٩)
و الثلاثة فتية القديسون: فقد رفضوا الخضوع لأوامر الملك بالسجود لتمثال الذهب الذي نصبه. **(دا٣:١-٣٠)** دانيال رفض الأمر الملكي رغم المحبة الشديدة التي تربطه بالملك وصلى إلى إلهه وكواه مفتوحة فطرح في جب الأسود. **(دا٦:١-٢٤)**
نابوت اليزرعيلى: رفض طلب الملك بالتخلي عن ميراث آبائه فرجم.**(١مل٢١:١-١٦)**
يوسف الصديق: رفض طلب سيدته امرأة فوطيفار فطرح في السجن. **(تك٢٩:٧-٢٠)**
التلاميذ القديسون: رفضوا أمر رئيس الكهنة بعدم الكرازة بالسيد المسيح فسجنوا وجلدوا **(أع٥:١٧-٤٠)**. و على المسيحى أن يعترض ولكن في التزام كامل بروح المسيح من جهة رفض أوامر السلطة، مراعيا نقاوة الدافع وقداسة الهدف وروحانية الأسلوب، قابلاً حمل الصليب. حيث لا يكون الرفض بدافع العناد والتشبث بالرأي، بل من منطلق الأمانة للرب.
ولا يكون بدافع حب الذات والتعالي على الآخرين.ولا يكون الهدف هو السعي إلى الشهرة وكسب مواقف بطولية أو الرغبة في التحرر من السلطة والحياة في حرية وهمية.
و ينبغي أن يكون سلوك المسيحى في هذا الموقف خالياً من الغطرسة واحتقار الآخرين.
وغير مصحوب بالبغضة والمرارة. فدانيال الذي القي في جب الأسود لم يفقد محبته للملك قط كما يتضح من أسلوب رده عليه **(يا أيها الملك عش إلى الأبد) (دا٦:٢١)**.
و ينبغي أن يكون واضحاً منذ البداية حساب رد فعل السلطة لقرار مثل هذا، وهو حمل الصليب واحتمال الألم بروح راضية، بغير تأفف أو شعور بعقدة الشهيد، والإحساس بالظلم، واتهام الآخرين بالفساد وعدم العدالة والقسوة. فالرب يسوع المسيح قال**(إن أراد أحد أن يأتي ورائي فلينكر نفسه ويحمل صليبه كل يوم ويتبعني) (لو٩:٢٣)**.
والمسيحى هو حر في الاختيار أن يرفض أوامر السلطة المدنية ويقبل رد فعل السلطة العنيف ضده بكل خضوع. إذن فالكنيسة و المسيحيون خاضعين للسلطة على كل حال، ورفضهم لأوامر السلطة المدنية ليس تمرداً على السلطة بل استخدام لحق الاختيار الذي أتاحته له السلطة نفسها.
فالواقع أن المسيحى يكون أمامه أكثر من اختيار منها :
الاختيار الأول: رفض أمر السلطة الذي يتعارض مع الوصية المسيحية.
الاختيار الثاني: قبول حمل الصليب أو العذاب و السجن و الاستشهاد .
الاختيار الثالث: الهروب من السلطة من خلال الهجرة لبلاد أخرى .
الاختيار الرابع: تملق السلطة أي الخنوع.
الاختيار الخامس: التمرد على السلطة وإعلان الثورة السلمية والجهادغير المسلح (**لكن ليس كما فعل بطرس في البستان بقطع أذن عبد رئيس الكهنة بالسيف**) و لكن بتحريض

الجماهير على العصيان المدنى للسلطة الظالمة و تنظيم المظاهرات و الأحتجاجات لأن عندما أمر الرب بطرس بأن يرد السيف إلى غمده أنهى على الاختيار الخامس من حياة كل مسيحى ، وأبطل الالتجاء إلى القوة البشرية، وأغلق طريق الثورة المسلحة إلى الأبد.

أما الكنيسة يكون أمامها ثلاث خيارات يجب أن تقبلهما معا :

الاختيار الأول: رفض أمر السلطة الذي يتعارض مع الوصية المسيحية.

الاختيار الثاني: قبول حمل الصليب أو العذاب و السجن و الاستشهاد .

الاختيار الخامس: التمرد على السلطة وإعلان الثورة السلمية والجهادغير المسلح

أما الكنيسة فلا تملك الاختيار الثالث و الرابع لأنها لا تستطيع الهروب و ترك شعبها يعانى الأضطهاد بمفردة و لا تستطيع الموافقه على قرارات الحاكم المخالفة لتعاليم المسيحية لأنها بذلك تهدم أركانها التى بنيت عليها .

الملكية و الديموقراطية و فكر الديموقراطية المسيحية :-

ظهرت حكومات الملوك في العالم لأول مرة على يد الوثنيين، ومنهم أخذ بنو إسرائيل تلك العادة .لقد كان هذا هو أكثر اختراعات الشيطان نجاحًا في ترويج عبادة الأوثان بجل الوثنيون ملوكهم المتوفين تبجيلًا رفعهم إلى مقام الآلهة كالفراعنة ، لكن إرادة الله كما أبلغها موسى و ويشوع و جدعون و صموئيل النبى ترفض صراحة حكومة الملوك. فقد كانت حكومة اليهود فى البداية نوعا من الولايات يديرها قاض و مجلس من شيوخ القبائل. و أعتبرت الملكية في الكتاب المقدس على أنها إحدى خطايا اليهود، التي استحقوا

بسببها لعنة نزلت بهم . وتاريخ هذه الخطيئة جدير بالاهتمام بداية من القاضى جدعون الذى خلص بني إسرائيل من قهر المديانيين بجيش صغير، وحقق النصر، بمعجزة إلهية. فاقترح اليهود الذين غرهم النصر فأرجعوا النصر إلى عبقرية جدعون الحربية و طلبوا منه أن يصبح ملك عليهم **(فقال لهم جدعون لا أتسلط انا عليكم و لا يتسلط ابني عليكم الرب يتسلط عليكم)(قض ٨ : ٢٣)** فجدعون يستنكر حقهم في منحه إياه الملك و بأسلوب إيجابي يليق بنبى يتهمهم بالجحود وعدم الولاء لمولاهم الحق ملك السموات والأرض.

و بعد سنين طويلة ، ذهبوا إلى صموئيل النبى وحدثوه بغلظة طالبين ملكا **(و قالوا له هوذا أنت قد شخت و ابناك لم يسيرا في طريقك فألان اجعل لنا ملكا يقضي لنا كسائر الشعوب فساء الأمر في عيني صموئيل إذ قالوا أعطنا ملكا يقضي لنا و صلى صموئيل إلى الرب فقال الرب لصموئيل اسمع لصوت الشعب في كل ما يقولون لك لأنهم لم يرفضوك أنت بل إياي رفضوا حتى لا املك عليهم حسب كل أعمالهم التي عملوا من يوم أصعدتهم من مصر إلى هذا اليوم و تركوني و عبدوا آلهة أخرى هكذا هم عاملون بك أيضا فألان اسمع لصوتهم و لكن اشهدن عليهم و اخبرهم بقضاء الملك الذي يملك عليهم)(١صم٨: ٥ - ٩)** فغضب صموئيل النبى من جحودهم وكفرهم بنعمة لله عليهم و عين لهم شاول ملكا عليهم لكنه أيضا أوضح لهم غضب الله عليهم لرفضهم أن يكون الله ملكا عليهم .

(أما هو حصاد الحنطة اليوم فاني أدعو الرب فيعطي رعودا و مطرا فتعلمون و ترون انه عظيم شركم الذي عملتموه في عيني الرب بطلبكم لأنفسكم ملكا فدعا صموئيل الرب فأعطى رعودا و مطرا في ذلك اليوم و خاف جميع الشعب الرب و صموئيل جدا)(١صم١٢: ١٧ - ١٨) .

الديموقراطية : تعنى فى الأصل حكم الشعب لنفسه ، لكن كثيراً ما يطلق اللفظ على الديموقراطية الليبرالية لأنها النظام السائد للديمقراطية فى دول الغرب و كذلك فى العالم فى القرن الواحد و العشرين، و بهذا يكون إستخدام لفظ (الديموقراطية) لوصف الديموقراطية الليبرالية خلطاً شائعاً فى إستخدام المصطلح سواء فى الغرب أو الشرق ، فالديموقراطية هى شكل من أشكال الحكم السياسى قائم بالإجمال على التداول السلمى للسلطة و حكم الأكثرية ، بينما الليبرالية تؤكد على حماية حقوق الأفراد و الأقليات و هذا نوع من تقييد الأغلبية فى التعامل مع الأقليات و الأفراد بخلاف الأنظمة الديمقراطية التى لا تشتمل على دستور يلزم مثل هذه الحماية و التى تدعى بالديموقراطيات اللاليبرالية ، فهنالك تقارب بينهما فى أمور و تباعد فى أخرى يظهر فى العلاقة بين الديموقراطية و الليبرالية كما قد تختلف العلاقة بين الديموقراطية و العلمانية بإختلاف رأى الأغلبية ، و

تحت نظام الديموقراطية الليبرالية أو درجة من درجاته يعيش فى بداية القرن الواحد والعشرين ما يزيد عن نصف سكان الأرض فى أوروبا و الأمريكتين و الهند و أنحاء أخرى ، بينما يعيش معظم الباقى تحت أنظمة تدعى نَوعاً آخر من الديمقراطية كالصين التى تدعى الديموقراطية الشعبية ، يطلق مصطلح الديموقراطية أحياناً على معنى ضيق لوصف نظام الحكم فى دولة ديمقراطية ، أو بمعنى أوسع لوصف ثقافة مجتمع ، و الديمقراطية بهذا المعنى الأوسع هى نظام إجتماعى مميز يؤمن به و يسير عليه المجتمع و يشير إلى ثقافة سياسية و أخلاقية معينة تتجلى فيها مفاهيم تتعلق بضرورة تداول السلطة سلمياً و بصورة دورية .

يعتبر فردريك أوزنام (أستاذ القانون التجارى فى جامعة ليون) أول من إستخدم تعبير (المسيحية الديموقراطية) سنة ١٨٤٨ عندما قال (أعتقد فى إمكانية الديموقراطية المسيحية) ، عندما أصبح التصنيع و الحكومة الدستورية من السمات المميزة لأوروبا الحديثة بدأت تظهر قوى جديدة إشتراكية و شيوعية فظهرت الديموقراطية المسيحية كرد فعل لهذه القوى لمواجهة آثار الحرب العالمية و لتخفيف حالة البؤس و الدمار الذى خلفته الحرب و الإنحلال الأخلاقى الذى ساد فى تلك الفترة فكانت هناك حاجة للنهوض مجدداً بالأخلاق المسيحية .

لقد عمل المفكر الكاثوليكى الفرنسى (جاك ماريتين) بصورة خاصة على تقديم الحجج التى تلزم المسيحيين بإعتناق الديمقراطية و حقوق الإنسان ، ألف ماريتين كتيبات و منشورات عن التوفيق و المصالحة بين المسيحية و الديمقراطية ، و التى ألقتها قاذفات القنابل التابعة للحلفاء على مدن أوروبا ، و لم يكل ماريتين قط من التأكيد على أن الأصول المسيحية للديمقراطية المزدهرة فى أمريكا كان لها أبلغ الأثر عليه ، حيث كان الدين المسيحى هو حجر الأساس فى إنشاء الديمقراطية الأمريكية و هو الذى يحدد سياساتها الخارجية و الداخلية على حد سواء .

فالديموقراطية المسيحية هى سياسة تسعى لتطبيق المبادئ المسيحية فى السياسة العامة ، فأتباعها عادة ما يؤكدون على أهمية التراث المسيحى و الأخلاقيات المسيحية ، و يرون الإقتصاد لخدمة الإنسانية و ليس العكس ، و إن كانوا لا يرفضون الرأسمالية من حيث المبدأ و يعظمون أهمية واجب الدولة نحو مواطنيها ، كما أنهم عادة محافظون إجتماعياً ، و بالتالى يعارضون الإجهاض و تحديد النسل و الدعارة و الخمر و القمار و المخدرات و كافة العادات الرذيلة ، و تدعو إلى إقتصاد السوق الإجتماعى أى العبور بالإقتصاد الإشتراكى الديمقراطى إلى إقتصاد السوق الإجتماعى .

مبادئ الديموقراطية المسيحية :-

١- التأكيد على حقوق الإنسان و المبادرة الفردية ، مع التأكيد على حقيقة أن الفرد جزء

مـــــن المجتمـــــع و عليـــــه واجبـــــات نحـــــوه.

٢- الحفـاظ علـى الإخلاقيـات و تعـاليم المـسيح (فـى أمـور مثـل الـزواج و الطـلاق و الإجهاض

و الموقف من المثليين و رفض الخمور و إتلاف الجسد و الصحة) ، و لكنها تقبل بالتطور المجتمعي من حيث حق الإنسان فى الرفاهية و التسلية بدون إباحية .

٣- تنـادى بالتـضامن الإجتمـاعى (دولـة الرفاهيـة ، أهميـة القضاء علـى الفقر و فرض الضرائب تصاعدياً علـى الأثريـاء) و الإستعداد لتقييد قوى السوق لحمايـة الفقراء ، و لكنها ترفض صراع الطبقات و تساند الرأسمالية النزيهة و إقتصاد السوق الأخلاقى .

٤- العدالة الإجتماعية من حيث حق المرضـى و الفقراء و كبار السن فـى رعايـة الدولـة لهم ، و يرجع نجاح الديمقراطية المسيحية إلى موقفها المناهض للشيوعية أثناء الحرب الباردة. إن بداية عمل الأحزاب الديموقراطية المسيحية كانت فى الميدان الإجتماعى و لم تكن فى الميدان السياسى ، حيث ظهرت حركات تسمى (حركات الإصلاح الإجتماعى المسيحى) ، التى نشأت لإصلاح الأوضاع الإجتماعية القائمة فى أوروبا بعد الحرب ، و حول نظرة الأحزاب المسيحية للإقتصاد و السياسية فهى ضرورة توفير قدر أكبر من المساواة فى توزيع الدخل ، و إحترام حقوق الجميع ظهر الإتحاد الديموقراطى المسيحى فى عام ١٩٤٥ فى ألمانيا، و السبب الأبرز لظهوره كان إنهزام ألمانيا فى الحرب العالمية الثانية حيث كانت ألمانيا مقهورة و يهيمن عليها الجوع و اليأس و البؤس ، ففى الوقت الذى إنشغل فيه كثير من الناس من أجل الطعام و المأوى تطلعت أقلية نشطة سياسياً لتأسيس مجتمع جديد يرتكز على الكرامة الإنسانية و حرمة الفرد و الصدقة المسيحية و حقوق الإنسان و الديموقراطيـة ، فـى نهايـة المطـاف عمـل الكاثوليك و البروتستانت معاً لدعم الحزب بسبب خوفهم من الشيوعية و لرغبتهم فى نهضة دينية حقيقية و رغبة فى التجديد الإجتماعى الذى يؤثر أيضاً على الإشتراكيين و الليبراليين و رغبتهم فى تدشين بداية جديدة لمرحلة ما بعد الحرب ، أما بالنسبة لنظرة الحزب الإجتماعية يؤمن فى الديموقراطية حيث أكد على بناء نظام إجتماعى جديد يقوم على إحترام حقوق الفرد ، و دعا للإعتراف بالأسرة بوصفها وحدة إجتماعية حيوية ، و دعم حقوق النساء و الأطفال ، و حق الآباء فى إتخاذ قرار بشأن تعليم أبنائهم ، و بالنسبة لرؤيته للمسائل الإقتصادية و السياسية فقد شهدت مرحلتين :-

المرحلة الأولى : إهتم الحزب فيها بدعم التأميم ، و تحديداً بالنسبة لبعض الصناعات الأساسية ، و دعا لإلغاء التكتلات الإحتكارية و الرقابة الحكومية الفعالة للإقتصاد و رفض العودة للممارسات الرأسمالية التى كانت سائدة قبل الحرب .

المرحلة الثانية : شهد الحزب تحولاً نحو الإقتصاد الحر بسبب إزدياد أنصار الرأسمالية فى الحزب ، فقد تشكل حزب الإتحاد الديموقراطى المسيحى و الإتحاد الإجتماعى من كل من حزب الإتحاد الديموقراطى المسيحى و الإتحاد الإجتماعى و بذلك أصبح تجمعاً يضم الليبراليين و الإشتراكيين و الكاثوليك و البروتستانت و العمال و أرباب العمل فأصبح حركة ذات برنامج مطاط يتسع لأكبر عدد من الأعضاء ، و نجح الحزب و تمتع بنسبة عالية من أصوات المزارعين و النساء ، و نظر بأهمية لأصوات النساء نظراً لكثرة النساء بالنسبة لسكان ألمانيا بعد الحرب العالمية ، كما أن الحزب بذل جهوداً ترمى إلى كسر العداوات الطبقية فجذب شريحة كبيرة من المجتمع الألمانى ، و من أهم إنجازاته الملحوظة أنه إستطاع إيجاد طريقة للتعايش السياسى بين الكنائس المسيحية .

بعد هذا الإستعراض السريع لنشأة الديمقراطية المسيحية و الأحزاب المسيحية فى أوروبا تجدر ملاحظة أن هذه الأحزاب تعمل فى دول علمانية و تنسجم برامجها الإنتخابية مع هذا الأطار ، و من الملاحظ أيضاً أن الأحزاب المسيحية ظهرت فى بعض الدول الأوروبية كقوة سياسية فاعلة بشكل كبير، كما كان الحال بالنسبة لألمانيا و لم يكن لها ذات الدور فى دول مثل بريطانيا .

هل تعتبر الكنيسة القبطية الأرثوذكسية حزب سياسى و ما هى حدود سلطاتها ؟

بداية يجب أن نعرف ما هو تعريف الحزب السياسى و ما هى مقوماته لكى نعرف أذا كانت تنطبق على الكنيسة أم لا .

الحزب السياسى : هو تجمع طوعى ينشأ للدفاع عن مصالح طبقية أو رؤية ثقافية محددة من خلال برنامج سياسى يسعى للوصول إلى السلطة من خلال الانتخابات لوضع هذا البرنامج موضع التطبيق، ولكى يكون الحزب السياسى بهذا المفهوم قادراً على المنافسة الحزبية والمنافسة الانتخابية للحصول على أغلبية برلمانية تمكنه من تشكيل الحكومة .

فإنه يجب أن تتوافر له مجموعة من المقومات الأساسية فى مقدمتها:

١ـ **رؤية فكرية وسياسية لتولى السلطة** حيث يتم ترجمتها فى برنامج سياسى يحدد موقف الحزب من قضايا ومشكلات المجتمع والحلول التى يقدمها لها وأولوياته فى حلها والإجراءات المحددة التى سينفذها عندما يتولى **السلطة** لوضع هذه الحلول موضع التطبيق.

٢ـ **التنظيم الحزبي** الذى يمكن الحزب من توصيل رؤيته الفكرية وبرنامجه السياسى إلى المواطنين فى مختلف أرجاء البلاد ويشترط فى هذا التنظيم أن تتواجد وحداته الأساسية حيث يعيش الناس وحيث يعملون ويمارسون النشاط، بإعتبار أن الوحدة الأساسية للحزب هى حلقة الصلة بين الحزب والشعب التى تنظم نشاط أعضاء الحزب فى عمل جماعى

فى مجتمعهم المحلى والمنظمات الجماهيرية كالنقابات والجمعيات الأهلية والجمعيات التعاونية والأندية.

٣- **الانتشار الجغرافى** لا يكفى أن يملك الحزب السياسى تنظيماً يعبئ أعضاءه وينسق حركته ويوحد نضاله السياسى، بل من الضرورى لضمان فاعلية هذا النضال السياسى أن يتوافر للتنظيم الحزبى الانتشار الجغرافى لتتواجد وحداته الأساسية فى معظم القرى والأحياء السكنية بالمدن وأن تتواجد أيضاً فى مواقع العمل من مصانع ووحدات خدمات، وبدون هذا الانتشار الجغرافى لا يكون الحزب طرفاً فاعلاً فى المنافسة الحزبية والانتخابية.

٤- **الكوادر و القيادات السياسية** حيث يعتبر الكادر السياسى من المقومات الأساسية للحزب السياسى والتى لا يمكن بدونها أن يمارس الحزب نضاله ويصل بأفكاره إلى أوسع دائرة ممكنة على إمتداد البلاد، هذه القيادات يستطيع الحزب أن يكتشفها من بين العناصر الحركية فى العضوية التى تتميز بالقدرة على المبادرة والاستعداد للتجاوب مع الأحداث ويزود الحزب هذه العناصر بالوعى السياسى والمعرفة العلمية التى تمكنها من تولى مواقع قيادية فى مختلف مستويات الحزب ومن خلال هذه المواقع القيادية تتشكل لها شعبية داخل الحزب وخارجه فتكتسب القدرة على التأثير فى الآخرين وقيادتهم فى إطار أهداف الحزب ومواقعه وبقدر ما يزيد عددها يتسع نشاط الحزب فى مختلف المواقع ومختلف المجالات.

٥- **أدارة داخلية ديمقراطية** حيث أن تقوم أدارتة الداخلية على أسس ديمقراطية تحكم العلاقات داخل الحزب مثل أن تكون الهيئات ومراكز المسئولية فى الحزب بالانتخاب، وألا تزيد مدة بقاء الشخص فى المسئولية على دورتين انتخابيتين لتوسيع تداول القيادة داخل الحزب، وألا يتولى الشخص الواحد أكثر من مسئولية قيادية واحدة.

٦- **توافرالموارد المالية** لتمكنه من ممارسة نشاطه بفاعلية فى المجتمع حيث يتطلب النشاط الحزبى إيجاد مقرات فى مختلف المواقع يلتقى فيها الأعضاء فضلاً عن تكلفة انتقال الأعضاء لحضور الاجتماعات الحزبية، وتكلفة إصدار المطبوعات الحزبية وغيرها من أوجه النشاط الحزبى التثقيفى والجماهيري. وهناك أيضاً الموارد المالية اللازمة لامتلاك الحزب وسائل إعلام جماهيرية. ومن الضرورى أن يبحث الحزب بجدية كيفية تأمين مصادر دائمة لتمويل أنشطته بما يضمن استمرار نشاطه وإتساع رقعة هذا النشاط.

فهل تتوافر هذه المقومات فى الكنيسة القبطية الأرثوذكسية ؟

الكنيسة القبطية الأرثوذكسية يتوافر لها كثير من المقومات الحزبية لكن ينقصها الرغبة فى تولى السلطة فالكنيسة تعلم أن تولى السلطة السياسية مع السلطة الدينية يعرض

السلطة الدينية للأنتقاد بسبب السلطة السياسة و هناك دائما أحتمالية تعارض المصالح بين السلطات و لأنها ككنيسة لا يمكنها التخلى عن السلطة الدينية لأنها أساس وجودها فبالتالى المنطق يدفعها للتخلى عن السلطة السياسية المدنية للأحزاب المدنية كما ان الكنيسة محكومة بنظرية السيفين التى تمنعها من شغل كلا من السلطتين و بمبادئ الديمقراطية الحديثة التى ترفض تجمع سلطتين قويتين فى يد حاكم واحد .

فالأختيار السياسي علي اساس ديني وزج الدين في السياسيه هو بداية الفتن الطائفية والأنقسامات الشديدة والتعصب الديني وفشل الدوله ، لأن المعتقد الديني هو شئ يقيني في داخل كل انسان لن يقبل ان ينافسه فكر أخر ولكل شخص يقينه الديني وفكره المذهبي الذي لا يجوز ان يقارن مع فكر اخر والكل لديه الأستعداد ان يدافع عن هذا الدين ويناصره بحياته ودمه حتي تنتهي بفتن وانقسامات وقد تصل الي حروب أهلية كما حدث فى لبنان و ما كان سيحدث فى مصر قبل ثورة ٣٠ يونيو و تدخل الجيش للسيطرة على الفتنة .و هكذا يصبح الخلاف السياسي هو خلاف ما بين مؤمنين و كفار ويصبح التنافس جهاد ، وهذا كله يحدث نتيجه سعي الأحزاب الدينيه الي السلطة وتستغل في هذا التعصب الديني لأن هذه هي افضل طريقه لكسب مؤيدين احتكار صفة سلطة الدين فحينما تفلس الأحزاب ويفلس السياسيون يلعبون علي المشاعر الدينيه لأنها المدخل السريع لمشاعر الناس وليس عقولهم فالأحزاب الدينية المسيحية تفرق بين المسيحين انفسهم و تثير مشاعر من الكراهية للطوائف المسيحية الأخرى فأذا قام الأرثوذكس بعمل حزب فسيقوم البروستانت بأقامة حزب أخر و فى أوربا الأحزاب ذات المرجعية الكاثوليكية تتنافس مع احزاب بروتستانت و هكذا نتنافس و ننسى أننا فى النهاية كلنا مسيحيون ، فالديموقراطيه مبنيه علي حرية الرأي والتنافس السياسي بين الأحزاب وتداول السلطة ، حرية الرأي هو امر يتحمل الخطأ والصواب والتنافس بين الأحزاب مبني علي برامج سياسيه يفوز بها البرنامج الأفضل وبعد هذا يظهر البرنامج الأفضل منه وهكذا بأستمرار لكن الأحزاب الدينيه الناس تعتقد فيها بقدسية الرأى والرأى الأخر ضد الدين ، التنافس يكون بين الحق والباطل وفي النهاية الوصول للسلطه والعمل علي عدم تركها وهذا فعلاً موجود في الأنظمة الدينيه وهذه الحالة ضد الديموقراطيه علي طول الخط و الدين لا يمكن تحجيمة في حزب وبرنامج سياسي ومشروع وإلا نعتبر فشل الحكم الدينى فشل للدين كله و هذا غير صحيح بدليل انهيار دوله الباباوات فى اوربا فى العصور الوسطى لكن المسيحية لم تنهار .

تطور الحياة الحزبية فى مصر

تُعَدُ حالة الأحزاب السياسية من حيث القوة أو الضعف مؤشراً على حالة النظام السياسى ودرجة تطوره فى أية دولة، فالأحزاب تلعب دوراً هاماً فى تدعيم الممارسه الديمقراطية باعتبارها همزة الوصل بين الحكام والمحكومين، بما يسمح بتنشيط الحياة الحزبية، وتعميق المشاركة السياسية للمواطنين.

وللأحزاب السياسية جذور عميقة فى تاريخ مصر الحديث، حيث نشأت وتطورت بتطور مفهوم الدولة ذاته، وظهرت البدايات الأولى للحياة الحزبية المصرية مع نهاية القرن التاسع عشر، ثم برزت وتبلورت بعد ذلك خلال القرن العشرين، والعقد الأول من القرن الحالى انعكاساً للتفاعلات والأوضاع السياسية، والاجتماعية، والاقتصادية، والثقافية السائدة.ويكاد يكون هناك إجماع عام بين الكتاب والمحللين السياسيين والمؤرخين على أن نشأة الأحزاب السياسية، وتطورها فى الخبرة المصرية مرت عبر مراحل متمايزة هى:

- المرحلة التكوينية التى سبقت ثورة ١٩١٩.
- مرحلة التعددية الحزبية التى تلت ثورة ١٩١٩ واستمرت حتى عام ١٩٥٢.
- مرحلة التنظيم السياسى الواحد من عام ١٩٥٣، حتى عام ١٩٧٦.
- مرحلة التعددية الحزبية المقيدة التى بدأت مع صدور قانون الأحزاب السياسية رقم ٤٠ لسنة ١٩٧٧ واستمرت حتى قيام ثورة ٢٥ يناير عام ٢٠١١.
- وأخيراً يمكن الحديث عما يُسمى بـ "المرحلة التكوينية للتعددية الحزبية الحقيقية فيما بعد ثورة ٢٥ يناير ٢٠١١".

أولاً: مرحلة ما قبل ثورة ١٩١٩

كان لتأسيس مجلس شورى النواب عام ١٨٦٦- رغم كونه كياناً استشارياً – دور فى تطور الحياة السياسية، وتهيئة الأجواء للتفكير فى العمل الحزبى، ويعتبر بعض المؤرخين أن الحزب الوطنى الذى أنشأه العرابيون عام ١٨٧٩ يُعد أول الأحزاب السياسية فى تاريخ مصر ، فى حين يرى البعض الآخر أن هذا التنظيم لم يكن سوى تكتل جبهوى ، افتقد لصفة التنظيم، ولوسائل الاتصال الكافية مع الجماهير، ولم يكن هدفه الوصول للسلطة باعتبار ذلك أحد أهم عناصر تعريف الحزب السياسى، بل كان مقاومة النفوذ الأجنبى ، وإنقاذ مصر من الإفلاس والدعوة للإصلاح وتنظيم التعليم. وقد انتهى الوجود العملى لهذا الحزب بنفى العرابيين ، وخيانة بعض أعضائه من خلال تحالفهم مع الخديوى توفيق ، ثم جاء الاحتلال الانجليزى لمصر عام ١٨٨٢ ليطوى صفحة هذا الحزب من خريطة الحياة السياسية المصرية .

ويعد عام ١٩٠٧ من المحطات الهامة فى دراسة تطور الحياة الحزبية فى مصر، ويطلق معظم المؤرخين على هذا العام "عام الأحزاب" ، حيث شهد ميلاد ٥ أحزاب هى:

- الحزب الوطنى الحر: والذى سُمى فيما بعد بحزب الأحرار، وهو حزب موالى سلطة الاحتلال.
- الحزب الجمهورى المصرى.
- حزب الأمة: وكان حزب الصفوة من كبار الملاك المتعاونين مع سلطة الاحتلال، وقد تزعمه أحمد لطفى السيد.
- حزب الإصلاح على المبادئ الدستورية: بزعامة الشيخ على يوسف، صاحب جريدة " المؤيد"، وقد عكس هذا الحزب آراء القصر ومصالحه.
- الحزب الوطنى: وهو الحزب الذى قاد الحركة الوطنية حتى ثورة ١٩١٩، وقد تزعمه مصطفى كامل.

ثم توالى بعد ذلك ظهور عدد من الأحزاب خلال بقية هذه المرحلة مثل حزب النبلاء أو الأعيان عام ١٩٠٨، والحزب الاشتراكى المبارك عام ١٩٠٩.

ثانياً: مرحلة التعددية الحزبية من ١٩١٩- ١٩٥٢.

شكل دستور عام ١٩٢٣ إطاراً دستورياً وقانونياً للحياة السياسية فى هذه المرحلة بشكل عام، وللحياة الحزبية والنيابية بشكل خاص حيث ساد البلاد مناخ ليبرالى اتسم باحترام الحقوق والحريات المدنية والسياسية، وفى مقدمتها حرية التعبير، وتكوين الأحزاب والجمعيات.ورغم تزايد عدد الأحزاب التى تم تأسيسها، وتباينها من حيث التوجهات والأهداف وتشعب انتماءاتها، فإن الممارسة العملية أظهرت أن النظام الحزبى أنذاك غلب عليه سيطرة حزب واحد قوى تمتع بشعبية كبيرة، هو حزب الوفد فى ظل تدخل مستمر من جانب " القصر" باتجاه تزوير الانتخابات لصالح أحزاب الأقلية، وانتهاك الدستور، مما أدى إلى شيوع الصراعات الحزبية، وعدم الاستقرار الوزارى ومن ثم السياسى.

وفي هذا الشأن ، يشير البعض إلى وجود "سيناريو" عام للأزمة طيلة تلك المرحلة تمثل فى وصول الوفد إلى السلطة عقب انتخابات حرة، تم دخول الوفد فى صدام مع القصر، أو الإنجليز أو كليهما، فيقيل الملك الوزارة، ويكلف أحزاب الأقلية بتشكيلها، فتؤجل تلك الأخيرة انعقاد البرلمان ذى الأغلبية الوفدية، فيحل الملك البرلمان، وتجرى انتخابات جديدة تُزيف لصالح الأقلية، فيقوم الوفد بسلسلة من الإضرابات الجماهيرية، مما يدفع الملك إلى إجراء انتخابات حرة يعود بعدها الوفد إلى الحكم .

ويمكن تصنيف الأحزاب السياسية التى ظهرت خلال هذه الفترة إلى خمس مجموعات رئيسية هى:

الأحزاب الليبرالية: وهى تشمل حزب الوفد الذى استمد تسميته من الوفد المصرى الذى تشكل عام ١٩١٨ عن طريق الوكالة الشعبية للمطالبة باستقلال مصر، إلى جانب

الأحزاب المنشقة عليه ، وهى الأحرار الدستوريين (١٩٢٢)، والحزب السعدى(١٩٣٧)، وحزب الكتلة الوفدية(١٩٤٢).
الأحزاب الاشتراكية: ومنها حزب مصر الفتاة (١٩٣٣)، والذى أصبح يسمى فيما بعد بالحزب الاشتراكى، وعدد من التنظيمات اليسارية مثل حزب العمال الاشتراكى الشيوعى، والحزب الشيوعى المصرى(١٩٢٢)، وحزب الفلاح المصرى، والحركة الديمقراطية(١٩٤٧).
أحزاب السراى : "الأحزاب الموالية للملك": وهى حزب الشعب، وحزب الاتحاد الأول، والثانى .
الأحزاب النسائية: وهى حزب بنت النيل السياسى ، والحزب النسائى الوطنى ، والحزب النسائى السياسى.
الأحزاب والجماعات الدينية: وهى الإخوان المسلمون ، وحزب الله ، وحزب الإخاء، وحزب الإصلاح الإسلامى .

ثالثاً: مرحلة التنظيم السياسى الواحد من ١٩٥٣-١٩٧٦.

بدأت هذه المرحلة باتخاذ مجلس قيادة الثورة عدة إجراءات فى سبتمبر عام ١٩٥٣، كحل الأحزاب السياسية القائمة، وحظر تكوين أحزاب سياسيه جديده، وبذلك انتهت مرحلة التعدديه الحزبيه، وبدأت مرحلة جديده اتسمت بالاعتماد بصفه رئيسيه على التنظيم السياسى الواحد، حيث تم تأسيس تنظيم "هيئة التحرير" فى يناير عام ١٩٥٣م ، وتم إلغاؤه، وتأسس بعد ذلك تنظيم "الاتحاد القومى" فى عام ١٩٥٦، ثم "الاتحاد الاشتراكى العربى" فى عام ١٩٦٤ كتنظيم سياسى شعبى جديد يقوم على تحالف قوى الشعب العاملة بدلاً من الاتحاد القومى.

رابعاً: مرحلة التعددية الحزبية المقيدة من عام ١٩٧٧- ٢٥ يناير ٢٠١١.

جاءت هذه المرحلة بعد فترة من سيادة التنظيم السياسى الواحد خلال الفترة من عام ١٩٥٣ وحتى عام ١٩٧٦، وقد شكل دستور عام ١٩٧١، وقانون الأحزاب السياسية رقم ٤٠ لسنة ١٩٧٧ بتعديلاتهما المتتالية، الإطار الدستورى والقانونى لهذه المرحلة التى بدأت إرهاصاتها الأولى مع قرار الرئيس السادات فى مارس عام ١٩٧٦ بقيام ثلاثة منابر حزبية فى إطار الاتحاد الاشتراكى تمثل اليمين والوسط واليسار، ثم تحويلها فى ٢٢ نوفمبر من نفس العام إلى أحزاب سياسية كانت النواة الأولى للتعددية الحزبية المقيدة فى عام ١٩٧٧.
ووفقاً للتعديلات التى أُدخِلَت عام ٢٠٠٥ على القانون رقم ٤٠ لسنة ١٩٧٧، فإن شروط تأسيس الأحزاب تمثلت فى الآتى:

- عدم تعارض مبادئ الحزب أو أهدافه أو برامجه أو سياساته أو أساليبه فى ممارسة نشاطه مع الدستور أو مقتضيات الحفاظ على الوحدة الوطنية والسلام الاجتماعى والنظام الديمقراطى.

- عدم قيام الحزب فى مبادئه أو برامجه أو فى مباشرة نشاطه أو فى اختيار قياداته أو أعضائه على أساس دينى أو طبقى أو طائفى أو فئوى أو جغرافى أو إلى استغلال المشاعر الدينية أو التفرقة بسبب الجنس أو الأصل أو العقيدة.

- عدم قيام الحزب كفرع لحزب أو تنظيم سياسى أجنبى.

- عدم انطواء وسائل الحزب على إقامة أى نوع من التشكيلات العسكرية أو شبه العسكرية.

- علانية برامج الحزب وأهدافه وأساليبه وتنظيماته ووسائل ومصادر تمويله.

- أن يكون للحزب برامج تمثل إضافة للحياة السياسية وفق أهداف وأساليب محددة.

- أن يكون للحزب اسم يتمايز عن أسماء الأحزاب القائمة.

كما اشترطت التعديلات تقديم إخطار كتابى عن تأسيس الحزب إلى رئيس لجنة شئون الأحزاب السياسية موقعاً عليه من ألف عضو على الأقل من أعضائه المؤسسين مصدقاً رسمياً على توقيعاتهم، على أن يكونوا من عشر محافظات على الأقل، وبما لا يقل عن خمسين عضواً من كل محافظة(المادة ٧ من القانون ٤٠ لسنة ١٩٧٧، المعدلة بالقانون رقم ١٧٧ لسنة ٢٠٠٥).

وتشكلت لجنة شئون الأحزاب وفقاً للتعديل الذى أدخله القانون رقم ١٧٧ لسنة ٢٠٠٥ على نص المادة (٨) من القانون رقم ٤٠ لسنة ١٩٧٧ من كل من:

- رئيس مجلس الشورى(رئيساً).

- وزير الداخلية(عضواً).

- وزير شئون مجلس الشعب(عضواً).

- ثلاثة من بين الرؤساء السابقين للهيئات القضائية أو نوابهم من غير المنتمين إلى أى حزب سياسى(أعضاء).

- ثلاثة من الشخصيات العامة غير المنتمين إلى أى حزب سياسى(أعضاء).

وقد تمتعت لجنة شئون الأحزاب خلال هذه المرحلة بسلطة تكاد تكون مطلقة فى الرقابة والهيمنة على الأحزاب القائمة، من خلال قدرتها على تجميد نشاط أى حزب لأجل غير مسمى، وحظر نشاطه، وإلغائه فى بعض الحالات، ورفضت اللجنة أكثر من ٧٠ طلباً لتأسيس الأحزاب، وخاصةً الليبرالية المعارضة منذ صدور القانون عام ١٩٧٧.

ورغم القيود القانونية والإجرائية التى خضعت لها عملية تأسيس الأحزاب السياسية، والرفض المستمر من جانب لجنة شئون الأحزاب التصريح بقيام ونشأة أحزاب جديدة،

والانتقادات المستمرة الموجهة لأدائها ومواقفها، وهيمنة حكومة نظام الحزب الوطنى السابق على عملية اتخاذ القرار فيها، فإن القضاء المصرى النزيه شكل حصناً وملاذاً أخيراً لتأسيس الأحزاب السياسية.

وقد بلغ عدد الأحزاب السياسية التى تأسست خلال هذه المرحلة ٢٤ حزباً، اختلفت فيما بينها من حيث النشأة وفقاً لثلاثة أساليب وهى:

- أسلوب تحويل المنابر إلى أحزاب: ووفقاً له نشأت ٣ أحزاب، وهى:

حزب مصر العربى الاشتراكى(١٩٧٧).

حزب الأحرار الاشتراكيين(١٩٧٧).

حزب التجمع الوطنى التقدمى الوحدوى(١٩٧٧)

أسلوب التصريح من قبل لجنة شئون الأحزاب: ومن خلاله قامت ١٠ أحزاب هى:

حزب الوفد الجديد(١٩٧٨).

الحزب الوطنى الديمقراطى(١٩٧٨).

حزب العمل الاشتراكى(١٩٧٨).

حزب الوفاق القومى(٢٠٠٠).

حزب الغد(٢٠٠٤).

الحزب الدستورى الاجتماعى الحر(٢٠٠٤).

حزب السلام الديمقراطى(٢٠٠٥).

حزب المحافظين(٢٠٠٦).

الحزب الجمهورى الحر(٢٠٠٦).

حزب الجبهة الديمقراطية(٢٠٠٧).

أسلوب الأحكام القضائية: وبمقتضاه تشكل ١١ حزباً، وهى:

حزب الأمة(١٩٨٣).

الحزب الاتحادى الديمقراطى(١٩٩٠).

حزب الخضر المصرى(١٩٩٠).

حزب مصر الفتاة الجديد(١٩٩٠).

حزب الشعب الديمقراطى(١٩٩٢).

الحزب العربى الديمقراطى الناصرى(١٩٩٢).

حزب العدالة الاجتماعية(١٩٩٣)

حزب التكافل(١٩٩٥).

حزب مصر ٢٠٠٠(٢٠٠١).

حزب الجيل الديمقراطى(٢٠٠٢).

حزب شباب مصر (٢٠٠٥).

خامساً: مرحلة ما بعد ثورة ٢٥ يناير:

بعد قيام ثورة ٢٥ يناير عام ٢٠١١، وتولى المجلس الأعلى للقوات المسلحة إدارة شئون الحكم فى المرحلة الانتقالية عبر آلية الإعلانات الدستورية، والمراسيم والقرارات، بدأت عملية مراجعة شاملة للإطار الدستورى والقانونى المنظم للحياة السياسية فى مصر، على النحو الذى يعالج التشوهات والاختلالات التى هيمنت عليها خلال المرحلة السابقة، وبما يحقق ويلبى طموحات المصريين، ويتفق وأهداف الثورة، ويكرس الحياة الديمقراطية، ويرسى دولة القانون والمؤسسات.

وفى سياق الجهود الرامية لتفعيل النظام الحزبى فى مصر، والقضاء على القيود التى أعاقت هذه الغاية لعقود مضت، أصدر المجلس الأعلى للقوات المسلحة فى ٢٨ مارس ٢٠١١ مرسوماً بقانون رقم (١٢) لسنة ٢٠١١ بتعديل بعض أحكام قانون الأحزاب السياسية رقم ٤٠ لسنة ١٩٧٧ ، وقد تمثلت أهم التعديلات والأحكام التى تضمنها المرسوم فيما يتعلق بشروط تأسيس واستمرار الأحزاب فى الآتى:

- إنشاء لجنة قضائية خالصة تختص بفحص ودراسة إخطارات تأسيس الأحزاب السياسية طبقاً لأحكام هذا القانون، على أن تتشكل هذه اللجنة برئاسة النائب الأول لرئيس محكمة النقض، أعلى محكمة مدنية فى البلاد، وعضوية نائبين لرئيس مجلس الدولة، ونائبين لرئيس محكمة النقض، واثنين من رؤساء محاكم الاستئناف.

- تأسيس الحزب وإنشاؤه بمجرد الإخطار، على أن يعرض ذلك الإخطار على اللجنة التى يتعين عليها الرد عليه، ويمارس الحزب نشاطه السياسى اعتباراً من اليوم التالى لمرور ثلاثين يوماً من إخطار لجنة الأحزاب دون اعتراضها.

- أن يوقع على إخطار قيام وتأسيس الحزب ٥٠٠٠ عضو مؤسس من عشرة محافظات على الأقل، بما لا يقل عن ٣٠٠ عضواً من كل محافظة.

- عدم تأسيس أى حزب على أساس دينى أو طبقى أو طائفى، وألا تتعارض مبادئه أو أهدافه أو برامجه أو سياساته أو أساليبه فى ممارسة نشاطه مع المبادىء الأساسية للدستور أو مقتضيات حماية الأمن القومى المصرى أو الحفاظ على الوحدة الوطنية والسلام الاجتماعى والنظام الديمقراطى.

- عدم انطواء وسائل الحزب على إقامة أى نوع من التشكيلات العسكرية، وعلانية مبادئ الحزب وتنظيماته ومصادر تمويله.

- حذف الكثير من الاشتراطات والعبارات الفضفاضة من نصوص القانون رقم ٤٠ لسنة ١٩٧٧، ومنها مثلاً اشتراط أن يمثل برنامج الحزب إضافةً للأحزاب الموجودة، وعدم استغلال المشاعر الدينية.

- إلغاء الدعم المادى الذى كان يتم تقديمه للأحزاب عن طريق الدولة، وتقليل مدة عضوية الأحزاب للمتجنسين إلى خمس سنوات وليس عشر سنوات

- مراقبة تنفيذ الأحزاب للاشتراطات والالتزامات المنصوص عليها فى القانون، والمساءلة فى حالة وقوع مخالفات لهذه الالتزامات يكون من خلال قوانين العقوبات، ويجوز للجنة الأحزاب حل الحزب وتصفية أمواله إذا ثبت من التحقيقات التى تجريها جهات التحقيق القضائية، أن الحزب يمارس أى نشاط يخالف أياً من الشروط المنصوص عليها فى القانون.

وقد شهدت هذه المرحلة صدور حكم دائرة شئون الأحزاب بمجلس الدولة فى ١٩ فبراير ٢٠١١ ، بالموافقة على تأسيس حزب الوسط الجديد، وإلغاء قرار لجنة شئون الأحزاب السياسية السابقة برفض تأسيس الحزب ، وعليه أصبح الحزب يتمتع بالشخصية الاعتبارية والحق فى ممارسة نشاطه السياسى.

كما شهدت هذه الفترة تأسيس حزبي الحرية و العدالة التابع للاخوان المسلمين و حزب النور التابع للجماعة السلفية .

تاريخ الأحزاب القبطية في مصر

حزب المصريين المستقلين

ونشأت فكرة الحزب القبطي في مصر لأول مرة عام ١٩٠٨، حينما أعلن المحامي أخنوخ فانوس [3]، تشكيل ما سمي "الحزب المصري" كأول حزب سياسي قبطي في

---

[3] اخنوخ فانوس روفائيل (١٨٥٦أبنوب، اسيوط -القاهرة١٩١٨) المحامى المشهور فى أسيوط،اتعلم فى مدرسة أسيوط الإنجيلية، ودرس فى الجامعة الأمريكية في بيروت سنة ١٨٧٠، و رجع فى ١٨٧٨.أسس الجمعية الخيرية في أسيوط (١٨٧٨) لمساعدة منكوبين الأزمة الإقتصادية ونقص المواد الغذائية. وإشتغل

مصر ليناهض الحزب الوطني. وسُمِّي: "حزب المصريين المستقلين". وكان معظم أعضائه من الأقباط، وقلة من المسلمين المتعاونين مع الاحتلال. أمّا مبادئه، فحُصرت في وحدة مصر والسودان، والاعتراف بالجنسية المصرية لمن أقام بمصر مدة كافية، وصداقة مصر مع إنجلترا، وحماية الأقليات والأجانب، وفصل الدين عن الدولة. ولأخنوخ فانوس عدة مقالات وأبحاث في القومية المصرية الفرعونية، وإعادة بناء مجد مصر القديم. وكان شعاره، ورمز حركته: "مصريون، قبل كلّ شيء". وقد تأثر هذا الحزب في برنامجه للغاية، بمنطق الحزب الطائفي، ودعا الي تكوين مجلسين في مصر يمثلان البرلمان؛ أحدهما هو مجلس النواب الذي يتم تشكيله وفق التمثيل الطائفي. وقاطع الأقباط هذا الحزب كما قاطعه المسلمون ، أي أن الحزب مات في المهد. ودارت الأيام فكان "أخنوخ فانوس" محاصرا من الرموز القبطية ذات الإتجاه الوطني والقومي أمثال "واصف غالي" وويصا واصف وسنوت حنا" وربما كان التوجه الطائفي لدى "أخنوخ" هو الذي أود رد الفعل لدى إبنته "إستر" التي عاشت وماتت وفدية ، ولدى ابنه "جميل" الذي إقترب من الوفد في عهده الجديد بعد أن عاد الوفد للساحة السياسية.

الحزب الديمقراطي المسيحي

وفي نهاية الأربعينيات من القرن الماضي؛ ظهر ثاني حزب قبطي في مصر تحت اسم "الحزب الديمقراطي المسيحي"، وكان سكرتيره والمتحدث باسمه هو المحامي رمسيس جبراوي. ولكنّ هذا الحزب قام عقب ثورة ٢٣ يوليو ١٩٥٢ بتعديل اسمه إلى "الحزب الديمقراطي القومي"، وطالب في برنامجه بأن تتبني الحكومة سياسة قومية بدون تمييز بين السكان بسبب الدين أو الجنس، وأن يتم حذف بيان دين المواطن المصري من الأوراق الرسمية، وهي الدعوة نفسها المثارة الان في مصر من جانب جماعات حقوقية .

حزب السلام الاجتماعي وصيانة الوحدة الوطنية

دعا بعض الاقباط لتأسيس ذلك الحزب فى ١٦ فبراير عام ١٩٨٩ "حزب السلام الاجتماعي وصيانة الوحدة الوطنية". وقد أثار اعلان اسم هذا الحزب جدلاً شديداً ورفضاً بين غالبية أقباط مصر و رفضا خاصا من قداسة البابا شنودة الثالث الذى كان يرفض فكرة الأحزاب ذات الخلفية الدينية ، فانتهى الأمر إلى أن طواه النسيان مثل غيره .

محامي امام المحاكم الأهلية من سنة ١٨٨٤. ومنحته الجامعة الامريكية درجة الدكتوراة الفخرية سنة ١٩١٠ ، ورأس المجلس الإنجيلي العام بالقاهرة .قام بتمويل وتنظيم المؤتمر القبطي في سنة ١٩١١، الذى اتعقد في أسيوط، والذى دعا الى الانتباه لحقوق الأقباط.اسس "الحزب المصري" مع لويس أخنوخ اتجوز من بلسم ويصا ، إبنته "استر فانوس" او استر ويصا الناشطه السياسيه المشهوره ، و ابنه "جميل" اللي إقترب من حزب الوفد في عهده الجديد.

مؤلفاته: «التوفيق المنشود فيما وجد بين القرآن والإنجيل والتوراة من المفارقات» مطبعة المحيط - القاهرة ١٩١٣. «الأرجوزة العصرية» في ٤٣٠ بيت، في تأمل وتحليل النهضة اليابانية وسر تقدم أهلها، وحث المصريين على إنتاج التقدم - مطبعة مصر - القاهرة ١٩٠٥، وقد نشرتالأرجوزةبمجلة«المفتاح»

حزب الأمة القبطي

أعلنه المحامي ممدوح نخله [4] هومدير مركز الكلمة لحقوق الانسان يرفض تماما اعتبار مصر دولة اسلامية، ورغم ان الحزب كما هو واضح من اسمه حزب ديني الا ان نخلة يؤكد ان حزبه علماني ولا علاقة له بالدين المسيحي وسيكون مفتوحا للمسلمين ايضا.

أهم ما جاء في برنامج الحزب هو الغاء المادة الثانية من الدستور والتي تنص علي ان الشريعة الاسلامية هي مصدر التشريع. ويطالب نخلة ان تكون الشريعة الاسلامية احد المصادر فقط مؤكدا ان مرجعية القوانين في مصر يجب ان تكون مرجعية انسانية وليس دينية.

وأكد ممدوح نخلة ان الهدف من تأسيس حزب جديد هو حماية حقوق الاقليات من اضطهاد النظام لهم مؤكدا ان الحكومة تتعامل مع الأقباط علي انهم خونة أو جواسيس.

و هو يرى ان الأحزاب السياسية في اوروبا لها مسميات دينية ولكنها بعيدة تماما عن الممارسات الدينية ولاتمثل الكنيسة باي حال من الأحوال فالأحزاب في المانيا وايطاليا تطلق علي نفسها اسماء مسيحية ولكنها أحزاب سياسية أو اجتماعية أما هدفها الوصول الي السلطة أو تبني سياسة اجتماعية معينة مثل مناهضة الاجهاض ومنع زواج الشواذ وحزبنا سيكون كذلك سوف يتصدي لكل ما تحرمه الشرائع الدينية ولن يكون من مباديء حزبنا ان يبيح شرب الخمر في الشوارع أو يبيح الرقص او الشذوذ أو الاجهاض وكل هذا ليس لان الدين ينص علي ذلك بل لان المجتمع يرفض هذا الأمر لانه مجتمع شرقي.

وسياسة الحزب تقوم علي ان مصر دولة علمانية ليبرالية ونظام الحكم فيها برلماني ورئيس الجمهورية يسود ولايحكم هذه هي الخطوط الأساسية العريضة للحزب- وهناك فصل كامل في برنامج الحزب مخصص لحقوق الاقليات الدينية وغير الدينية للحصول علي نوع من المشاركة السياسية مثل الأقباط والشيعة واليهود والبهائيين والنوبيين فأي اقليات سيكون لها جميع الحقوق التي تحصل عليها الأغلبية. كما ان الحزب يرفع شعار ان مصر دولة قبطية فرعونية واكرر ان قبطية يعني مصرية افريقية عربية شرق أوسطية هذه هي مكونات مصر. وللحزب خطة متكاملة لتحقيق هذه الهدف ولذلك سيتيح الحزب هذه الفرصة لان اسمه سيشجع المسيحيين للانضمام اليه فاسمه مغري وهذا مقصود لحث الأقباط علي المشاركة الفعلية في الحياة السياسة فالمسيحون فعلا لايشاركون في الحياة السياسية ومبعدون تماما عن المشاركة.و السبب النظام فالدولة كانت ومازالت ترفض منح الفرصة للاقباط في اثبات وجودهم لعنصر اساسي في الأمة المصرية وابسط دليل علي ذلك ان الاقباط عادة لايجدون اسماءهم في الجداول الانتخابية

---

[4] http://copts-united.com/CoptsUnitedWriters/Mamdouh_Nakhla/07-july05/264-mam_1_15jul05.htm

ويتم عادة استبعادهم من المناصب القيادية والحساسة خصوصا في الجيش والشرطة فضلا عن المناصب الوزارية وعادة ما يحاول النظام ارضاء الاقباط باسناد احدي الوزارات الهامشية الي أحد الأقباط. و رغم انه يوجد قيادات مسيحية ولكنها قلة قليلة للغاية ولاتمثل حتي ربع نسبة الأقباط في المجتمع المصري وانا لا اطالب بنسبة معينة ولكني اتساءل لماذا لايوجد وزير دفاع مسيحي او وزير داخلية حتي الأجهزة الحساسة في البلد كأمن الدولة المسيحيون ممنوعون من شغل وظائفها وعدم وجود مسيحيين في هذه المجالات يوحي بان المسيحيين جواسيس وخونة حتي الرقابة الادارية تتعامل مع الأقباط علي انهم يمكن ان يسهلوا للامريكان احتلال البلد وهذه النظرة راسخة في وجدان رجل الشارع نفسه لان الحكومة تتعامل بهذا المنطق مع الاقباط.

حزب الاستقامة

مؤسس حزب الاستقامة عادل دانيال

علاقة المسيحية بفكرة الدستور

الدستور : (بالإنجليزية: Constitution) هو القانون الأعلى الذي يحدد القواعد الأساسية لشكل الدولة (بسيطة أم مركبة) ونظام الحكم (ملكي أم جمهوري) وشكل الحكومة (رئاسية أم برلمانية) وينظم السلطات العامة فيها من حيث التكوين والاختصاص والعلاقات التي بين السلطات وحدود كل سلطة والواجبات والحقوق الأساسية للأفراد والجماعات ويضع الضمانات لها تجاه السلطة.

ويشمل اختصاصات السلطات الثلاث ((السلطة التشريعية والسلطة القضائية والسلطة التنفيذية)) وتلتزم به كل القوانين الأدنى مرتبة في الهرم التشريعي فالقانون يجب أن يكون متوخيا للقواعد الدستورية وكذلك اللوائح يجب أن تلتزم بالقانون الأعلى منها مرتبة إذا ما كان القانون نفسه متوخيا القواعد الدستورية. وفي عبارة واحدة تكون القوانين واللوائح غير شرعية إذا خالفت قاعدة دستورية واردة في الوثيقة الدستورية.

كلمة الدستور ليست عربية الأصل ولم تذكر القواميس العربية القديمة هذه الكلمة ولهذا فإن البعض يرجح أنها كلمة فارسية الأصل دخلت اللغة العربية عن طريق اللغة التركية، ويقصد بها التأسيس أو التكوين أو النظام.

تعريف الدستور على أنه مجموعة المبادئ الأساسية المنظمة لسلطات الدولة والمبينة لحقوق كل من الحكام والمحكومين فيها بدون التدخل في المعتقدات الدينية أو الفكرية، وبناء الوطن على العالمية والواضعة للأصول الرئيسية التي تنظم العلاقات بين مختلف سلطاتها العامة، أو هو موجز الإطارات التي تعمل الدولة بمقتضاها في مختلف الأمور المرتبطة بالشئون الداخلية والخارجية.

أسس و مبادئ الدستور الديمقراطي :

لابد أن يحتوي الدستور على جملة من المبادئ يجري تفصيلها على نحو يلزم المشرع العادي بالتقيد بها من جهة، و أن تجد هذه المبادئ طريقها للتطبيق الكامل والنزيه من جهة أخرى.

ومن أهم خصائص الدستور الديمقراطي والتي تبلورت عبر سنوات طويلة من الصراع بين أنصار إطلاق السلطة وأنصار تقييدها هي :

أ - لا سيادة لفرد أو لقلة على الشعب :

قديما كانت السيادة تعنى الحق المطلق في الأمر دون قيد أو منازع و نشأ هذا المفهوم للسيادة في ظروف خاصة في أوربا و فرنسا على وجه الخصوص ، ألا انه في الممارسات الدستورية الديمقراطية المعاصرة ليس هناك حق مطلق غير منازع وغير مقيد يعطى لصاحبه الحق في إصدار الأوامر ، حتى الشعب لا يملك هذا الحق المطلق غير المقيد ، وإنما يمارس الشعب سلطاته بموجب أحكام الدستور وكل دستور ديمقراطي معاصر مقيد بحقوق وحريات عامة لا يجوز مسها وشرائع وعقائد يجب مراعاتها .

إن وضع هذا المبدأ موضع التطبيق يتطلب ضرورة انتخاب أعضاء (البرلمان) ، المناط بهم مهمة التشريع في ظل قيود الدستور ، بمعنى ألا تخالف التشريعات التي يضعونها أحكام ونصوص الدستور ،كما يتطلب ضرورة انتخاب المسؤولين عن السلطة التنفيذية

المناط بهم دستوريا السيطرة على قرارات الحكومة وسياساتها، والقيام بمساءلة السلطة التنفيذية عن أداء مهامها وفقا لاختصاصاتها الدستورية .

ب - مبدأ سيادة القانون :

و يعني إن القانون هو أعلى سلطة في الدولة و لا يعلو عليه أحد ، إن تطبيق هذا المبدأ على ارض الواقع هو ما تتميز به الحكومة الدستورية الديمقراطية و من أجل تطبيق هذا المبدأ لابد من وجود ضمانات لاحترامه ، وتتمثل هذه الضمانات في وجود جزاء على مخالفة أحكام هذا المبدأ وأفضل أداة لتحقيق ذلك هي وجود هيئة قضائية تتوافر فيها ضمانات الاستقلال والنزاهة والكفاية وتكون مهمتها إلغاء القرارات المخالفة للقانون .

وأبرز مظاهر هذا المبدأ هو (مبدأ سمو الدستور)، ، أي انه لا يوجد أي نص أعلى من الدستور أو يساويه في المرتبة ، ومن ثم لا يجوز مخالفة أحكامه ، لذا يُطلق على الدستور مصطلح القانون الأساسي، أو قانون القوانين، تمييزاً له عن بقية التشريعات (القوانين والأنظمة)، و لكون الدستور أعلى مرتبة من القوانين فقد نشأ مبدأ سمو الدستور، والحقيقة أن القوانين هي الأخرى سامية ولكن بالنسبة للأنظمة فقط، ولذلك انحصر السمو على الدستور فحسب لأنه هو الذي يحدد معاييراً وقيماً للنظامين القانوني والسياسي في الدولة.

وينطوي سمو الدستور على سمو موضوعي وآخر شكلي:

- ويتحقق السمو الموضوعي بالدستور لأنه يتضمن قواعد بشأن شكل الدولة ونظام الحكم فيها، والسلطات الثلاث (التشريعية و التنفيذية و القضائية)، أي كيفية ممارسة السلطة ومصدرها، والعلاقة بين الحكام والمحكومين، إضافة إلى حقوق وحريات الأفراد.

- أما السمو الشكلي فإنه يتضمن شكل وإجراءات وضع القواعد الدستورية، وهي طريقة أصعب من طريقة وضع قواعد القوانين العادية، وكذلك قواعد وطرق تعديل الدستور.

ويترتب على هذا المبدأ ، نتيجتين هامتين :

١ - دعم مبدأ المشروعية القانونية ، من خلال أيجاد مرجعية دستورية تنبثق عنها القوانين وتقيد سلطة المشرع في إصدار القوانين .

٢ - التأكيد على إن الدستور يبين الاختصاصات وأنه على جميع سلطات الدولة أن تراعى اختصاصاتها الدستورية ، فلا تخرج عن إطار اختصاصاتها .

جـ - الفصل بين السلطات الثلاث وتحقيق التوازن فيما بينها :

الدستور الديمقراطي يقوم على عدم تركيز السلطة في هيئة واحدة ، وإنما يقوم على توزيع السلطات وتحقيق التوازن بين السلطات الثلاث(التشريعية والتنفيذية والقضائية) ، بما يؤدى إلى عدم انفراد أي مؤسسة من مؤسسات النظام السياسي بالسلطة ، و في نفس الوقت يحقق التعاون المطلوب بينها لتسيير العمل السياسي .

د - ضمان الحقوق والحريات العامة :
يتمثل هذا البعد للدستور الديمقراطي في توفير الضمانات اللازمة لممارسة الحقوق والحريات العامة ، وهو بعد مكمل لخصائص الدستور الديمقراطي ، ويعبر عن مميزاته ، ومن ثم فالدستور الديمقراطي يهتم بتوفير هذه الضمانات قدر عنايته بتحديد اختصاصات السلطات وضبط تصرف الحكام .

هـ - تداول السلطة سلمياً :
وهو مبدأ أساسي من مبادئ الدستور الديمقراطي ، فتداول السلطة بين القوى السياسية الشرعية ، أي المعترف بها قانونيا ، يجب أن يكون وفقا لنتائج الاقتراع العام ، وما يسفر عنه انتخابات ديمقراطية ، وعلى أحكام الدستور الديمقراطي أن توجد المؤسسات وتخلق الآليات اللازمة لذلك .

يقع الدستور في قمة الهرم القانوني للدولة، وتحتاج إليه كل دولة قانونية، إذ هو يحدد طبيعة الدولة (هل هي بسيطة أم اتحادية)،و شكل نظام الحكم فيها، كما يحدد علمها وعاصمتها ولغتها وعقيدتها الفكرية والسياسية، والمسألة الثانية التي ينظمها الدستور هي السلطات الثلاث التشريعية والتنفيذية والقضائية من حيث تشكيلاتها واختصاصاتها، وطبيعة العلاقة الدستورية فيما بينها، و يُنظم الدستور الحقوق والحريات السياسية والمدنية سواء على صعيد الفرد أو مؤسسات المجتمع المدني ،وكلما تضمن الدستور في نصوصه على مبادئ حقوق الإنسان كان أكثر ديمقراطياً ، و الأهم من ذلك تطبيق هذه ! النصوص ، فالنصوص التي لا تجد طريقها إلى التنفيذ تعد نصوصاً معطلة .

الأساليب الديمقراطية لنشأة الدساتير

وهي تتم بإحدى طريقتين:
١- الجمعية التأسيسية المنتخبة: حيث يتاح للشعب فرصة انتخاب ممثليه ليقوموا بهذه المهمة خصوصا، وأول من أخذ بهذا الأسلوب هي الولايات المتحدة الأمريكية بعد استقلالها عن بريطانيا سنة ١٧٧٦ م.
٢- الاستفتاء الدستوري: حيث يتم وضعه بواسطة جمعية نيابية منتخبة من الشعب أو بواسطة لجنة حكومية أو بواسطة الحاكم نفسه ثم يعرض على الشعب في استفتاء عام ولا يصبح الدستور نافذا إلا بعد موافقة الشعب عليه.

أنواع الدستور

تقسم الدساتير من حيث تدوينها أو عدم تدوينها إلى دساتير مدونة وغير مدونة، ومن حيث طريقة تعديلها إلى دساتير مرنة ودساتير جامدة، ومن حيث محتواها إلى دساتير مطولة ودساتير مختصرة، ومن حيث مدة عمل بها إلى دساتير مؤقتة ودساتير دائمة.

١- الدساتير المدونة وغير المدونة

الدساتير المدونة: يعتبر الدستور مدونا إذا كانت غالبية قواعده مكتوبة في وثيقة أو عدة وثائق رسمية صدرت من المشرع الدستوري.

الدساتير غير المدونة: وهي عبارة عن قواعد عرفية استمر العمل بها لسنوات طويلة حتى أصبحت بمثابة القانون الملزم وتسمى أحيانا الدساتير العرفية، نظرا لأن العرف يعتبر المصدر الرئيسي لقواعدها، ويعتبر الدستور الإنجليزي المثال الأبرز على الدساتير غير المدونة لأنه يأخذ غالبية أحكامه من العرف، وبعضها من القضاء، وان وجدت بعض الأحكام الدستورية المكتوبة مثل قانون سنة ١٩٥٨ الذي سمح للنساء بأن يكن عضوات في مجلس اللوردات.

٢- الدساتير المرنة والدساتير الجامدة

الدساتير المرنة: هي التي يمكن تعديلها بنفس الإجراءات التي يتم بها تعديل القوانين العادية أي بواسطة السلطة التشريعية وأبرز مثال لها هو الدستور الإنجليزي.

الدساتير الجامدة: هي التي يستلزم تعديلها إجراءات أشد من تلك التي تم بها تعديل القوانين العادية، ومثال ذلك دستور أستراليا الفيدرالي الذي يتطلب موافقة أغلبية مواطنى الولايات، بالإضافة إلى أغلبية الأصوات على المستوى الفيدرالي

٣- الدساتير المطولة والدساتير المختصرة

الدساتير المطولة: هي الدساتير التي تناقش وتنظم مسائل كثيرة ومتعددة وتفصيلية. ومثال دستور الهند عام ١٩٥٠ والدستور الاتحاد للسوفيتي ١٩٧٧

الدساتير المختصرة: هي الدساتير التي تقتصر على الموضوعات المهمة دون التطرق للتفاصيل. مثال دستور دولة الكويت عام ١٩٦١

٤- الدساتير المؤقتة والدساتير الدائمة

الدساتير المؤقتة: توضع هذه الدساتير لفترة زمنية معينة وذلك لمواجهة ظروف طارئة ومحددة كأن تكون الدولة حصلت على استقلالها حديثا.

الدساتير الدائمة: هي الدساتير التي توضع ليعمل بها دون تحديد مدة زمنية لها حتي تظهر الحاجة لتعديلها آو إلغائها. وهذه لا تنطبق على الدساتير التي تعتمد على الشريعة الإسلامية .

المحكمة الدستورية

المحكمة الدستورية وتسمى أحيانا المحكمة الدستورية العليا وهي أعلى سلطة قضائية في البلاد، تتحدد طريقة اختيار قضاتها وصلاحياتها ضمن دستور الدولة وتختلف من دولة إلى أخرى، ولكن بشكل عام فإن المحكمة الدستورية هي صاحبة القول الفصل بتوافق أي قرار أو مرسوم أو قانون أو حكم قضائي مع الدستور الذي هو التشريع الأعلى في البلاد ولا يجوز مخالفته. يتم إحالة الدعوى إلى المحكمة الدستورية عادة من طريقين الأول هو شك المحكمة بعدم دستورية قانون معين وبالتالي تقوم هي بتحريك الدعوى لدراسة دستوريته، أو يمكن للحكومة أو البرلمان (أو أي جهة أخرى حسب دستور كل بلد) الطعن بدستورية تشريع أو حكم قضائي ما فتقوم المحكمة الدستورية العليا بالنظر في دستورية الموضوع المطعون فيه. كما تختص المحكمة الدستورية بتفسير مواد الدستور بناءً على طلبات تقدم إليها (أيضاً وفق دستور كل بلد)، للاسترشاد أثناء وضع المراسيم والتشريعات.

وقد يضاف إلى صلاحياتها محاكمة كبار المسؤولين في الدولة مثل رئيس الجمهورية حسب دستور كل دولة. إن الأحكام الصادرة على المحكمة الدستورية قطعية وغير قابلة للطعن باعتبارها أعلى سلطة قضائية في البلاد.

لم تعرف الدساتير والوثائق القانونية الأساسية في مصر فكرة أن "الإسلام دين الدولة"، إلاّ مع صدور دستور ١٩٢٣، إذ نصّ على ذلك في المادّة ١٤٩ منه، ثم تبنّت الدساتير اللاحقة هذا النص. فقد ورد في المادة ١٣٨ من دستور ١٩٣٠، والمادة الثالثة من دستور ١٩٥٦، وإن كان قد جرى إغفاله في دستور الجمهورية العربية المتحدة المؤقّت لعام ١٩٥٨ وكذا في الإعلان الدستوري الصادر في أيلول/ سبتمبر ١٩٦٢، إلا أنّ النصّ عينه عاد مرة ثانية في المادة الخامسة من دستور سنة ١٩٦٤. وخَطا دستور ١٩٧١ خطوات أبعد في الربط بين القانون والدين، لأنّ الرئيس السادات كان يبحث عن شرعيّة جديدة تميّز نظامه عن نظام ثورة يوليو ١٩٥٢.

وعدّلت هذه المادة سنة ١٩٨٠ لتصبح الشّريعة الإسلامية بمقتضاها هي "المصدر الرئيس للتشريع(بدلاً من كونها مصدرا رئيسا) دون أداة التعريف في دستور ١٩٧١. بعد ذلك أدْلى السادات بتصريحه الشهير (رئيس مسلم لدولة مسلمة)، ما أعطى انطباعاً أنّ الأقباط قد صاروا مواطنين من الدرجة الثانية ٥.

بعد المقدمة السابقة لنتصور أننا نريد أن نعقد جمعية تأسيسية لعمل دستور يتوافق مع التعاليم المسيحية المستمدة من الكتاب المقدس و قوانين الرسل (الدسقولية والديداخي)

---

5 محمد نور فرحات، "الدين والدستور في مصر"، دراسة ٢٠١٠/٧/٢٠
http://www.pidegypt.org/download/Constitutional-forum/farahat.pdf

وكتابات آباء الكنيسة والمجامع ، وتحدد وتنظم المصادر القانونية السابقة العمل الكنسي لمختلف الطوائف المسيحية، وهي عبارة أيضًا عن قواعد ملزمة تحكم علاقات الأفراد ومعاملاتهم بالله و المجتمع ككل ثم نكتب الصيغه النهائية من الدستور مؤيدين القواعد الدستورية بالكتاب المقدس

مادة ١ الدولة نظامها ديمقراطي.

التفسير : بشارة لله كما أبلغها موسى و يشوع و جدعون و صموئيل النبى ترفض صراحة حكومة الملوك. فقد كانت حكومة اليهود فى البداية نوعا من الولايات يديرها قاض و مجلس من شيوخ القبائل. و اعتبرت الملكية في الكتاب المقدس على أنها إحدى خطايا اليهود، التي استحقوا بسببها لعنة نزلت بهم . وتاريخ هذه الخطيئة جدير بالاهتمام بداية من القاضى جدعون الذى خلص بني إسرائيل من قهر المديانيين بجيش صغير، وحقق النصر، بمعجزة إلهية. فاقترح اليهود الذين غرهم النصر فأرجعوا النصر إلى عبقرية جدعون الحربية و طلبوا منه أن يصبح ملك عليهم **(فقال لهم جدعون لا أتسلط انا عليكم و لا يتسلط ابني عليكم الرب يتسلط عليكم)(قض ٨ : ٢٣)** فجدعون يستنكر حقهم في منحه إياه الملك و بأسلوب إيجابي يليق بنبي يتهمهم بالجحود وعدم الولاء لمولاهم الحق ملك السموات والأرض.

و بعد سنين طويلة ، ذهبوا إلى صموئيل النبى وحدثوه بغلظة طالبين ملكا **(و قالوا له هوذا أنت قد شخت و ابناك لم يسيرا في طريقك فألان اجعل لنا ملكا يقضي لنا كسائر الشعوب فساء الأمر في عيني صموئيل إذ قالوا أعطنا ملكا يقضي لنا و صلى صموئيل إلى الرب فقال الرب لصموئيل اسمع لصوت الشعب في كل ما يقولون لك لأنهم لم يرفضوك أنت بل إياي رفضوا حتى لا املك عليهم حسب كل أعمالهم التي عملوا من يوم أصعدتهم من مصر إلى هذا اليوم و تركوني و عبدوا آلهة أخرى هكذا هم عاملون بك أيضا فألان اسمع لصوتهم و لكن اشهدن عليهم و اخبرهم بقضاء الملك الذي يملك عليهم)(١صم٨: ٥ - ٩)** فغضب صموئيل النبى من جحودهم وكفرهم بنعمة لله عليهم و عين لهم شاول ملكا عليهم لكنه أيضا أوضح لهم غضب الله عليهم لرفضهم أن يكون الله ملكا عليهم .**(أما هو حصاد الحنطة اليوم فاني أدعو الرب فيعطي رعودا و مطرا فتعلمون و ترون انه عظيم شركم الذي عملتموه في عيني الرب بطلبكم لأنفسكم ملكا فدعا صموئيل الرب فأعطى رعودا و مطرا في ذلك اليوم و خاف جميع الشعب الرب و صموئيل جدا)(١صم١٢: ١٧ - ١٨)** . ظهرت حكومات الملوك في العالم لأول مرة على يد الوثنيين، ومنهم أخذ بنو إسرائيل تلك العادة . لقد كان هذا هو أكثر اختراعات الشيطان نجاحًا في ترويج عبادة الأوثان بجل الوثنيون ملوكهم المتوفين تبجيلًا رفعهم إلى مقام الآلهة كالفراعنة.

مادة ٢ المواطنون لدى القانون سواء. وهم متساوون في التمتع بالحقوق المدنية والسياسية وفيما عليهم من الواجبات والتكاليف العامة لا تمييز بينهم في ذلك بسبب الأصل أو اللغة أو الدين.

التفسير : - **(لا فرق بين يهودي ويوناني لأن رباً واحداً للجميع)(رومية ١٠ : ١٢)**

(لا فَرقَ الآن بين يهودي وغير يهودي، بين عبدٍ وحُر، بين رجلُ وامرأة، كلكم واحد في المسيح يسوعَ)(غلاطية ٣ :٢٨) (ففي الربُ لا تكون المرأةُ من دون الرجلِ، ولا الرجلُ من دون المرأة) (١كو١١:١١)(الغني والفقير يتلاقيان، فكلاهما صنعهما الربُ) (أمثال ٢٢ : ٢) (لا تقهرِ الفقيرَ لأنه فقيرُ، ولا تَسحَقِ المسكينَ في القضاءِ)(أمثال ٢٢:٢٢) (إسمعوا يا آخوتي الأحباءُ: أما اختارَالله فُقراء هذا العالم ليكونوا أغنياء بالايمان.... وأنتم تحتقرونَ الفقرا .... أحب قريبك مثلما تُحبُ نَفسَكَ) (يعقوب ٢ :٥-٩)

حرية الإختيار وتقرير المصير **(وأنا أَشهدُ عليكم اليومَ السماء والأرض بأني جَعلتُ بين أيديكمُ الحياةَ والموتَ والبركةَ.. فاختاروا الحياةَ لتحيوا أنتم وذريتكم)(تث ٣٠ :١٩) (ها أنا واقِفُ على البابِ أدقهُ، فإن سَمِعَ أحدُ صوتي وفتحَ البابَ دخلتُ إليه وتعشيتُ معهُ وتعشى هو معي)(رؤ ٣ :٢٠)**

مادة ٣ السيادة لله وحده، وهو مصدر السلطات، الشعوب وكيل الله فى السيادة و يمارس الشعب هذه السيادة ويحميها، ويصون الوحدة الوطنية على الوجه المبين في الدستور.

التفسير : **(للرب الأرض و ملؤها المسكونة و كل الساكنين فيها لأنه على البحار أسسها و على الأنهار ثبتها)(مز٢٤: ١)، (لأن للرب الأرض و ملأها) (١كو١٠: ٢٦)، (السموات سموات الرب أما الأرض فأعطاها لبنى آدم)(مز١١٥: ١٦).**

مادة ٤ يقوم الاقتصاد الوطني على حرية النشاط الاقتصادي والعدالة الاجتماعية، وكفالة الأشكال المختلفة للملكية، والحفاظ على حقوق العمال.

التفسير : كما فى قول بولس الرسول (إذ أنتم تعرفون كيف يجب أن يتمثل بنا لأننا لم نسلك بلا ترتيب بينكم و لا أكلنا خبزاً مجاناً من أحد بل كنا نشتغل بتعب و كد ليلاً و نهاراً لكى لا نثقل على أحد منكم ليس أن لا سلطان لنا بل لكى نعطيكم أنفسنا قدوة حتى تتمثلوا بنا فإننا أيضاً حين كنا عندكم أوصيناكم بهذا أنه إن كان أحد لا يريد أن يشتغل فلا يأكل أيضاً لأننا نسمع أن قوماً يسلكون بينكم بلا ترتيب لا يشتغلون شيئاً بل هم فضوليون فمثل هؤلاء نوصيهم و نعظهم بربنا يسوع المسيح أن يشتغلوا بهدوء و يأكلوا خبز أنفسهم أما أنتم أيها الإخوة فلا تفشلوا في عمل الخير)(٢تس٧: ١٣) ، و يكفل الله حق العاملين فى أجورهم و فى يوم الراحة الأسبوعية و حتى المهاجرين من

أوطـانهم للعمـل فـى أرض غريبـة (**لا تظلـم أجيـراً مـسكيناً و فقيـراً مـن إخوتـك أو مـن الغرباء الذين فى أرضك أو فى أبوابك)(تث٢٤: ١٤)** ، و يشدد الله على عدم تأخير أجرة العامل فيقول (**لا تغصب قريبك و لا تسلب و لا تبت أجرة أجير عندك إلى الغد)(لا١٩: ١٣)** ، (**فـى يومـه تعطيـه أجرتـه و لا تغـرب عليهـا الـشمس لأنـه فقيـر و إليهـا حامـل نفسه)(تث٢٤: ١٥)** ، و توعد الله كل إنسان يظلم أخيه الإنسان فى أجرة بالانتقام منه (**و أكون شاهداً سريعاً على السحرة و علـى الفاسقين و الحـالفين زوراً و علـى الـسالبين أجرة الأجير) (ملا٥: ٣)** . كما أن حق المرأة فى العمل مكفول فـى المسيحية فقد ورد فى أعمال الرسل ما يؤكد على وجود شركة بين أكيلا و زوجته برسيكلا فى صناعة الخيام (**فوجد يهودياً أسمه أكيلا .. و برسيكلا امرأته .. و لكونـه من صناعتهما أقام عندهما و كان يعمل لأنهما كانا فى صناعتهما خيامين)(أع١٨: ٢-٣)** ، (**فكانت تسمع امرأة أسمها ليدية بياعة أرجوان من مدينة ثياتيرا متعبدة لله ففتح الرب قلبها لتصغى إلى ما كان يقوله بولس)(أع١٦: ١٤)** ، لذلك يجب على رجال الأعمال احترام حقوق العاملين لديهم و عدم التأخر فى سداد الأجور و إعطائهم الحق فى الإجازة مدفوعة الأجر فالله يقول (**ستة أيام تعمل و تصنع جميع أعمالك) (خر٢٠: ٩)** و أيضاً (**ستة أيام تشتغل و تعمل جميع أعمالك)(تث٥: ١٣)** ، و لأن الله يحب أن يعلمنا بأمثلة فأعطانا مثل خلقة العالم حيث استراح فى اليوم السابع (**و فرغ الله فى اليوم السابع من عمله الذى عمل فاستراح فى اليوم السابع من جميع عمله الذى عمل)(تك٢: ٢)** و (**إنه سبت عطلة لكم)(عد٢٢)** و تحارب المسيحية البطالة و هي عكس حالة العمل أى شخص بلا عمل فالعاطل هو كل قادر على العمل وراغب فيه، ويبحث عنه، ولكن دون جدوى. لذلك تلتزم الدولة بصرف اعانه بطالة كما أرسل الله المن و السلوى لشعب بنى إسرائيل فى سنوات التيه فى البرية ففى سفر الخروج إصحاح ١٦(**ثم ارتحلوا من إيليم وأتى كل جماعة بني إسرائيل إلى برية سين التي بين إيليم وسيناء في اليوم الخامس عشر من الشهر الثاني بعد خروجهم من ارض مصر. فتذمر كل جماعة بني إسرائيل على موسى وهرون في البرية. وقال لهما بنو إسرائيل ليتنا متنا بيد الرب في ارض مصر إذ كنا جالسين عند قدور اللحم نأكل خبزًا للشبع فإنكما أخرجتمانا إلى هذا القفر لكي تميتا كل هذا الجمهور بالجوع) (خروج ١٦:١-٣)** فأرسل لهم الله المعونة الإلهية (**فقال الرب لموسى ها أنا أمطر لكم خبزًا من السماء فيخرج الشعب ويلتقطون حاجة اليوم بيومها لكي امتحنهم أيسلكون في ناموسي أم لا) (خروج١٦:٤)(فكان في المساء أن السلوى صعدت وغطت المحلة. وفي الصباح كان سقيط الندى حوالي المحلة. ولما ارتفع سقيط الندى إذا على وجه البرية شيء دقيق مثل قشور. دقيق كالجليد على الأرض. فلما رأى بنو إسرائيل قالوا بعضهم لبعض: من هو ؟ لأنهم لم يعرفوا ما هو.**

فقال لهم موسى: هو الخبز الذي أعطاكم الرب لتأكلوا. هذا هو الشيء الذي أمر به الرب. التقطوا منه كل واحد على حسب أكله. عمرا للرأس على عدد نفوسكم تأخذون، كل واحد للذين في خيمته. ففعل بنو إسرائيل هكذا، والتقطوا بين مكثر ومقلل. ولما كالوا بالعمر، لم يفضل المكثر والمقلل لم ينقص. كانوا قد التقطوا كل واحد على حسب أكله. وقال لهم موسى: لا يبق أحد منه إلى الصباح. لكنهم لم يسمعوا لموسى، بل أبقى منه أناس إلى الصباح، فتولد فيه دود وأنتن. فسخط عليهم موسى. وكانوا يلتقطونه صباحا فصباحا كل واحد على حسب أكله. وإذا حميت الشمس كان يذوب. ثم كان في اليوم السادس أنهم التقطوا خبزا مضاعفا، عمرين للواحد. فجاء كل رؤساء الجماعة وأخبروا موسى. فقال لهم: هذا ما قال الرب: غدا عطلة، سبت مقدس للرب. اخبزوا ما تخبزون واطبخوا ما تطبخون. وكل ما فضل ضعوه عندكم ليحفظ إلى الغد. فوضعوه إلى الغد كما أمر موسى، فلم ينتن ولا صار فيه دود. فقال موسى: كلوه اليوم، لأن للرب اليوم سبتا. اليوم لا تجدونه في الحقل.ستة أيام تلتقطونه، وأما اليوم السابع ففيه سبت، لا يوجد فيه. وحدث في اليوم السابع أن بعض الشعب خرجوا ليلتقطوا فلم يجدوا) (خروج ١٦ :١٣-٢٧)

الله ملك شعب بنى إسرائيل رأى أن شعبه سيموت جوعا و أنهم بلا مصدر للرزق فى بريه شاسعة و انطبقت عليهم حاله البطالة الإجبارية لأنهم مسافرين فى طريق لأرض الموعد و تاهوا فى الصحراء و لأن موسى النبى كان يمثل لهم ممثل الحكومة السماوية فتوجهوا له بالشكوى من قله الدخل المتمثلة فى عجزهم عن العمل فى أرض صحراوية لزراعتها و قله موارد الأرض الصحراوية فاتجاه موسى النبى إلى الله مدبر العالم فتحمل الله مسئولية توفير و تأمين متطلبات شعبه و منحهم المن و السلوى أعانه مؤقتة طوال فترة التيه و انقطع المن و السلوى بمجرد استقرار شعب بنى إسرائيل فى أرض الموعد لأن انتهت أسباب البطالة الإجبارية و أصبح لكل سبط أرضة و ميراثه الذى يجب أن يعمل بكل قوته و طاقته للحفاظ علية و تنميته . و إعطانا الله مثالا عن وجوب العدالة فى توزيع أعانه البطالة حسب حاله و عدد أفراد كل عائلة فقد كان شعب بنى إسرائيل يلتقطون بأيديهم فمنهم من يجمع كثيرًا ومنهم من يجمع قليلًا ولما ذهبوا لبيوتهم وجدوا أن المكثر لم يجمع أكثر من حاجة البيت والمقلل لم يجمع أقل من احتياج البيت .

مادة ٥ يقوم النظام السياسي فى الدولة على أساس تعدد الأحزاب السياسية. وللمواطنين حق تكوين الأحزاب السياسية .

التفسير : ان الله اعطانا حريه الاختيار فهى المؤشر على وجود الحرية و لكل حزب افكاره و معتقداته ففى (ملوك الأول اصحاح ١٨ : ٢١) (فتقدم إيليا إلى جميع الشعب وقال: «حتى متى تعرجون بين الفرقتين؟ إن كان الرب هو الله فاتبعوه، وإن كان البعل

فاتبعوه». فلم يجبه الشعب بكلمة) و ايضا قاله الله لشعب بنى اسرائيل (**أشهد عليكم اليوم السماء والأرض. قد جعلت قدامك الحياة والموت. البركة واللعنة. فاختر الحياة لكي تحيا أنت ونسلك) (تثنية ٣٠: ١٩)** من حق المواطن أن يختار الحزب السياسى الذى ينتمى له و من حقة حرية الاعتقاد الدينى و السياسى .

مادة ٦ لكل انسان ولد داخل اقليم الدولة حق التمتع بالجنسية ولا يجوز حرمان مواطن من جنسيته تعسفا أو انكار حقه فيها .

التفسير : عندما قبض على بولس الرسول (امر الامير أن يذهب به إلى المعسكر قائلًا أن يفحص بضربات ليعلم لاي سبب كانوا يصرخون عليه هكذا . **فلما مدوه للسياط، قال بولس لقائد المئة الواقف: أيجوز لكم أن تجلدوا إنسانا رومانيا غير مقضي عليه . فإذ سمع قائد المئة ذهب إلى الأمير، وأخبره قائلا: انظر ماذا أنت مزمع أن تفعل لأن هذا الرجل روماني . فجاء الأمير وقال له : قل لي: أنت روماني؟ فقال: نعم . فأجاب الأمير: أما أنا فبمبلغ كبير اقتنيت هذه الرعوية. فقال بولس: أما أنا فقد ولدت فيها . وللوقت تنحى عنه الذين كانوا مزمعين أن يفحصوه. واختشى الأمير لما علم أنه روماني ، ولأنه قد قيده. أمام رؤساء اليهود) (اع ٢٢: ٢٥-٢٩)**

بولس الرسول يعلن أنه روماني اكتسب الجنسية بالمولد و هذا اكثر شرفا من أن تشترى جنسية بلد لم تتولد به و يعطيك امتيازات بلادك فلا يعطلونه مرة أخرى عن الكرازة سواء في هذا البلد أو أي بلد روماني آخر، أي أن يراعي الحكام هذه الحقيقة مستقبلاً. فالحكم الذي سيصدر من حاكم روماني سيكون سابقة يستفيد منها باقي الحكام .

مادة ٧ يقوم المجتمع على التضامن الاجتماعي.

التفسير : قام تلاميذ السيد المسيح بإدخال نظام التضامن الاجتماعي و الإقتصادى بين أوساط المؤمنين**(و كانوا يواظبون على تعليم الرسل و الشركة وكسر الخبز والصلوات و صار خوف فى كل نفس و كانت عجائب و آيات كثيرة تجرى على أيدى الرسل و جميع الذين آمنوا كانوا معاً و كان عندهم كل شىء مشتركاً و الأملاك و المقتنيات كانوا يبيعونها و يقسمونها بين الجميع كما يكون لكل واحد احتياج)(أع٢ : ٤٢-٤٥) ، (و كان لجمهور الذين آمنوا قلب واحد و نفس واحدة و لم يكن أحد يقول أن شيئاً من أمواله له بل كان عندهم كل شىء مشتركاً)(أع٤ : ٣٢) ،(إذ لم يكن فيهم أحد محتاجاً لأن كل الذين كانوا أصحاب حقول أو بيوت كانوا يبيعونها و يأتون بأثمان المبيعات و يضعونها عند أرجل الرسل فكان يوزع على كل أحد كما يكون له احتياج)(أع٤: ٣٤-٣٥)** ،الأغنياء و فروا احتياجات الفقراء.

مادة ٨ لا يجوز القبض على أي إنسان ولا حبسه إلا وفق أحكام القانون.

(فألقوا أيديهم على الرسل ووضعوهم في الحبس العامة) (أع٥:١٧)

(قبض على بطرس ... ووضعوه في السجن. فكان بطرس محروساً في السجن وأما الكنيسة فكانت تصير منها صلاة بلجاجة إلى الله من أجله) (أع١٢:٣)

(فوضعوا عليهما (بولس وسيلا) ضربات كثيرة والقوهما في السجن وأوصوا حافظ السجن أن يحرسهما بضبط. وهو إذ أخذ وصية مثل هذه ألقاهما في السجن الداخلي وضبط أرجلهما في المقطرة) (أع١٦:١٣-٢٤).

مادة ٩ الأسرة أساس المجتمع، قوامها الدين والاخلاق والوطنية.

التفسير :أن الله خلق الإنسان وفي كيانه الأسرة **(خلق الله الإنسان ذكر وأنثى خلقه وباركه) (تكوين ٥: ٢)** بالمفرد كان من المفروض أن يقول خلقهما وباركهما لكن يقول خلقه وباركه . يعنى الأسرة في كيان الشخص، الله خلق الإنسان وفي كيانه الأسرة. أدم لم يكن له نظير في المخلوقات جميعها قال الله نخلق له معينًا نظيره ولذلك رأى الله أن خلقة حواء كملت الخلقة كلها ورأى أن الذي خلق إذ به حسن جدًا أي كملت المسألة بحواء معينًا نظيره، من ضلعه دليل المساواة. لا من رأسه حتى لا تتسيد عليه ولا من رجله حتى لا يتسيد هو عليها. وعندما خلق الله حواء لم يخلقها من تراب لكن خلقها من ضلع من أدم لكي يكون الأصل واحد لأن في ذهن الله أن يجعل الاثنين جسد واحد.

على الأسرة توفير وخلق الأجواء الملائمة لتعليم الأطفال مبادئ الأخلاق و الوطنية و الكرامة **(ولتكن هذه الكلمات التي انا أوصيك بها اليوم على قلبك. وقصها على أولادك وتكلم بها حين تجلس في بيتك وحين تمشي في الطريق وحين تنام وحين تقوم) (تثنية٦: ٦-٧)**

مادة ١٠ تكفل الدولة حماية حقوق المرأة و الأمومة والطفولة، وترعى النشئ والشباب، وتوفر لهم الظروف المناسبة لتنمية ملكاتهم.

التفسير : **(وقال الرب الاله ليس جيد أن يكون ادم وحده لإاصنع له معينا نظيره) (تكوين ١٨:٢)**

لقد قال الرب ان حواء معين لأدم و مساويه له فى الحقوق و الواجبات و حذر الله من الغدر بالمراه و عدم حمايتها ففى **(ملاخى ٢: ١٤)(فقلتم لماذا من اجل أن الرب هو الشاهد بينك و بين امرأة شبابك التى أنت غدرت بها و هى قرينتك و امرأة عهدك فاحذر لروحكم و لا يغدر أحد بامرأة شبابه) (إذا اتخذ رجل امرأة جديدة، فلا يخرج في الجند، ولا يحمل عليه أمر ما. حرا يكون في بيته سنة واحدة، ويسر امرأته التي أخذها) (تثنية ٢٤ : ٥) (وأما المتزوجون، فأوصيهم، لا أنا بل الرب: أن لا تفارق المرأة رجلها . وإن فارقته، فلتلبث غير متزوجة، أو لتصالح رجلها. ولا يترك الرجل امرأته) (١ كورنثوس ٧: ١٠-١١)** حق التربية يرجع للأسرة **(وانتم أيها الإباء لا تغيظوا أولادكم بل ربوهم بتأديب الرب وإنذاره) (أفسس٦: ٤)**، فالهدف من التربية

الحازمة وتأديب الوالدين هو معاونة أولادهم على النضج وليس لأذيتهم أو تثبيط هممهم، فالمعاملة السيئة للأطفال هي السبب الرئيسي في قتل روح الإبداع والتفكير لدى الأطفال، وانتشار المشاكل التي نعاني منها الآن من أمية وجهل وانحلال الأخلاق. على الآباء أن يكونوا قدوة لأبنائهم **(كن قدوة للمؤمنين فى الكلام فى التصرف فى المحبة فى الروح فى الإيمان فى الطهارة) (١تى ٤:١٢)**

مادة ١١ لا يجوز فرض أي عمل جبرا على المواطنين إلا بمقتضى قانون ولأداء خدمة عامة وبمقابل عادل.

يقول الكتاب المقدس **(ثم قام ملك جديد على مصر لم يكن يعرف يوسف)(خر١: ٨)** ، غالباً الملوك الذين حكموا فى أيام يوسف هم من الهكسوس ثم بعد أن خرجوا من مصر و حكم مصر المصريين لم يعد هناك ود تجاه هذا الشعب العبراني صديق الهكسوس ، فقام الفرعون المصرى بفرض نظام الرق و السخرة عليهم **(فجعلوا عليهم رؤساء تسخير[٦] لكى يذلوهم بأثقالهم[٧] فبنوا لفرعون مدينتى مخازن فيثوم و رعمسيس)(خر١: ١١)** ، **(و مرروا حياتهم بعبودية قاسية فى الطين و اللبن و فى كل عمل فى الحقل كل عملهم الذى عملوه بواسطتهم عنفاً)(خر١: ١٤)** كانوا يجلبون الطين و يصنعون منه الطوب و يجففونه و يبنون مدن جديدة و مخازن لفرعون لكن الله لم يرضى بالسخرة و إذلال الإنسان لأخيه الإنسان فأرسل موسى النبى لفرعون يأمره أن يترك شعبه يخرج من أرض مصر و يترك العمل لدى فرعون فكان رد فرعون كرد صاحب العمل الذى يريد استغلال العاملين أسوء استغلال ممكن **(فقال لهما ملك مصر لماذا يا موسى و هرون تبطلان الشعب من أعماله أذهبا إلى أثقالكما و قال فرعون هوذا الآن شعب الأرض كثير و أنتما تريحانهم من أثقالهم فأمر فرعون فى ذلك اليوم مسخرى الشعب و مدبريه قائلاً لا تعودوا تعطون الشعب تبناً لصنع اللبن كأمس و أول من أمس ليذهبوا هم و يجمعوا تبناً لأنفسهم و مقدار اللبن الذى كانوا يصنعونه أمس و أول من أمس تجعلون عليهم لا تنقصوا منه فإنهم متكاسلون لذلك يصرخون قائلين نذهب و نذبح لإلهنا ليثقل العمل على القوم حتى يشتغلوا به و لا يلتفتوا إلى كلام الكذب فخرج مسخرو الشعب و مدبروه و كلموا الشعب قائلين هكذا يقول فرعون لست أعطيكم تبناً أذهبوا أنتم و خذوا لأنفسكم تبناً من حيث تجدون أنه لا ينقص من عملكم شىء فتفرق الشعب فى كل أرض مصر ليجمعوا قشاً عوضاً عن التبن و كان المسخرون يعجلونهم قائلين كملوا أعمالكم**

---

[6] **تسخير :** أى عمل بلا أجرة .

[7] **لكى يذلوهم بأثقالهم :** أى يثقلوا عليهم فيشعروا بالمذلة فلا يفكروا فى التمرد و الثورة ، و حتى لا ينموا فى العدد
و يتكاثروا .

أمر كل يوم بيومه كما كان حينما كان التبن فضرب مدبرو بنى إسرائيل الذين أقامهم عليهم مسخرو فرعون و قيل لهم لماذا لم تكملوا فريضتكم من صنع اللبن أمس و اليوم كالأمس و أول من أمس فأتى مدبرو بنى إسرائيل و صرخوا إلى فرعون قائلين لماذا تفعل هكذا بعبيدك التبن ليس يعطى لعبيدك و اللبن يقولون لنا أصنعوه و هوذا عبيدك مضروبون و قد أخطأ شعبك فقال متكاسلون أنتم متكاسلون لذلك تقولون نذهب و نذبح للرب فالآن أذهبوا أعملوا و تبن لا يعطى لكم و مقدار اللبن تقدمونه)(خر٥: ٤-١٩)
شدد فرعون أوامره لإذلال الشعب بدلاً من أن يطلقهم ، بل أتهمهم أنهم متكاسلون و كلم مسخرى الشعب - هؤلاء من المصريين – و مدبريه - هؤلاء من اليهود – و هم كمقاولى الأنفار أو متعهدى الأنفار ، عليهم أن يدبروا رجالاً من اليهود لتسليم كمية معينة كواجب يومى إلى المسخرين ، و كان أن أمر فرعون أن على اليهود أن يجمعوا التبن بأنفسهم ، فكان الزراع يتركون القش لمن يريد و كان هناك من يجمعه من الزراع المصريين و يأتون به للشعب ليصنعوا منه الطوب اللبن ، و لكن حسب أوامر فرعون صار هذا واجب جديد على الشعب أن يذهبوا هم ليلتقطوا التبن لأنفسهم على أن يوردوا نفس كمية اللبن ، ذهب الشعب ليشتكى لفرعون أن المسخرين كانوا يضربونهم طالبين كمية أكبر من الأعمال وقالوا **(أخطأ شعبك)** أى أن رجالك يا فرعون أخطئوا فيما فعلوه ، و بعد آيات كثيرة و الضربات العشر التى ضرب بها الله المصريين وافق أخيراً الفرعون على إطلاق اليهود . هنا نرى صورة لما صنعه السيد المسيح الذى أعتقنا من العبودية (**إن حرركم الابن فبالحقيقة تكونون أحراراً) (يو٨:٣٦) .**

مادة ١٢ الوظائف العامة حق للمواطنين، وتكليف للقائمين بها لخدمة الشعب، وتكفل الدولة حمايتهم وقيامهم بأداء واجباتهم في رعاية مصالح الشعب، ولا يجوز فصلهم بغير الطريق التأديبي إلا في الأحوال التي يحددها القانون.

التفسير : طلب موسى النبى من الشعب أن يرشحوا منهم قضاه (**تثنية ١ : ١٢-١٧)(كيف أحمل وحدي ثقلكم وحملكم وخصومتكم. هاتوا من أسباطكم رجالا حكماء وعقلاء ومعروفين، فأجعلهم رؤوسكم. فأجبتموني وقلتم: حسن الأمر الذي تكلمت به أن يعمل. فأخذت رؤوس أسباطكم رجالا حكماء ومعروفين، وجعلتهم رؤوسا عليكم، رؤساء ألوف، ورؤساء مئات، ورؤساء خماسين، ورؤساء عشرات، وعرفاء لأسباطكم. وأمرت قضاتكم في ذلك الوقت قائلا: اسمعوا بين إخوتكم واقضوا بالحق بين الإنسان وأخيه ونزيله. لا تنظروا إلى الوجوه في القضاء. للصغير كالكبير تسمعون. لا تهابوا وجه إنسان لأن القضاء لله. والأمر الذي يعسر عليكم تقدمونه إلي لأسمعه)** فالشعب رشح وموسي هو الذي اختار من المرشحين وعينهم رؤساء ألوف ورؤساء مئات ورؤساء خماسين ورؤساء عشرات وبهذا يوضح لنا إن الذي رشح هو الشعب بكل

ديمقراطيه ومن المرشحين اختار موسي وعين بمبدأ التعيين . لم يشترط موسى النبي في القادة أن يكونوا ذوي كرامة زمنية أو غنى، بل حكماء وعقلاء ومختبرين. بنفس الروح طلب الرب من الشعب أن يختاروا خدامًا (شمامسة) أكفّاء، حكماء ومملوءين من الروح لخدمة الفقراء **(و في تلك الايام اذ تكاثر التلاميذ حدث تذمر من اليونانيين على العبرانيين ان ارامله‍م كن يغفل عنهن في الخدمة اليومية فدعا الاثنا عشر جمهور التلاميذ و قالوا لا يرضي ان نترك نحن كلمة الله و نخدم موائد فانتخبوا ايها الاخوة سبعة رجال منكم مشهودا لهم و مملوين من الروح القدس و حكمة فنقيمهم على هذه الحاجة)(أع ٦: ٣-٦).**

مادة ١٣ تكفل الدولة خدمات التأمين الاجتماعي والصحي، ومعاشات العجز عن العمل والبطالة والشيخوخة للمواطنين جميعا، وذلك وفقا للقانون.

التفسير : **(أمريض احد بينكم فليدع شيوخ الكنيسة فيصلوا عليه ويدهنوه بزيت باسم الرب وصلاة الإيمان تشفي المريض والرب يقيمه وان كان قد فعل خطية تغفر له) (رسالة يعقوب ٥ : ١٤-١٥)(ثم دعا تلاميذه الاثني عشر وأعطاهم سلطانا على أرواح نجسة حتى يخرجوها ويشفوا كل مرض وكل ضعف) (لو٩: ١). (ويضعون أيديهم على المرضى فيبرئون) (مر١٦: ١٨). (وأقام اثني عشر ليكونوا معه وليرسلهم ليكرزوا ويكون لهم سلطان على شفاء الأمراض وإخراج الشياطين) (مر٣: ١٥)** .لقد أعطى الله الإنسان الحق فى التعويض عما يلحق به من أضرار ، و تجنباً للظلم الواقع نتيجة الأضرار و منعاً للتعدي على الغير فالله يقول **(و إذا تخاصم رجلان فضرب أحدهما الآخر بحجر أو بلكمة و لم يقتل بل سقط فى الفراش)(خر٢١: ١٨)** فإن على المعتدى صرف التعويض اللازم للشخص المتضرر و ذلك عن أجر فترة شفائه لأنه لا يستطيع العمل **(فإن قام و تمشى خارجاً على عكازه يكون الضارب بريئاً إلا أنه يعوض عطلته و ينفق على شفائه)(خر٢١: ١٩)** ، و نرى فى قصة أيوب البار مثل حيث قام الله بتعويضه عن حسد إبليس و رد له ثروته أضعافاً **(و رد الرب سبى أيوب لما صلى لأجل أصحابه و زاد الرب على كل ما كان لأيوب ضعفاً)(أى٤٢: ١٠)** ، و أيضاً قول الله **(و أعوض لكم عن السنين التى أكلها الجراد)(يوئيل٢: ٢٥)** ، فى سفر الخروج **(إن نطح الثور عبداً أو أمة يعطى سيده ثلاثين شاقل فضة و الثور يرجم و إذا فتح إنسان بئراً أو حفر إنسان بئراً و لم يغطه فوقع فيها ثور أو حمار فصاحب البئر يعوض و يرد فضة لصاحبه و الميت يكون له و إذا نطح ثور إنسان ثور صاحبه فمات يبيعان الثور الحى و يقتسمان ثمنه و الميت أيضاً يقتسمانه لكن إذا علم أنه ثور نطاح من قبل و لم يضبطه صاحبه يعوض عن الثور بثور و الميت يكون له)(خر٢١: ٣٢- ٣٦)**

مادة ١٤ التربية الدينية مادة أساسية في مناهج التعليم العام.

للأطفال مكانتهم العظيمة في الكتاب المقدس، فهم **(إكليل الشيوخ) (أمثال ١٧: ٦)**، والبنون هم **(كفروع زيتون حول المائدة) (مزمور ١٢٨: ٣)**، ولقد أعد الله لنفسه تسبحه من فم الأطفال والرضع **(مز٨: ٢-٣)**، كما أن الرب يسوع بيّن أن لمثلهم دخول الملكوت وباركهم، وكذلك إنهم رمزًا حقيقيًا للتلاميذ. وكي لا نسمح لأطفالنا بأن يكونوا كريشة في مهب الريح بدت ضرورة التربية والتنشئة الدينية السليمة كمقومات أساسية في بناء سلوكية الطفل وتحديد مساره في المستقبل، وهذا ما يؤكد عليه أيضًا الرسول بولس في دور الأم على سبيل المثال في التربية: **(ولكنها ستخلص بولادة الاولاد ان ثبتن في الايمان والمحبة والقداسة مع التعقل) (١تي ٢: ١٥)**.

مادة ١٥ التعليم في مؤسسات الدولة التعليمية مجاني في مراحله المختلفة.

(اشفوا مرضى. طهروا برصا. أقيموا موتى. أخرجوا شياطين. مجانا أخذتم، مجانا أعطوا) (مت ١٠ :٨)

مادة ١٦ تخضع الملكية لرقابة الشعب وتحميها الدولة، وهي ثلاثة أنواع : الملكية العامة، والملكية التعاونية والملكية الخاصة.

التفسير : ترى المسيحية أن الملكية الخاصة ليست هى سبب تشجع الأغنياء على ممارسة الاستغلال لكن الابتعاد عن حفظ وصايا الله هو السبب فى حدوث الاستغلال فقد حرص الله على مصلحة الفقراء و حقوقهم فى أموال الأغنياء **(و عندما تحصدون حصيد أرضكم لا تكمل زوايا حقلك فى حصادك و لقاط حصيدك لا تلتقط للمسكين و الغريب تتركه أنا الرب الهكم)(لا٢٣: ٢٢)** ، **(و عندما تحصدون حصيد أرضكم لا تكمل زوايا حقلك فى الحصاد و لقاط حصيدك لا تلتقط و كرمك لا تعلله و نثار كرمك لا تلتقط للمسكين و الغريب تتركه أنا الرب الهكم)(لا١٩: ٩-١٠)** ، **(إذا حصدت حصيدك فى حقلك و نسيت حزمة فى الحقل فلا ترجع لتأخذها للغريب و اليتيم و الأرملة تكون لكى يباركك الرب إلهك فى كل عمل يديك و إذا خبطت زيتونك فلا تراجع الأغصان وراءك للغريب و اليتيم و الأرملة يكون إذا قطفت كرمك فلا تعلله**[٨] **وراءك للغريب و اليتيم و الأرملة يكون و أذكر أنك كنت عبداً فى أرض مصر لذلك أنا أوصيك أن تعمل هذا الأمر)(تث٢٤: ١٩-٢٢)** ، الملكية الخاصة فى الكتاب المقدس : كمثال ملكية إبراهيم و يعقوب للأغنام و مقبرة سارة فمن الواضح أن من عادات الناس من قديم الزمان احترام الملكية الخاصة و عمل عقود شفاهي بالتملك يحفظها الأجيال فى أذهانهم لعدم انتشار الكتابة و الأوراق مثل عصرنا الحالى ، بدليل صعود يوسف النبى من مصر لدفن أبيه يعقوب أبو الآباء فى مقابر العائلة دون أن يعارضه أحد من سكان الأرض حول المقبرة لأن هناك ميثاق و عقد غير مكتوب لكنه سارى و يحترم الملكية الخاصة ، و لكن فى

---

[٣] **تعلله-** تلتقط فضلات الحصاد.

عصر أرميا النبى كان البيع و الشراء يوثق ليحفظ حق الملكية ، فقد ورد فى سفر أرميا النبى **(الكلمة التي صارت إلى أرميا من قبل الرب فى السنة العاشرة لصدقيا ملك يهوذا هى السنة الثامنة عشرة لنبوخذ نصر و كان حينئذ جيش ملك بابل يحاصر أورشليم و كان أرميا النبى محبوساً فى دار السجن الذى فى بيت ملك يهوذا لأن صدقيا ملك يهوذا حبسه قائلًا لماذا تنبأت قائلاً هكذا قال الرب هأنذا أدفع هذه المدينة ليد ملك بابل فيأخذها و صدقيا ملك يهوذا لا يفلت من يد الكلدانيين بل إنما يدفع ليد ملك بابل و يكلمه فماً لفم و عيناه تريان عينيه و يسير بصدقيا إلى بابل فيكون هناك حتى أفتقده يقول الرب إن حاربتم الكلدانيين لا تنجحون فقال أرميا كلمة الرب صارت إلى قائلة هوذا حنمئيل بن شلوم عمك يأتى إليك قائلاً إشتر لنفسك حقلى الذى فى عناثوث لأن لك حق الفكاك للشراء فجاء إلى حنمئيل أبن عمى حسب كلمة الرب إلى دار السجن و قال لى إشتر حقلى الذى فى عناثوث الذى فى أرض بنيامين لأن لك حق الإرث و لك الفكاك أشتره لنفسك فعرفت أنها كلمة الرب فاشتريت من حنمئيل أبن عمى الحقل الذى فى عناثوث و وزنت له الفضة سبعة عشر شاقلاً من الفضة و كتبته فى صك و ختمت و أشهدت شهوداً و وزنت الفضة بموازين و أخذت صك الشراء المختوم حسب الوصية و الفريضة و المفتوح و سلمت صك الشراء لباروخ بن نيريا بن محسيا أمام حنمئيل أبن عمى و أمام الشهود الذين أمضوا صك الشراء أمام كل اليهود الجالسين فى دار السجن و أوصيت باروخ أمامهم قائلاً هكذا قال رب الجنود إله إسرائيل خذ هذين الصكين صك الشراء هذا المختوم و الصك المفتوح هذا و أجعلهما فى إناء من خزف لكى يبقيا أياماً كثيرة لأنه هكذا قال رب الجنود إله إسرائيل سيشترون بعد بيوتاً و حقولاً و كروماً فى هذه الأرض)(أر٣٢: ١-١٥)** نجد هنا أن الملك سجن أرميا بسبب نبواته ضدَه و ضد أورشليم ، و هذه الأحداث جَرَت في السنة العاشرة لصدقيا ، و بدأ الحصار فى السنة التاسعة له و سقطت المدينة فى السنة الحادية عشرة ، و لكن يبدو أن أرميا كان لهُ شىء من الحرية أثناء فترة حبسه فأمكن لأصحابه و أقرباؤه أن يزوروه فأستطاع القيام بأعمال البيع والشراء ، فنجد فيها قصة أخرى عن شرائه أرض بمشورة الله ليثبت أنه فى وقت محدد ستنتهي هذه الآلام ، و يرجح أن قريب أرميا هذا كان يحتاج لهذا المبلغ من المال فقام ببيع أرضه لمن لهُ حق الشراء ، فغالباً كان أرميا هو الولى الأقرب الذى له حق الفكاك و حق الإرث ، فقد كان للأقرباء دون غيرهم هذا الحق ، حق شراء الأرض و كان عليهم أيضاً حسب العرف و الرأي العام واجب الشراء إذا كان القريب صاحب الأرض فى ضيقة مالية ، و لكن هل يبدو منطقياً أن يشترى أحد فى هذه الظروف و الكل ذاهب إلى السبي و أورشليم محاصرة و العدو سيستولى على كل شىء فتكون كل الأراضى عديمة القيمة ؟ و لكن هنا إعلان عن ثقة أرميا فى وعود الله بالعودة من السبي

و ليعلن هذا لكل الشعب ، و نسمع هنا عن صكين أحدهما مختوم و الآخر مفتوح ، فالمختوم هو بعد أن يتم لفه وغلقه يختم ، و المفتوح مفتوحاً لكل من يريد أن يقرأ (هو أصل و صورة و الأصل هو المختوم) و وضعهما فى إناء خزف لأنه يريد حفظهما ٧٠ سنة حتى العودة من السبي ، و وضع الصك فى إناء خزف كي يبقى طويلاً ، ويبدو أنها كانت عادة مألوفة بدليل ما وُجد فى مغارات بقرب بحر لوط لنسخ من أسفار العهد القديم ظلت مختزنة فى بطن الأرض أكثر من ألفى سنة و إقرار حق الملكية الخاصة لكل إنسان بدون تفرقة بين الرجل و المرأة فقد عملت المرأة فى التجارة كليديا بائعة الأرجوان **(فكانت امرأة تسمع أسمها ليديا بائعة أرجوان من مدينة ثياترا متعبدة لله)(أع١٦: ١٤)** ، و فى سفر الأمثال **(تصنع قمصاناً و تبيعها و تعرض مناطق على الكنعاني)(أم٣١ :٢٤) .**

ثانياً : الملكية العامة :- البحار و الأنهار و الجو كلها ملك للرب و قد أعطاها للجميع لذلك أمر الله بأن توزع بعدالة على الجميع و أن إتباع التوزيع العادل هو أساس التوازن بين الناس و طريق للنجاة من الشر**(للرب الأرض و ملؤها المسكونة و كل الساكنين فيها لأنه على البحار أسسها و على الأنهار ثبتها)(مز٢٤: ١)، (السموات سموات الرب أما الأرض فأعطاها لبنى آدم)(مز١١٥: ١٦) ، (لأن للرب الأرض و ملأها) (١كو١٠: ٢٦) .**

مادة ١٧ الملكية الخاصة مصونة، ولا يجوز فرض الحراسة عليها إلا في الأحوال المبينة في القانون وبحكم قضائي، ولا تنزع الملكية إلا للمنفعة العامة ومقابل تعويض وفقا للقانون وحق الإرث فيها مكفول.

التفسير : يقر المسيحى بأن الملكية عموماً فى كل شئ هى لله وحده و أنه هو نفسه بكل ما يملك ملكاً لله و الإنسان صورة الله على الأرض و لا ننسى أن الله أعطى آدم الحق فى أن يمتلك كل شجر الجنة ما عدا شجرة معرفة الخير و الشر ، كما أقر الله بحقوق الملكية الخاصة

و شجع عليها و حدد بعض أسباب الملكية :-

١- أسباب منشئة للملكية : مثل الصيد و التنقيب عن المعادن ، حيث عمل الناس فى بداية الخليقة بالصيد كنمرود **(الذى كان جبار صيد أمام الرب لذلك يقال كنمرود جبار صيد أمام الرب)(تك١٠: ٩) (فكبر الغلامان و كان عيسو إنساناً يعرف الصيد إنسان البرية و يعقوب إنساناً كاملاً يسكن الخيام) (تك٢٥: ٢٧)** ،

ثم اكتشفوا المعادن النفيسة كالذهب و الفضة و الحديد **(أسم الواحد فيشون و هو المحيط بجميع أرض الحويلة حيث الذهب و ذهب تلك الأرض جيد هناك المقل و حجر**

الجـزع[9])(تـك٢: ١١- ١٢) ، **(و كـان أبـرام غنيـاً جـداً فـى المواشـي و الفـضة و الذهب)(تك١٣: ٢)** .

٢- أسباب ناقلة للملكية : مثل الميراث و الميراث هو ما يؤول من المورث الى الوارث بعد وفاة المورث ، أى أن الميراث يجب أن يُؤخذ بعد الوفاة وليس قبلها، كما فعل الابن الضال، الذي طلب حقه في ممتلكات أبيه في حياته. و الميراث الالهى هو كما قسم الله أرض فلسطين على اليهود و جعل لكل سبط ميراث ، و لكى يحافظ على ملكية السبط للأرض أقر قوانين تمنع بيع الأرض لمشترى من خارج السبط حتى لا يضيع الميراث و يستقر كل سبط فى أرضه **(فلا يتحول نصيب لبنى إسرائيل من سبط إلى سبط بل يلازم بنو إسرائيل كل واحد نصيب سبط آبائه و كل بنت ورثت نصيباً من أسباط بنى إسرائيل تكون امرأة لواحد من عشيرة سبط أبيها لكى يرث بنو إسرائيل كل واحد نصيب آبائه فلا يتحول نصيب من سبط إلى سبط آخر بل يلازم أسباط بنى إسرائيل كل واحد نصيبه)(عد٣٦: ٧-٩)** حدث أن صلفحاد بن حافر مات بالبرية مع الجيل الاول الذي عاقبه الله و لم يكن له بنبن فظن العبرانيين أن نسله سيحرم من الارث الخاص بهم في أرض كنعان و ان هذا الميراث سينتقل لاخوته و لكن الله رفض ذلك و أوضح تساوي الرجل و المرأة في الميراث و أوضح أن عدم وجود الابناء الذكور لا يحرم البنات من الميراث أو يدخل أعمامهم الرجال معهم و انما يوزع الميراث بالتساوي بين البنات و اذا لم يكن له ابنه يعطى الميراث بالتساوى لأخوته و أن لم يكن للميت أخوة أو أبناء أو أب حى يعطى الميراث لأعمامه أو ألى أقرب قريب حى له ..

(فتقدمت بنات صلفحاد بن حافر بن جلعاد بن ماكير بن منسى، من عشائر منسى بن يوسف. وهذه أسماء بناته: محلة ونوعة وحجلة وملكة وترصة. ووقفن أمام موسى وألعازار الكاهن وأمام الرؤساء وكل الجماعة لدى باب خيمة الاجتماع قائلات . أبونا مات في البرية ، ولم يكن في القوم الذين اجتمعوا على الرب في جماعة قورح، بل بخطيته مات ولم يكن له بنون . لماذا يحذف اسم أبينا من بين عشيرته لأنه ليس له ابن ؟ أعطنا ملكا بين إخوة أبينا. فقدم موسى دعواهن أمام الرب . فكلم الرب موسى قائلا . بحق تكلمت بنات صلفحاد، فتعطيهن ملك نصيب بين إخوة أبيهن، وتنقل نصيب أبيهن إليهن. وتكلم بني إسرائيل قائلا: أيما رجل مات وليس له ابن، تنقلون ملكه إلى ابنته . وإن لم تكن له ابنة ، تعطوا ملكه لإخوته . وإن لم يكن له إخوة ، تعطوا ملكه لإخوة أبيه . وإن لم يكن لأبيه إخوة، تعطوا ملكه لنسيبه الأقرب إليه من عشيرته فيرثه. فصارت لبني إسرائيل فريضة قضاء، كما أمر الرب موسى) (عدد ٢٧: ١-

---

٤ **الجزع-** حجر كريم (العقيق اليمانى) ذات الشرائط المستقيمة المتوازية و لونه أسود و أبيض ، و يستعمل فى النقوش البارزة .

١١) و فى العهد الجديد اصبح قانون المحبة و هو التساوى بين الرجل و المرأة فى كل شئ لأن اذا كان الله لم يفرق بين عبد و حر و رجل و امراة فى دخول الملكوت السماوى و اعطاهم جميعا ميراثا فى اغلى ما فى الوجود و هو الملكوت(**ليس يهودي و لا يوناني ليس عبد و لا حر ليس ذكر و انثى لانكم جميعا واحد في المسيح يسوع) (رساله غلاطية ٣: ٢٨) (حيث ليس يوناني و يهودي ختان و غرلة بربري و سكيثي عبد حر بل المسيح الكل و في الكل) (رسالة كولوسى ٣: ١١)** فبناءا علية ترى المسيحية أن تركة المتوفى تقسم بالتساوى بين زوجته و ابنائة البنين و البنات بالتساوى أو كيفما يرى الورثة فى اطار من المحبة فقد يرى أخ أنه ليس له حاجة فى ميراث أبيه و أن أخته و أمة أحق بالميراث فيتنازل لهم فهذا من حقة لأن المحبة أهم من توزيع الميراث (**و عبد الرب لا يجب ان يخاصم بل يكون مترفقا بالجميع)(٢ تيموثاوس ٢ : ٢٤)** فأحذروا من الطمع (**فانكم تعلمون هذا ان كل زان او نجس او طماع الذي هو عابد للاوثان ليس له ميراث في ملكوت المسيح و الله) (الرسالة إلي أهل افسس ٥ : ٥)**

مادة ١٨ لا يجوز التأميم إلا لاعتبارات الصالح العام وبقانون، ومقابل تعويض.

منع الكتاب المقدس استيلاء الملوك و الرؤساء على ممتلكات الرعية دون وجه حق مثلما فعل أخاب الملك بكرم نابوت اليزرعيلى (**وحدث بعد هذه الأمور أنه كان لنابوت اليزرعيلي كرم في يزرعيل بجانب قصر أخآب ملك السامرة .فكلم أخآب نابوت قائلا: «أعطني كرمك فيكون لي بستان بقول، لأنه قريب بجانب بيتي، فأعطيك عوضه كرما أحسن منه. أو إذا حسن في عينيك أعطيتك ثمنه فضة. فقال نابوت لأخآب: «حاشا لي من قبل الرب أن أعطيك ميراث آبائي. فدخل أخآب بيته مكتئبا مغموما من أجل الكلام الذي كلمه به نابوت اليزرعيلي قائلا: لا أعطيك ميراث آبائي. واضطجع على سريره وحول وجهه ولم يأكل خبزا .فدخلت إليه إيزابل امرأته وقالت له: «لماذا روحك مكتئبة ولا تأكل خبزا؟ فقال لها: «لأني كلمت نابوت اليزرعيلي وقلت له: أعطني كرمك بفضة، وإذا شئت أعطيتك كرما عوضه، فقال: لا أعطيك كرمي فقالت له إيزابل: أأنت الآن تحكم على إسرائيل؟ قم كل خبزا وليطب قلبك. أنا أعطيك كرم نابوت اليزرعيلي .ثم كتبت رسائل باسم أخآب، وختمتها بخاتمه، وأرسلت الرسائل إلى الشيوخ والأشراف الذين في مدينته الساكنين مع نابوت .وكتبت في الرسائل تقول: «نادوا بصوم؟ وأجلسوا نابوت في رأس الشعب. وأجلسوا رجلين من بني بليعال تجاهه ليشهدا قائلين: قد جدفت على الله وعلى الملك. ثم أخرجوه وارجموه فيموت .ففعل رجال مدينته، الشيوخ والأشراف الساكنون في مدينته، كما أرسلت إليهم إيزابل، كما هو مكتوب في الرسائل التي أرسلتها إليهم. فنادوا بصوم وأجلسوا نابوت في رأس الشعب .وأتى رجلان من بني بليعال وجلسا تجاهه،**

وشهد رجلا بليعال على نابوت أمام الشعب قائلين: قد جدف نابوت على الله وعلى الملك . فأخرجوه خارج المدينة ورجموه بحجارة فمات. وأرسلوا إلى إيزابل يقولون: قد رجم نابوت ومات. ولما سمعت إيزابل أن نابوت قد رجم ومات، قالت إيزابل لأخآب: «قم رث كرم نابوت اليزرعيلي الذي أبى أن يعطيك إياه بفضة، لأن نابوت ليس حيا بل هو ميت. ولما سمع أخآب أن نابوت قد مات، قام لينزل إلى كرم نابوت اليزرعيلي ليرثه.فكان كلام الرب إلى إيليا التشبي قائلا: قم انزل للقاء أخآب ملك إسرائيل الذي في السامرة. هوذا هو في كرم نابوت الذي نزل إليه ليرثه. وكلمه قائلا: هكذا قال الرب: هل قتلت وورثت أيضا؟ ثم كلمه قائلا :هكذا قال الرب: في المكان الذي لحست فيه الكلاب دم نابوت تلحس الكلاب دمك أنت أيضا.)(١مل٢١)

مادة ١٩يقوم النظام الضريبي على العدالة الاجتماعية.

التفسير : الكتاب المقدس تكلم عن الضريبة التى كان يجمعها فرعون من المصريين و هى العشر و قد قام الملك سليمان بعمل تقسيم إداري للملكة اليهودية إلى إثنتى عشرة محافظة على رأس كل منها وكيل مهمته جمع الضرائب التى يحتاج إليها ، كما فرض على كل وكيل إعاشة الملك و حاشيته و جيشه و دوابه شهراً كل عام و قد تقدم سليمان فى التنظيمات الإدارية عن داود أبيه ، فقد اعتنى جداً بالتسجيلات و أستحضر الكتبة المتخصصين لذلك ، و خصص عملهم بدقة **(و بقية أمور سليمان و كل ما صنع و حكمته أما هى مكتوبة فى سفر أمور سليمان)(١مل١١:٤١)** و للأسف ضاعت هذه السجلات كلها ، و فى العهد الجديد قام السيد المسيح بدفع الضرائب للرومان بل و قال صراحة أنه يجب دفع الضريبة للحاكم **(ثم أرسلوا إليه قوماً من الفريسيين و الهيرودسيين لكى يصطادوه بكلمة فلما جاءوا قالوا له يا معلم نعلم أنك صادق و لا تبالى بأحد لأنك لا تنظر إلى وجوه الناس بل بالحق تعلم طريق الله أيجوز أن تعطى جزية لقيصر أم لا نعطى فعلم رياءهم و قال لهم لماذا تجربوننى إيتونى بدينار لأنظره فأتوا به فقال لهم لمن هذه الصورة و الكتابة فقالوا له لقيصر فأجاب يسوع و قال لهم إعطوا ما لقيصر لقيصر و ما لله لله فتعجبوا منه)(مر١٢ : ١٣-١٧)** لكنك ستعتقد بأن السيد المسيح لم يتدخل فى الشأن الإقتصادى و الإجتماعى للناس ، بل أمر الناس بكل بساطة أن يدفعوا الضرائب للسلطة دون نقاش ، لكن إذا قرأت قول السيد المسيح **(إذا آراد أحد أن يكون أولاً فيكون آخر الكل و خادماً للكل)(مر٩: ٣٥)** ، و أيضاً **(فلا يكون هكذا فيكم بل من آراد أن يصير فيكم عظيماً يكون لكم خادماً) (مر١٠: ٤٣)** ، فالحاكم من أعظم الناس و بالتالى يجب أن يكون خادماً لكل الناس و المقصود بالخدمة هو أن يسلك بين الناس بطهارة القلب و اليد و أن يعدل بين الرعية ، لكن إذا كان هذا الخادم

كسول و شرير و فاسد فهل نعطيه الضريبة لينفقها على لذاته و شهواته كما فعل سليمان الحكيم عندما إنحرف عن عبادة الله ؟ فنظرية دفع الضرائب للسلطة تشترط أن تحقق هذه السلطة الخدمة الحقيقية للمجتمع فإذا كان هذا الخادم فاسد مثله كمثل الخادم الثالث فى مثل الخدام الثلاثة **(مت٢٥: ١٤- ٣٢)(و كأنما إنسان مسافر دعا عبيده و سلمهم أمواله فأعطى واحداً خمس وزنات و آخر وزنتين و آخر وزنة كل واحد على قدر طاقته و سافر للوقت فمضى الذى أخذ الخمس وزنات و تاجر بها فربح خمس وزنات أخر و هكذا الذى أخذ الوزنتين ربح أيضاً وزنتين أخريين و أما الذى أخذ الوزنة فمضى و حفر فى الأرض و أخفى فضة سيده و بعد زمان طويل أتى سيد أولئك العبيد و حاسبهم فجاء الذى أخذ الخمس وزنات و قدم خمس وزنات أخر قائلاً يا سيد خمس وزنات سلمتنى هوذا خمس وزنات أخر ربحتها فوقها فقال له سيده نعماً أيها العبد الصالح و الأمين كنت أميناً فى القليل فأقيمك على الكثير أدخل إلى فرح سيدك ثم جاء الذى أخذ الوزنتين و قال يا سيد وزنتين سلمتنى هوذا وزنتان أخريان ربحتهما فوقهما قال له سيده نعماً أيها العبد الصالح و الأمين كنت أميناً فى القليل فأقيمك على الكثير أدخل إلى فرح سيدك ثم جاء أيضاً الذى أخذ الوزنة الواحدة و قال يا سيد عرفت أنك إنسان قاس تحصد حيث لم تزرع و تجمع حيث لم تبذر فخفت و مضيت و أخفيت وزنتك فى الأرض هوذا الذى لك فأجاب سيده و قال له أيها العبد الشرير و الكسلان عرفت أنى أحصد حيث لم أزرع و أجمع من حيث لم أبذر فكان ينبغى أن تضع فضتى عند الصيارفة فعند مجيئى كنت آخذ الذى لى مع ربا فخذوا منه الوزنة و أعطوها للذى له العشر وزنات لأن كل من له يعطى فيزداد و من ليس له فالذى عنده يؤخذ منه و العبد البطال إطرحوه إلى الظلمة الخارجية هناك يكون البكاء و صرير الأسنان و متى جاء إبن الإنسان فى مجده و جميع الملائكة القديسين معه فحينئذ يجلس على كرسى مجده و يجتمع أمامه جميع الشعوب فيميز بعضهم من بعض كما يميز الراعى الخراف من الجداء)** ، و مثل الخدام ينطبق على الدولة فالخادم هو الحكومة التى تحصل الضرائب ، و السيد هو المجتمع الذى يتم تحصيل الضرائب منه ، فالسيد المسيح أعطى الضريبة لكنه يجازى كل حاكم على سوء استغلاله للضريبة و هكذا الشعوب فهى تجازى حكوماتها على سؤ استغلال الضرائب .

مادة ٢٠ الادخار واجب وطني تحميه الدولة وتشجعه وتنظمه.

السيد المسيح بعد معجزة إشباع الجموع قال لتلاميذه **(فلما شبعوا قال لتلاميذه أجمعوا الكسر الفاضلة لكى لا يضيع شىء)(يو٦: ١٢)** ، و قد تتساءل ما مقدار هذا الكسر و ما أهميته ؟

ثم تجد الإجابة فى إنجيل معلمنا لوقا حيث يقول **(فأكلوا و شبعوا جميعاً ثم رفع ما فضل عنهم من الكسر أثنتا عشرة قفة)(لو٩: ١٧)** ، لقد نمت بركة الله فشبع الناس و بقيت كسر تكفى لإطعام آخرين فأدخرها التلاميذ لجوعي آخرين ، فإن كان الجيب ممتلئ و القلب أعمى فما المنفعة ، و كذلك الإسراف و الانغماس فى المال و محبته نهايته الدمار و الموت **(لو١٦:١٩-٣١)** .

مادة ٢١ الحرية الشخصية حق طبيعي وهي مصونة لا تمس، وفيما عدا حالة التلبس لا يجوز القبض على أحد أو تفتيشه أو حبسه أو تقييد حريته بأي قيد أو منعه من التنقل إلا بأمر تستلزمه ضرورة التحقيق وصيانة أمن المجتمع، ويصدر هذا الأمر من القاضي المختص أو النيابة العامة، وذلك وفقا لأحكام القانون.

قد جاء يسوع "لِيُبلِّغَ المأسورين بإطلاق سبيلهم ويفرج عن المظلومين" (لوقا ٤: ١٨) و كما يقول بولس الرسول (يقول القديس بولس: **"إنَّكم أيُّها الأخوة، قد دُعيتم إلى الحريَّة" (غلاطية ٥: ١٣)**

مادة ٢٢ تكفل الدولة حرية الرأي و حرية العقيدة وحرية ممارسة الشعائر الدينية.

"إنَّكم أيُّها الأخوة، قد دُعيتم إلى الحريَّة" (غلاطية ٥: ١٣)

مادة ٢٣

لا يجوز أن تحظر على أي مواطن الإقامة في جهة معينة ولا أن يلزم بالإقامة في مكان معين إلا للحفاظ على حياته .

لقد اعطى الله البشر حرية التنقل فقد امر ابراهيم النبى بالخروج من ارض ابائه و ساعد يوسف النبى عندما بيع كعبد و انتقل لأرض مصر و طمئن الله يعقوب لينتقل لأرض مصر (**تكوين ٤٦ : ٣) (فقال أنا الله اله ابيك لا تخف من النزول الى مصر و أنا اصعدك أيضا) و لاحظ تنقل الرسل للتبشير بالمسيحية فى كل انحاء العالم .**

مادة ٢٤ للمواطنين حق الهجرة الدائمة أو الموقوتة إلى الخارج، وينظم القانون هذا الحق وإجراءات وشروط الهجرة ومغادرة البلاد.

لقد سمح الله بهجرة شعب بنى اسرائيل و من قبلهم هجرة أبينا أبراهيم .

مادة ٢٥ للمواطنين حق الاجتماع الخاص في هدوء غير حاملين سلاحا ودون حاجة إلى إخطار سابق، ولا يجوز لرجال الأمن حضور إجتماعاتهم الخاصة، والإجتماعات العامة والمواكب والتجمعات مباحة في حدود القانون.

التفسير : (لأنه حيثما اجتمع اثنان أو ثلاثة باسمي فهناك أكون في وسطهم) (متى ١٨ : ٢٠) ففي أي قداس أو اجتماع يجتمع أكثر من اثنين أو ثلاثة باسم المسيح. بل صلاتنا الشخصية في مخادعنا إذ نصلي متشفعين بالقديسين والملائكة، حينئذ نجتمع

أرضيين مع سمائيين، وبحسب وعد المسيح يكون هو في وسطنا، فيتحول المخدع إلى سماء

مادة ٢٦ الدفاع عن الوطن وأرضه واجب مقدس، والتجنيد إجبارى وفقا للقانون.

في حالة الدفاع عن الوطن فعلى المسيحي أن يقوم بواجباته والتزاماته نحو وطنه بروح الاحترام والإخلاص، و الخضوع لأوامر وقرارات السلطة الحاكمة(**لتخضع كل نفس للسلاطين الفائقة، لأنه ليس سلطان إلا من الله، والسلاطين الكائنة هي مرتبة من الله، حتى إن من يقاوم السلطان يقاوم ترتيب الله، والمقاومون سيأخذون لأنفسهم دينونة . فإن الحكام ليسوا خوفا للأعمال الصالحة بل للشريرة. أفتريد أن لا تخاف السلطان؟ افعل الصلاح فيكون لك مدح منه، لأنه خادم الله للصلاح! ولكن إن فعلت الشر فخف، لأنه لا يحمل السيف عبثا، إذ هو خادم الله، منتقم للغضب من الذي يفعل الشر .لذلك يلزم أن يخضع له، ليس بسبب الغضب فقط، بل أيضا بسبب الضمير .فإنكم لأجل هذا توفون الجزية أيضا، إذ هم خدام الله مواظبون على ذلك بعينه. فأعطوا الجميع حقوقهم: الجزية لمن له الجزية. الجباية لمن له الجباية. والخوف لمن له الخوف. والإكرام لمن له الإكرام) (روميا ١٣ : ١- ٧)**، فإن أُمر الحكومة بحمل السلاح ذوداً عن الوطن فعلى المواطنين الخضوع وخوض المعارك، سواءً أكانت الحروب التي يشترك فيها حروباً عادلة مشروعة أو حروباً غير عادلة وغير مشروعة، فالمسئولية لا تقع على المواطن بل على السلطة التي قررت الدخول في هذه الحروب، ودماء القتلى من أي طرف كان يطلبها الله من أيدي الحكّام صانعي القرار لا من يدي المواطنين .

و يجب أن نضع أمام أعيننا قصة الكتيبة الطيبية كمثال عن التفاني فى خدمة الوطن و التمسك بالله فقد كانت الكتيبة الطيبية من الأقباط المسيحيين المحاربين الأشداء وعددهم ٦٦٠٠ قبطي مسيحي وكانوا تحت قيادة قائداً شجاعاً اسمه موريس وقد أبلت هذه الكتيبة الطيبية بلاءاً حسنا في الحروب التي خاضتها وشهد ببسالتهم قيادة الجيش الرومانى، وأوفدوا إلى القائد مكسيميانوس في فرنسا الذي أختاره دقليديانوس ليكون شريكة في حكم الإمبراطورية الرومانية وقد قسمت هذه الكتيبة إلى قسمين احدهما ليحارب على حدود فرنسا والآخر ليحارب في سويسرا.

صدر الأمر بالتبخير للأوثان وأعتبار دقليديانوس إلهً قبل البدء في الحرب وكان من المعتاد أن تقدم العبادة للآلهة الوثنية قبل بدء المعارك.و صدر الأمر للكتيبة المصرية أن تشارك في تقديم البخور في هذه العبادة ولكن جنود الكتيبة رفضوا معلنين أنهم وإن كانوا يؤدون واجباتهم للدولة، فهم مسيحيون لا يعبدون إلا الإله الحقيقي رب السماء والأرض فرفضت الكتيبة القبطية الامتثال للأمر والتبخير للأوثان.إزاء هذا الموقف أمر

الإمبراطور بأن تقف الكتيبة صفوفاً، وفي كل صف عشرة، وبعد كل تسعة جنود. يجلد العاشر ثم تقطع رأسه ولكن الباقين ازدادوا إصراراً على مسيحيتهم، فأمر الإمبراطور بتكرار جلد العاشر وقتله فجلدوا بالسياط الرومانية التي تحتوى في نهايتها قطع من الرصاص.. ولما تمسك الأقباط بإيمانهم المسيحي اغتاظ الإمبراطور فأمر بأن يصطف أقباط الكتيبة الطيبية صفوفاً وكل صف يتكون من عشرة أفراد، وكان يأخذ العاشر من كل صف ويقتله أمامهم حتى يخاف الباقيين ويبخروا للأوثان ولكن أضطر الأمبراطور أن يقتلهم جميعاً في النهاية لأنه لا يوجد من بينهم قبطى واحد رجع عن إيمانه بالمسيح وكان ذلك في العام الثالث للشهداء. ومن شجاعة القبطى قائد الكتيبة الطيبية أنه قام بكتابة خطاباً باللغة القبطية وقدمه إلى الأمبراطور يعلن فيه طاعته له في أى أمر بالدفاع عن الاراضى الرومانية ولكن إيمانه بالإله يخصه وقد قدمه للمسيح، وكان قائد الكتيبة الضابط الصعيدي ((موريس)) والضباط زملاؤه فكانوا يشجعون جندهم أن يثبتوا على إيمانهم ، وحينئذ اصدر الإمبراطور أمراً بقتل جميع أفراد الكتيبة حيثما تكون معسكراتها، فكانت مذبحة هائلة ومجزرة همجية فظيعة – تناثرت فيها أشلاء المصريين فوق وادي أجون وارتوت أرضه بدمائهم. حدث هذا في السنوات الأخيرة من القرن الثالث الميلادي.

خلدت سويسرا هؤلاء الشهداء الأقباط من ابطال الكتيبة الطيبية بإقامة كنيسة في زيورخ باسم " القديس موريس " يتردد صدى أجراسها في فضاء أوروبا لتعلن للعالم كله شجاعة أقباط مصر وإيمانهم المسيحيى الأصيل

وتخليداً لذكرى هذا الموقف العظيم، غير سكان الوادي اسم مدينة أجون وأطلقوا عليها اسم قائد الكتيبة المصري فصار اسمها حتى اليوم " سان موريس " في مقاطعة فاليه وأقيمت بها في منتصف القرن الرابع كنيسة، ولقد كان استشهاد الجنود المصريين، وما صاحبه من شجاعة وصمود ورجولة – هذا كله كان يملأ أهالى المنطقة إعجاباً بهم وتقديراً لهم، وكان يدفعهم للتساؤل عن سر هذه العظمة. وهكذا بدأ تحول سكان هذه المناطق من الوثنية إلي المسيحية. وارتبطت أسماء العديد من أفراد الكتيبة بمختلف المدن والقرى – وفي مقدمتهم القائد موريس، الذي اطلق اسمه علي مدينتين، الأولى سبق ذكرها والثانية "سان موريتز " (بالنطق الألماني) في مقاطعة انجاندين بسويسرا، وأقيم له تمثال في ميدان كبير بها. واختارت مقاطعة زيورخ شعارها وختمها ثلاث صور من أبطال هذه الكتيبة الطيبية وهم " فيلكس وريجولا أخته وأكسيير أنيتيوس " وهم يحملون رؤوسهم تحت أذرعتهم.

أبناء منطقة طيبة (محافظة الأقصر حالياً)، وأن ذكرى بعض هؤلاء تعتبر هناك من الأعياد الرسمية.

فالخضوع للسلطة الحاكمة هو موقف إيجابي متزن بين موقفين متناقضين هما التمرد والخنوع و كما راينا فى موقف الكتيبة الطيبية أنهم رأوا أن الخضوع للموت على أيدى السلطة الحاكمة أفضل من الخنوع لرغبة السلطة فى أبعادهم عن ديانتهم المسيحية .

الاطار السياسي والديني الذى عاشت فيه الكنيسة القبطية الأرثوذكسية :

الأقباط خلفية تاريخية :

بادئ ذى بدء لابد من الإتفاق على مجموعة من الأمور تشكل فى مجملها مقدمات هامة سوف تحدد إلى حد بعيد النتائج التى سوف نصل إليها، هذا من جانب، ومن جانب آخر تحكم هذه المقدمات رؤيتنا لموضوع طال الحديث فيه وكثر ألا وهو الشأن القبطى فمنذ ما يقرب من ١٥٠٠ عام والحديث لم ينقطع عن الفتنة الطائفية، وهموم الأقباط وتوتر

العلاقات المسيحية والإسلامية فى مصر. وإذا كان استمرار الحديث دون إنقطاع يعكس قدر من الإحساس بالاهتمام بالقضية وحساسيتها إلا أنه يعكس فى نفس الوقت قدرًا من العجز عن بلوغ حلول بالغة تغلق الملف وتدفع بالجماعة الوطنية المصرية إلى التقدم، وبالطبع تصاعد الحديث أكثر فأكثر مع الاهتمام الأمريكى بقضية الحرية الدينية وتشريع حق التدخل لتطبيق العقوبات على الدول التى تعوق ممارسة الحرية الدينية.ويمكن القول إذا عدنا إلى حديث المقدمات أن أقباط مصر هم جزءًا لا يتجزأ من التركيب الإجتماعى المصرى ككل يتأثر بما يدور فيه من متغيرات إقتصادية وإجتماعية وسياسية وتتأثر بذلك أدوارهم وردود أفعالهم تبعًا لما يحدث.كذلك فان التعامل مع الظاهرة الطائفية ينبغى يتم فى إطار أن لكل ظاهرة أسبابها التى تؤدى إلى حدوثها واستمرارها بالدرجة التى تجعل منها ظاهرة ومن المهم عند التعامل مع الظواهر وخصوصًا إذا كانت ظواهر مرتبطة بالكائن الإجتماعى الإنسان وبالجماعات البشرية إلا نتعامل معها منفصلة عن سياقها التاريخى العام. وعليه فإنه يمكن أن نضع مقولة تصل إلى حد القانون، حكمت وضع الأقباط فى مصر وكذلك علاقاتهم بالمسلمين وعكست حالة الجماعة الوطنية المصرية، صعودًا وهبوطًا عبر العصور، ذلك أن درجة الإندماج بين مكونى الجماعة الوطنية تزداد مع فترات النهوض والتقدم، والعكس صحيح، فإن الإندماج، تتراجع لصالح التجزئة والشقاق مع فترات السقوط والتخلف بسبب الأزمات المجتمعية الحادة والتغيرات المركبة. لذا نجد أن إنعقاد المؤتمر القبطى والإسلامى (المصرى) عام ١٩١١ قد تولد فى ظروف أزمة إقتصادية شديدة وإحتلال أجنبى. وبنفس هذا المعيار نجد أحداث الفتنة الطائفية التى عرفتها مصر على مدى السنوات الأخيرة تأتى فى إطار تغيرات إقتصادية وإجتماعية حادة

ومتلاحقة. وفى المقابل نجد أن فى مشروعى ثورتى ١٩١٩ (فى بعدها السياسى) و ١٩٥٢ (فى بعدها الإجتماعى) و (ثورة ٣٠ يونيو ٢٠١٣) ، قد مثلا دفعة فى إتجاه التكامل و الإندماج بين مكونى الجماعة والوطنية، واستقرار للحالة الدينية بين الأقباط والمسلمين.

وربما يكون من المفيد أن نلقى الضوء فى عجلة على تاريخ الأقباط وأن هذا الموضوع قد طالة كثيرًا من الخلط وعدم الفهم، فالحقيقة التاريخية للأقباط من شأنها أن تدفعنا إلى إختيار المقاربة الملائمة للشأن القبطى المعاصر، فالأقباط ليسو أقلية وافدة، وليسوا جماعة مغلقة، وليس لهم مشروع سياسى مستقل، ومن ثم فهم مواطنون تجاوزوا مفهوم الذمة الملة على أرض الواقع ولا ينطبق عليهم المفهوم الأقلية و لكن مفهوم المواطنة .

الأقباط من هم؟ [١٠]

أن هناك إخفاقًا فى فهم الأقباط فنجد من ينطلق فى تناوله للأقباط من أرضية أنهم (ذمة - ملة) وعليه يعيد طرح قانونية وضعهم السياسى و هم من يعرفون بالطائفيون ، وهناك من يقترب منهم مدافعًا عن حقوقهم وطالبًا أشكالا عدة لحمايتهم باعتبارهم أقليون (الاقلويون).

معنى كلمة **الأقباط** : يمكن القول أن تعبير أقباط يعادل كلمة "مصريون" حيث أن كلمة قبط هى تحريف عن الكلمة اليونانية التى أطلقها اليونانيين على مصر، والنيل، والمصريين. Aiguptus ايجبتوس[١١] فى الجزء العرقى للأقباط ومن الناحية العرقية فإن القبط، حسب عزيز سوريال عطية، ينحدرون من المصريين القدماء [١٢] فهم حسب تعبيره فهم يمثلون النموذج الأقرب إلى القدماء المصريين فى ملامحهم وصفاتهم الجسمية.

(Modern Sons of The Pharoahs)"أبناء الفراعنة المحدثون"[١٣]

وللأستاذ أبو سيف يوسف إضافة هامة فى هذا المجال يقول: "أن معطيات الانثروبولوجيا تشير إلى أن المصريين يندرجون ضمن أحد أفرع العرق القوقازى الذى يضم ١٠٠ مليون نسمة تتدرج ألوان بشرتهم من البياض الفاتح جدًا إلى البنى الغامق. وأنه تدخل فى هذا العرق مجموعة البحر الأبيض المتوسط" [١٤] فى هذا الموضع يذكر عزيز سوريال عطية أن الأقباط ليسوا ساميين أو حاميين بل بحر متوسطين) [١٥]

Ethnically, The Copts are Semitic nor Hamitic, but rather (.Meditrranean)

---

10 نشر جانبًا من هذا الموضوع فى تقرير الحالة الدينية الأول الذى صدر عام ١٩٩٦ من مركز الدراسات (السياسية والاستراتيجية بالأهرام، ونشر كاملا فى مجلة اليسار العدد ٨٢ ، ديسمبر ١٩٦٦ ، ص ١٣ – ١٤)

11 عرفت مصر في اللغة اليونانية باسم "إيجبتوس" Eiguptos وهي الترجمة اليونانية للكلمة المصرية القديمة "ها كا بتاح" وتعني "بيت روح بتاح"، وهو الإله بتاح معبود العاصمة المصرية القديمة "منف" والذي أُطلق على كل القطر، ومنها جاء اسم "جبت" الذي تحول في النطق العربي إلى "قبط"، ودعا العرب مصر "دار القبط"، وعليه تكون كلمتا "قبطي" و "مصري" بمعنى واحد. وإن كان السائد الآن قصر لفظة "الأقباط" على المسيحيين المصريين وهو خطأ شائع استقر في الأدبيات الحديثة. (راجع في ذلك كتاب: خلاصة تاريخ المسيحية في مصر تأليف لجنة التاريخ القبطي الطبعة الثالثة (١٩٩٦). (الطبعة الأولى ١٩٢٢).

12 .Aziz S. Atiya Ahistory of Eastrn Christianty of Notre Dame Press 1968 p 16

13 . S.H. Leeder, Modern Sons of The Pharaohs, Hodder And Stoughton،١٩١٨

14 أبو سيف يوسف، الأقباط والقومية العربية، مركز دراسات الوحدة العربية، ١٩٨٧ ، ص ١٦

15 عزيز سوريال عطية، م .س.، ص ١٦

كثيرون من علما الأنثروبولوجى والآثار.. يؤكدون ما سبق وهو أن القبط من السلالة المباشرة لقدماء المصريين فنجد ورل مثلا يقول: (للقبط أهمية خاصة لأنهم البقية الباقية من الشعب المصرى، ذلك الشعب الذى يمتاز بأن له أقدم تاريخ مدون)[١٦]

وتجدر الإشارة هنا إلى ما سبق يمكن تطبيقه على مسلمى مصر أيضًا، ففى دراسة للدكتور محمد السيد غلاب عن تطور الجنس البشرى يذكر: من الخطأ الجسيم أن نظن المصريين ينقسمون إلى عنصرين: عنصر عربى مسلم وآخر قبطى، فالحقيقة أن مصر طوال التاريخ كانت تستقبل الهجرات.. وقد أستوعبها جميعًا الكيان المصرى ودخلوا فى صلب الأمة المصرية، فالمسلمون والاقباط إذن من أمة واحدة ومن المستحيل التفرقة بينهم على أسس جسمية.

فى هذا الإتجاه يحدثنا أيضًا د. جمال حمدان بأن مصر: (تتمتع بالتجانس العرقى بين أبنائها فالإختلاط الكبير الذى بين العرب والمصريين لم يغير من التركيب الأساسى لحجم السكان أو دمهم.. بل لم يغير من التجانس الأصلى لسكان . البلاد)[١٧]

أما فى رأى فأن الأقباط حاليا : هم المسيحيون الأرثوذكس أما مثلا الكاثوليك و البروستانت الذين تحولوا عن الأرثوذكسية منذ القرن السابع عشر و الآرمن الارثوذكس فهم ليسوا أقباط و المسلمين الذين تحولوا عن المسيحية منذ القرن السادس لا يجوز أعتبارهم أقباط لأن مفهوم كلمة قبطى أنها تعنى مصرى قد أزالة الفتح العربى لمصر و المسيحين الذين دخلوا فى الأسلام قد تناسلوا مع السلالات العربية التى هاجرت من شبه الجزيرة العربية الى مصر بعد القرن السابع و مع تعرض الأقباط الأرثوذكس و البيزنطين الذين بقوا فى مصر حتى ثورة البشموريين الى الأبادة أثناء الثورة و بعدها أصبحت مصر ولاية أسلامية بها جذور عربية خالصة و توالت عليها الغزوات و الفتوحات من بلاد المغرب العربى و تناسلوا مع المسلمين المصريين و لم يختلط بهم الأقباط لأختلاف الدين و عندما ظهرت البعثات التبشرية البروتستانت و الكاثوليكية رفض الارثوذكس الأختلاط بهم و أصبحوا طوائف منغلقة على نفسها و بعضها يوافق على الزواج بالأجانب لأن مصدر البعثات التبشرية أجنبى و بالتالى فأن الأقباط الحاليين هم الأرثوذكس و هم فعلا أقدم سلاله بشرية على أرض مصر .

مدخل عام إلى مفهوم المواطنة : -

---

16 وليم رول، موجز تاريخ القبط، الترجمة العربية، د. مراد كامل، ملحق بكتاب صفحة من تاريخ القبط، مطبوعات جمعية مارمينا). ١٩٥٤ ، ص ١٢٣٠

17 جمال حمدان، شخصية مصر :دراسة فى عبقرية المكان، الجزء الثانى، عالم الكتب، ص ٢٩٨

مع حركة الإنسان (المواطن) اليومية فى الواقع الإجتماعى (الوطن)، صار للمواطنة دلالة موضوعية كونها تعبيرًا عن هذا الإنسان - المواطن فى سعيه الدءوب بل نضاله، فى سبيل أن يشترك فى إدارة شئون وطنه، وأن يكون على قدم المساواة مع باقى المواطنين الذين يتقاسم معهم الوجود على نفس النطاق الجغرافى. ويحمل معهم التراث المشترك والجذور التاريخية، وعانوا معًا من كل ما تعرض له الوطن من صعاب، وواجهوا نفس التحديات، إلا إنه فى كل الأحوال كانت المواطنة تمثل عامل تجميع، وتكامل وإندماج للتنوع وللتعدد، لقد حملت المواطنة الفعل والممارسة الحية للمواطن، من خلال الأدوار التى يقوم بها، إقتصادية وإجتماعية وسياسية وثقافية، والتى لا يمكن أن نفصل بينهما بأى حال من الأحوال، لتداخلها، ومن هنا فإن المواطنة ليست قيمة مجردة نتحدث عنها فى الفراغ؛ إنما هى ممارسة حية مبادرة يمارسها الإنسان: "المواطن" على أرض الواقع عمليًا: "الوطن".

والمواطنة، لا تمارس بشكل عشوائى، وأنما من خلال مرجعية قانونية عليا تعرف تاريخيًا بالدستور. ثم بالقوانين التى يتم تشريعها والتى توضع فى ضوء هذا الدستور، والمنوط بها تنظيم حركة المواطنين الذين يضمهم الوطن الواحد وقد أتفق بشكل عام على أن للمواطنة ركنين" المشاركة" و "المساواة" فلكل مواطن نفس الحقوق، وعليه نفس الواجبات، ولكل مواطن الحق أن يشترك فى إدارة الوطن، بدرجة أو بأخرى، وأن يتقاسم الموارد مع الآخرين المواطنين.

بيد أن "المواطنة" قد تتحقق بقرارات فوقية أو سلطوية أو تولد من رحم الصدفة أو القدر لكنها لا تدوم طالما انها ليست ثمرة جهد وكفاح المواطنين، حدث ذلك فى الغرب فنجحوا فى ميدان الديمقراطية و نأمل أن يتحقق ذلك فى التجربة المصرية. فالمتتبع لحركة المصريين عبر التاريخ سوف يجد مدى الجهد و الكفاح الذى بذلته الجماعة الوطنية من أجل تحقيق المواطنة، فعلى مدى التاريخ، كانت المواجهة بين المصريين وحكامهم الأجانب، قبل دولة الأستقلال، من أجل استخلاص حق المواطنة، حتى أثمرت بداية من الأرهاصات الأولى لتأسيس الدولة الحديثة فى بداية القرن التاسع عشر: مشروع محمد على، ثم فى تأسيس مجلس شورى النواب ١٨٦٦ ، ثم فى لحظات النهوض الوطنى المتتالية بعد ذلك حركة عرابى، ثورة ١٩١٩ ، ووضع دستور ١٩٢٣ ، وثورة ١٩٥٢ ، وحكم مصر بواسطة المصريين. فى كل هذه المراحل كنت الجماعة الوطنية بمكونيها: "المسلمون والأقباط"، يشاركون معًا فى التحرك نحو استخلاص حق المواطنة، على أن الراصد لمسيرة التكامل الوطنى بين المسلمون الأقباط سوف يلاحظ مراحل أخرى تتأثر فيها مسيرة هذا التكامل.و من ثم يتأزم الواقع السياسى وتتطور العلاقات عند كل حادثة طائفية، أو جنائية تتحول إلى طائفية.

والذى مما لاشك فيه أن مسيرة المواطنة، تاريخيًا، لم تسر فى مسيرة منتظمة ونامية، فلقد أخذت فى التأرجح من الصعود إلى الهبوط على المائتى عام الأخيرة، كما أوضحنا سالفا، كانت هناك لحظات صعود اكتسب فيها المصريون المواطنة وحافظوا عليها. إلا أنه كانت هناك لحظات أخرى تهددت فيها المواطنة. والقطعى أن المواطنة كقيمة عليا للحياة الديمقراطية فى أى مجتمع تتوقف إلى حد كبير على ظروف الواقع المجتمعى وعلى مدى قدرة البناء السياسى (الدولة بمؤسساتها وكيانات المجتمع المدنى) على الإستجابة للبناء الإقتصادى - والإجتماعى السائد. فكلما كان البناء السياسى متسقًا مع البناء الإجتماعى - الإقتصادى، إرتبط ذلك بقدرة المواطن على ممارسة المواطنة. وفى المقابل إذا شهد التطور التاريخى عدم توافق فإن ذلك يعنى تعثرًا لعملية الديمقراطية وإعاقة للمواطن عن ممارس المواطنة.

علاقة الأقباط بالكنيسة :

من الأمور التى يجب دارستها بعمق طبيعة العلاقة بين الأقباط وكنيستهم، فالكنيسة المصرية منذ تأسيسها فى مصر، كانت كنيسة الشعب فهى لم تتأسس بقرار فوقى، ولم تدعم من حاكم ، ولعله من المفيد إلقاء الضوء على ظروف تأسس الكنيسة فى مصر، حيث أن طبيعة تأسيس الكنيسة المصرية قد حددت إلى حد كبير مسارها التاريخى ومن ثم مسار الأقباط على مدى عشرين قرنًا.

أولا: الواقع المصرى قبل تأسيس الكنيسة المصرية :

لقد عرفت مصر كولاية رومانية بداية من عام ٣١ ق.م إلى يد أغسطس قيصر وبداية من هذا التاريخ لم يدع(الرومان وسيلة إلا أبتكروها لاستغلال موارد البلاد إلى أقصى حد ممكن) [١٨]. ووظف الدين من أجل هذا الهدف،(فالثالوث البطلمى المكون من سرابيس وايزيس وهربوكراتيس ظل محتفظًا بمكان الصدارة بين الآلهة فى العصر الرومانى، وفرض على المصريين أن يعبدوا الأباطرة الرومان) لقد كانت العبادات فى هذه الفترات ذات طابع سياسى ودينى معًا. فى هذا السياق، القهر الإجتماعى والدين الموظف للقهر الإجتماعى، تكررت أشكال المقاومة من الهروب إلى التمرد إلى الثورة، حتى كان الثلث الأخير من القرن الأول حيث وجدت البلاد تتردى فى هاوية الحروب الأهلية. ولم يلبث أن ظهر عامل جديد فى الأفق حول الشعب المصرى (شعب وديع مسالم إلى شعب عنيد مقاوم، ذلك العامل هو ظهور المسيحية فى مصر وانتشارها فيها) لقد وجد الملايين من المصريين المضطهدين فى المسيحية ضالتهم، فى والكنيسة التى

---

[18] **سيدة إسماعيل الكاشف، مصر فى فجر الإسلام من الفتح العربى الى قيام الدولة الطولونية** سلسلة تاريخ المصريين رقم ٨٢ ، الهيئة المصرية العامة للكتاب ، ط ٢ ، ١٩٩٤

تأسست المدافع عنهم. ومنذ بداية .(تأسيس الكنيسة حسب د. وليم سليمان قلادة كلا من "الأرض والشعب) 19

ثانيًا: تأسيس الكنيسة القبطية المصرية :

حسبما جاء فى تاريخ بطاركة الكنيسة القبطية، يعتبر القديس مرقس الرسول كاتب الإنجيل الثانى فى العهد الجديد٤ أناجيل)، هو الذى قدم المسيحية إلى شعب مصر وذلك عام ٦٠ م. لقد جاء القديس مرقس ليجد حسب د. محمد شفيق غربال [٢٠] خليطا من طرازين مختلفين من البيئة الحضارية وبيئة الإيمان المصرى الخالص.

البيئة الحضارية فلقد كان سكان المدن الذين يتكلمون باليونانية وبخاصة فى الإسكندرية وهم الإغريق : والمصريين المشبهين بالإغريق واليهود، هؤلاء جميعًا تأثروا بالمؤثرات الدينية والثقافية السائدة فى المدن الهيلينية فى القرن الأول.. ولقد كان القوم فى تلك الآونة ينشدون تلك الوحدة التى كانت لأمراء يستمدون وجودهم من وراء مختلف الآلهة وعبادتهم. لقد احتوت الديانة المسيحية الوافدة الجديدة بالإضافة إلى شخصية السيد المسيح على شيئين حيويين خلت منهما الديانة الهلينية، ففى تلك الديانة بوجه عام، لم يكن يؤمن بعقيدة الخلود فى عالم آخر إلا قلة من الأخيار المحسنين أو جماعة من المطلعين على أسرار بعض الديانات ذات الطقوس السرية التى تعلق بها الناس إذ ذاك، أى لم تكن عقيدة الإنسانية عامة. ولم يكن حب الإنسانية أساس آية عقيدة هلينية، كما لم تحمل واحدة منها رسالة إلى البائس والمسكين والخاطئ والمسيء، وقد كان مذهب الرواقيين أقرب المذاهب إلى المثل الأعلى الإنسانى، ولكننا لا نجده يفسح مكانا للمحبة. ولذا لم يكن للعاملين المرهقين المثقلين إلا أن يضعوا الرجاء فى شىء آخر لم تستطع العقائد الهلينية أن تقدمه إليهم.

الإيمان المصرى الخالص والرجاء الصميم، فتختلف كل الإختلاف عن البيئة الحضارية التى : وصفتها. فقد كان شغلها الشاغل إقامة الشعائر التى تطلبتها عبادة أوزيريس، وتقوم تلك العقيدة على توجيه الإيمان وتوجيه الطقوس للحصول على البعث عند الموت بفضل أوزيريس، الذى بعث حيًا بعد أن أرداه الشر قتيلا، ولذا كان هم المؤمن المصرى أن يؤدى الطقوس السحرية التى بها تغلب اوزيريس على الموت، ولو أن الوازع الُ خلقى لم يغب عن المؤمنين المصريين فقد آمنوا أيضًا بالحساب والميزان. فلم يكن عجبًا إذن أن تلقى المسيحية وقد نادت بالمخلص الذى قهر الموت، آذانًا صاغية ولقاء حسنًا ويستطرد د. غربال بقوله: "كان من عظمة المسيحية إنها لم تجتذب الطبقة الوسطى الدنيا والطبقة

---

19 وليم سليمان قلادة، مدرسة حب الوطن سلسة الإيمان. الثقافة. المجتمع. رقم ٢، أسقفية الشباب، ط ٢، ص ١٩

20 .محمد شفيق غربال، تكوين مصر، مكتبة النهضة المصرية، ١٩٥٧ ، ص ٦٩- ٧٣

الوسطى العليا فحسب، بل إنها العقيدة التى أعتنقها عامة الشعب فى الحضر والريف بحرارة. وإيمان لقد أدى تحول المصريين إلى المسيحية بشكل جماعى إلى أن تتكون جماعة مسيحية ممتدة وضخمة كانت هى. الإرهاصة الأولى فى تأسيس جماعة منظمة هى (الكنيسة القبطية) أقدم (مؤسسة شعبية فى مصر) من هنا وحسب كل المؤرخين فإن الحديث عن الأقباط لا يمكن فصله عن الكنيسة والعكس صحيح خاصة مع توالى أنظمة الحكم الوافدة من الخارج، فلقد ظلت الكنيسة المصرية (حسب طاهر عبد الحكيم) "تلعب دور القيادة الوطنية والإطار الحامى للشخصية الوطنية المصرية، والمدافع عن مصالح المصريين) [٢١] ويضيف الأستاذ أحمد صادق سعد على مسبق على أن الاكليروس (كان ينزع دائمًا إلى الاستقلال النسبى عن العرش، وكان له دائمًا الإتصال الوثيق بالكادحين يجعله يستقبل سخطهم.. مما أدى إلى تنامى المقاومة ضد الحكم البطلمى فى أواخره. وازدادت المقاومة فى القرن الثالث، إذا تلاقت المقاومة الشعبية فى حضن الكنيسة المصرية آخذة صورة الاستشهاد) [٢٢] ولم يغير الإعتراف الرسمى بالمسيحية ديانة رسمية كثيرًا من موقف الكنيسة المصرية فى إنحيازها للحق والعدل، حيث الهمت الكنيسة المصريين شموخًا تبدى فى المراحل التاريخية المتعاقبة وجاء وقت كانت الكنيسة فيه مرادفًا لمصر.. وعبر قرون طويلة كانت مصر ولاية مستعمرة تابعة لدولة عظمى ولكن لها كنيسة مسقلة، فأصبحت رمزًا للإستقلال القومى فى غياب استقلال سياسى حقيقى)

و خلال القرون الثلاثة الأولى، الكنيسة احتفظت بموقف من الحكام و السياسة يطابق تعاليم القديس بولس الرسول **(لتخضع كل نفس للسلاطين الفائقة، لأنه ليس سلطان إلا من الله، والسلاطين الكائنة هي مرتبة من الله،حتى إن من يقاوم السلطان يقاوم ترتيب الله، والمقاومون سيأخذون لأنفسهم دينونة.فإن الحكام ليسوا خوفا للأعمال الصالحة بل للشريرة. أفتريد أن لا تخاف السلطان؟ افعل الصلاح فيكون لك مدح منه، لأنه خادم الله للصلاح! ولكن إن فعلت الشر فخف، لأنه لا يحمل السيف عبثا، إذ هو خادم الله، منتقم للغضب من الذي يفعل الشر. لذلك يلزم أن يخضع له، ليس بسبب الغضب فقط، بل أيضا بسبب الضمير. فإنكم لأجل هذا توفون الجزية أيضا، إذ هم خدام الله مواظبون على ذلك بعينه. فأعطوا الجميع حقوقهم: الجزية لمن له الجزية. الجباية لمن له الجباية. والخوف لمن له الخوف. والإكرام لمن له الإكرام..) (رومية ١٣ : ١-٧)** وعلى ذلك نجد ان طاعة السلطة مبدأ راسخ في الفكر المسيحي و الأحترام لشخصية الحاكم مع الاحتفاظ بالحق فى مقاومة الأنظمة التي تحمل ضررا للمعتقد بالله الحقيقي أو تخالف وصايا الأنجيل .

---

21 طاهر عبد الحكيم، نحو نظرية لتاريخ مصر، مجلة فكر، مارس ١٩٨٥ ، السنة الثانية، العدد ٥، ص ٦٥

22 أحمد صادق سعد، فى ضوء النمط الأسيوى للإنتاج: تاريخ مصر الإجتماعى – الإقتصادى، دار إبن خلدون، ١٩٧٩ ، ص ١٢٤

لكن الدين المسيحي الذي هو أقلية و مضطهَدة أصبح في القرن الرابع الدين الرسمي للإمبراطورية الرومانية،ثم فيما بعد الدين المجمع عليه تقريبا في الغرب أثناء العصور الوسطى. و ظهر مبدأ ثنائية السلطة لأن المجتمع المسيحي تمت إدارته وحكمه بنوعين من السلطة و هى السلطة الدينية متمثلة فى الكنيسة و رجال الأكليروس و السلطة الدنيوية متمثلة فى الأمبراطور المسيحى وقد تجلى تحول المسيحية من طائفة هامشية، إلى قوة رئيسية داخل الإمبراطورية من تأثير إمبروسيوس أسقف ميلانو. وهو أحد معلمي الكنيسة الجامعة وواحد من أكثر الشخصيات الكنسية تأثيرًا في القرن الرابع، أصبح إمبروسيوس طرف في السياسة الإمبراطورية لأنه عندما أمر الامبراطور ثيودوسيوس الأول بمذبحة عقابية ضد الآلاف من المواطنين في سالونيك، منعه إمبروسيوس من دخول الكنيسة وقبول سر القربان حتى يقدم توبة وكفارة عمليّة وعلنيّة ويصلح ما أمكن من آثار هذه المذابح.وهو ما كان بداية توجيه الكنيسة للحياة السياسية في أوروبا. عام ٥٤٣ قام الامبراطور جستينيان الأول بجمع القوانين بما يتلائم مع تعاليم المسيحية والتي دعيت بقانون جستينيان تم ذلك بمساعدة من رجال دين مسيحيين وقد عُرف عن هذه المجموعة أنها من أكبر الإسهامات الرومانية في مجال الحضارة، هيمنت هذه القوانين على العالم الأرثوذكسي لعدة قرون، ولا تزال الكنائس المسيحية الشرقية تُطبق قانون جستنيان في بعض مسائل الأحوال الشخصية.

١- *الأقباط فى العصر البيزنطى :*

لم يتوقف الأباطرة الرومان الوثنيون عن مناصبة المسيحية العداء والبدء فى إضطهاد المسيحيين بشكل منظم ومتوال وذلك بداية من القرن الأول الميلادى، عندما أستشهد القديس مرقص الرسول عام ٦٨ م. وكانت موجات إضطهاد قثد كانت الإضطهادات تمتد إلى عدة سنوات، فلقد عانى الأقباط مثلا فى عهد سبتيميوس من (١٩٣ حتى ٢١١)- وكانت ذروة موجات الإضطهاد وقت حكم دقلديانوس (٢٨٤ حتى ٣٠٥ م) حيث بلغ إضطهاد المسيحيين أقصاه، حيث ضرب ما يقرب من مليون مسيحى مصرى. وقابل المصريون ذلك الإضطهاد من جانبهم بكل ما أتوه من قوة وعناد. وقد تولدت من تلك المقاومة حركة قومية أخذت فى النمو فيما بعد وليس أدل على ذلك من أن الكنيسة القبطية بدأت تقويمها الذى سمته "تقويم الشهداء" بالسنة الأولى من حكم دقلديانوس أى عام ٢٨٤ م.

نتيجة لما ترك هذا الاضطهاد من أثر عظيم فى نفسية القبط. وسمى هذا العصر عصر الشهداء، حيث توحد الوطنى بالإيمانى. من جهة، ثم رفض بطش حكم الرومان، ومن جهة أخرى، تم رفض العبادات القديمة، والتى من ضمنها رفض قدسية شخص

الإمبراطور، من أجل ذلك اعتبرت المسيحية فى هذا الوقت، والكنيسة المصرية، على أنها حركة مناهضة للنظام الإمبراطورى المتوارث.

لم يغير اعتراف الإمبراطور قسطنطين الأول(٣١٣ - ٣٣٥ م) بالمسيحية كدين مسموح به، بل الرسمى فيما بعد، من الواقع شيئًا: حيث بدأ النزاع والجدل حول طبيعة المسيح. وقد تدخل قسطنطين ومن أتى بعده من الأباطرة فى هذه المنازعات اللاهوتية، وعقدت عدة مجامع، إلا أن أغلب الأباطرة أتخذوا سياسية دينية مناوئه لمعتقدات المسيحيين فى مصر، وذلك بدعمهم للهراطقة.

بعد وفاة قسطنطين الكبير انقسمت الأمبراطورية إلى ثلاثة أقسام يحكمها أبنائه الثلاثة :

- قسطنطين الصغير يحكم الغرب .
- قسطانس يحكم كلا من وايطاليا والليريا وافريقيا
- قسطنطيوس يحكم الشرق و منه مصر .

وقد عاد البابا أثناسيوس من منفاه فى مدينة تريف التى نفى إليها فى آخر أيام حكم الأمبراطور قسطنطين الكبير ، وكان ذلك النفى الأول له ولكن كانت هناك فترة جديدة من الصراع تنتظره بعد أن اغتال قسطنطيوس الأريوسى أخاه قسطنطين – صديق البابا أثناسيوس - الأرثوذكسى امبراطور الغرب ، وعندها صارت الأمبراطورية إلى قسمين.

ان أشد ما قاساه الأنبا أثناسيوس ، بل والأرثوذكسية كان فى عهد ذلك الأمبراطور قسطنطينوس لقد انتشرت الأريوسية فى عهده انتشارا حثيثا فى معظم ارجاء الأمبراطورية. كان قسطنطينوس آريوسيا ، بينما كان قسطنطين الصغير وأخاه قسطانس ارثوذكسيين. وبرجوع البابا أثناسيوس من المنفى الأول فى ٣٣٧/١١/٢٣ م اضطرب الأريوسيين وأخذوا يعملون فى همة لأقصائه .تم تعيين الوالى فبلاجريوس واليا على الأسكندرية من قبل الأمبراطور قسطنطينوس خصيصا لمحاربة الأنبا أثناسيوس ، وفى أثناء هذه الفترة حضر الأنبا أنطونيوس إلى الأسكندرية عام ٣٣٨ م لمساندة البابا أثناسيوس فى جهاده ضد الآريوسيين ، وهذا يعطينا فكرة أن الآباء الرهبان برغم اعتزالهم العالم ، إلا أنهم مشاركون للكنيسة فى جهادها الروحى وغير منفصلين عن بقية المؤمنين.

تم عقد مجمع للآريوسيين فى أنطاكية عام ٣٣٩ م – حكموا فيه بتجريد الأنبا أثناسيوس من رتبته ، وتم نفيه إلى روما – وكان هذا هو النفى الثانى له ، الذى بدأ من ٣٣٩/٤/٧ م وحتى ٣٤٦/١٠/٢١ م . ولعل الأنبا أثناسيوس أختار روما لتعاطف قسطانس امبراطور الغرب معه ، وكذلك الأسقف يوليوس (أسقف روما).

بعد مقتل قسطانس عام ٣٥٠م ، فى صراعه مع خصمه ماجنتيوس ، بدأت فترة اضطهاد ثانية للأنبا أثناسيوس حيث دس له الآريوسيين مكيدة بأنه كان على اتصال بالثائر

ماجنتيوس ، حيث تم نفيه بيد الأمبراطور قسطنطينوس ، فذهب إلى الصحراء وتنقل بين الأديرة ، وكان هذا النفى الثالث له عام ٣٥٥ م لمدة ست سنوات. بحلول عام ٣٥٩ م عمت الآريوسية الأمبراطورية الرومانية شرقا وغربا.

بوفاة قسطنطينوس تولى جوليان الحكم ، وكان يبغض المسيحية ، ولكنه أفرج عن جميع المنفيين ، وهكذا عاد الأنبا أثناسيوس للأسكندرية فى ٣٦٢/٢/٢٢ م. عمل البابا أثناسيوس على زيادة تأكيد الأرثوذكسية ، فعقد مجمعا سنة ٣٦٢ م قرر فيه ما يجب اتباعه مع الآريوسيين التائبين ومعاملتهم بالشفقة ، وتمكن بذلك أن يكسب عددا عديدا من الآريوسيين إلى صفوف الكنيسة.

استاء الأمبراطور جوليان من نشاط البابا أثناسيوس وأمر بنفيه بحجة أن الأعفاء عن المنفيين هو لرجوعهم لبلادهم فقط وليس لكراسيهم. وكان هذا هو النفى الرابع للأنبا أثناسيوس ، حيث قضى فترة النفى هذه فى صعيد مصر ، وبين الأديرة بمنطقة طيبة ، ووسط الاباء الرهبان. لم يكن بوسع الوالى أن يقتل البابا أثناسيوس إذ التف الشعب المصرى كله حول البابا ، لا كزعيم روحى فحسب ، بل باعتباره رمزا حيا بطوليا للتحديات المصرية ضد حكومة بيزنطة المستبدة ومليكها العاصى.

لقد كانت تلك الفترة مليئة بالنضال الروحى والوطنى فى آن واحد ، ولولا صلابة الأقباط واعتزازهم بهويتهم وعقيدتهم ، لضاع من ايدينا ما نفخر به و هو أرثوذكسيتنا أى تمسكنا بطريق الايمان المستقيم .

بعد مقتل جوليان فى ٣٦٣/٦/٢٦ م فى معركة مع الفرس ، تولى عرش الأمبراطورية جوفيان الذى قرر الغاء الأمر الصادر من سلفه ضد البابا أثناسيوس الرسولى. وعاد الأنبا أثناسيوس – ولكن لسوء الحظ – لم تطل أيام جوفبان فى الحكم اكثر من 7أشهر ، ففقد البابا صديقا مسيحيا مخلصا. وقد خلفه فى الحكم أخوان : فالنتيان فى الغرب ، وفالنس فى الشرق ، فكان على البابا أن ينتظر نفيا آخر كان قصير الأمد. أصدر فالنس عام ٣٦٥ م أمرا بنفى كل الأساقفة الذين سبق أن نفاهم قسطنطينوس وأعادهم جوليان . فغادر البابا أثناسيوس الأسكندرية وأختبأ فى بيت ريفى عند فرع النيل الغربى حوالى ٥ أشهر من ٣٦٥/١٠ م وحتى ٣٦٦/٢ م.

وأمام ثورة الأقباط عاد البابا من منفاه بكل تكريم إلى الأسكندرية ، إلا أن فالنس لم يكن قد غير اتجاهه وميوله الأريوسية.

عاد البابا أثناسيوس من نفيه الخامس والأخير فى فبراير عام ٣٦٦ م . ليمضى بعد ذلك سبع سنين يجنى ثمار غرسه طوال ما ولى من السنين . وقد حرص الأمبراطور فالنس على أن لا يعكر صفو سلامه على أمتداد ما بقى للبابا أثناسيوس من عمر. وبرغم تقدم البابا أثناسيوس فى الأيام ، إلا أنه لم يفتر عن مقاومة الآريوسية فى كل مكان ، وفى

الثانى من مايو سنة ٣٧٣ م . ودع البابا أثناسيوس الأسكندرى شعب الأسكندرية ودنياه ، بعد أن احتفظ بكنيسة الأسكندرية ومصر جزيرة للنيقية وسط بحر الآريوسية فى الشرق الرومانى . إذ ظل ستا وأربعين سنة على كرسى الأسقفية يصارع الآريوسيين أساقفة وأباطرة ، ينالون منه ويطاولهم ، حتى أعيتهم فى أمره الحيل ، وبلغ بهم وبه الصراع مبلغ الجهد ، فتركوه وشأنه.

ولم توات الأمبراطور الفرصة للأنتقام ، إلا بعد وفاة الأنبا أثناسيوس ، فأرسل رسله يؤيدهم جنده ، لتحطيم قوة الرهبان بمهاجمة أديرتهم خاصة فى وادى النطرون ،لرفع لوقيوس الأريوسى طريد الأسكندرية أسقفا على الأسكندرية ، مما دفع البابا بطرس خليفة البابا أثناسيوس إلى الفرار بنفسه إلى الغرب محتذيا سبيل سلفه وأستاذه عام (٣٧٣ م – ٣٨٠ م) ولكنه عاد إلى الأسكندرية بعد مصرع الأمبراطور فالنس ، وتم طرد لوقيوس الآريوسى.

وبمصرع الأمبراطور فالنس ، تولى عرش الأمبراطورية ثيؤدسيوس الكبير ، وبدأت فترة جديدة على الكنيسة المصرية.. عندما تولى الأمبراطور ثيؤدسيوس الكبير عرش الأمبراطورية ، ارتاع مما أصاب كنيسة القسطنطينية على أيدى الاريوسيين ، فطلب من البابا بطرس الثانى أن يعاونه على إعادة الكنيسة إلى سالف مجدها ، فبادر البابا السكندرى بتكليف القديس غريغوريوس الثيئولوغس (الناطق بالإلهيات) أسقف سازيما بآسيا الصغرى بالذهاب إلى القسطنطينية لتعليم شعبها وتثبيته على الأيمان القويم.

ثم رأى البابا السكندرى أن يعزز غريغوريوس فى جهاده فأرسل إليه نخبة من كهنته برياسة تيموثاوس ، الذين أدوا دورهم الروحى على أكمل وجه وعادوا إلى الأسكندرية مرتاحى الضمير ، وعاود تيموثاؤس التعليم فى مدرسة الأسكندرية الساطعة.

تنيح الأنبا بطرس الثانى وارتحل إلى الموضع الذى هرب منه الحزن والكآبة والتنهد بعد أن ساس كنيسة مصر خمس سنوات ، وتسعة أشهر.

ولما كان الشعب القبطى يعرف عن جهاد تيموثاؤس الروحى والفكرى ، ولما كان يجد فيه جزء من نور معلمه الكبير الأنبا أثناسيوس ، فقد انتخبه ليكون راعيه الأول سنة ٧٦ ش ، فأصبح بذلك الخليفة الثانى والعشرون للقديس مارمرقس الرسول.

أما الأنبا تيموثيئوس انتهز فرصة السلام الذى نشر ألويته الأمبراطور ثيئودسيوس الكبير فأخذ فى ترميم الكنائس التى هدمت إبان الأضطهاد الآريوسى ، وفى تشديد قلوب الأرثوذكسيين المتألمة من جراء هذا الأضطهاد ، وإلى جانب هذا العمل الرعوى واصل توجيه رسائله التعليمية إلى شعبه وإلى مختلف الشعوب المسيحية ، وبين الرسائل التى لم تعبث بها يد الدهر رسالته عن التوبة . وهى رسالة تفيض حنانا على التائبين وتجبر قلوبهم الكسيرة وبعد أن قضى الأنبا تيموثيئوس ست سنوات وخمسة شهور فى تدبير

أمور الكرازة المرقسية انتقل إلى بيعة الأبكار فى هدوء وسلام . و جدير بالذكر أن الأمبراطور ثيؤدوسيوس الكبير هو الذى اهتم باصدار الأوامر لعقد المجمع القسطنطينى لبحث بدعة مقدونيوس قبل أن يستفحل أمرها كان عالى الهمة ، حسن الأخلاق ، عادل الأحكام ، ولذلك لقبه التاريخ : بالملك الأرثوذكسى. ! أصدر منشورا عام ٣٨١ م لجعل الديانة المسيحية ، الديانة الرسمية للمملكة ، ثم أمر بهدم المعابد الوثنية ، فهدم فى روما وحدها أكثر من ٤٠٠ معبد كما صرح للبابا الأسكندرى الأنبا ثاوفيلس بتحويل كافة معابد الأوثان فى مصر إلى كنائس ، وكان ضمن هذه المعابد هيكل سيرابيس بالأسكندرية الذى حوله الأنبا ثاوفيلس إلى كنيستين سميتا بإسمى اركاديوس وهانوريوس ابنا الأمبراطور.

ولقد كتب أحد المؤرخين يصف مدى تأثير أمر الأمبراطور السابق فى مصر فقال : "كان للمصريين يومئذ أربعون ألف صنم للعبادة فحل محلها دين المسيح الآمر بالتوحيد ومع ذلك فقد بقى من العاكفين على دين الوثنية كثير بصعيد مصر ولم يمح هذا الدين إلا بتوالى الأيام وكر الأعوام ورغم قسوة هذا الأمبراطور التى ظهرت فى بعض أحكامه إلا أنه كان سريع العفو لطيب قلبه وحسن عبادته.

ثم بلغ النزاع بين الكنائس ذروته فى القرن الخامس الميلادى، وذلك عندما اختلفت الكنيستان

القبطية المصرية وكنيسة القسطنطينية ، حيث تؤمن الأولى بأن للمسيح طبيعة واحدة والثانية قد قالت بأن للمسيح طبيعتين. مما دعا الإمبراطور مرقيان (٤٥٠ - ٤٥٧) من أجل ذلك إلى مجمع دينى فى خلقيدونية بآسيا الصغرى سنة ٤٥١ م، فأقر المجمع مذهب الطبيعتين بعد عدة مؤامرات ودسائس، كذلك حرمان البابا

ديسقورس بابا الكنيسة المصرية حينئذ. إلا أن المؤكد أن المسألة لم تكن مسألة دينية لاهوتية فحسب، إذ أتخذ الخلاف الدينى فى مصر شكلا قوميًا" و عليه فلم يقبل ديسقورس ولا مسيحيو مصر، ما أقره مجمع خلقيدونية، وأطلقوا على الكنيسة القبطية (الكنيسة الأرثوذكسية) وعلى أقباط مصر الأرثوذكسيين أى (المستقيموا الرأى) ليميزوا أنفسهم عن أتباع الكنيسة البيزينطية، والذين عرفوا بعد دخول العرب مصر (بالملكانين) لإتباعهم مذهب الإمبراطور.

استمر موقف التطابق بين الأقباط والكنيسة معبرًا عن التوحد بين الإيمانى والوطنى. ومما يدل على أن المسألة الدينية فى مصر تطورت إلى مسألة قومية، أو أمتزجت بها، ما يذكره ساويرس بن المقفع عن رهبان احد الأديرة بأنهم (لم يحدوا عن المذهب الأرثوذكسى ولم يقبلوا المذهب الخلقيدونى لأنهم "مصريون")

ثورة الاقباط ضدد الحاكم موريس

وجاء يوستينوس سنة ٥٦٥ م. وكان أشفق على الناس من سلفه ويظهر ذلك من تأثير زوجته ابنه أخت الملكة ثيؤذورة فترك الناس يدينون بما يشاءون فتمكنت الكنيسة القبطية من استرجاع مراكز من التي اغتصبت منها وتحسنت أحوال شعبها ورعيتها وخلف يوستينوس (طيباريوس) Tiberius II Constantine سنة ٥٧٨ م. الذي تنازل عن الملك (لموريس) Maurice سنة ٥٨٢م. وفي أوائل حكمه حدثت في مصر ثورة في الوجه البحري تحت زعامة ثلاثة إخوة من الأقباط هم: اباسخريوس، وميناء، ويعقوب من بلدة عقلية وسببها أن حاكم قسم سمنود (غربية) ألقي القبض على رجلين قبطيين من ذوى الوجاهة والاعتبار أحدهما يسمى قسما بن صموئيل والأخر بانون بن أموني فهجم الثائرون على الرومانيين في جهة بنا وآبى صبر وطردهم منها فأرسل واليها إلى الإمبراطور يشكوه أمر الإمبراطور يوحنا والى الإسكندرية بقمع الثائرون الذين كانوا قد وضعوا يدهم على أقاليم الوجه البحري وحاولوا الاستيلاء على الإسكندرية فسرقوا الحنطة التي كانت مرسلة إليها.وحدث من جراء ذلك مجاعة اهتاج منها سخط القوم على الوالي وكادوا يفتكون به لولا بعض أعيان الأقباط الذين ردوا عنه اعتداء الغوغاء.ومع أن يوحنا والى الإسكندرية كان صديقا للثلاثة الإخوة إلا أنهم استمروا في مقاومتهم فعزله القيصر وعين بدله رجلا يسمى بولس وتمكن اسحق ابن أكبر الثلاثة الأخوة من الانتصار على الرومانيين فاستولى على كثير من مراكبهم وسعى خلفهم إلى قبرص يكتسح أمامه قواتهم الحربية حتى خاف الإمبراطور من سوء النتيجة وطلب إلى يولوجيوس بطريرك الملكيين في مصر أن يعقد صلحًا مع الثلاثة الإخوة.وكان يولوجيوس البطريرك الروماني على جانب عظيم من دماثة الأخلاق فاكتسب رضاء المصريين عنه واجتمع مع الثلاثة الأخوة لإجراء الصلح في مسقط رأسهم فأبوا القبول إلا إذا أعاد الإمبراطور صديقهم يوحنا الوالي فأجاب طلبهم ورجع الوالي إلى منصبه وعين لقيادة الجيش رجلا يدعى ثيؤذورس.

وحدث أن القائد الجديد أخذ القبطيين وثلاثة آخرين من عظماء المصريين كانوا قد سجنوا معهما وأوقفهم على شاطئ النيل المقابل للشاطئ الذي احتشد عليه الثائرون وأمرهم بطرح السلاح وإلا يقضى على الخمسة الرجال فتوسل المأسورون إلى الثائرين أن يكفوا عن القتال شفقة بهم. فألقى معظم هؤلاء الأسلحة وعبروا النهر وتقابلوا مع أصحابهم المقبوض عليهم، ولم يبق في ساحة النزال إلا ثلاثة وبعض أصدقائهم وظلوا يقاتلون الجيش الروماني باستبسال ولكنهم هزموا أخيرا وفروا إلى مدينة صان (الشرقية) فقبض عليهم الرومانيون ثم طرح الثلاثة الإخوة وابنهم اسحق في السجن ولبث يوحنا الوالي يدافع عنهم طوال مدة ولايته بدون جدوى حتى تعين مكانه والى جديد فقطع رؤوس الإخوة ونفى اسحق نفيا

مؤبدا.ولم تكد نار هذه الثورة تخمد حتى قامت ثورات أخرى في خمس مدن وهي صان وخربتا وبسطة وسمنود وأخميم وغيرها وانتهت جميعها بمذابح وحشية من المواطنين الذين لازمهم الفشل في كل تدابيرهم.و فرح المصريون بثورة هرقل ضد الإمبراطور فوقاس (٦٠٢ حتى ٦١٠ م) وساعدوا قائدة نيقاتاس الذى وكل إليه الإستيلاء على مصر، "لقطع الغلة عن القسطنطينية . وعندما تم تتويج هرقل إمبراطورًا من سنة ٦١٠ م حتى ٦٤١ م فرح المصريون ظنًا منهم أن حكم هرقل ربما يكون أخف وطأة من حكم من سبقه من الأباطرة، وأنه سيكون خاتمة الإضطهاد وسفك الدماء، خاصة بعد أن أنقذ الدولة من الفرس بعد استطاعوا غزو مصر فى سنة٦١٦ م.حاول هرقل بعد ذلك أن ينقذ الدولة من الخلاف الدينى فأصدر ما سمى بصورة دقيقة Mono Thelma تقضى بأن يمتنع الناس عن الكلام فى طبيعة المسيح، ولم يفطن هرقل أن مذهبه الذى حاول به التوفيق قد يأباه أهل مصركما أنه وقع فيما فيه جستنيان (٥٢٧ - ٥٦٥ م) من إسناد الرئاسة الدينية والسياسية لشخص واحد هو قيرس، ليكون بطريرك وواليًا على مصر (يعرف قيرس عند مؤرخى العرب بالمقوقس).وقد خير قيرس المصريين بأحد أمرين: إما الدخول فى مذهب هرقل الجديد، وأما الإضطهاد وقبل أن يصل هذا الحاكم إلى الإسكندرية فى سنة ٦١٣ م، هرب البابا بنيامين توقعًا لما سيحل له وبالأقباط من الشدائد، من جراء فرض المذهب الجديد . قاسى الأقباط جميع أنواع الشدائد من جراء إضطهاد قيرس، الذى فاق كل إضطهاد .

و لم يكن ينتهي القرن السادس حتى بلغت العداوة بين المصريين والرومانيين أشدها خصوصا عندما أنفذ القيصر أمر إلى نائبه بمصر بطرد جميع الأقباط من خدمة الحكومة وعدم قبول أحد منهم في مصالحها قصدا منه في إذلالهم؛ فكان ذلك من أقوى البواعث على قنوط الأقباط واعتزالهم وقطع كل العلاقات معهم وكان كل ما اشتد الضيق بالأقباط كلما ازدادوا تمسكا برأيهم وطمعا في نوال الاستقلال الديني الذي اشتروه بسفك دماء الألوف المؤلفة منهم. وتمتد السبيل بذلك إلى فتح مصر على يد العرب. كان معظم المصريين فى ذلك الوقت من الأقباط الأرثوذكس، وكان المصريون آنذاك قد أنهكتهم الأعباء المالية والإضطهادات الدينية، حتى أن المؤرخين المسيحيين فى العصورالوسطى يذكرون أن إنتصار العرب هو (غضب من الله على الروم بسبب عقيدتهم الخلقيدونية الفاسدة، وبسبب إستبداد هرقل والإضطهاد التى أنزلها بالأرثوذكس).

٢- الأقباط فى عصر الولاة *المسلمين*

فى بدايه إحتلال العرب لمصر يذكر ابن عبد الحكم المؤرخ ص ٨٣

(وقد رأى نهائيا بعض الفقهاء أنه من الأوفق ان يصرحوا أن مصر فتحت صلحا فيما عدا قرى سلتيس ، مازيل ، بلهيت ، وأيضا مدينه الإسكندريه التى قاومت الفتح) وقام إثنين من رجال الاقباط هم مينا وقزمان وضعوا أرواحهم للدفاع عن انفسهم وقراهم وقادا مجموعه من الاقباط المدربين على حمل السلاح ودافعوا عن قراهم فى بساله وشجاعه ضد جنود العرب والاروام المدربين جيدا على القتال [23]

وقاومت مدن شمال الدلتا الغزو العربى مثل إخنا - رشيد - البرلس - دمياط - خيس - بلهيب - سخا - سلطيس - فرطسا - تنيس - شطا - البلاد الواقعه باقليم البحيره وغيرها اما مصر السفلي(الصعيد) فقد ظلت منفصله تقاوم لمده سنه تقريبا ومن القري التى قاتلت عمرو بن العاص قريه يقال لها بلهيب واخري يقال لها الخيس وقريه يقال لها سلطيس فوقع سباياهم بالمدينه (اى ارسلهم عمرو ليباعوا كعبيد فى المدينه) فردهم عمر بن الخطاب الى قراهم وصيرهم وجماعه القبط أهل ذمه وفى روايه اخرى:ان اهل سلطيس وقرطبا وبلهيب ظاهروا الروم على المسلمين فى جمع ما كان لهم فلما ظهر عليهم المسلمون استحلوهم وقالوا : هؤلاء لنا مع الاسكندريه . فكتب عمرو الى عمر بن الخطاب بذلك فرد عمر بكتاب قائلا: ان تجعل الاسكندريه وهؤلاء الثلاث القريات ذمه للمسلمين . وتضرب عليهم الخراج. ويكون خراجهم وما صالح عليه القبط قوه للمسلمين على عدوهم ولا يجعلون فيئا ولا عبيدا ففعل ذلك ويقال ردهم عمر رضى الله عنه لعهد كان تقدم لهم [24] ومات كثير منهم فى الرحله الى المدينه والعوده الى من المدينه الى مصر.

و يذكر أن كثير من الأقباط صاروا عوناً لعمرو بن العاص على الروم البيزنطيين حتى انتصر عليهم، وإن عمراً كتب أماناً لبطرك القبط سنة ٢٠ هـ فأتى البطريريك إلى عمرو وجلس على كرسى البطريركية بعد غياب ثلاثة عشر سنة. واحتمل المصريون جشع عمرو بسبب موقفه من البطريرك بنيامين الذى كان له النفوذ الأكبر على قلوب المصريين.

فى البدايه العرب عاشوا منعزلين عن الاقباط و لم يتم استيطان العاصمه الأسكندريه او فى المدن لكن استقروا فى حاميات و بعد ذلك أسسوا الفسطاط فى منطقه رومانيه استراتيجيه مابين المقطم و بابليون. شارك الأقباط مشاركه كبيره فى بناء مدينة الفسطاط وسمح لهم عمرو بن العاص ببناء كنائس فيها و بقت مدينه عامرهو اصبحت الفسطاط مركز العرب فى مصر. ظلت اللغة اليونانية اللغه الرسميه فى مصر لسنة ٧٠٦ م مع اللغه القبطى. عملية التحول للأسلام من الأهالى كانت بطيئه و تدريجيه و بدأت ببناء جامع فى الفسطاط اسمه جامع عمرو بن العاص و انتشرت جوامع صغيره فى كل حى

---

23 تاريخ الأمة القبطية ج ٢ ص ١٣٦ – ١٣٧

24 (كتاب خطط المقريزى ج٨ ص٣٠٩-٣١٠)

من احياء الفسطاط. و جامع عمرو بن العاص كان مركز لأنشطه اداريه و قضائيه للجيش العربى . استمرت الاسكندرية تأدى دورها كميناء و بناء الفسطاط على النيل اصبحت هى الأخرى ميناء نهرى وقام عمرو بن العاص بفتح قناة تروجان التى توصل ما بين النيل و البحر الأحمر و هكذا اصبحت المراكب بتنقل الغله التى يزرعها أقباط مصر فى وادى النيل لجزيرة العرب عن طريق البحر الأحمر بدل ما تتنقل بالجمال. و هكذا تبدل مصير قمح مصر من القسطنطينية الى بلاد العرب. العرب سمحوا بدخول قبايل بدويه عربيه للإستقرار فى مصر لعمل توازن نسبى مع سكان مصر الاقباط ، اتعرفوا بإسم العربان اتسببوا فى اضطرابات و مشاكل كتيره فى مصر فى العصور اللاحقه. ويمكن أن نركز ملامح اضطهاد الأقباط فى تلك الفترة فى جانبين أساسيين هما فرض الجزية ومصطلح أهل الذمة..

فرض الجزية:

الآية القرآنية الوحيدة التى تحدثت عن الجزية تقول **(قَاتِلُواْ الّذِينَ لاَ يُؤْمِنُونَ بِاللّهِ وَلاَ بِالْيَوْمِ الآخِرِ وَلاَ يُحَرّمُونَ مَا حَرّمَ اللّهُ وَرَسُولُهُ وَلاَ يَدِينُونَ دِينَ الْحَقّ مِنَ الّذِينَ أُوتُواْ الْكِتَابَ حَتّىَ يُعْطُواْ الْجِزْيَةَ عَن يَدٍ وَهُمْ صَاغِرُونَ) (التوبة ٢٩).**

و يقول دكتور احمد صبحى محمود [٢٥] (وتشريعات القرآن لها درجات ثلاث، أوامر تشريعية تحكمها قواعد تشريعية تهدف إلى مقاصد تشريعية، فالأوامر التشريعية مثل (قاتلوا) أو (انفروا) تحكمها القواعد التشريعية التى تجعل أوامر القتال لا تكون إلا فى إطار الدفاع عن النفس ورد الاعتداء بمثله دون زيادة أو نقصان (البقرة ١٩٠، ١٩٤). ثم يكون الهدف النهائى للقتال فى الإسلام أو فى سبيل الله هو منع الفتنة فى الدين، والفتنة هى الاضطهاد الدينى أو إكراه الناس على تغيير عقائدهم، فالمقصد التشريعى من القتال فى سبيل الله أن تختفى الفتنة والإكراه وأن يكون الناس أحراراً فى اعتناق ما يريدون حسبما شاء الله تعالى حين خلقهم أحراراً، وجعل مرجعهم إليهم يوم القيامة ليحاسبهم على ما اختاروه بمحض إرادتهم وذلك معنى قوله تعالى فى الأمر بقتال المشركين العرب الذين يضطهدون مخالفيهم فى الدين **(وَقَاتِلُوهُمْ حَتّىَ لاَ تَكُونَ فِتْنَةٌ وَيَكُونَ الدّينُ للّهِ فَإِنِ انْتَهَواْ فَلاَ عُدْوَانَ إِلاّ عَلَى الظّالِمِينَ) (البقرة ١٩٣)**. واقرأ أيضاً آية ٣٩ فى سورة الأنفال.

---

25 أحمد صبحى منصور الحوار المتمدن-العدد: ١٢١٢ - ٢٠٠٥ / ٥ / ٢٩ المحور: العلمانية، الدين السياسي ونقد الفكر الديني
http://www.ahewar.org/debat/show.art.asp?aid=38236

إذن لابد أن نفهم تشريعات القرآن الكريم فى الأوامر والقواعد والمقاصد حتى نعرف أن المقصودين بالقتال فى آية (**قَاتِلُواْ الّذِينَ لاَ يُؤْمِنُونَ بِاللّهِ وَلاَ بِالْيَوْمِ الآخِرِ**) هم أولئك المعتدون من أهل الكتاب و لا يمكن أن تمتد الى غيرهم من المسالمين الذين لم يعتدوا على دولة المسلمين ، لأنه لا مجال فى الإسلام لاعتداء على أحد وإنما لرد الاعتداء بمثله فقط..والآية تتحدث عن دولة أو مجتمع عدوانى انعدم فيه الإيمان بمعنى الأمن وبمعنى الاعتقاد السليم، وهو يتجاوز حدوده إلى حدود المسلمين ليعتدى عليهم وحينئذ فلابد من القتال لرد الاعتداء بمثله، وبعد تحقيق النصر وطرده إلى دياره يجب إرغامه على دفع الجزية- وليس على دخول الإسلام- وهى غرامة حربية كالشأن فى عقوبة المعتدى، والذى يأخذ به المجتمع البشرى حتى الآن فى المعاهدات التى يعقدها المنتصر مع المهزوم خصوصاً إذا كان معتدياً مثل ما حدث مع ألمانيا بعد الحربين العالميتين وما حدث مع العراق بعد غزو الكويت.

وإذا طبقنا الآية التى تتحدث عن فرض الجزية وجدناها تنطبق على الروم البيزنطيين، وقد ذكر التاريخ أنهم الذين بدءوا الاعتداء على الدولة الإسلامية فى عصر النبى وحرضوا ضدها القبائل العربية النصرانية مما أدى إلى غزوات مؤتة وتبوك...

والتاريخ يذكر أن البيزنطيين كانوا يدفعون الجزية للمسلمين بعد الهزيمة، وأنه كان يحدث العكس فيدفع المسلمون الجزية للبيزنطيين كما حدث مع معاوية حين دفع لهم جزية قدرها مائة ألف دينار سنوياً أثناء انشغاله بالحرب مع (على).. وكان الروم البيزنطيين يدفعون الجزية للمسلمين فى العصر العباسى الأول، فأصبح المسلمون فى العصر العباسى الثانى يدفعون الجزية للبيزنطيين.. وهكذا تبادل الفريقان المواقع كل حسب قوته.

وكان من المنتظر أن يدفع البيزنطيون الجزية لعمرو بن العاص بعد أن هزمهم وأجلاهم عن مصر.. ولكن حدث العكس. إذ دفعها المصريون الذين تحالفوا مع عمرو ضد البيزنطيين. ولذلك قصة نعرفها من المقريزى فى كتابه المشهور "الخطط".

فالمقريزى يشير بين السطور إلى مساعدة الأقباط المصريين للعرب الفاتحين ضد الروم. ومنذ أن دخل عمرو بجيشه إلى سيناء متوجهاً إلى مصر أرسل أسقف الأقباط فى الإسكندرية أمراً إلى الأقباط بأن يعاونوا العرب ويتنبأ بزوال دولة الروم، واستجاب الأقباط لتلك الأوامر. وحين نزل عمرو على أسوار مدينة الفرما كان الأقباط أعواناً له يمدونه بالمعلومات والمؤن. والأقباط هم الذين ساعدوا عمرو فى فتح الإسكندرية بعد حصارها الشديد. وظلوا شهرين يمدون العرب بالأطعمة والمؤن ويجمعون لهم الأخبار، والأقباط هم الذين استمالوا القائم على حراسة أبواب الإسكندرية- وكان قبطياً- ففتح

أبوابها للعرب فاقتحموها، والمنتظر بعد هذا أن يحفظ عمرو الجميل للأقباط الذين ساعدوا جيشه الضئيل على فتح بلدهم كراهية منهم فى الروم البيزنطيين.

ولكن الذى حدث أن المقوقس الوالى البيزنطى هو الذى أقنع عمرو بأن يدفع الأقباط الجزية بدلاً من الروم المهزومين . وقد كان الأقباط يدفعون الجزية للروم حسب المعتاد فى العصور الوسطى ، فتعلم العرب المسلمون منهم هذا القانون الجائر وطبقوه على الأقباط الذين ساعدوهم على احتلال بلادهم !! فبعد حصار بابليون الذى استمر سبعة أشهر اقتحم العرب أبواب الحصن فاضطر المقوقس للتفاوض على أن يدفع الأقباط الجزية للعرب دينارين عن كل رجل. لأن الروم لن يقبلوا دفع الجزية ولن يقبل العرب إلا بالجزية أو الإسلام أو الحرب وهكذا نجا المقوقس من غرامة الجزية التى يرفض الروم دفعها، ودفعها الأقباط الذين ساعدوا عمرو فى الفتوح، بل أنه فرض عليهم إلى جانب الجزية القيام بضيافة العرب فى قراهم ثلاث أيام.

وبلغ عدد المصريين الذين دفعوا الجزية يومئذ ستة ملايين.. وشرهت نفس عمرو لهذه الملايين وبعد أن رضى بدفع المصرى دينارين طلب أكثر،والمقريزى يذكر أن والى (إخنا) سأل عمراً عن مقدار الجزية الواجبة على أهل مدينة (إخنا) فقال له عمرو يشير إلى ركن الكنيسة "لو أعطيتنى من الركن إلى السقف ما أخبرتك، إنما أنتم خزانة لنا إن كثر علينا كثرنا عليكم وإن خفف عنا خففنا عنكم".

وكان ذلك سبباً فى خروج ذلك الرجل على الطاعة، فقد هرب إلى الروم وعاد بجيش بيزنطى استعاد الإسكندرية، وأعاد عمرو فتح الإسكندرية وتخليصها من الروم بصعوبة بالغة .

وعمرو بن العاص كان رائداً للدولة الأموية فى شراهتها فى جمع الجزية من الأقباط وغيرهم، وحتى من أسلم من الأقباط كانوا لا يعفونه من دفع الجزية، والاستثناء الوحيد من خلفاء بنى أمية كان الخليفة عمر بن عبد العزيز فى حكمه القصير ، فقد رفع الجزية عمن أسلم فكتب إليه والى مصر حيان بن شريح يخبره بتناقص الجزية بهذا القرار، فكتب إليه عمر ابن عبد العزيز يؤنبه ويقول له: ضع الجزية عمن أسلم قبح الله رأيك فإن الله إنما بعث محمداً هادياً ولم يبعثه جابياً..!!

وظلت الجزية نقطة سوداء فى تاريخ الولاة الأمويين والعباسيين يدفعها من بقى على دينه من المصريين إلى نهاية العصر المملوكى سنة ١٥١٧/٩٢١، وجاء الفتح العثمانى ففرض جزية على المصريين جميعاً مسلمين ومسيحيين، وظلت الخزانة المصرية تدفعها لتركيا بصورة عادية حتى تنبه لها عبد الناصر وألغاها.)

ونعود إلى عمرو بن العاص وما كتبه المقريزى فى الخطط عن فتح مصر..

يقول أن عمراً أعلن لأهل مصر: أن من كتمنى كنزاً عنده فقدرت عليه قتلته!!

وقيل له أن قبطياً من الصعيد اسمه بطرس لديه كنز فرعونى فحبسه عمرو واستجوبه فأصر على الإنكار، وعلم عمرو بذكائه مكان الكنز فاستولى عليه وقتل المصرى وعلق رأسه على باب المسجد، فارتعب الأقباط ومن كان عنده كنز أسرع بتسليمه إلى عمرو..
ويذكر المقريزى أن عمراً اعتقل قبطياً آخر اتهمه بممالاة الروم واستجوبه وحصل منه على أكثر من خمسين أردباً من الذهب..!!

ومن مجموع هذه المصادرات تضخمت ثروة عمروالشخصية وحين حضرته الوفاة استحضر أمواله فكانت (١٤٠) أردباً من الذهب، وقال لولديه: من يأخذ هذا المال؟ فأبى ولداه أخذه وقالا له: حتى ترد إلى كل ذى حق حقه..

ومات عمرو واستولى الخليفة معاويةعلى كل تلك الأموال التى خلفها عمرو فى ميراثه وقال: نحن نأخذه بما فيه .. أى بما فيه من ظلم وسحت..!!

ومع ذلك فإن عمرو بن العاص هو أفضل من حكم مصر وأكثرهم رفقاً بالمصريين بالمقارنة بغيره.. والثابت أنه لم يكن مسرفاً فى سفك الدماء كما فعل غيره من الولاة كما أنه كان حسن السياسة فى جباية الخراج والجزية، فلم يرهق المصريين، وكان يجمع الجزية ١٢ مليون دينار، فأصبح الوالى بعده عبد الله بن أبى سرح يجمعها ١٤ مليون دينار.وأدى تطرف الولاة الأمويين فى جمع الأموال من المصريين إلى اضطرار المصريين للقيام بثورات متعاقبة، فأخمد الأمويين ثوراتهم بالحديد والنار.. وتطرفوا فى اضطهادهم والعسف بهم..

مصطلح أهل الذمة:

يقول دكتور احمد صبحى محمود [26] (لم يأت لفظ الذمة فى القرآن إلا فى موضعين فى الحديث عن طبيعة مشركى العرب البدوية العدوانية وكيف أنهم لا يراعون عهداً ولا ميثاقاً ولا ذمة إذا انتصروا **(كَيْفَ وَإِن يَظْهَرُوا عَلَيْكُمْ لاَ يَرْقُبُواْ فِيكُمْ إِلاّ وَلاَ ذِمّةً)**، **(لاَ يَرْقُبُونَ فِي مُؤْمِنٍ إِلاّ وَلاَ ذِمّةً وَأُوْلَـَئِكَ هُمُ الْمُعْتَدُونَ) (التوبة ١٠،٨)**.

وظهر مصطلح أهل الذمة بعد الفتوحات العربية ضمن مصطلح آخر هو **"الموالى"** ليضع توصيفاً للشعوب التى دخلت فى حوزة العرب المسلمين.. والمعنى واحد لأهل الذمة والموالى فى أنهم أتباع ورعية العرب الحاكمين، وبالتالى هم مواطنون من الدرجة الثانية أو أقل.. والدليل العملى على ذلك هو ما عاناه الموالى من أبناء العراق وإيران وما عاناه أهل الذمة من الأقباط فى العصر الأموى تحت وطأة الاضطهاد والاستعلاء..

---

[26] أحمد صبحي منصور الحوار المتمدن-العدد: ١٢١٢ - ٢٠٠٥ / ٥ / ٢٩ المحور: العلمانية، الدين السياسي ونقد الفكر الديني
http://www.ahewar.org/debat/show.art.asp?aid=38236

وبينما دخل مصطلح "الموالى" إلى متحف التاريخ بعد أن تمتع أبناء الفرس والعراق بحقوقهم فى الدولة العباسية التى أسهموا فى تأسيسها، فإن مصطلح أهل الذمة بقى مستعملاً ووصمة عار على كل من تمسك بدينه من أبناء الشعوب غير العربية، وكان المسيحيون العرب بمنجاة من هذا المصطلح وآثاره الجانبية لأنهم عرب، أما المسيحيون فى الشام والعراق ومصر فقد حملوا ذلك الوصف على كاهلهم، وقاسوا تحته أوزار الاضطهاد العنصرى فى العصر الأموى، ثم الاضطهاد الدينى بعده..

وفرض الجزية فى عصر الخلفاء الراشدين كان هو التربة التى نبت فيها مصطلح أهل الذمة وما نتج عنه من آثار.

ولو لم يرض عمر بن الخطاب بفرض الجزية عليهم لكانوا على قدم المساواة مع العرب، ولكن أن يفرض عمر ثم عثمان الجزية على رؤوس الأفراد من الأمم الأخرى فالمعنى أنهم عنصر أقل شأناً ومواطنون من الدرجة الثانية، وكانت تلك البداية لمصطلح أهل الذمة واضطهادهم..ثم سار الأمويين على طريق التصعيد فى الاضطهاد للأقباط فى مصر وللموالى فى العراق.)

لقد تولى فى مصر، بعض ولاة [٢٧] كانوا يحملون روح السماحة مثل مسلمة فى عهد البابا أغاثون (البابا ٣٩). فى السنوات الخمسين التى أعقبت قدوم العرب إلى مصر ترك العرب مقاليد الأمور فى يد أهل مصر من القبط واحتفظوا لأنفسهم بالسيادة العليا، وتنفيذ أحكام الدين، حتى لقد أصبح للقبط. لقد عرف الأقباط خلال هذه الفترة عهدًا من الحرية الدينية رزحوا تحت نقيضه فى زمن الرومان. وعاد إلى العقيدة الأرثوذكسية كثير من أبنائها. وفى تلك الفترة، تمكنت رئاسة الكنيسة من إعادة بناء الكثير مما تهدم من الأديرة والكنائس والصوامع، كما سمح للقبط ببناء كنائس جديدة .

اضطهاد الأقباط فى العصر الأموى

الأمويين عارضوا الإسلام وحاربوه حرصاً على مصالحهم التجارية، ثم انضموا إليه وآزروه حرصاً أيضاً على مصالحهم التجارية حيث كانوا قادة قريش فى رحلتى الشتاء والصيف، وعن طريقها وثقوا علاقاتهم بالقبائل العربية النصرانية على طريق الشام التجارى ثم بعد أن دخلوا الإسلام أثمر تعاونهم مع تلك القبائل فى إخضاع الشام فى الفتوحات الإسلامية، ثم ساعدتهم تلك القبائل على توطيد دولتهم الأموية.

لذلك لم يضطهد الأمويون نصارى العرب بل عاملوهم على قاعدة المساواة ، فالوالى فى العراق خالد القسرى أقام كنيسة لأمه النصرانية، والأخطل الشاعر العربى النصرانى

---

27 سيدة إسماعيل الكاشف، مصر فى عصر الولاة من الفتح العربى إلى قيام الدولة الطولونية، سلسلة تاريخ المصريين رقم ١٤ ، الهيئة. المصرية العامة للكتاب،

كان نديم الخلفاء الأمويين يدخل عليهم وفى عنقه الصليب، والخليفة عمر بن عبد العزيز دفنوه فى دير سمعان بجوار دمشق..

إلا أن الأمويين عدا الخليفة عمر بن عبد العزيز اشتهروا بالتعصب العنصرى ضد الأجناس غير العربية، فاضطهدوا الفرس والعراقيين، وألجأوهم للثورة المتكررة وتأييد كل ثائر شيعى أو علوى على الأمويين.. كما اضطهدوا المصريين لمجرد أنهم مصريون ومواطنون رعايا من الدرجة الثانية أو الثالثة، واعتبروهم بقرة حلوباً تدر لهم الخير، ولا بأس بأن يمتصوا لبنها ودمها إذا أمكن.أدى العسف فى جباية الجزية والخراج إلى ثورة المصريين، وهم أقدر شعوب الدنيا على احتمال الصبر، ولكن العسف الأموى كان فوق طاقة المصريون أنفسهم .

فى ولاة عبد العزيز بن مروان، وعلى الرغم من أنه أهتم بإدخال الإصلاحات كثيرة فى مصر، وبنيت فى عهده كنائس، لكن صودر البطريرك مرتين و فرضت على الرهبان الجزية، على الرغم من التقليد العربى بعدم فرض الضريبة على الرهبان. وخلف عبد العزيز بن مروان فى الولاية عبد الله بن عبد الملك بن مروان وكان محبًا للمال جدًا.. (وأمر أن لا يمت ميت حتى يقوموا عليه جزية) ، واقتدى به الوالى التالى قرة بن شريك فأنزل بالنصارى شدائد لم يبتلوا بمثلها من قبل على حد قول المقريزى. و أشتد أسامة بن زايد التنوفى عامل الخليفة بن سليمان بن عبد الملك فى تحصيل الضرائب. وعندما جاء عمر بن عبد العزيز أمر بإلا يؤخذ الخراج من الأساقفة والبيع. وتقابلت صور المقاومة التى أبداها قبط مصر وبوجه خاص بين الفلاحين، مع التشدد فى جمع الجزية بعد عمر بن عبد العزيز.

ومن المفهوم ضمنا أن الأقباط لم يقفوا مكتوفى الأيدى أزاء الحكم الاموى و استمرار خلافاؤه فى جمع المال بل قاوموا وقد سارت المقاومة في خطين متوازيين مقاومة سلبية تلك التى تُظهر روح الفلاح المصرى القبطى والذى يكره العنف ويحب المسالمة والهدوء وبالرغم من ارتباطه بأرضه الا أن جماعات الفلاحين أخذت في الهرب من منطقة إلى أخرى طلبا للسلامة من ناحية وتخلصاً من الاستغلال ونهب العرب لموارده وزرعه من ناحية أخرى الا أن الولاة عمدوا إلى قمع تلك الحركة بكل الوسائل واشتدت الحكومة في مراقبة الزراعة والهجرة وقويت قبضتهم ... وفي نفس الوقت كانت هناك المقاومة الايجابية إذ بدأ القبط يتحدون الخلافة الاسلامية بثورات تلو ثورات.

فأقام الأمويون مذبحة للأقباط سنة ١٠٧ هجرية حين ثاروا فى شرق الدلتا بسبب جشع الوالى عبد الله بن الحبحاب..

وفى خلافة يزيد بن عبد الملك تطرف الوالى أسامة بن زيد التنوخى فى اضطهاد الأقباط، فصادر أموالهم ووسم أيدى الرهبان بحلقة من حديد، وكل من وجده منهم بغير

وسم قطع يده، وفرض غرامات على الأقباط، وصادر الأموال من الأديرة، ومن وجده من الرهبان فى تلك الأديرة بلا وسم ضرب عنقه أو عذبه، وهدم الكنائس وكسر الصلبان.وفى خلافة هشام بن عبد الملك تشدد الوالى حنظلة بن صفوان فى زيادة الخراج، وأحصى الأقباط وجعل على كل نصرانى وشماً فيه صورة أسد ومن وجده بلا وشم على يده قطع يده. وثار العرب المسلمون سنة ١١٧هـ بسبب قيام الأقباط ببناء كنيسة يوحنا، وكان ذلك فى ولاية الوليد بن رفاعة.

- ثورة سخا

فى أيام البابا أغاثو حوالى ٦٥٦م فى ولايه الخليفة يزيد بن معاوية وصلت من سخا أخبار أن الأهالى ثاروا على رجال الإدارة ثم أشعلوا النيران فى عدد من رجال الديوان هناك٠فإختار الولى مسلمة بن مخلد و كان شريفا وعادلا ٧ من حكماء الأساقفه ورجاهم ان يذهبوا إلى مدينه سخا لتهدئه الثوار ٠ فذهبو واقروا الأمن ٠

- ثورة الشرقية

فى عصر البابا الكسندروس ٤٣ بدأت هذه الثوره فى منطقه الشرقيه(أهالى تنوديمى وقربيط وطربيه) فى أيام الحسن بن يوسف (١٠٥ هـ الى ١٠٨ هـ)، ومن الملاحظ انها ثوره تعبر عن مدى الضيق الذى شعر به الأقباط من تصرفات الحكام الهمجيه والوحشيه ، فقد أوصلوا الأقباط الى مرحله الميت الحى فلم تكن لهذه الثوره المقومات الأساسيه لنجاحها كما لم تكن لهم المعرفه والدرايه بالقتال ، فلاحين بسطاء يعبرون عن ضيقهم بالقتال ، حاربوا جيشا مدربا وأعدادا غفيره من الجنود .

- ثورة أقباط سمنود الأولى من ١٢١ هـ حتى ١٣٢ هـ :

وأدت زيادة المظالم إلى قيام الأقباط بثورة عارمة فى الصعيد سنة ١٢١ هجرية، وانتقلت الثورة إلى سمنود سنة ١٣٢ وإلى رشيد فى نفس العام بقيادةالثائر يحنس السمنودى وعزموا أن يقاتلوا عبد الملك بن مروان الذى أرسل اليهم جيوشا جرارة وتولى الأمويون إخمادها بالعنف الشديد، وفى عام ١٣٢ هـ انهزم مروان بن محمد آخر خليفة أموى أمام العباسيين فهرب إلى مصر فوجدها ثائرة على مظالم الأمويين، ومع ظروفه السيئة إلا أن الخليفة الأموى الهارب استنفذ ما بقى من قوته وعدته فى القضاء على ثورات الأقباط حتى قضى عليها و استطاعوا بعد جهد شديد أن يقتلوا يحنس على أجساد شهداء سمنود الصامدين .

، ثم واصل هروبه فى مصر أمام الجيش العباسى إلى أن لقى حتفه فى أبو صير، وكان يحتجز عنده البطرك القبطى ومجموعة من كبار الرهبان وزعماء الأقباط فأفرج عنهم الجيش العباسى .

اضطهاد الأقباط فى العصر العباسى

انتهى العصر الأموى سنة ١٣٢ هجرية و بدأت دولة العباسيين وقد أمل القبط خيرًا عند مجيء الدولة العباسية، ولكن لم تمض ثلاث سنوات على قيامها، حتى ضوعف الخراج على القبط، وليتحقق ما وعد به العباسيون (من التخفيف عنهم). فتجددت ثورات القبط، وشاركهم فيها المسلمون، مم أضطر المأمون أن يحضر بنفسه لقمع هذه الثورات.

- ثورة أقباط سمنود الثانية :

عام ١٣٥ هجرية ٧٤٤ م وهذه المرة بزعامة الثائر القبطى أبو مينا مما أضطر الوالى أبى عون والى الدولة العباسية أن يستعين بجيوش الدولة العباسية لقتال أهالى سمنود.. الشجعان واستشهد الثائر أبو مينا وكان كل شبر فى أرض مصر وكل ولد وبنت ثائر ... ثورة عارمة شملت أرض مصر ضد الحكم العباسى و ضد الجشع فى تحصيل الضرائب و ثار أقباط رشيد مما أضطر مروان بن محمد لان يرسل جيوشه لتنكل بأهالى رشيد والثوار ...

- ثورة أقباط سخا

قامت عام ١٥٠هجرية : ٧٥٩ م فقد طردوا عمال العرب من بلادهم ونابذوهم وزحفت ثورة أقباط سخا إلى شبرا سنباط وأنضم إلى الثوار اهالى البشرود والاوسية والبجوم يحركهم الشعور الوطنى وحبهم الشديد لمصر وأرضها ونيلها وازداد حماس الأقباط فهزموا جيوش يزيد بن حاتم أمير مصر وقتلوا كبار رجال جيشه. وأشعل أهالى سخا النيران في عدد من رجال الديوان. وما أن وصلت تلك الانباء لمسامع الخليفة أمير المؤمنين حتى هاله الأمر وأرسل موسى بن على بن رياح على رأس جيش آخر لاخضاع أقباط سخا.

وهاجم الأقباط الجيش ليلاً وقتلوا بعض أفراده وهزموا بعض فصائله، إلا أن الإمدادات العباسية تلاحقت وحاصرت الأقباط وهزمتهم، وامتد الانتقام إلى حرق الكنائس. واضطر الأقباط إلى دفع غرامة قدرها خمسون ألف دينار للوالى العباسى سليمان بن على حتى يكف عن حرق الكنائس إلا أنه رفض.وتولى بعده الوالى موسى بن عيسى العباسى فاستمع إلى نصيحة الأئمة المستنيرين من الفقهاء المشهورين بمصر مثل الليث بن سعد وعبد الله بن لهيعة، وقد أفتوا له بأن بناء الكنائس من عمارة البلد، فأذن الوالى بإعادة بناء الكنائس، ولكن ظلت المظالم على حالها..

- ثورة أهل رشيد:

في خلافة أبي جعفر المنصور العباسي وولاية يزيد بن حاتم بن الهلب بن أبي صفرة على مصر (٧٦٢-٧٦٩)، قام الوالي باضطهاد البطريرك مينا الأول البطريرك رقم ٤٧ قبض الوالى المسلم على البابا وسخره فى العمل فى الميناء بوشايه من راهب قبطى وأمرا من الخليفه بالإستيلاء على أموال الكنيسه وعندما لم يكن عنده ما يدفعه سخره بالعمل لمده سنه بالعمل فى طلاء المراكب بالزفت و صدق الوالى المسلم يزيد بن حاتم كلام الراهب أن البابا يستطيع تحويل الحديد والمعادن الرخيصه الى ذهب وأدى ما فعله الراهب والوالى يزيد بن حاتم فى البابا الى غليان شعبى ، فعصى جماعه من الأقباط فى الوجه البحرى وطردوا المستخدمين وجباة الجزيه المسلميين من بلادهم وصاروا يديرون بلادهم بأنفسهم ، وقال المقريزى فأرسل والى مصر جيشا قويا ليحاربهم ويخضعهم ، ولكن الأقباط أحاطوا بهم وقتلوا العديد من جنود جيشه ولم ينج منهم أحد ، فالمصرى لم يطمع فى أكثر أن يتركه حكامه يعبد إلهه بدون تدخل ولكن هؤلاء الولاه بالرغم من أن فتره إحتلاهم للبلاد طويله إلا أنهم لم يستطيعوا ان يفهموا ما يصبوا إليه القبطى ، ثم جهز الوالى جيشا آخرحاصر الثوار وبالطبع كانوا جنود متمرنين على القتال ووعد الوالى جنوده ان لهم النصر فى الدنيا والآخره ، وفى أثناء حصارهم أكل الثوار جثث موتاهم لشده الجوع كما ذكر المقريزى ، وأهدمت جميع كنائس الفسطاط ما عدا كنيسه الأنبا شنوده ، وقدم الأقباط للوالى خمسين ألف دينار لكى يتجاوز عن كنيسه كانت قائمه لهم فى حصن قسطنطين ، وان لا يدمرها ولكن الوالى هدم الكنيسه ولم يترك فيها حجرا على حجر،و كان اضطهادًا شديدًا .

- ثورة أهل بهليب:

ثار الاقباط بمدينة بهليب في سنة ١٥٦ هجرية سنة ٧٦٦م ، فأرسل لهم الوالى موسى بن عيسى جيشاً فهزمهم وحكم بقتل الرجال وسبى النساء والذرية . وجاء المأمون لزيارة مصر وأنب الولاة واعتبرهم سبب المظالم والثورات، وأمر ببعض الإصلاحاتة وقتلوا كل الثوار وخربوا المدينة.

- ثـــــــورة أقبـــــــــاط الحـــــــوف:

وقعت أحداثها في ولاية الليث بن الفضل (٧٩٩-٨٠٣)، حيث تظلم أهل الحوف من المسّاحين لعدم دقتهم، فلم يستجب الوالي لتظلمهم، فتجمهروا أقباطًا وأعرابًا وساروا نحو الفسطاط، فلما خرج الوالي لمحاربتهم، هزموه في الجولة الأولى، لكنه أعاد الكرة وتمكن من هزيمتهم في المرة الثانية، فقتل منهم عددًا كبيرًا، وذبح زعمائهم، وحمل معه رؤوسهم وعلقها على أسوار الفسطاط ,ليكونوا عبرة للأقباط وليلقي الرعب في قلب كل

من يفكر في الثورة، لكن هذه القسوة دفعت عددًا من الأقباط في أماكن مختلفة للمجاهرة بالثورة .

- ثــــــــــــــــــورة البـــــــــــــــــــــشموريين:

كان يعيش أهل البشمور الأقباط في المنطقة الرملية على ساحل الدلتا بين فرعي رشيد ودمياط، حيث كانت تحيط بها المستنقعات والأحراش التي تعيق حركة جنود الفاتحين والذين لم تكن لهم الدراية بطبيعة المنطقة، مما ساعد البشموريين على هزيمة جنود العباسيين فى بداية الثورة .

و البشموريين هم أقباط تزاوجوا مع أروام(يونانيين) وكانوا يقطنون منطقه شمال الدلتا مناطق المستنقعات ويعملون فى إنتاج ورق البردى الذى كان العالم كله فى ذلك الوقت يستخدمه لتسجيل علومه ومعارفه وفى مختلف أنشطه حياته اليوميه،

يقول ساويرس بن المقفع مبررًا لثورتهم(عامل العرب البشموريين على الأخص في غاية القسوة، فقد ربطوهم بسلاسل إلى المطاحن، وضربوهم بشدة ليطحنوا الغلال، كما تفعل الدواب سواءً بسواء، فاضطر البشموريون أن يبيعوا أولادهم ليدفعوا الجزية ويتخلصوا من آلام العذاب. ولما اقتنعوا نهائيًا أن هذا الظلم لا يحده إلا الموت وأن بلادهم كلها مستنقعات تخللها الطرق الضيقة التي ينفردون بمعرفتها، وأنه يعد من المستحيل على جيوش المسلمين أن يغزوها، فقد اتفقوا على إعلان الثورة ورفضوا دفع الجزية).

وكان البطريرك يوساب يذوب حسرة على رعيته التي تحالف على إفنائها الطاعون والمجاعة والحرب .. غير أن البشموريين وطدوا العزم على مواصلة القتال، وأخذوا يصنعون لأنفسهم الأسلحة وحاربوا الخليفة علانية ورفضوا دفع الجزية على الإطلاق... وقد تحسر البطريرك عليهم، لأنهم خاضوا غمار الحرب ضد عدو يفوقهم في العدد والعتاد وتعرضوا للموت بحكم إرادتهم، فكتب إليهم خطابًا حاول أن يقنعهم بعدم قدرتهم على مقاومة الخليفة بالسلاح ويصف لهم المصائب التي ستحوق بهم ويطلب منهم أن ينصرفوا عن عزمهم، ولما اتضح له أن الخطاب لم يؤثر فيهم، أرسل الخطاب تلو الخطاب مُلحًا في رجائه.

ومن جهه أخرى لم يكن البشموريين رعيه البابا القبطى وحده ، فهم خليط من الأقباط واليونانين ، وإن كانوا يجلون بعض الإحترام للبابا القبطى ، وكان نتيجه ثورتهم أدت إلى إنخفاض عدد المسيحيين عن عدد المسلمين لأن المسلمين هاجموا قرى ومساكن المسيحين الآمنه الذين لم يشتركوا فى الثوره وقتلوا عددا لا يحصى من المسيحين الذين لا ذنب لهم فى هذه الأحداث وسرقوهم وحرقوا ممتلكاتهم .[٢٨]

28 تاريخ البطاركه ج١ ص٢٥١ ، أقباط ومسلمون د.جاك تاجر١٠٢

و دليل ذلك أضطرار الخليفة المأمون استدعاء كلا من الأنبا ديونيسيوس البطريرك الإنطاكى واستدعى معه الأنبا يوساب الأول بطريرك الأقباط وطلب منهما تحت التهديد أن يتعاونا معه في إخماد ثورة الأقباط مما يوضح أن ثورة البشموريين كانت من اقباط مشترك معهم طوائف مسيحية اخرى يونانية و رومانية و سريانية .

ولا نبالغ إن قلنا إنها كانت أشبه بحرب نظامية استعملت فيها استراتيجية المنطقة. وقد أسفرت هذه الثورة عن هزيمة جيش الخليفة هزيمة منكرة، وفرّ أمامهم الوالي يتبعه جُباة الضرائب، الأمر الذى جعل المأمون الخليفة العباسي في بغداد يُرسل أخاه المعتصم على رأس جيش قوامه أربعة آلاف جندي ليدعم جيوش الاحتلال في إخماد الثورة القبطية، وعلى الرغم من وحشية الحملة ، إلا أن ثورة الأقباط لم تخمد ولم تهدأ، مما اضطر المأمون إلى إرسال جيش آخر من الأتراك بقيادة "أفشين "التركي بغرض التنكيل بالثوار "فحاربوه وقتلوا من الجيش عددًا وافرًا، ثم جرد عليهم عسكر آخر فكسروه..

وتقول الدكتورة سيدة الكاشف: (وقد فشل أفشين تمامًا في إخماد ثورة البشموريين مما اضطره أن يكتب الى المأمون الخليفة العباسي في هذا الوقت طالبًا إمدادات للقضاء على الثورة التي اندلعت في كل مكان) . وهنا نذكر كذلك ما يقوله الدكتور جمال الغيطاني: (إن الارتباط بالأرض نتاج طبيعي للوضع التاريخي والجغرافي والحضاري لمصر، إذا ما أراد عدو أن يزحزح الإنسان المصري عن أرضه، فإلى أين يذهب، إذ ليس حوله إلا الصحراء من كل جانب.. وإذن فإما يموت شهيدًا فوق أرضه، أو يتجه لى الصحراء.)

وفي سنة ٨٢٤، اضطر الخليفة المأمون أن يزحف من بغداد إلى مصر على رأس قوة حربية لإخماد ثورة الأقباط التي فشل في إخمادها كل قواده الذين أرسلهم سابقًا، وكاد ثوار الأقباط أن يفتكوا بجيش المأمون لولا أن الخليفة العباسي التجأ إلى أخبث الطرق والغير شريفة للقضاء على الثائرين، وذلك أنه استدعى الأنبا ديونيسيوس البطريرك الأنطاكي واستدعى معه الأنبا يوساب الأول بطريرك الأقباط، وطلب منهما تحت التهديد أن يتعاونا معه في إخماد ثورة الأقباط، وقد أجابا بكل أسف طلب المأمون وحررا للثوار رسالة بها نصائح ومواعظ يحُثان فيها الثوار أن يُلقوا بسلاحهم ويسلموا أنفسهم لولاة الأمير، وفي الوقت الذي كان الثوار في أمس الحاجة للمعونة المادية والمعنوية حتى يتمكنوا من التخلص من الظلم والاستبداد الأجنبي إذ بالقادة الروحيين يدعونهم إلى الاستسلام .ولا شك أن هذا الموقف من طرف القادة الروحيين كان له أثره البالغ على الأقباط أكثر من كل جحافل المأمون ولكن على الرغم من كل هذا، فقد رفض الأقباط في إباء وشمم هذه النصائح الاستسلامية وفضلوا أن يعطوا أرواحهم فداءً لمصر وعقيدتهم، وهنا تذكر "الخريدة النفيسة" ذلك الحدث فتقول: (واستعدوا لمقاومة من يقصد سلب استقلالهم وإذلالهم) .وبعد حروب دموية بينهم وبين عساكر المأمون، كان النصر دائمًا

في جانب الثوار، وقاد الخليفة الجيش بأجمعه إلى حومة الوغى وأصلى نار الحرب.. ولم يدخر من قوته وسعًا حتى أضعف الثوار، كما تذكر د. سيدة إسماعيل الكاشف بسالة هؤلاء الثوار فتقول: (ركز المأمون جميع قواته ضدهم وأعمل فيهم الجند السيف وأحرقوا مساكنهم وهدموا كنائسهم) .وتضيف الخريدة النفيسة: (دخل الجيش بلاد البشمور وحرق مدنها ودمر كنائسها وقتل صغارها وسبى نساءها وأجلى الخليفة رجالها إلى جزر الروم الخاضعة له وإلى بغداد) .وهكذا أبيد البشموريون على بكرة أبيهم، وأما تقى الدين المقريزي فيقول في اختصار: (انتفض القبط فأوقع بهم "الأفشين" على حكم أمير المؤمنين عبد الله المأمون، فحكم فيهم بقتل الرجال وبيع النساء والذرية، فبيعوا وسُبى أكثرهم، حينئذ ذلت القبط فى جميع أرض مصر .كما يعزي هزيمة البشموريين أمام جيش المحتل إلى تسخيرهم بعض سكان البلاد المجاورة ليرشدوا جيش الخليفة للوصول إلى البشموريين دون المستنقعات التي عجز الجيش على الدخول إليها في الغزوات السابقة وألحقوا الهزيمة عدة مرات بجيش الخليفة، واستطاعوا أن يفتكوا بعدد كبير من الجيش. ويقول الأنبا ديسقورس في موجز تاريخ المسيحية من كتب التراث على البشموريين، (إنهم كانوا يأتون ليلاً وينقضون على جيوش المسلمين، ولم تنتهِ الحرب معهم إلا عندما استولي العباسيون على مصر، وإن كانت ثوراتهم تجددت أيام هؤلاء أيضًا خصوصًا أيام الخليفة.)كانت هذه الثورة آخر ثورات الأقباط ضد الحكم العربى، ونحن ننقل معاناة الأقباط عن المقريزى وهو الذى لا يخفى تعصبه ضد النصارى، يقول فى "ومن حينئذ ذلت القبط فى جميع أرض مصر ولم يقدر أحد منهم على الخروج على السلطان، وغلبهم المسلمون على عامة القرى، فرجعوا من المحاربة إلى المكيدة واستعمال المكر والحيلة ومكايدة المسلمين.).

فى سنة ٢٣٥ هجرية أصدر الخليفة المتوكل مرسوماً يهدف إلى تحقير المسيحين فى كل الامبراطورية العباسية، وذلك بإلزامهم بارتداء زى معين ومظهر معين، مع هدم الكنائس الجديدة وتحصيل الضرائب والعشور من منازلهم وأن يجعل على أبواب بيوتهم صوراً للشياطين، ونهى المرسوم عن توظيفهم وتعليمهم عند المسلمين، وتسوية قبورهم بالأرض وألا يحملوا الصليب فى أعيادهم وألا يشعلوا المصابيح فى احتفالاتهم وألا يركبوا الخيول.. وقد طبق الولاة ذلك على أقباط مصر وأصبحت سنة متبعة.

ومفهوم تلك القرارات أن يشارك الناس فى إلزام الأقباط بها، ومن هنا بدأ انغماس العوام فى اضطهاد الأقباط.. وتعلموا أن ذلك يعنى إظهار الإخلاص للإسلام.

وعلى الرغم من كل ذلك، فقد كانت الثورات القبطية تعبيرًا صادقًا عن الحركات القومية الوطنية، والتي تُمثل بعدًا أساسيًا في الشخصية القبطية، إذ كلما زاد التنكيل والاضطهاد كلما زادت الثورة حتى لم يبقى من يثور من كثرة انتشار الموت. والحق أنه مهما قيل

عن اضطهاد المسيحيين فى عصر دقلديانوس والرومان، فإن محاولات إحلال القبائل العربية محل الاقباط فى سكن مصر كانت أقوى أفكار المحتل العباسى و التى لم يسبقه لها أى أحتلال واجه المصريين قبل ذلك .

أسباب فشل ثورات الأقباط:

من يسمع تاريخ هذا العدد من الثورات القبطية ضد المحتل الرومانى و العربى طبيعيًا أن يُفكر كيف لم تحقق هذه الثورات تحرير مصر؟ ولماذا بائت جميعها بالفشل؟ لذا يمكننا تحليل أسباب إخفاق هذه الثورات في عدة عوامل منها:

١- هدف الثورات: تلخص هدف ثورات الأقباط في شيئين، هما تخفيض الضرائب أو التخلص من أحد الولاة، ولكن لم تتجاوز هذا لمشروع استقلالي شامل يقول جاك تاجر [٢٩] فى كتابه مسلمون وأقباط (أدرك الأقباط انهم بالغوا فى تفائلهم لإن الحكومه مهما كانت متسامحه لا تستطيع أن تعيش دون جبايه ضرائب (خاصه بتحويل الإقتصاد الى الحروب الدمويه الداخليه لتأمين الأنظمه ضد المتمردين والمطالبين بالخلافه أو خارجيا لغزو أمم أخرى وما يتبعها من عمليات السلب والنهب السريع) وزادت خيبه أملهم عندما أدركوا أن الفاتح الجديد كان يريد ينعم بثمره إنتصاره ، لهذا وضعوا نصب أعينهم هدفا واحدا هو نتيجه تغيير حكامهم الجدد والتحرر من ربقتهم) .

٢- عدم دراية الأقباط بأساليب وتقنيات الحرب، كذلك افتقارهم لحنكة عقد التحالفات العسكرية والاتفاقيات التي تحقق أهدافهم.

٣- عدم توحد ثوراتهم في كل مصر في لحظة واحدة بحيث لا يمكن للمحتل التغلب عليهم.

٤- عدم وجود القائد العسكري الذي يمكنه توحيد الجهود وتنظيم جيش، وعدم سعي البطريرك للعب هذا الدور أو تشجيع من يلعبه.

٥- إيثار البطريرك دائمًا للسلامة، حتى أنه خضع لأوامر الوالي وتوسط لدى ملك النوبة للتراجع رغم كونها فرصة ذهبية لطرد العرب من مصر نهائيًا.

٦- سوء العلاقة بين الكنيسة القبطية والكنيسة الملكانية الرومية وعدم وحدتهم مما كان سببًا في ضعفهم الشديد.

٧- خيانة بعض السكان في القرى المجاورة مثلما حدث فى ثورة البشموريين الذين أرشدوا جيش الخليفة بالطرق والشعاب للوصول إلى الثوار دون المرور على المستنقعات التي كانت بمثابة حائط مانع للعدو.

٨- افتقار الثوار إلى المؤن والأسلحة لانعزالهم في بلدة البشمور لمدة طويلة.

---

[29] جاك تاجر مسلمون و اقباط ص ٩٧

٩- لم يجدوا الثوار أدني دعم من البطاركة، بل كانوا يثبطون من عزيمة الثوار ويهبطون من قوتهم لأن الكنيسة القبطية لا تؤمن بالحلول غير السلمية للمشاكل مع السلطة الحاكمة.

١٠- ثورات اقباط مصر فى فترة الحكم العربى لم تكن ثورات دينية بحته ضدد الأسلام لأن بعضها كانت تضم عددًا من المسلمين الذين نزحوا في فترات سابقة من الجزيرة العربية وسكنوا مصر وكانواهؤلاء بالنسبة للعباسيين أعداء ومكروهين وكانوا يتعاملون معهم بغلاظة أو غير متساويين أمام العباسيين كونهم أمويين، واستمرت هذه التفرقة مع الفاطميين والطولونيين، ولكن تمتعوا بحقوق أفضل من الأقباط بحكم رابطة الدين الإسلامي، وكان النازحون العرب يُفضلون الأقباط عن الأجناس الوافدة من العراق والبلاد العربية الأخرى و لا ننسى تحول كثير من الاقباط المسيحين الى ديانة الاسلام مع احتفاظهم بالتضامن مع اقاربهم المسيحين فى الثورات لذلك كان بعض العرب المسلمين يعتبروهم أقل منهم مرتبة فى الأسلام و يكرهونهم .

ولم يحاول الأقباط القيام بأيه حركه ثوريه عامه بعد إباده العباسيين للبشموريين ٠٠ لإنه لم تتم إباده البشموريين لوحدهم بل تم إباده الأقباط أيضا فقل عددهم كثيرا عن عدد المسلمين بعد هذه الحرب ٠

ومن جهه أخرى أصبح للدولة العباسية قوه تدين بديانتهم الإسلاميه فى مصر يستوطنون البلاد وينتمون إليهم يستعملونهم كمخالب للقضاء على الأقباط وبهذا نجح العباسيين فى تنفيذ الخطه التى فشل البيزنطيين فى تنفيذها (وهى إنشاء طبقه تدين لهم بالولاء حيث أنشأوا الكنيسه الملكيه المسيحيه تابعه لهم وتنتمى الى إمبراطوريتهم ولا تنتمى لمصر)فلم يفترق الغزاه العباسيين عن الغزاه البيزنطين فى الإسلوب الذى إتبعه كلا منهم فى القضاء على مصر شعبا وكيانا وحضاره وإسما٠ لتذوب مصرفى إمبراطوريتهم المسيحيه أو خلافتهم الإسلاميه ٠ وهكذا سمعنا فى العصر الحديث من ينادى بإلغاء إسم مصر كدوله وفعلا تم إلغاؤه ٠وسميت مصر بإسم الجمهوريه العربيه المتحده أو إتحاد الجمهوريات العربيه بعضا من السنين ثم أعادوه مره أخرى٠ وهذا ناتج فى الأساس إلى ضياع الهوية لمصر قرونا من الزمن و محاولة سهرها فى الكيان العربى عموما .

ساعدت الروايات والفتاوى وجهود الفقهاء والقصاصين وأهل الحديث فى شحن الأفراد العاديين بالكراهية ضد مخالفيهم فى المذهب سواء كانوا صوفية أو شيعة أو كانوا مخالفين لهم فى الدين أى من اليهود أو من النصارى.. وبالتالى تحول الاضطهاد الرسمى العنصرى للأقباط إلى اضطهاد دينى يشارك فيه المصرى المسلم ضد أخيه المصرى القبطى .

ومن الأمور اللافتة للنظر هو خوف الخلفاء من استقلال الولاة بمصر، مما جعلهم لا يسمحون لهم بالبقاء كثيرًا فى هذا المنصب، حتى أن بعض المؤرخين يرصد أن هناك أكثر من مائة والى حكموا مصر على ٢٢٥ عامًا، أى أن معدل الولاية حوالى عامين فى

المتوسط. وكانت لهذه السياسة أثرها فى عدم مبالاة الوالى بالصالح العام، ولا بنمو موارد البلاد على المدى البعيد، إنما يهتم بتقديم أكبر جزية للخليفة، عدا ما يجمعه لنفسه. أنعكس هذا الأمر كثيرًا على الأقباط ورئاستهم الدينية، من حيث الثياب التى يرتدونها، والدواب التى يركبونها، وغير ذلك مما يميز بينهم وبين المسلمين كذلك من حيث شروط بناء الجديد من الكنائس والأديرة ما يتهدم منها.

وتقول د. سيدة إسماعيل الكاشف أنه [٣٠](على وجه الإجمال، أن هذه الأوامر كانت تنفذ فى حين صدورها بدقة، ولكن التمسك بها كان يقل تدريجيًا، وكثيرًا ما يتسامح مع أهل الذمة فى بناء الكنائس والاحتفالات بأعيادهم.. بل مشاركة الخلفاء فى عصر متأخر الأقباط الاحتفال بأعيادهم الدينية).

٣ ـ الأقباط فى عصر الدولة الطولونية (٨٦٨ -٩٠٥ م)

درج الخلفاء العباسيون منذ خلافة المعتصم على إقطاع مصر للقادة الأتراك وكان هؤلاء القادة الترك يؤثرون البقاء إلى عاصمة الخلافة، ويرسلون من يقوم بالأمر نيابة عنهم. وحين أقطع بكباك مصر "من أعظم قادة الترك شأن فى خلافة المعتز وكان متزوجًا حينئذ من والدة أحمد بن طولون بعد وفاة أبيه طولون، وقع إختياره على أحمد لينوب عنه فى حكمها، وإن كان ليس على كل مصر. ولكن ما هى ألا خمس سنوات، حتى استطاع بن طولون أن يكون أميرًا على مصر كلها، وأن يضم لنفسه إدارة الخراج فى البلاد. وكانت الدولة الطولونية تمثل الإنتقال من عصر التبعية إلى عصر الاستقلال. ويروى البعض أن تاريخ مصر الإسلامية يبدأ بالطولونين، إذ استقل أحمد بن طولون عن السلطة المركزية، وذلك بعد بداية من عام ٨٦٨ م وحتى عام ٩٠٥ م. ويمكن القول: أن العصر الطولونى خلا من الأزمات الإقتصادية، وأمتاز بالرخاء وزيادة الإنتاج وقد أنعكس ذلك على علاقة الدولة بالكنيسة والأقباط. وقد استطاع الأقباط المشاركة فى (تقدم البلاد وأن ينعموا بعطف ظاهر. فهم أهل مصر سواء أسلموا أم بقوا على دينهم. وكان منهم العدد الوفير فى الوظائف الإدارية وخاصة المالية منها) لقد أتبع الطولونيون سياسية كسب الأقباط، والتعامل مع الكنيسة برحابة، إلا أنه أحيانًا كان يعامل البابا بالشدة دون المساس بالأقباط والمقريزى يذكر أن أحمد بن طولون ألزم البطريرك ميخائيل بدفع غرامة قدرها عشرون ألف دينار واضطره لبيع أوقاف الكنيسة، وفرض ابن طولون ضرائب جديدة على الأقباط..و حدث سنة ٣٠٠ هجرية إحراق كنيسة القيامة فى الإسكندرية..

30 سيدة إسماعيل الكاشف، مصر الإسلامية وأهل الذمة، سلسلة تاريخ المصريين رقم ٥٧ ، الهيئة المصرية العامة للكتاب، ١٩٩٣

وبعد انتهاء الدولة الطولونية اشتد الوالى ابن الجراح على الأقباط وألزم الرهبان بدفع الجزية فاستغاثوا بالخليفة العباسى المقتدر فأمر برفع الجزية عنهم اكتفاء بما دفعه عامة الأقباط.

٤- الأقباط فى عصر الدولة الإخشيدية (٩٣٥- ٩٦٩ م) :

فقدت مصر استقلالها، وعادت ولاية تابعة للخلافة العباسية فى سنة ٩٠٥ م وظلت كذلك إلى قيام الدولة الإخشيدية سنة ٩٣٥ م، الذى يعتبر نقطة تحول هامة فى تاريخ مصر، حيث وضع فيه أساس استقلال مصر عن الخلافة العباسية، ومهد للفتح الفاطمى الذى أرسى فى وادى النيل، خلافة تناهض الخلافة العباسية، وتجعل من مصر قطبى الرحى فى تاريخ الشرق الإسلامى.

كان فى مصر على عهد الإخشيديين كثيرًا من المسيحيين الأقباط. وكان لهم نشاط ملحوظ فى الأعمال التى تدر الأرباح الوفيرة. فكان منهم أصحاب الضياع والأطباء والصيارفة والتجار (إبن زولاق فى كتاب أخبار سيبوية المصرى). وكان للأقباط محاكمهم الكنسية الخاصة بهم، وكانوا يدفعون الجزية كل بحسب الطبقة التى ينتمى إليها.

وكانت العلاقات بين المسلمين والأقباط فى معظم الأحيان طيبة، ولم تكن تتعكر ألا فى حالتين:

الأولى : عندما يصعد نجم العديد من الأقباط فى تولى مسئولية الشئون المالية فى البلاد بشكل يثير حفيظة البعض.

والثانية : حين ينتصر البيزنطيين على المسلمين فى أطراف الشام، حيث تقوم المظاهرات تهاجم الأقباط وتخرب كنائسهم إلا أن هذه المظاهرات لم تشجعها السلطة الحاكمة، حيث كانت تلجأ فى الحال إلى القوة لإخمادها. بل يذكر أن الخليفة قد أصدر عام ٩٥٢ م مرسومًا لتهدئة النفوس فى أنحاء الإمبراطورية الإسلامية، وأعلن فيه رفع الجزية عن الأساقفة والرهبان والعلمانيين والمعوزين.و مع ذلك ارسل محمد بن طغج فرقة من جيشه إلى مدينة تنيس على ساحل المتوسط فى سيناء فصادر ما فى الكنيسة الملكية بها.

٥- الأقباط فى العصر الفاطمى (الأول والثانى) (٩٦٩- ١١٧١ م) :

لما توفى كافور الاخشيدى عام ٩٦٨ م آخر حكام الدولة الإخشيدية، اضطربت الحالة السياسية فى مصر، و ظهرت على الساحة الدولة الفاطمية بخلافة شيعية فى المغرب تناوئ الخلافة السنية فى بغداد . فى نفس الوقت كان الخليفة المعز لدين الله، يعد العدة لفتح مصر، وأرسل جوهر الصقلى لفتح مصر إلى حوزة الفاطميين.

بالفعل حضر جوهر الصقلى وشرع فى إنشاء مدينة جديدة فى القاهرة تكون حاضرة فى الخلافة الفاطمية والتى تدين بالمذهب الشيعى، ولما أستقر سلطان الفاطميين فى مصر كتب جوهر إلى المعز لدين الله يشد عليه ليتولى بنفسه زمام البلاد.

ويمكن القول: إن فترة الدولة الفاطمية بعصريها الأول: ٩٧٩ - ١٠٥٥ م والثانى ١٠٥٥ - ١١٧١ من الفترات التى نال فيها الأقباط قدرًا كبيرًا من الحرية. فى ممارسة العبادة كذلك تمتعت الكنيسة بقدر كبير من المزايا، حيث سمح بترميم الكنائس والأديرة وتجديدها. ويذكر أن كثيرًا من الأقباط قد تولوا كيرًا من المناصب العليا فى الدولة، وأنهم قد لعبوا دورًا هامًا فى تاريخ مصر خلال هذه الفترة، فى كافة الميادين السياسية والإقتصادية والإجتماعية. لم يمنع أن تكون هناك فترات استثنائية، مثل فترة حكم الحاكم بأمر الله (٩٩٦- ١٠٢٠ م) والذى عرف بعنفه الشديد مع الأقباط والمسلمين غير الشيعيين، بالإضافة إلى لتصرفاته الشاذة.

وفى بداية الفاطميين فى مصر كانوا متسامحين مع الأقباط واليهود، خصوصاً الخليفة المعز لدين الله وابنه الخليفة العزيز بالله إلا أن الخليفة الحاكم ابن الخليفة العزيز بالله الفاطمى كان مشكلة مزمنة لكل المصريين وخصوصاً الأقباط بسبب قراراته الغريبة المتناقضة وجرأته على سفك الدماء..

ففى سنة ٣٩٣ هجرية أمر الخليفة الحاكم بأمر الله الفاطمى باعتقال البطرك زخريس لمدة ثلاثة شهور. وكان التسامح مع الأقباط فى عهد المعز والعزيز قد مكن لكثير منهم العمل فى الدواوين والحصول على كثير من النفوذ والأموال، وبالتالى تعاظمت الشكاوى منهم من المنافسين والعوام بعد أن تم شحن القلوب بالتعصب الدينى . وأثمرت السعاية بهم فى إغضاب الحاكم بأمر الله - وكان لا يملك نفسه إذا غضب - لذلك أمر بقتل عيسى بن نسطورس وفهد بن إبراهيم وهما من كبار النصارى فى الدواوين . ثم أعاد الخليفة الحاكم العمل بمرسوم الخليفة المتوكل العباسى فيما يخص ارتداء النصارى أزياء معينة للتحقير والتشهير ومنعهم من الاحتفال بأعيادهم، وصادر أوقاف الكنائس وأحرق الصلبان ومنع الأقباط من شراء العبيد والجوارى، وهدم الكنائس فى المقس وخارج القاهرة وأباح للعوام نهبها فساهم فى زيادة التعصب بين أبناء الوطن الواحد والشعب الواحد.

وتطرف الحاكم بأمر الله الفاطمى فى تحقير الأقباط فألزمهم بتعليق صلبان خشبية ثقيلة (٥ أرطال) فى أعناقهم ومنعهم ركوب الخيل، ومنع المسلمين من السماح لهم بالركوب على الحمير بالأجرة أو الركوب فى المراكب بأجرة..

ثم تطورت الحالة الجنونية بالخليفة الحاكم الفاطمى فأخذ فى هدم الكنائس كلها وأباح للناس ما فيها نهباً وإقطاعاً، فنهب العوام كل ما فى الكنائس واقتطعوا أرضها واقتسموها وبنوا مساجد مكانها وأقيمت الصلاة الإسلامية فى الكنائس المشهورة التى بقيت على حالها مثل كنيسة شنودة والكنيسة المعلقة.

وانتقلت الحمى للعوام فتكاثروا بالشكاوى على ديوان الخليفة يطالبون بمستحقات وهمية لهم على الكنائس وأمتعتها، وكانت السلطات الفاطمية توافقهم، فامتلأت الأسواق بالمنهوبات من أمتعة الكنائس والنصارى مثل أوانى الذهب والفضة والأيقونات والثياب الفاخرة وغير ذلك.

وانتقل الاضطهاد من القاهرة إلى الأقاليم فكتب الخليفة الحاكم إلى ولاته بتمكين المسلمين من هدم الكنائس والأديرة فعم الهدم فيها منذ سنة ٤٠٣ هجرية واستمر الهدم حتى وصل طبقاً لإحصاء المقريزى سنة ٤٠٥ هجرية إلى أكثر من ثلاثين ألف منشأة دينية بين بيعة لليهود ودير وكنيسة للنصارى فى مصر والشام وتم نهب كل مقتنياتها وأوقافها.

ثم اشتدت الحالة العصبية بالخليفة فأصدر قراراً بنفى الأقباط وإخراجهم من مصر إلى بلاد الروم ومعهم اليهود، فاجتمع أعيانهم تحت قصر الخليفة يبكون ويصرخون حتى رحمهم الخليفة ورجع عن قرار النفى .!! واضطر كثيرون للدخول فى الإسلام.. وكان ذلك أفظع تجربة للاضطهاد الطائفى فى تاريخ مصر الوسيط..

و مع ذلك فلقد شهد تاريخ هذه الفترة، وخاصة العصر الفاطمى الأول، مشاهد هامة تعكس متانة العلاقة بين المسيحيين والمسلمين، فنجد مثلا الخليفة بعز الدين الله يستدعى إلى مجلسه بعض رجال الدين المسيحى، حيث تجرى بينهم وبين بقية الجالسين من المسلمين مناقشات دينية. وحمل الظاهر لدين الله (١٠٢٠-١٠٣٦ م) روحًا سمحة للأقباط، فسمح لمن أنكر الإيمان المسيحى تحت ضغوط أن يرجع أن أراد قال: (أن الدخول فى دين الإسلام يجب أن يكون إختياريًا لا تحت تأثير القوة). ومع ضعف الدولة الفاطمية بداية من عهد المستنصر بالله (١٠٣٦) تأثر إلى حد ما الوضع الدينى فى مصر للأسباب كثيرة، وتأرجح التعامل مع الأقباط وكنيستهم بين التسامح مع المسيحين فى حدود دفع الجزية مهما كان مركزه، وبين الذل والمهانة مثلما حدث فى عهد الحافظ لدين الله (١١٣١-١١٤٩ م)

٦- الأقباط فى عصر الدولة الأيوبية (١١٧٤ -١٢٥٠ م)

فى أواخر الدولة الفاطمية فى ظل حكم المستعلى بالله وقد عرفت - بدأت الحرب الصليبية الأولى (١٠٩٦ – ١٠٩٩م) عرفت هذه الفترة باسم (فترة الحكماء الضعفاء)، وسطوة الوزراء، أو ما سمى "عهد نفوذ الوزراء" أو "وزير السيف" (حسب المقريزى).
وكانت للحرب الصليبية الأولى تأثيرها السلبى على الأقباط، ورئاستهم الكنسية. فلقد نظر إليهم باعتبارهم امتداد لحاملى الصليب الغزاة، ولكن سرعان ما أختلف الأمر خاصة بعد استنجاد شاور أحد الأقوياء فى هذه الفترة، بالفرنجة لمواجهة نور الدين محمود الدمشقى. بل أنه عقد مع الفرنجة إتفاقًا أن يكون لهم بالقاهرة شحنة من الفرنجة، وأتفق معهم على أن يكون لهم من دخل مصر فى كل سنة مائة ألف دينار.وفى سبيل إخلاء الطريق أمام الفرنجة، اشعل النار فى الفسطاط. وكان هناك الكثير من الأقباط يعيشون فى هذه المنطقة، الأمر الذى أشعر فيه المصريين أن بلدهم ذهبت ضحية خيانة الإفرنجة وشاور.
وقد نتج عن ذلك إن أنضم الكثيرون إلى شيركوه، الذى أرسل إلى الشام ليواجه الفرنجة، حيث أجبرهم على الرحيل. فولاه العاضد وزيرًا، وبقى ثلاثة أشهر، وخلفه صلاح الدين يوسف بن يوسف. على أن الموقف السلبى تجاه الأقباط وكنيستهم، استمر على حاله لم يتغير، إلا بعد فشل محاولة الصليبيين فى الاستيلاء على مصر، فى عهد الآمر بن المستعلى (١١٠١ – ١١٣١) ورفض الأقباط التعاون معهم، مما جعلهم يمنعونهم من زيارة الأراضى المقدسة.
مع تولى صلاح الدين الأيوبى الحكم، وتأسيسها الدولة الأيوبية عام ١١٧٤ م، عاد يتخذ من الأقباط موقف سلبيًا من الأقباط ورئاستهم الكنسية، ولكنه مع تكرار إنتصارته على الفرنجة، استعادته للقدس عام ١١٨٧ م، والتى مثلت ذروة إنجازاته ، تغير موقفه من الأقباط، الذين رفضوا التعاون مع الفرنجة، بل شاركوا مع المسلمين فى مواجهتهم. كما تغير موقفه من الكنيسة، حيث منحها ديرًا ملاصقًا للقبر المقدس، وهو معروف باسم (دير السلطان) كما أعاد الكثير من الأقباط إلى وظائفهم العليا فى الدولة، وأختار قبطيًا هو صفى الدولة إبن أبى المعالى الملقب بإبن شرفى كسكرتير خاص له.

٧ – الأقباط في عصر المماليك (١٢٥٠ -١٥١٧ م)

عانى الأقباط كثيرًا فى عصر المماليك ١٢٦٠- ١٥١٧ م فقد كان الحكم المملوكى يمثل الدولة الاسلامية التى لا تحكمها سلالة عربية. فى ظل هذا الحكم لم تكن سياسة المماليك فى معاملتهم مع الأقباط واحدة. صحيح أن الأقباط كانوا ذوى نشاط ظاهر فى دواوين الحكومة، وكانت خدمتهم ضرورية لحسن سير الأمور المملوكية فى البلاد. إلا أن الحكومة كانت تقصيهم عن الوظائف من حين لآخر، تجنبًا للشغب، وتحببًا للشعب، وإرضاء لروح التعصب. ولكن هذا الإقصاء كان قصير الأمد.

لم تر الدولة المملوكية حرجا فى الاستعانة بالأقباط فى أعمالها الإدارية والمالية ، وفى نفس الوقت أوسعت للشيوخ نفوذاً فى إدارتها المدنية سواء ما كان خاصاً بالوظائف الديوانية كالوزارة أو كان خاصاً بالوظائف الدينية كالقضاء والحسبة والمشيخة والمدارس والجوامع..وفى هذا العصر المملوكى تسيد التصوف الحياة الدينية والعقلية ومن شأن التصوف السكون والتسامح والصبر على المكاره، أى كان منتظراً أن يعيش الأقباط أزهى عصور الوحدة الوطنية والتسامح فى العصر المملوكى .

إلا أن العكس هو الذى حدث ويرجع السبب الى إدخال كراهية "أهل الذمة" فى الروايات والفتاوى الدينية التى أصبحت بالدراسة والتلقين والممارسة من أبرز طقوس التدين فى القرون الوسطى وهى عصر التعصب الدينى والحروب الصليبية والتطرف الشكلى فى التمسك بمظاهر التدين دون فهم حقيقى للدين.. وذلك ما ساد العالم وقتها، حيث تم تقسيم العالم إلى قسمين: موطن الكفار وموطن المؤمنين، وكل معسكر يتهم الآخر بالكفر وينعت نفسه بصحيح الإيمان. ثم لا ننسى الحروب الصليبية وأثرها فى تأزيم العلاقة بين المسلمين والنصارى على مستوى العوام والفقهاء .

جاء العصر المملوكى وقد تشبع المسلمون- من علماء وعوام- بأفكار التعصب التى نشرها الحنابلة والسلفيون منذ خلافة المتوكل وأصبحت كما يقال "من المعلوم من الدين بالضرورة". صحيح أن الحنابلة اضطهدوا الصوفية فى عصر المتوكل ومنذ القرن الثالث الهجرى حيث كان التصوف فى بدايته، وصحيح أن الصوفية منذ القرن السابع الهجرى ردوا التحية بأحسن منها فبدءوا فى اضطهاد ابن تيمية وفقهاء الحنابلة فى القرن الثامن الهجرى.. ولكن الصراع السياسى بين الحنابلة والصوفية فى العصر المملوكى وانتصار الصوفية - المشهورين بتسامحهم- على الفقهاء المتزمتين من تيار ابن تيمية لم ينعكس تسامحا سائدا على صعيد العلاقة بالأقباط ، بل ظل اضطهاد الفقهاء والصوفية للأقباط موجودا فى فترات مختلفةً لأن بعض الصوفية اتفق مع الفقهاء الحنابلة فى اعتبارالسنن المكتوبة فى العصر العباسى الثانى تراثاً دينياً يجب التمسك به . أى يتصارعون فيما بينهم ولكن يجتمعون على كراهية الأقباط.

وهذا التشبع بأفكار التعصب وممارسته ساعد على تسيده عوامل أخرى منها أن التصوف نفسه فى العصر المملوكى تحول من الفكر النظرى الملىء بالتسامح الذى كان يردده الحلاج وابن عربى وابن الفارض- وأحياناً أبو حامد الغزالى- إلى طرق صوفية عملية تسعى للسيطرة على الشارع المصرى وتجتذب لها الأعوان والمريدين وتسترزق بالتجارة بالدين فى الموالد الصوفية وحول الأضرحة.. ومن هنا لم يعد لأولئك الشيوخ الجدد متسع للتنظير أو مناقشة الأفكار السلفية التعصبية لخصومهم الحنابلة، بل أن التصوف فى تأثيره الشديد على الحياة العقلية لغير الصوفية قد هبط بها إلى حضيض الجمود وإغلاق باب الاجتهاد وتعقيم الحياة العقلية النقدية، مما أدى إلى ترسيخ المتوارث من الفكر السلفى وتحصينه ضد النقد والنقاش بل وتقديس أئمة الحديث والفقه وأسفارهم ومؤلفاتهم..ومن ناحية أخرى فإن أشياخ التصوف فى سعيهم نحو السيطرة على المريدين وقعوا فى التنافس، وامتدت ساحات التنافس لتشمل صراعاً داخلياً بين أشياخ الطريق الصوفى الواحد، وبين أشياخ الطرق الصوفية ذات الأصل الواحد، والطرق الصوفية المختلفة، ثم بين الصوفية ومشاهير الفقهاء أصحاب الصيت والأتباع، ثم امتدت المنافسة لتشمل صراعاً بين الصوفية والرهبان وأصحاب النفوذ الدينى بين الأقباط مع غيرة أصحاب الموالد الصوفية من احتفال أو مولد دينى للأقباط.. وذلك التنافس أدى إلى تعصب فاضطهاد فحوادث مؤسفة. بجانب ما كان يجرى من تنافس سياسى على النفوذ إذ كان الحسد يلاحق بعض كبار الموظفين الأقباط فيلجأ بعض الشيوخ إلى إثارة الجماهير والفقهاء ضدهم وتثور حركات التعصب وتلجأ الدولة لترضية الشيوخ بالسماح باضطهاد الأقباط..وبعض الأقباط كان يعلن إسلامه لينجو من دائرة الاضطهاد ويدعم مركزه الوظيفى فى الدولة المملوكية التى تقوم إدارتها على الظلم والعسف.. ويستخدم ذلك الذى أسلم نفوذه الجديد فى الانتقام ممن ساموه الذل والهوان وهو قبطى.. وهكذا كانت تدور طاحونة التعصب والاضطهاد فى العصر المملوكى فوق رؤوس الجميع.. ونعطى أمثلة تاريخية للتحليل السابق

١- مأساة الراهب بولس الحبيس سنة ٦٦٦ هجرية فى عصر الظاهر بيبرس :

وقصته مع الظاهر بيبرس تشبه قصة عمرو بن العاص مع القبطى بطرس صاحب الكنز الذى قتله عمرو بعد أن استولى على كنزه..كان الراهب بولس كاتباً نصرانياً ثم ترهب، وقد عثر على كنز فرعونى فأخفاه وأخذ يتصدق منه على فقراء المسلمين والأقباط وانتشر خبره فاعتقله السلطان الظاهر بيبرس وطلب منه ذلك الكنز فرفض وقال للسلطان أنه يساعد بذلك الكنز الفقراء والمحتاجين ومعظمهم ممن يصادر السلطان أموالهم أى أن الأموال تصل للسلطان فى نهاية الأمر، وكأن الراهب قد أعطى ضوءاً أخضر للسلطان الظاهر بيبرس فى مصادرة الأقباط بالذات، إذ تكاثر ضحايا السلطان من الذين أوقع بهم

المصادرات وفرض عليهم الغرامات وقام ذلك الراهب بدفع الغرامات عنهم وإعانتهم، وانطلق الراهب بولس يسير فى المدن والقرى يعين المحتاجين ويطلق بأمواله سراح المعتقلين والمحبوسين بسبب عجزهم عن دفع الغرامات والإتاوات ويتصدق على المحرومين من النصارى والمسلمين وغيرهم من النصابين محترفى الفقر، ومن النوادر التى تحكى أن بعضهم كان يقوم أمامه بتمثيلية، يقوم اثنان بجر رجل وهو يستغيث وهما يضربانه يمثلان دور رجال الشرطة فيستغيث المضروب بالراهب يقول له "يا أبونا أقضى ما علىّ من الديون، فيسأله الراهب عما عليه من الديون، ويكتب له ورقة بالمبلغ الذى يدعيه، فيأخذونه ويصرفونه من الصيرفى كما هو..ووصلت للسلطان ستمائة ألف دينار عن طريق ذلك الراهب فيما دفعه عن المحبوسين والمصادرين، ولم يكن ذلك الراهب يأكل من ذلك المال، بل كان طعامه ونفقاته من صدقات النصارى، ثم حدث حريق غامض فى حى الباطنية فى سنة ٦٦٣ هـ وانتشر فى أحياء أخرى بالقاهرة واتخذها السلطان بيبرس فرصة ليصادر كل أموال الراهب فاتهم اليهود والنصارى بإشعال ذلك الحريق، وأصدر أمراً بإحراق كل اليهود والأقباط، ولكى يتقن هذه التمثيلية فقد جمع كبار اليهود والنصارى تحت القلعة وأحضر الحطب والوقود، وكان عددهم ألوفاً وارتفعت استغاثاتهم بالسلطان، فعفا عنهم السلطان نظير غرامة قدرها خمسمائة ألف دينار.. وكما توقع السلطان بادر الراهب بولس بدفعها على أخرها. فاكتسب شهرة فى كل أنحاء مصر، وصارت تتبعه مظاهرات أينما سار تتبرك به وتطلب منه المساعدات والأموال..وتكاثرت تلك المظاهرات فى مدينة الإسكندرية وأثارت غيظ العلماء والشيوخ فأرسلوا فتاويهم للسلطان تحتم قتل ذلك الراهب حتى لا يفتن المسلمين فى دينهم، ورآها السلطان فرصة شرعية ليتخلص من الراهب ويستولى على كنزه الخبيئ فاعتقله واستجوبه للمرة الثانية عن الكنز فرفض الراهب الاعتراف، فأمر السلطان بتعذيبه حتى يعترف.. واستمر الراهب تحت التعذيب إلى أن لفظ أنفاسه الأخيرة ومات سنة ٦٦٦ هجرية ومات معه سر الكنز .

٢- الشيخ الصوفى خضر العدوى سنة ٦٧٢ هجرية:

كان هذا الشيخ يتمتع باعتقاد السلطان الظاهر بيبرس.. ومشهوراً بتعصبه ضد النصارى فى الشام ومصر، وأفسح الظاهر بيبرس له المجال فهدم كثيراً من الكنائس فى الشام ومصر، ومن الكنائس التى هدمها بمصر كنيسة الروم بالإسكندرية ا، وقد تحولت على يد الشيخ خضر العدوى إلى مسجد وسماه (المدرسة الخضراء) وأنفق فى تعمير هذه المدرسة الأموال الكثيرة من بيت المال.

٣- واقعة النصارى سنة ٦٨٢ هجرية:

بسبب الحروب الصليبية كان النصارى مقهورين فى سلطنة الظاهر بيبرس والسلطان المنصور قلاوون وانتهى ذلك بتولى السلطان الأشرف خليل بن قلاوون الذى أنهى الوجود الصليبى فى الشام. الأشرف خليل بن قلاوون أتاح للأقباط النفوذ وعين منهم كبار الموظفين الأقباط الذين تولوا الكتابة فى الدواوين، فأتيح لهم التنفيس عما فى صدروهم من مشاعر الانتقام، فتسلطوا على أرباب الحوائج من المسلمين يذلونهم.. وأدى ذلك فى النهاية إلى ما يعرف بواقعة النصارى سنة ٦٨٢ هجرية.

وبدأت الواقعة بالكاتب القبطى المعروف باسم "عين الغزال" وقد اتهم سمساراً مسلماً بتأخير ما عليه من أموال للأمير المملوكى الذى يعمل عنده الكاتب القبطى عين الغزال.

ورأى الناس فى الشارع السمسار المسلم يعتذر للكاتب القبطى ويقبل قدمه وهو راكب حصانه والكاتب لا يزداد إلا تجبراً وهو يصمم على اعتقال السمسار وأخذه إلى بيت الأمير المملوكى، وتدخل الناس فى الشوارع وتجمهروا يحاولون تخليص السمسار من الكاتب وهو يرفض، فما كان من الناس إلا أن تكاثروا على الكتاب وألقوه من على دابته وخلصوا السمسار من يده. فذهب الكاتب إلى الأمير وأحضر عدة من الجنود وشرعوا فى القبض على الناس.. وثارت العوام وصاروا فى مظاهرة غاضبة إلى القلعة يهتفون "الله أكبر" فخاف السلطان من ثورة العوام حين عرف بما حدث ، فأمر باعتقال الكاتب القبطى عين الغزال وأصدر مرسوماً بعزل الكتبة الأقباط إن لم يدخلوا فى الإسلام ومن رفض منهم الدخول فى الإسلام ضربت عنقه. فاختفى الأقباط من الشوارع.. ووقع النهب فى بيوتهم.. والسبى فى بعض نسائهم، وأصبح الشارع مشحوناً بالمزيد من التعطش للعنف وأصبح المماليك أسرى للشعور الشعبى المتعصب ، فأمر السلطان بحفر حفرة كبيرة فى سوق الخيل لإحراق الكتبة النصارى، وحضر السلطان والأمراء، وتشفع الأمير بيدرا فى الأقباط.. وفى النهاية ارتضى الكتبة الدخول فى الإسلام، وكتبوا إقراراً بذلك.

ويقول المقريزى يعلق على تلك الحادثة "فصار الذليل منهم بإظهار الإسلام عزيزاً، يبدى من إذلال المسلمين والتسلط عليهم بالظلم ما كان تمنعه نصرانيته من إظهاره .

أى بمجرد النطق بالشهادة- أو الشهادتين- أنقذ كل منهم حياته وأصبح من حقه الانتقام من خصومه بسيف السلطة المملوكية وفى حمايتها.. وتلك ضريبة التعصب الدينى حين يسود مجتمعاً وينشر الفرقة والكراهية بين أبنائه.

٤- واقعة الوزير المغربى سنة ٧٠٠ هجرية:

قدم ذلك الوزير المغربى للقاهرة فى طريقه للحج واحتفت به السلطات المملوكية، ونزل ذلك الوزير المغربى يتجول فى القاهرة فى سوق الخيل فرأى رجلاً راكباً فرسه فى ثياب

فاخرة وجماعة يمشون فى ركابه وحوله أصحاب الحاجات يتضرعون إليه ويقبلون قدميه وركابه وهو يصيح بغلمانه أن يطردوهم وهم يزدادون له خضوعاً، فسأل الوزير المغربى عن ذلك الراكب صاحب السلطان فعرف أنه كاتب نصرانى، فغضب وصعد للسلطان فلم يجده ووجد كبار الأمراء فأخذ يعظهم ويبكى ويحذرهم من نقمة الله إذ تركوا أعوانهم من الكتبة الأقباط يذلون المسلمين، ونجح الوزير المغربى فى إثارة الأمراء وانتهى الأمر باستصدار قرارات استرجعت مراسيم الخليفة المتوكل العباسى فى إلزام الأقباط بزى معين ومنعهم من ركوب الخيل، وكالعادة تطور الأمر بالوزير المغربى فقام يدعو لهدم الكنائس فوقف ضده قاضى القضاة المصرى ابن دقيق العيد وأفتى بأنه لا يجوز أن يهدم من الكنائس إلا ما استجد بناؤه، ولكن اضطر الأقباط إلى غلق بعض كنائسهم خوفاً عليها من الهدم..

وانتقلت عدوى التخريب من الوزير المغربى إلى العوام فكثرت شكاويهم فى النصارى، وكالعادة استرضتهم السلطات المملوكية بالتضييق على الأقباط واليهود، ومنعهم من التوظف فى الدواوين.. ورآها العوام فرصة لفرض سيطرتهم على أغنياء الأقباط، فتتبعوهم بالضرب حتى اختفوا من الشوارع ولجأ بعضهم إلى إظهار الإسلام تكبراً من ارتداء الزى المفروض عليهم..وأدى ذلك الاضطهاد إلى تدخل ملك برشلونة إذ أرسل هدية للسلطان المملوكى سنة ٧٠٣ هجرية ويرجوه إرجاع الأقباط إلى وظائفهم وفتح كنائسهم.. فاستجاب له السلطان وفتح كنيسة فى حارة زويلة وأخرى بالبندقانيين..

٥- حركة الشيخ البكرى سنة ٧١٤ هجرية:

والشيخ البكرى أحد الصوفية البارزين فى سلطنة الناصر محمد بن قلاوون، وأحد خصوم الشيخ ابن تيمية. وحدث أن عرف الشيخ البكرى أن النصارى استعاروا من قناديل جامع عمرو شيئاً فهجم الشيخ البكرى على الكنيسة ونكل بالنصارى فيها، ثم عاد إلى جامع عمرو وأهان الموظفين فيه، ووصل أمره للسلطان فعقد له مجلساً للتحقيق، فأخذت العزة الشيخ البكرى وأغلظ القول للسلطان وهو يتصور أن السلطان يخضع له ويتعظ، ولكن فوجئ بالسلطان يأمر بقطع لسانه عقاباً له على جرأته.. فانقلب الشيخ البكرى إلى حالة أخرى، وأخذ يستغيث بالأمراء يرجوهم التشفع له عند السلطان حتى لا يقطع لسانه، ورق له الأمراء فتشفعوا فيه عند السلطان.. فأمر السلطان بنفيه..

٦- أضطهاد المماليك للأقباط و حريق القاهرة ١٣٢٠ م

فى عهد يوحنا التاسع البطريرك الـ ٨١ حوالى ١٣٢٠ م قرر الملك الناصر بن قلاوون أن يبنى رصيفاً على النيل لتجميل ميدانه (الميدان هو مكان لتعليم ركوب الخيل - والميدان يعنى أيضاً أنه متسع كبير أمام أحد القصور الملكية الشاهقة أعتاد الملك أن ينزل فيها يوميا من القلعة) .

وكان شاطئ النيل سنة ١٣٢٠ م قد تحول إتجاهه كثيراً جهه الغرب وحل محل مجراه القديم الكثير من منازل القاهرة الحديثة البنيان بعد أن جفت الأرض على المجرى القديم .
وكثيرا ما كان النهر يرسب طميا على أحدى ضفتيه فيكون جزيرة أو لسان فيه ويسمى المصريين الأرض التى يصنعها النهر بأسم طرح النهر وحدث فى عصر الملك قلاوون أن كون طمى النيل جزيرة ما بين القاهرة وبولاق فبنى الناس فى الحال مسجداً وطاحونة عليها وكثيرا من المنازل ذات الحدائق الغناء حتى أصبحت متنزهاً لسكان الفسطاط ، ولما كان مياة النهر تزيد فى وقت الفيضان فكانت تتحول شوارع هذه الجزيرة إلى ترع وقيل أن السكان كانوا ينتقلون فيها بالقوارب .
أما فرع النيل الشرقى فكان فى الفيضان تطفوا مياه النيل على الشاطئ الذى كان واسعا وعندما ينتهى الفيضان فكانت يجف الشاطئ سريعاً - وحدثت هذه التحولات فى مجرى النيل فى القرن الثامن من التاريخ الهجرى ، وتكونت جزائر كثيرة أصبحت جزءا من الشاطئ الشرقى بمضى الوقت ، وقد أنفق حكام مصر المسلمين الكثير من الأموال حتى يتحكموا فى مجرى النيل الطبيعى ومحاولة منعه من تغيير مجراه فكانوا يصرفون الأموال بدون تحقيق أى نتيجه .
ورأى الملك الناصر بن قلاوون أن المنطقة التى يريد أن يبنى فيها جسره كانت تمتلئ بالناس والسكان وكانت أشبه بالميناء ولم تجف مياه الفيضان فى هذه المنطقة ، وكانت هناك قطعة أرض مرتفعه شيدت كنيسة الظهرى ، وكان الملك الناصر يريد حفر مجرى لمياة النيل لتدخل لوسط الجزيرة ، وحدث أن أعترضت هذه الكنيسة المجرى طبقاً لرسومات المهندسين وكان هناك حلين أما أن تهدم هذه الكنيسة وإما أن تظل قائمة فى وسط المجرى والماء حولها ، ولو تركت بمفردها فى وسط المجرى فى الجزيرة ستكون منظرها ملفتا للنظر وعيباً فى نضر المسلمين لأنه لا يصح ان تكون هناك كنيسة ظاهرة بهذا الشكل .
وأشار عليه المشيرين أن يهدمها ولكن مما فعله من أضطهادات للأقباط جعله لا يستطيع أن يصدر أمر بهدمها ولجأ إلى طريق ملتويها لهدمها وذلك بأنه أمر بالحفر حول جدرانها حتى تسقط من ذاتها عندما يختل الأساس والعجيب انهم لما حفروا حول الكنيسة أصبحت الكنيسة معلقة وظلت ثابته فى موقعها ، ولا شك أنه قد يكون قد تسرب نبأ هذه الكنيسة وكيف لم يستطع الملك أصدار أمره بهدمها وملاطفته الأقباط كأن القبط أعداء.
وفى يوم جمعه من أيام شهر يونيو شديدة القيظ فى مصر كان هناك أتفاقا من المسلمين فى مدن القاهرة والإسكندرية ودمنهور وأسيوط ومنفلوط وقوص وأسوان وخمسة مدن أخرى من أشهر مدن مصر ، وكان إشارة إضطهاد الأقباط هو أنتهاء صلاة الجمعه -

فقام أحد الدراويش يعتقد أنه ليس مصريا وخرج وسط المصلين فجأه فى جامع القلعة وسار نحو الإمام وصرخ بأعلى صوته وهو يرتجف و يتشنج فأخذ يصيح
الله أكبر .. الله أكبر .. يأخوانى المسلمون .. فلنتقدم ونهدم كنائس المسيحيين الأقباط.
فقاموا بهدم كنيسة الظهرى .. وكانت هذه الكنيسة التى تضايق الملك الناصر فى توسيع الميدان وقد أراد المسلمين المتعصبين أن يبدأوا عملهم الإجرامى بهذه الكنيسة حتى ينالوا رضاء الملك فهدموها عن آخرها ولم يترك فيها حجر على حجر وسرقوا كل الأشياء الثمينة فيها .
ثم هدمت كنيسة مار مينا فى حى الحمرا .. وكانت هذه الكنيسة من الكنائس القديمة التى يبجلها الأقباط فى جميع مصر فكانوا يرسلون إليها النذور حتى أصبحت خزينتها أغنى خزائن الكنيسة القبطية ليس فقط لكثرة الأموال بل لكثرة الهدايا والأمتعة الجميلة والأوانى الثمينة الفاخرة بها وغير ذلك من الأشياء الفنية ، وكانت محاطة بشبه مستعمرة من الأقباط الزاهدين فى العالم فى مساكن متفرقة حول الكنيسة .
فتسلق أولئك الرعاع المتعصبون جدران المنازل وفى ظرف ساعة واحدة كانوا قد هدموها عن آخرها وضربوا الأقباط الساكنين حولها ونهبوا ما يمتلكونه ولم يمكنهم الدفاع عن أنفسهم ولم يكملوا الهدم وذهبوا الى كنيسة اخرى ثم هدمت كنيسة العذراء بقرب الساقية .. كانت مجاورة للكنيسة السابقة وكان يسكن على مقربتها عدد كبير من الراهبات والرهبان فى اديره ، فذهبت الراهبات إلى الكنيسة خوفا على أنفسهن فكسر المتعصبون المسلمين الأبواب ودخلوا كنيسة الرب وأخرجوا منها ٦٠ راهبة فنزعوا ثيابهن عن أجسادهن وسلب اللصوص كل ما وجدوه معهن ، كما سرقوا كل ما هو بداخل الكنيسة من أشياء ثمينة ثم أشعلوا فيها النيران كما هجموا على كنيسه أخرى بقربها .
وزحف المسلمين رافعين راية الجهاد الإسلامى من القاهرة إلى الجنوب قاصدين بابليون ، ولكن كانت قد سبقتهم أخبارهم إلى بابليون فلما علم الأقباط بهجوم المسلمين المتعصبين أسرعوا إلى غلق بوابات الحصن القديم وكانت بداخل سوره ستة كنائس ، وأستعد الأقباط داخل الحصن للدفاع عن أنفسهم وكنائسهم .
ووصلت الأخبار الملك الناصر وعلم بأن هناك عصابة أخرى كانت تنوى هدم كنائس الموسكى وحارة زويلة فأرسل الملك لجنة للتحقيق والتأكد من هذه الأنباء ومعرفة الأسباب التى دعت إلى ذلك فقام فى الحال ليمنع من وقوع مزيد من الضحايا والخسائر ويوقف هذا التعصب ، ثم وافته الأخبار بأن قصر الشمع (أسم أطلقه العرب على حصن الرومان فى بابليون) محاصر بالمسلمين الهائجين وبداخله الأقباط يحاولون الدفاع عن أنفسهم ولكنهم ضعفاء وسيسقطون فى يد المسلمين مالم تلحقهم نجدة قوية .

فأعد الملك حمله بقيادة أوجامش وأخذ معه أربعة من الأمراء وفرقة من الفرسان وأسرعوا.إلى بابليون ثم تقدم قائد الفرقة وسبق الأمير جاويش وحاول تفريق المسلمين المحاصرين للحصن ولكنه صد لأن المسلمين ضربوه بالحجارة حتى تقهقر وعاد إلى جنوده .

ووصل الأمير أوجاميش فوجد أن العصابات الإسلامية بدأوا فى حرق البوابة الرئيسية للحصن لأنهم حاولوا كسرها فلم يفلحوا ، ولما رأى الأمير هذا أشهر سيفه فى يده وصاح على قائد الهجوم بالهجوم على المسلمين الإرهابيين ففى الحال تفرقوا وفروا هاربين من حول السور ، وقال الأمير أوجامش بصوت عال : " أن من يبقى من المسلمين فى هذه المنطقة بعد ساعة سيعرض نفسه للموت السريع "

فهرب الجميع خوفاً على حياتهم وبذلك نجت كنائس الحصن الستة من التدمير والسرقة والسلب والنهب ولبيوت المسيحيين الذين يسكنون حولها وظل الأمير حتى صلاة العشاء حتى لا يفكر أحد من المسلمين الإرهابين بالعودة والهجوم على الحصن .

وعاد إلى القاهرة بعد أن أصدر أوامره لقائد الحرس ليسهر طول الليل برجاله حول الدير وترك معه ٥٠ جنديا للحراسة ، وكان هناك أميراً أسمه ألماز تضايق عندما لم تصدر له أوامر بقمع التمرد الإسلامى وحماية الكنائس ، عرف أن الذين أمرهم الأمير أوجامش بالبقاء والسهر والحراسة قد ناموا كلهم فاسرع وأخبر الملك بعدم تنفيذ الأوامر .

وأمر الملك بالقبض على الدرويش الذى اشعل هذا الإرهاب ونادى على المصليين بهدم كنائس الأقباط فى جامع القلعة فلم يجدوه .

وأمتلأت الشوارع بالتجار الذين يبيعون ما نهبوه من الأقباط وكنائسهم فى الأسواق العامة وأستدعت الحكومة رؤساء العصابات والمتهمين فى السلب والنهب والهدم وعند التحقيق ذكروا كلهم أن : " أن الملك نفسه هو الذى أمر بهدم وحرق الكنائس " ولم تتمكن الحكومة أن تثبت التهمة على أحدهم بالرغم من أن قوة الحكم الديكتاتورى فى هذه الأزمان كان يمكن ان يثبت تورط هذه العصابات فى الفوضى والهدم والسرقة التى حدثت خاصة أن المسروقات كانت تباع علنا فى الأسواق ، ووردت خطابات من الولاه فى الأقاليم تذكر حدوث إعتداءات من العصابات الإرهابية مماثلة لما حدث فى القاهرة ووردت الأنباء بهدم وحرق كنائس الأقباط والأعتداء عليهم وسرقتهم ، وأغتاظ الملك الناصر من اتهام عصابات الإسلام له بأنه وراء أوامر الهدم وسخط على رجال حكومته وأمر بمعاقبة زعماء العصابات الإرهابية عقابا صارماً لكن توسط الأمراء لهم فعفى عنهم ، وبعد مضى شهر من تخريب وتدمير ٦٠ كنيسة والأعتداءات على بيوت الأقباط وأملاكهم وتعرية الراهبات وفضحهن وإذا بنار تشب فجأة وأخذت تنتشر وتحرق البيوت فى عدة مناطق متفرقة من أحياء القاهرة والفسطاط ، وظلت النار مستمرة من يوم السبت

حتى مساء الأحد ، وكلما نجحوا فى أطفائها فى جهه تشتعل فى منطقة أخرى ، وحدث أن قامت زوبعة من رياح شديدة ساعدت النار على تأججها فأحدثت تدميراً وتخريبا شديداً فكانت النار تلتهب البيوت فى دقائق وتهوى بها إلى الأرض ، وكانت الرياح تقلب وتغرق المراكب الراسية فى النيل وتلفت أجزاء كبيرة فى العاصمة ، وعندما تلبد هواء المدينة بالدخان وأصبح يغلف القاهرة وأنعدمت الرؤيا .

وخمدت النار ولكن كانت النار تشتعل فى أماكن أخرى مع سهر وتيقظ رجال الحكومة ، وأمر الملك بأن يملأ كل شارع زيراً أو أوعية بها ماء يشترونها على حسابهم الخاص ليكون الماء جاهزا عند إشتعال النار ، فإرتفعت أثمان الأوانى الفخارية مثل الأزيار والأوعيه والبراميل .

وأخيراً ظهر غوغاء وأصوات زغاريد وصياح هائل فى الشوارع وشاعت أقوال : أن النصارى هم سبب حرق المدينة ففى يوم الجمعة شهر يوليو قبض على راهبين خارجين من القاهرة بعد أن ظهرت النار فى جدران الجامع الأزهر ، وتأكد المسلمون أن هذين الراهبين هما اللذان أشعلا النار فأمر فى الحال بتعذيبهما وما كاد الأمر ينزل من القلعة حتى قبضوا على راهب آخر وجدوه بالقرب من جامع الظاهر يحمل على ظهرة عدة أكياس من النفط والزفت ولما طرحوه على الأرض لتعذيبه أمام الأمير أقر أنه أعطى هذه الأكياس ليلقي واحد منها على الجامع الظاهر .

أما الراهبين الاخرين أقرا بعد التعذيب أنهما من دير أسمه دير البغل وأنهما هما اللذان أحرقا جامع الزهر .

ولما رفعوا القضية إلى القاضى كريم الدين وهو أضير لأن النار إلتهمت منزله ونجا بنفسه أقترح إستدعاء بطريرك الأقباط قائلاً : " أنه يكون عالماً بسر ما فعله شعبه من هذه الأمور المنكرة ولا بد انهم أستشاروه فى هذا الأمر قبل أن يفعلوه " فأحضره رجال الحكومة فى ظلام الليل تحرسه فرقة من الجنود خوفا من الأعتداء عليه من الغاضبين المسلمين الثائرين .

وأحضروا الرهبان الثلاثة المقبوض عليهم وسألوهم : " لماذا فعلتم هذا " فأقروا ثانيا أمام القاضى كريم الدين أنهم : عملوا ذلك أنتقاما من المسلمين الظالمين الذى حرقوا كنائسهم .. فلما سمع البطريرك هذا العتراف ازرفت عيناه بالدموع ، وقال أنه : " يوجد بعض القباط قد حملهم التعصب الدينى أن ينتقموا لأنفسهم من رعاع المسلمين الذين هدموا كنائسهم فصرح القاضى كريم الدين (القاضى كريم الدين قبطى الصل وعائلته قبطية مثل جميع مسلمى مصر وقد اسلم جدوده للهرب من الإضطهاد منذ جيل تقريبا وأعتنقوا الإسلام) وأمر البطريرك بالعودة إلى مكانه وخرج معه وأحضر له بغلاً وأمر بعض رجاله بأن يسيروا بجانبه ويحرسوه حتى يصل إلى دار البطريركية ، ولكن غوغاء

المسلمين الذين يملأون الشوارع أحاطوا به وكادوا يمزقونه إربا ولكنهم خافوا من ضابط القوة الذى ابعدهم عنه حتى وصل إلى مقره بسلام .
و يروى المقريزي "قبض على راهبين وُجِدَا خارِج مدرسة فتحقق ظن الصائحين وسلموهما إلى السلطان فأمر بتعذيبهما ولم يكد ينطق بالحكم أتوه براهب آخر وجدوه في جامع الأزهر ومعه عدة أكياس فيها نفط وقطران، وبتعذيبهم اعترفوا بأنهم رهبان من دير البطل بجهة طره وأنهم أربعة عشر وقد تعاهدوا على إحراق مصر والفسطاط انتقامًا من المسلمين على هدم كنائسهم وأنهم اقتسموا القاهرة ومصر القديمة فجعلوا للقاهرة ثمانية ولمصر القديمة ستة."[٣١]
وفى أثناء ذلك اندلعت النار في دار القاضي "كريم" وهو من عائلة قبطية الأصل وأسلمت من مدة، فاستدعى إلية بطريرك الأقباط، وإذ تأكدا أنه لا يعلم شيئًا عن هذه الحوادث، وتأسف له قائلًا: إنما هذه الحوادث فعل سفهاء المسلمين والنصارى ولا لام على الحكومة إذا أدَّبت مرتكبيها، فُسُرَّ "كريم الدين" بهذا الجواب الذي أزال الشك من جهة تواطؤ النصارى عمومًا على إيقاع الأذى بالمسلمين، وأمر بإعداد بغلة يركبها البطرك في العودة إلى داره.
وفى صباح الغد بينما كان كريم الدين سائرًا إلى الديوان حسب عادته سخط عليه العامة واتهموه بالكُفْر واجتمع حوله المسلمون وأحاطوا به وأوسعوه سبًا وشتمًا لأخذه بناصر النصارى بعد أن ثبت له إدانتهم على إحراق بيوت المؤمنين، فلم يعبأ بهذه المظاهرة ولا بهذه التهديدات وظل سائرًا في طريقه إلى أن وصل إلى دار السلطان وأعلمه بما تحقق من أن هذه الحرائق لم تكن إلا من بعض سفهاء النصارى الذين أرادوا الانتقام من المسلمين على ما ارتكبوه ضدهم من القطائع، فأمر السلطان باستمرار تعذيب الرهبان حتى يعترفوا بأسماء الأغنياء من الأقباط الذين حرضوهم على هذه الفعل، ولكن الرهبان استمروا يحتملون العذاب بصبر، ولما لم يتحولوا عن كلامهم أرسل السلطان وهجم على دير البطل وأتى بكل من فيه من الرهبان وأمر بحرق أربعة منهم أمام ذلك الجمع المحتشد وانفجر بركان غيظ المسلمين على إثْر هذه الحادثة، وجالوا يبحثون عن الأقباط في كل مكان ليوردوهم موارد العذاب دون أن يراعوا أوامر الحكومة، فهجموا على بيوتهم ونهبوها وقتلوا من بها بغير رحمة، ومن هرب منهم قتلوه في الطريق وكانوا إذا عثروا على واحد قبطي في الشوارع يسلبونه ماله ويذبحونه، وقد أدت بهم الجرأة إلى أن اجتمع منهم كثيرون تحت قصر السلطان واحتجوا لمعاملته النصارى بالرفق، فرآهم حينما كان نازلًا من القلعة إلى الميدان وسمعهم يصيحون "نصر الله الإسلام" ويطلبون من السلطان أن يساعدهم على نصرته فلم يهتم بهم وسار إلى الميدان، وقبل وصوله أخبر

[31] الكنيسة القبطية في العشرة قرون الأخيرة د. يواقيم رزق مرقص

أن اثنين من الأقباط قبض عليها وهما يحرقان منزلًا فاستشاط غيظًا، وأمر بحرقهما أحياء أمام الجموع وبينما هم يحرقونهما إذ بكاتب ديوان الأمير "بكتمر الساقي" قد مر يريد مولاه وكان نصرانيًا، فعندما عاينه العامة ألقوه عن دابته على الأرض وجردوه من جميع ما عليه من الثياب وحملوه ليلقوه في النار، فصاح بالشهادتين واعتنق الإسلام! وأطلقوه "... واستمر هذا الخراب مدة طويلة هدم ما هدم وقتل من قتل.

ويحصِ المقريزي الخراب الذي حدث "كنيسة في خرائب التتر لقلعة الجبل وكنيسة الزهري في الموقع الذي فيه بركة الناصرية، وكنيسة الحمراء وكنيسة السبع شعايات وكنيسة بحارة الروم وكنيسة البندقايين، وكنيستان بحارة زويلة، وكنيسة بخزائن التتر وكنيسة بالخندق، وأربعة كنائس بثغر الإسكندرية وكنيستان بدمنهور وأربع كنائس بالغربية وثلاث كنائس بالشرقية وستة كنائس بالهناوية وبأسيوط ومنفلوط ومنية الحطب وثمان كنائس بقوص وبأسوان إحدى عشر كنيسة وبأطفيح مركز الجيزة كنيسة وبقطر الشمع ومصر القديمة ثمان كنائس. (انظر المزيد عن هذا الموضوع هنا في موقع الأنبا تكلا في أقسام المقالات والكتب الأخرى). وضرب من الديارات شيء كثير وظل دير شهران ودير البطل مدة ليس فيهما أحد من الرهبان، وقد حدث هذا الخراب وتلك المصائب في وقت كثير جدًا بالقياس على التحويلات التاريخية الأخرى إذ لم يقع مثلها عبر التاريخ البشرى أو الثورات العالمية في مثل هذا الوقت القصير، وقد هلك من الأنفس وتلف فيها من الأموال وخرب فيها من الأماكن ما لا يمكن وصفه لكثرته، بالإضافة إلى ذلك وخاصة بعد حالة الهدوء التي أعقبت فترة الحرائق العامة أصدرت الأوامر بمنع النصارى من التظاهر بالأبهة وركوب الخيل والتجمل بلبس الثياب المصقولة والعمائم البيضاء".

أمر الملك الناصر قلاوون بغلق جميع كنائس النصارى، وبقيت مغلقة أكثر من سنة ونصف، وفي هذه الفترة جاء إلى مصر وفد من ملك برشلونه (أسبانيا) يحمل فدية لأسير كان قد أسره السلطان، فلما شاهد رجال هذا الوفد ما يقع على رؤوس الأقباط من الظلم والبلاء انذهلوا، فطلبوا من السلطان فتح الكنائس مقابل مبلغ من المال يدفعونه له، وقد توسط ملك القسطنطينية وملك أسبانيا وقاما بإرسال وفد فأذن السلطان بفتح كنيستين إحداها للأقباط والثانية للروم الأرثوذكس.

وعلى الصعيد الخارجي اشتد غضب ملك الحبشة الذى كان يعتبر نفسه مسئولاً عن حماية الأقباط المصريين فبعث باحتجاج شديد اللهجة إلى السلطان الناصر محمد ويهدد فيه باتخاذ إجراءات مماثلة ضد المسلمين عنده ويهدد بتحويل مجرى النيل، غير أن الناصر محمد لم يعبأ بهذا التهديد ولذلك بدأ ملك الحبشة واسمه "عمد صيهون" الحرب

ضد الإمارات الإسلامية المجاورة له، وتابع ابنه "سيف أرعد" أعماله ضد التجارة المصرية وممتلكات المسلمين المجاورة له..

وبعد مضي فترة صَرَّح للنصارى بأن يبنوا بعض الكنائس التي هدمت بناءً على طلبهم، بشرط ألا يتوسع فيها أو يزيد عليها شيئًا، حتى أن بعضها هدم بعد إعادة بناءه بدعوى أنهم أزادوا على ما كان قديمًا أو أضافوا إليها بعض الزخارف؛ كما حدث في إعادة بناء كنيسة القديسة بربارة.

وتمكن أحد ضحايا الاضطهاد لسنة ٧٢١ هجرية من الانتقام لقومه الأقباط من المسلمين.. وهو **النشو** الذى أظهر الإسلام لدى السلطان الناصر محمد وسماه السلطان عبد الوهاب شرف الدين، وأظهر للسلطان الورع والفقر والزهد فحاز على ثقته وتعاظم نفوذه حتى أصبح المسيطر على الدولة المملوكية كلها لمدة سبع سنين وسبعة أشهر حتى قتله السلطان بعد تعذيب شديد فى يوم الأربعاء ثانى ربيع الآخر سنة ٧٤٠ هجرية.

وما فعله النشو بالمسلمين فى إطار السلطة المملوكية وتحت شعارها كان لا يمكن تفسيره إلا فى ضوء الانتقام لقومه بعد أن ضمن رضا السلطان الناصر محمد عنه.. وقد تنوعت مظالمه للمسلمين ما بين قتل ومصادرة ونفى وتقطيع أطراف وخصاء، وكانت مصادرته لوجوه الناس وأرباب المناصب والتجار والعوام لا تنقطع.. وكان يجتمع كل ليلة مع خواصه والمقربين منه يفكر فى طريقة جديدة للانتقام من المسلمين وفرض ضرائب جديدة عليهم أو الإيقاع بأصحاب المناصب أو سلب الأوقاف على المساجد وبيوت العبادة..وبرغم تنوع أعدائه واختلافاتهم وتفرقهم وصراعاتهم إلا أنهم اتحدوا ضد النشو، وحاولوا الكيد له مراراً إلا أن ثقة السلطان فيه وقفت حائلاً يحميه . وفى عهده ضاع صوت الاضطهاد ضد الأقباط.. بل أن اضطهاده للمسلمين جعلهم جميعاً يجتمعون فى المساجد للدعاء عليه.. وعندما علم النشو بذلك ما زال بالسلطان حتى منع الوعاظ من الوعظ. وتحدى النشو كبار الصوفية- وهم أصحاب النفوذ الدينى والشعبى- فطرد من مصر أشهر صوفى فى عصره وهو الشيخ الكردى الذى نفاه للشام، كما اعتقل شيخ خانقاه بهاء الدين أرسلان بالإسكندرية واتهمه بتهم باطلة . وفى النهاية ظهر للسلطان خيانته وسرقاته فاعتقله واعتقل أخاه وصهره وأعوانه، واكتشف السلطان حجم ما سرقه من أموال ونفائس.. فعذبه وقتله.. وكان التخلص منه يوم عيد، ذاعت فيه أساطير الكرامات وشتى الادعاءات ومنها أن النيل زاد ورؤيت المنامات الصالحة على حد قولهم، وسارت المظاهرات تحمل المصاحف والأعلام..

وبعد النشو عادت حركات متفرقة ضد الأقباط..

منها سنة ٨٣٨ هجرية : هدم الشيخ سليم لكنيسة جددها النصارى فى الجيزة.
وسنة ٨٤١ هجرية : هدم الشيخ ناصر الدين الطنطاوى لدير العطش الذى يقام عنده مولد سنوى يضاهى مولد السيد البدوى، فأحس الشيخ ناصر الدين الطنطاوى بالغيرة فما زال يسعى حتى هدم الدير..وكان مثله الشيخ النعمانى سنة ٨٥٢ هجرية الذى تخصص فى هدم الكنائس التى يجددها أصحابها..وكانت عادة سيئة فى تلك العصور أنه إذا حدث أوبئة أو مجاعات ونقصان للنيل فمن السهل أن يعتبر ذلك غضباً من الله تعالى بسبب التهاون مع "أهل الذمة" والسماح لهم بممارسة شعائرهم، لذلك كانت ترتبط المجاعات والأوبئة أحياناً بحركات اضطهاد طائفية تستجلب رضى الله تعالى بظلم الأبرياء !!
وفى النهاية..فمع وجود كل تلك الاضطهادات فإن النظرة المنهجية تحتم الاعتراف بأنها كانت جملاً اعتراضية فى التاريخ المصرى الطويل بعد الغزو العربى لمصر . لم تكن ظاهرة عامة فى تاريخ مصر فى العصور الوسطى. بل أن الظاهرة العامة هى سيادة التسامح بين أفراد الشعب. إلا أن الاستثناء كان يأتى من الحكام أساسا وهم غير مصريين أو من العلماء الوافدين. وجاءت حركات متفرقة قليلة من العوام حين تأثروا بالظروف التى خلقها الآخرون وهذا ما ينطبق حاليا على تلك الحركة السلفية الوهابية السعودية الأصل والمنهج والمخالفة لطبيعة التدين المصرى المتسامح.
وعدا تلك الحالات التى رصدناها كانت هناك ملامح إيجابية كثيرة للتسامح من بعض الحكام ومن العلماء الا انها كانت أساسية فى التعامل الشعبى. وهى تعبر عن حقيقة التدين المصرى الذى اشتهر بالاعتدال وإيثار السلام وكان ذلك التدين المصرى يثير إعجاب الرحالة والمؤرخين القادمين لمصر. كما حدث مع ابن خلدون وابن ظهيرة وغيرهما.

٨- الأقباط فى العصر العثمانى (١٥١٧ ـ ١٧٩٨)

أن تحول مصر من كونها دولة مستقلة أو قاعدة لدول كبرى فى عهد المماليك إلى ولاية تابعة للإمبراطورية العثمانية إنما يعنى تحولا كيفيا فى الوضع القانونى لمصرإلا أن هذا الوضع القانونى الجديد لمصر والذى أعطى للسلطان حق تعيين حاكم مصر أو كان يسمى: الباشا أو الوالى، لم يمنع من أن يكون لمصر قدرًا من الاستقلالية وذلك لأن مصر شكلت عبر تاريخها إقليميا موحدًا فمصر ظلت كما هى من حيث الوحدة إقليمية على مدى العصور التاريخية المتتالية. ولا يرصد إلا أثر ضئيل (للعثمنة) أو لعملية إضفاء الطابع العثمانى على مصر، فلقد استمرت البلاد تدار كما كانت من قبل فى وقت المماليك. وحتى الأنظمة التى استحدثت مع سلطة العثمانيين مثل (قانون نامة مصر)، وغيره لم يكن سوى تكريس لما هو قائم، خاصة أن المماليك قد استمروا فى إدارة البلاد تحت مظلة الوالى العثمانى. لقد كانت السلطة فى مصر سلطة (مزدوجة) اشترك فيها

الولاة الذين يمثلون السلطان العثمانى والمماليك الذين يحكمون أنفسهم بأنفسهم ويستمدون جانبًا من قوتهم من وجودهم المحلى فى أرض مصر. وقد كان تعظيم استغلال الأرض والثروة فى مصر هما هدف هذه السلطة المزدوجة ومحور الصراع فالمماليك منحوا مراكز سلطوية فى هذا النظام الجديد. واندمجت السلطة العثمانية واقعيًا مع القوة العسكرية والإدارية المملوكية. وعلى الرغم من إنتاج العديد من القوانين التنظيمية لمصر إداريًا وإقتصاديًا إلا أن ذلك لم يكبح المطامع السياسية المملوكية، ومع مرور الزمن أشتد عود المماليك بسيطرتهم الواقعية والفعلية على مقادير الأمور فى مصر إقتصاديًا وسياسيًا، وأبتلع النظام المملوكى الإدارة العثمانية، انحسرت مركزية أسطنبول، لقد أتاح ذلك أن تستقل مصر عن العثمانيين، بدرجة أو أخرى، كذلك أن تتطور مصر تطورًا مستقلا ثم تبدأ فى بعث دولة على أساس مصرى ، وكان بقاء الجهاز الإدارى مصريًا لغويًا وأفرادًا من أهم العوامل التى حفظت لمصر شخصيتها فى ذلك العصر وكونت إطارًا للنزعة الاستقلالية، وذلك نظرًا للدور الرئيسى الذى يقوم به هذا الجهاز فى الوظائف الإقتصادية للدولة . و حافظت مصر على استقلاليتها لعدم الاندماج بين الاثنية الحاكمة وجماهير المحكومين من المصريين (المسلمون والأقباط) : فلقد بقيت عناصر المؤسسة الحاكمة لمصر سواء الولاة العثمانيين أو المماليك الذين كانوا ينتشرون فى ربوع مصر (أثنية أجنبية) لم يطلها التمصير أو الاندماج فلم يمتزجوا بالسكان الأصليين، بل عاشوا مترفعين فى منعزل عنهم..يغالون فى إبتزاز الأموال من الأهليين ولقد ساهم الصراع المستمر بين الولاة (الباشوات) وبين المماليك، وبين الأوجاقات (الجيوش الحامية التى أسسها سليم الأول) وبين المماليك، بل وبين المماليك أنفسهم، أن يظل الشعب المصرى بعيد عن الصراع، فهو ليس طرفًا فيه، وإن كان هدفًا له. الأمر الذى حفظ لمصر استقلالها بمعنى ما عن الحكم الأجنبى مما ساعد فى تأسيس قاعدة متينة لإمكانية إنطلاق حركة استقلالية سابقة بالنسبة للمنطقة كلها، تجلت مع القرن الثامن عشر بالحركة المعروفة بحركة على بك الكبير وبثورة همام فى جنوب مصر. لقد كان المماليك يدافعون عن وجودهم ومصالحهم هم فقط لذا كانت هزيمتهم صارخة أمام العثمانيين فى البداية، كما كانت الإطاحة بهم والتخلص منهم رغبة شعبية عارمة تلقفها محمد على وفى الحالتين كان "الشعب المصرى منعزلا عنهم . وفى نفس الوقت نجد الانقسامات المملوكية المستمرة قد أدت فى النهاية لكراهية الحكام العثمانيين و المماليك.

خلاصة القول، ان خصوصية مصر، وعدم الإندماج مع الأثنية الحاكمة، قد ساهما فى تحقيق تطور مستقل لمصر ولغرس بذرة التكامل الوطنى بين أعضاء الجماعة الوطنية، وربما يكون من المفيد وفى ضوء الخلفية السابقة، أن نرسم صورة تفصيلية لوضع الأقباط خلال فترة العصر العثمانى على امتدادها.

٩- الأقباط فترة الحملة الفرنسية ١٧٩٨ : ١٨٠١ م

مع أن الحملة الفرنسية تمثل فترة قصيرة جدا بالنسبة لتاريخ مصر (١٧٩٨-١٨٠١م)، لكنها تمثل دورا هاما في تاريخ الأقباط. جاء نابليون بونابرت وليد الثورة الفرنسية إلى مصر، وهو يريد أن يقيم إمبراطورية في الشرق الأوسط تحت دعوى الدفاع عن الإسلام وليس مقاومته. ففي خطابه عند أسوار الإسكندرية قال: (لسنا كفار العصور الهمجية الذين يأتون إليكم لمحاربة إيمانكم. إننا نعترف بأن إيمانكم رفيع القدر، وسوف نعتنق دينكم إذ حلت الساعة التي يصبح فيها الفرنسيون الراشدون مؤمنين حقيقين). هكذا لم يترك فرصة إلا ويظهر وّدهُ للمسلمين والإسلام، فبعد احتلاله البلاد، قبل شهر من نزوله إلى الإسكندرية، أمر بالاحتفال بالمولد النبوي بطريقة تلفت الأنظار، وقد لبس بونابرت الذي أدرك المسلمون أنه في أعماقه لا يؤمن بالدين الزى الشرقي الجميل ولبس عمامة، وصحب جميع قادته إلى المسجد الرئيسي مع مائة شيخ ليتلو التواشيح ويحرك رأسه كالدراويش متظاهرا بالتقوى.

كان بونابرت يشعر أن المسلمين يحتملون حكمه كرها وأنهم يترقبون الفرصة للتخلص منه، وقد ظهر ذلك في ثورة القاهرة الأولى بجامع الأزهر ضده، حيث قتل عدد كبير من الفرنسيين كما قتل عدد ممن عاونهم سواء كانوا مسلمين أو أقباطا، لقد عفي بونابرت عن الثوار، ومع هذا إذ احتلت القوات العثمانية قلعة أبى قير أظهر المسلمون فرحهم وبهجتهم. عاد نابليون فهزم العثمانيين، وجاء العلماء والأعيان يهنئونه بترحيب مصطنع، فقال لهم: (إني أعجب من حزنكم لانتصاري. إنكم لم تقدروا موقفي إزاءكم حتى الآن، مع أنى كررت لكم إنني مسلم وإني مؤمن بأن لا إله إلا الله وإني أجّل النبي وأحب المسلمين)... بقى يحاول إظهار صدق نيته لكن بقى المسلمون يتطلعون إليه كرجل يقود جيشا من الكفار.

مع محاولة بونابرت كسب ود المسلمين بكل طريقة، لكنه شعر بحاجته لخبرة الأقباط خاصة في جمع الضرائب، لم يحمل روح اضطهاد ضد الأقباط، لكنه لم يمنحهم حقوقا تذكر... بل كتب إلى الجنرال كليبر في ٢٢ أغسطس ١٧٩٩م: (كنت مزمعًا، إن سارت الأمور سيرها الطبيعي، أن أضع نظامًا جديدًا للضرائب يجعلنا نستغني عن خدمات الأقباط) لعله أراد بذلك جمع مبالغ طائلة من الضرائب أكثر مما يجمعها الأقباط، أو ربما أراد بذلك إرضاء عامة المسلمين ليبرز كزعيم لهم. يمكننا القول بأن نابليون لم يضطهد الأقباط لكنه لم يكن راعيا لهم، بل كان يعمل على استبدالهم بأوروبيين لجمع الضرائب.

لقد طلب الأقباط من بونابرت أن يلغى القيود المفروضة عليهم فأرسل إلى المعلم جرجس الجوهري كتابًا بتاريخ ٧ ديسمبر ١٧٩٩ جاء فيه: (يمكنك أن تعلنهم من الآن بأني سمحت لهم بحمل السلاح وركوب البغال والخيول ولبس العمائم والتقمش بالقماش الذي يليق

بهم)[٣٢]. إلا أن بونابرت لم يلبث أن تراجع عن خطته، وأمر باتباع هذه القيود مراعاة لشعور الأغلبية الإسلامية وكسب رضاها [٣٣]. لم يبدأ ميل الفرنسيين للأقباط إلا بعد أن تولى كليبر الحكم وقامت ثورة القاهرة الثانية ضد الفرنسيين، فألغيت الإجراءات الاستثنائية ضد الأقباط [٣٤].

بعد مصرع كليبر تولى مينو القيادة وكان قد أسلم ليتزوج بسيدة مسلمة [٣٥]، فأخذ يتعسف بالأقباط، وطردهم من الوظائف الحكومية وجباية الأموال [٣٦].

أما قصة المعلم يعقوب حنا فمع ما بدا من تحالفه مع الفرنسيين إذ أقامه كليبر رئيسًا لفرقة من الجنود الأقباط قام المعلم يعقوب بأعدادهم و تدريبهم من ماله الخاص و كان لهم أبلغ الأثر فى حماية الأقباط خلال ثورة القاهرة الثانية ضدد الفرنسيين لكن فكر المعلم يعقوب كرجل قبطى بقدر ما كان سياسيا أختار التحالف مع الفرنسيين لما رأه من قسوة و ظلم المماليك و ضعف العثمانيون فى الأدارة و أكثر ما أعجبه فى الفرنسيون هو حريتهم ، و فى ذلك العصر لم يكن ممكنًا للكثيرين فهم المعلم يعقوب ... إن غالبية المؤرخين المسلمين شككوا في وطنيته، لكنه كان بحق أول صوت مصرى قبطى ارتفع من أرض مصر يطالب باستقلال البلاد عن الدولة العثمانية، لذا بذل كل الجهد لإيجاد جيش وطني مصري. لقد شعر الفرنسيون بالحاجة اليه ، فأحبوه واعتمدوا عليه، فأحبهم ولم يخنهم... لكنه لم يكن يطلب احتلالهم إنما كان يسعى لاستقلال بلاده... لقد رأى في الاحتلال الفرنسي الفرصة سانحة للاستقلال عن العثمانيين، فقاتل مع الفرنسيين ضد المماليك في الصعيد فمنحوه رتبة الجنرالية .

عندما وقع الفرنسيون معاهدة ١٨٠١ تاركين القاهرة للأتراك، لم يتهم المعلم يعقوب بالخيانة صراحتا من العثمانيين بل طلب منه البقاء فى مصر لكنه فضل المعلم يعقوب أن يغادر مصر إلى فرنسا على سفينة حربية انجليزية، وكان يحمل معه مشروع استقلال مصر، وهو مشروع يقوم على أن تعارض مصلحة الدول الكبر خاصة فرنسا وانجلترا يتطلب استقلال مصر فتستفيد كل الدول الأوروبية من التجارة معها [٣٧] لكن موت يعقوب في البحر دفن معه هذا المشروع.

---

32 توفيق اسكاروس: نوابغ الأقباط ومشاهيرهم في القرن التاسع عشر، ١٩١٣، ص ٢٩٠

33 رياض سوريال: المجتمع القبطي في مصر في القرن (١٧)، ١٩٨٤ وص ١٠٣.

34 المرجع السابق، ص ١٠٣.

35 عبد الرحمن الرافعي: تاريخ الحركة القومية، ١٥٨، ح ٢، ص ١٩٧.

36 يعقوب نخلة روفيلة: تاريخ الأمة القبطية، ١٨٩٨، ص ٢٩٥.

37 راجع: رياض سوريال: ص ٩٥ -١٠١؛ شفيق غربال: الجنرال يعقوب والفارس عبد الكريم: بحث في كتاب الجمل في التاريخ المصري، ١٩٤٢؛ الدكتور محمد صبري: تاريخ مصر الحديثة، ١٠٢٦، ص ٢٩؛ أحمد زكى بدوى: تاريخ مصر الاجتماعي، ١٩٣٥، ٢٠٩.

ثورة القاهرة الأولى ضدد الفرنسيون و الأقباط ١٧٩٨ م

كان السبب الأول لاشتعال هذه الثورة كما يقول الاستاذ عبدالعزيز جمال الدين في موسوعته (تاريخ مصر) في الجزء الرابع نقلا عن الجبرتي: هو تلك الضرائب الجديدة التي اقر بها بونابرت ووافق عليها الديوان العام المكون من شيوخ المسلمين والفرنسيين، حيث فرضوا الضرائب على الأملاك والقضايا والمباني كالحمامات والخانات والحوانيت والمقاهي وطواحين الغلال. وهذه الوسائل المالية التي ابتدعها الفرنسيون لم تلحق ضررا كبيرا إلا بالموسورين الذين حركوا العوام للتمرد والثورة، والذي قام بالدور الأكبر في هذه الثورة هم رعاع المسلمين الذين اشار إليهم الجبرتي تارة بالحرافيش وتارة بالغوغاء، بالإضافة إلى صغار مشايخ الأزهر.

لماذا فرض بونابرت هذه الضرائب؟

- تغطية تكاليف عمليات توسيع الطرق.
- إضاءة الشوارع والحارات والأسواق بالقناديل.
- الإجراءات الصحية التي استحدثها الفرنسيون بخصوص دفن الموتى في مقابر خاصة بعيدة عن العمران ومكافحة الأوبئة لاسيما وباء الطاعون، الذي كان منتشراً في ذلك الوقت وهدد سكان مصر ومات بسببه الكثير من الأهالي وجيوش الإحتلال.
- وقد الزموا الأهالي على نشر متاعهم وملابسهم على اسطح المنازل حتى تقتل الشمس جراثيم الأمراض وتطهير منازلهم وتنظيفها ورشها، وعينوا لكل حارة أو موقع إمرأة ورجلين للكشف والتأكد من تنفيذ التعليمات بدقة.

أما السبب الثاني لهذا التمرد هو الدعاية المضادة وتحريضات بكوات المماليك وكذلك تحريضات العثمانيين المتربصين على أبواب البلاد وهم يحملون فرمانات السلطان سليم الثالث التي دعا فيها المسلمين لإشعال حرب دينية مقدسة ضد الفرنسيين ، وقرأها الأئمة علنا في المساجد ووصف هذه الفرمانات بان الفرنسيين كفرة واعداء للإسلام وجميع الديانات، واعلنت ان جيوش الامبراطورية العثمانية سوف تأتي سريعا لسحقهم.

ولقد لقيت دعوة الجهاد المقدس آذانا صاغية لدى الجماهير ، فأخذ أئمة المساجد يحرضون الناس في خطبهم على الثورة، كما راح المؤذنون يعلنون من فوق المآذن الدعوة إلى الجهاد ضد الكفار الظالمين.

ولهذه الأسباب تجمهر الأزهريين وعامة القاهريين في صبيحة يوم ٢١ اكتوبر ١٧٩٨ للإحتجاج وكانت الشرارة التي اندلعت منها تمرد القاهرة الأولى، واتجهت الجموع الثائرة إلى حي الأزهر، وامتلأت طرقات الحي بالجماهير المسلحة بالبنادق والرماح والسيوف والعصي، ثم انطلقوا إلى احياء الفرنسيين والأقباط واستولوا على المواقع

المحيطة بمعظم احياء القاهرة، واخذوا يطلقون النار على الفرنسيين وعلى الأقباط قتلا ودمارا بطريقة شنيعة ووحشية.

ولما علم نابليون بهذا التمرد وقتل الفرنسيين وكان خارج القاهرة وقت اندلاع التمرد، عاد مسرعاً ونصب المدافع واطلق النار على المتمردين في حي الأزهر مركز التمرد.

ويؤخذ من رواية الجبرتي ومن رواية الفرنسيين انفسهم (الراوي هنا المؤرخ عبدالعزيز جمال الدين) أنه في اليوم الثاني للثورة (٢٢ اكتوبر) حين شرع العامة والمعممين في مهاجمة مقر القيادة الفرنسية بالأزبكية كان الجنود الفرنسيون يهاجمون حي الأزهر، وظل الجنود الفرنسيون يحتلون الأزهر حتى ذهب وفد من المشايخ إلى بونابرت يستعطفونه الجلاء عنه، فكان هذا نهاية التمرد الأول الذي استمر ثلاثة أيام (٢١ – ٢٣ اكتوبر ١٧٩٨). وقام نابليون باعدام المحرضين على التمرد ومنهم الشيخ سليمان الشواربي الذي كان قد حضر إلى القاهرة مع بعض البدو للسلب والنهب كما يقول الجبرتي.

شعر المعلم يعقوب[38] بفطنته العسكرية، ومن واقع التصرفات الوحشية وما يهدف إليه العثمانيين والمماليك من إبادة الأقباط والخطر المحدق بهم لإفناء كل ما هو أصيل بالبلد وكان حدس يعقوب صادقا فيما ذهب إليه من أحداث مستقبلية تنذر باشد الخطر على الأقباط وصدق حسه ورؤيته في احداث الثورة الثانية من أعمال يندى لها الجبين، ويشيب لها الأطفال الصغار. ولهذا اسرع يعقوب بتأليف فرقة عسكرية من شباب الأقباط من الصعيد و الرجال الذين لهم قدرة على حمل السلاح ويتراوح عددهم يتراوح بين الألف والألفين حسب تقدير المؤرخين من الضباط والجنود، واسند تدريبهم وتسليحهم على نفقته الخاصة إلى الضباط الفرنسيين ليدربوهم على أساليب الدفاع والقتال الحديثة بعد ان خصص لهم زيا خاصا وراتباً شهرياً.

و يقال ان المعلم يعقوب ضم عدداً كبيراً من المسلمين فى هذة الفرقة ويقول د. غربال عن هذا الفيلق (انه أول جيش كون من أبناء البلاد بعد زوال الفراعنة).

ويسجل ايضا: ان وجود الفرقة القبطية شرط أساسي لطرد العثمانيين والمماليك ويستطرد

---

[38] ولد يعقوب حنا بمدينة ملوي بمحافظة المنيا مصر عام ١٧٤٥م (القرن الثامن عشر)لأسرة قبطية متوسطة ، تعلم بأحد الكتاتيب القبطية وتعلم بها بالأضافة إلى المواد الدينية القراءة والكتابة والحساب ، عمل فى الحسابات و التجارة ، عمل بعد ذلك لدى سليمان بك أغا رئيس الأنكشارية وكان من كبار أغنياء المماليك وتكونت لدى يعقوب ثروة كبيرة من عمله لديه.وعندما جاءت قوات حسن باشا إلى مصر عام ١٧٨٦م لتثبيت الحكم العثمانى شارك المعلم يعقوب في قتالهم بصفوف المماليك ، مما جعله يتقن فنون القتال والفروسية

قائلا (....عول يعقوب على ان يكون القوة الحربية المصرية الجديدة مدربة على النظم الغربية فكان سباقا إلى تفهم الدرس الذي القاه انتصار الفرنسيين على المماليك والذي اخذ به فيما بعد محمد علي باشا).

ويقول د. انور لوقا (اما الفيلق القبطي لم يظهر إلا مؤخراً في ابريل ١٨٠٠م أي بعد انقضاء ثلاثة اشهر على تقرير جلاء الفرنسيين في معاهدة العريش وانه تعبير عن مقاومة حتمية ضد المماليك والترك في سياق علامة سياسية ترجع إلى ما قبل الحملة الفرنسية وانه تنظيم صدر عن تمويل مالي وذاتي، وتجلت هذه الأصالة في مشروع استقلال مصر الذي أصبح هدف المعلم يعقوب).

و يقول الجبرتي كشاهد عيان لما عانته الجماهير المصرية علي يد العثمانيين الاتراك، والانتكاسة التي منيت بها هذه الجماهير(فالعثمانيون اعتبروا مصر دار حرب وأن ارض مصر كلها للسلطان .... وجنودهم عاثوا في الارض فسادا وأنهم أشر من مشي علي الأرض).

الفرق بين فكر الاستقلال لدى كلا من عمر مكرم والجنرال يعقوب

يقول المؤرخ العظيم د. اشرف غربال: أنه يوجد فرق كبير بين يعقوب وعمر مكرم، فيعقوب يرمي إلى الإعتماد على القوة المدربة وعمر مكرم يعتمد على الهياج الشعبي الذي يسهل إثارته ولا يسهل كبح جماحه، والذي قد يصل سريعا لتحقيق اغراضه، ولكنه لا يصلح قاعدة العمل السياسي الدائم المثمر، فكما ان العامة سريعة الهياج في أوقات الخلل وإضطراب الحكم، فهي ايضا سريعة القنوط خصوصا إذا اصطدمت بجند مسلحين.

كما ان الأعمق من هذا فان عمر مكرم لم يفكر في تكوين قوة عسكرية وطنية، لانه لا يتصور مصر إلا خاضعة لحكم المماليك تحت سيادة الباشا التركي، ولا يرمي إلى أبعد من هذا.. أما يعقوب فله شأن آخر إذ أنه لا يريد عودة المماليك والعثمانيين لحكم البلاد، وإنما يعمل على ان تكون لفئة من المصريين يد في تقرير مصير الوطن، بدلا من ان يبقى حظهم كما كان سابقا قاصرا على التفرج او الاشتراك في نهب المهزومين.

ويذكر الجبرتي بان الألبانيين (من ألبانيا حاربوا مع الأتراك ومنهم محمد علي) كانوا يرددون على مسامع العامة (نحن مع بعضنا وانتم رعية تخضعون لمن ينتصر منا).

ويقول د. لويس عوض: هكذا دفعت عمر مكرم معتقداته ان يقاتل الفرنسيين تحت اللواء العثماني والمملوكي ودفعت يعقوب معتقداته ان يقاتل العثمانيين والمماليك تحت اللواء الفرنسي.

لقد اراد ان يخلص مصر من قبضة أسوأ محتل في التاريخ واشر خلق الناس الأتراك والعثمانيين كما يذكر المؤرخ عبدالعزيز جمال الدين .

كان وجود الفرقة القبطية إذن أول شرط أساسي يمكّن رجلا من أفراد الأمة المصرية يتبعه جند من أهل الفلاحة والصناعة من أن يكون له أثر في أحوال هذه الأمة إذا تركها الفرنسيون، وعادت للعثمانيين والمماليك يتنازعونها ويعيثون فيها فساداً، وبغير هذه القوة يبقى المصريون حيثما كانوا بالأمس بلا تغيير جوهري (د. شفيق غربال).

تشير المؤرخة البريطانية الشهيرة لويزا بوتشر صاحبة موسوعة (تاريخ الأمة القبطية في مجلدها الثاني.. أنه بسبب الحملة الفرنسية على مصر عانى الأقباط الشدائد والأهوال وشربوا كئوس المرارة وذاقوا الهوان خلال فترة الإحتلال الفرنسي بيد الأتراك العثمانيين وهمجية المماليك ورعاع المسلمين القاهريين وزادت حسرات الآلام على الأقباط بسياسة نابليون الإسلامية وقواده من بعده حيث مالوا إلى جانب القاعدة العريضة بمحاباتهم وتفضيلهم علي الاقباط كفئة اقل، وأشاعوا بانهم مسلمون مثلهم، ولا فرق بينهم، وقد اسلم فعلا القائد مينو وتزوج من احد فتيات البيوت المتوسطة وقاموا بطرد الأقباط من وظائفهم، كل هذا لكي يدخلوا في قلوب المسلمين الرضى تجاههم. وعندما وطئت أقدام نابليون مصر قام بتوزيع منشور على عامة الشعب المصري يعلن فيه مساواة الجميع أمام الله وان الفرنسيين مسلمين وحطموا قبلا كل حصون المسيحيين في ايطاليا والفاتيكان، ومع هذا اعترض الجبرتي على عبارة المساواة واتهمهم بالجهل والحماقة وان هذا ضد الشريعة الإسلامية التي تنص على ان الله فضل بعضهم على بعض باعتبارهم انهم الاعلون على الكفار، وهم للأسف بلا أدنى كرامة امام الأتراك والمماليك المسلمين مثلهم.

وترى الكاتبة والمؤرخة بوتشر ان الأقباط كانوا دائما اول المضطهدين – بدون سبب – سواء وقت الاضطرابات والثورات المحلية التي حدثت عند بدء الإحتلال أو وقت خروجهم من مصر حيث انتشر السلب والنهب للأقباط وإهانتهم وقتلهم بدرجة لا تطاق، والذين سلموا منهم من الموت عم بيوتهم وكنائسهم الخراب والدمار.

وتذكر بوتشر ايضاً ان حالة الكاثوليك واليونانيين خلال الحملة الفرنسية، لم تكن باحسن حال من حال سكان مصر الأقباط الأصليين، وان قسوة وعنف الحكام المحتلين فرنسيين أو أتراك أو مماليك او فيما بعد الانجليز، لحقت ايضا بالمسلمين أهل مصر، خاصة الذين لم يتحالفوا معهم اسوة باخوتهم المسيحيين.

ثورة القاهرة الثانية ضد الفرنسين و الأقباط مارس ١٨٠٠ م

كان كليبر قد عقد مع ممثلي الدولة العثمانية سنة ١٨٠٠م معاهدة العريش التي تقضي بجلاء الفرنسيين وجدولة الخروج ، وطوت الدولتان صفحة القتال ، الا ان العثمانيين قاموا بنقض المعاهدة فأنقضوا علي الجيش الفرنسي وتوقعوا ان موافقة الفرنسيين علي المعاهدة انما ينم علي ضعفهم ، فتكون فرصة غانمة للاتراك لانزال الهزيمة بهم والاستيلاء علي كل مافي أيدي القوات الفرنسية، وتحرك يوسف باشا الصدر الأعظم بقواته الي بلبيس وتقدمت طليعة الجيش العثماني بقيادة ناصف باشا ومساعد نصوح باشا لمنازلة الجيش الفرنسي وهنا شعر كليبر بالخطر فهب مسرعا للدفاع عن جيشة وانزل هزيمة ساحقة للاتراك في منطقة عين شمس اضطروا فيها الي الهروب من امام القوات الفرنسية وتسللوا الي القاهرة مع المماليك ورعاع المسلمين بزعامة عمر مكرم لينتقموا من الفرنسيين المدنيين والمسيحين الشوام والاقباط، بعد ان اشاعوا امام الناس ان الجيش الفرنسي الكافر انهزم (يسجل المؤرخ عبد الرحمن الرافعي ان ناصف باشا وقواته كانوا في الواقع فئران في ميدان القتال) ويلقي الجبرتي المسئولية علي نصوح باشا الذي نادي اقتلوا النصاري وجاهدوا فيهم (من الغريب تسمية شارع كبير في منطقة الزيتون بالقاهرة باسم نصوح باشا تخليدا لذكراه السيئة في قتل المسيحيين)

ويقول د.رياض سوريال في موسوعته الاقباط في القرن العشرين [٣٩] (هرب ناصف باشا القائد العام للجيش العثماني من امام كليبر ودخل القاهرة خلسة مع نصوح باشا وكثير من افراد الجيش التركي وابتدأ عمله بذبح جميع الاقباط ونهب كل الاحياء المسيحية . وأخذ الاتراك والعامة يبحثون عن كل مسيحي فيذبحونه بلاشفقة ولا رحمة ، وكانوا يذبحون الرجال ويفضحون النساء ثم يجلدوهن عرايا ، ويقطعون رؤوس الاطفال أمام امهاتهم ، وأكثر من ذلك أخذوا يحرضون الغوغاء علي رفع رآية العصيان واعلان الثورة في وجه الفرنسيين . ولم تقف الثورة عند هذا الحد بل ارادت سحق الحي القبطي (كلوت بك وحارة النصاري) وابادة أهله. ولولا أن المعلم يعقوب كان ذكيا وشجاعا ، وأحسن الدفاع عن الاقباط وأنقذهم لحلت علي الاقباط مصيبة هائلة اذ أظهر في تلك الظروف العصيبة مواقف عظيمة ، واستيقظت فيه الروح الحربية فحصن منزله في منطقة الدرب الواسع الذي امتلأ بالاقباط طالبين نجدته، وثبت حتي النهاية امام خصمه اللدود حسن بك الجداوي احد كبار المماليك الذي حاربه يعقوب يوما كاملا حتي سقط عدد كبير من رجال هذا المملوكي، واستطاع يعقوب و رجاله اختراق سياج الاسلحة بجيادهم فاخترقوها،

---

39 الاقباط في القرن العشرين الجزء الثانى ص ٤١

وفشل الحصار الذي كان يؤدي لو نجح الي فناء أقباط القاهرة عن بكرة أبيهم) . ويقول المؤرخ يعقوب نخلة روفيلة فى كتاب تاريخ الامة القبطية [40] (وكان حي الاقباط في الازبكية محصورا بين القلعة التي أنشأها يعقوب بجوار الجامع الازهرمن جانب وقنطرة الدكة من جانب آخر ، وقيل ان بعض الثائرين هجموا عليه من سوق النصاري ودخلوا الي حي الاقباط، واغلقوا الباب ووضعوا ورائه احجارا كبيرة وثقيلة حتي لايفلت احد من الاقباط ويتم ذبحهم جميعا دون فرار احد من المصيدة التي وضعوها هؤلاء الاوباش ، ولكن يعقوب استطاع بدهائه الرائع وذكائه البارع أن يخترق حصار الاعداء وفتح الابواب امام القوات الفرنسية والامساك بالثائرين الهائجين الاشرار ونجا الاقباط من غدر العثمانيين ونذالة المماليك ورعاع المسلمين المتواطئين معهم) .

ويقول الرافعي في هذا الصدد (برز دور الحجازية والمغاربة في ارتكاب المنكرات من نهب وقتل وتجريع الاقباط كاسات المرارة ومنهم من قطع رأس البنية الصغيرة طمعا فيما علي رأسها وشعرها من الذهب) .

و لكن بعض المسلمين الشرفاء العقلاء قاموا بحماية الاقباط الفارين من سيوف الاتراك والمماليك ورعاع المسلمين حيث التجأوا الي أصدقائهم المسلمين في منطقة مصر القديمة فوجدوا لديهم الآمان والسلام .

ونذكر في المقابل للتأكيد علي اصالة شعب مصر العظيم من المسلمين والمسيحيين، ما قاله د. شفيق غربال عن موقف مماثل ليعقوب مع أصدقائة المسلمين (كانت للمعلم يعقوب كلمة مسموعة في الشئون الادارية والمالية وكان الجنرال بليار يتولي الاشراف علي جباية الضرائب وحدث ان اهل قرية من قري بني سويف وتأخروا عن دفع الضرائب فقبض الجنرال مليار علي مشايخ القرية رهينة عنده حتي يدفع أهلها ماعليهم من ضرائب ، واتفق أن المعلم يعقوب ذهب الي بني سويف قادما من الفيوم بصحبة الجنرال ديزيه ، ولما علم يعقوب بما حدث مع الشيوخ احتج بشدة وثار علي تصرف بليار ونصحه باستعمل الصبر والكف عن ارهاق الشعب بالجباية حتي لايكونا مثل العثمانيين فسمعوا له وأخلوا سبيلهم).

والباحث في التاريخ والمدقق في الوثائق الرسمية للمحتلين ، نجد سلوكا ايجابيا ومواقف مشرفة من عنصري الأمة ، والذي كان يعكر صفو المحبة بينهما ويضعف والوحدة في صفوفهم عناصر خارجية لايهمها ابدا مصلحة الوطن كالحجازيين والمغاربة والعثمانيين والمماليك وبعض البدو ضعفاء النفوس الذي كان يحلو للجبرتي بوصفهم بالرعاع والحرافيش والذين وجدوا قبولا لتحريض الغريب بقتل المسيحيين ونهبهم واغتصاب نسائهم- اما المسلمون المصريين الشرفاء فوقفوا في خندق واحد مع اخوتهم المسيحيين

40 يعقوب نخلة روفيلة صاحب كتاب تاريخ الامة القبطية ص ١٩٤

الاقباط وكان في اغلب الاحيان لايفرق الاتراك والمماليك بينهما في سلبهم ونهبهم لبيوت كل المصريين بلا استثناء وجلدهم واغتصاب بناتهم وحريمهم وخطف ابنائهم وبيعهم بأرخص الاثمان في سوق النخاسة فطالهم جميها هموم وعذاب واضطهاد وقذارة الغرباء الاغبياء.

ويشهد التاريخ بأن الجزية كانت تجمع من الأمصار لتأخذ طريقها الي بلد المحتل بالخارج فقد أخذت طريقها الي بغداد في عهد العباسيين او الاستانة تحت حكم العثمانيين ، وان الجزية ايام العثمانيين كانت تؤخذ من عموم المصريين مسلمين ومسيحيين علي السواء . وكان المسلم التركي يجلد ظهر المسلم المصري ليقاسمه رزق أرضه وعرق جبينه ، انه اشنع اشكال القهر لانه قهر مقدس باسم الدين يقتل الحس الوطني او يسرق الاقوات ويجلد الظهور ويقتل الابرياء ثم يعرض علي مسلمي البلاد الدعوة فوق المنابر للخليفة بطول العمر ودوام العز ،أي يجعل نزعة الاستقلال الوطني شكلا من اشكال الخيانة والخروج علي ولي الأمر معصية ويتهم بالخيانة كحال الجنرال يعقوب مع الذين رشقوه بالخيانة لانه لايريد الحكم العثماني الغاشم او المملوكي الاجير لكن يبدو للكاتب احمد الصاوى ومؤيديه رأي لاخر ...!!! حيث اتهم المعلم يعقوب بالخيانة لأنة عمل مع الفرنسيين

أدلة عدم خيانة المعلم يعقوب لمصر

١- شيوخ مصر المسلمين كانوا يخدمون الفرنسيين ايضا وكانوا من أعضاء الديوان الذي حكم مصر باسم الفرنسيين[41] (طبقا لاتفاقية العريش المبرمة بين القوات الفرنسية وكل من القوات الانجليزية والسلطان العالي التركي ، بعد هزيمة فرنسا في معركة ابي قير البحرية، نتيجة تعثر مينو القائد الفرنسي في قيادة المعركة، اشترطت فرنسا للانسحاب ان يتم نقل افراد القوات الفرنسية بكامل معداتهم وعداتهم علي المراكب الانجليزية والتركية ، علي ان تتعهد تركيا وحلفاؤها بعدم التعرض للقوات الفرنسية حال ارتحالها(وقد وعت تركيا الدرس الذي منيت فيه بهزيمة نكراء عند هجومها علي القوات الفرنسية في موقعة عين شمس بعد التوقيع علي معاهدة العريش حيث ذهب خيالهم الي استضعاف الجيش الفرنسي بسبب توقيعه علي المعاهدة).

يؤكد المؤرخون ان جلاء القوات الفرنسية لم يأخذ شكل الانسحاب الذليل لانه لو كان هذا لما تركوا الجيش الفرنسي يرحل بكامل قواته ومعداته وعلي نفقة انجلترا وتركيا و بالشروط التي وضعها قائد القوات الفرنسية وطبقا لجدولة وضعت بواسطته للرحيل والجلاء بدون خسارة.

---

41 من كلمات الاستاذ عبد العزيز جمال الدين في كتابه المسيحية في مصر اصدار اخبار اليوم

كان ضمن شروط اتفاقية العريش السماح لكل من يرغب الرحيل مع القوات الفرنسية مع منحهم الآمان وعدم التعرض لهم حتي في حالة عودتهم الي مصر اذا رغبوا في عدم البقاء في فرنسا او تحت اي ظروف حتي يتمكن لهم العودة باطمئنان (للاسف عند عودة بعض المصريين الي وطنهم استقبلتهم سيوف الاتراك، وكان قطع الرقاب في انتظارهم، وهذه عادة الاتراك في نقض العهود)

٢- غادر مع القوات الفرنسية علي المراكب الانجليزية عدد كبير من المصريين المسيحين وعدد قليل من المسلمين ممن خاف علي نفسه ويذكر منهم بعض اسماء مثل عبدالعال الاغا ويوسف الحموي وآخرين بصحبة الجنرال يعقوب والدتة و زوجتة و ابنتة و اخوة حنين و ابن اختة غبريال سيدراوس ، وقد سمي يعقوب هذه المجموعه التي رحلت معه بالوفد المصري، وضم هذه المجموعة عدد من المترجمين لغرض ترجمة المناقشات مع المسئولين البريطانيين والفرنسيين حال التقدم بمشروع الاستقلال الاول لمصر. وهذا يؤكد هدف يعقوب الاساسي من مغادرته البلاد .

وكانت لفتة طيبة من الجنرال يعقوب بزيارته قبطان باشا حسين في قصرة قبل سفره حيث حاول قبطان ان يثنيه عن عزمه في السفر للاستفاده بجهوده وافكاره ، الا ان يعقوب آثر الرحيل لانه يحمل هدفا ساميا يريد تحقيقه. حيث يقول عميد المؤرخين د. محمد شفيق غربال (أما سبب هجرة يعقوب انما لتحقيق مشروع خطير وهو السعي لدي الحكومات الاوربية لتحقيق استقلال مصر ، ولا اظن ان خروج يعقوب كان للخلاص بنفسه، فمثله ممن يمكنهم تصفية الحساب الماضي مع العثمانيين المنتصرين، وقد حاول القبطان باشا ان يغريه بالبقاء في مصر ووعده ومناه، ولكنه رفض وآثر الرحيل للعمل في ميدان جديد.)

ويقول د. محمد صبري في مؤلفه تاريخ مصر الحديث (ان يعقوب في بداية الاحتلال الفرنسي التحق بخدمة الفرنسيين الذين يحملون رآية الحرية وبارح مصر علي رأس وفد مصري مؤلف من أعيان القبط وبعض المسلمين وكانت فكرته الاساسية مخاطبة انجلترا في أمر استقلال مصر ، ولكن وفاته العاجلة في الطريق قضت علي مشروع مفاوضة دول اوربا في ذلك الاستقلال).

٣ - ويقول د. احمد عزت عبد الكريم (المعلم يعقوب كان من عيون القبط في مصر أيد الفرنسيين في قتالهم المماليك فمنحوه رتبة الجنرالية ، وادرك يعقوب عند رحيل الفرنسيين ان الوقت قد حان لتقرير المسألة المصرية علي نحو يضمن استقلال البلاد وهي تتمتع بكل مقوماته).

ويقول د.لويس عوض (ولكن الجنرال يعقوب كان يحمل في جعبته مشروعا خطيرا كان في نيته عرضه علي الانجليز والفرنسيين وهذا هو مشروع استقلال مصر ، ونشرت

الجمعية الجغرافية وثائق جديدة في اوراق وزارة الخارجية البريطانية تحت عنوان "مصر المستقلة"مشروع سنة ١٨٠١م،ويقول مسيو جورج دوانان هذه الوثائق تدل عل ان فكرة الاستقلال المصري التي نشأت في كنف حملة بونابرت قد اشرق نورها في نفوس المصريين في مستهل القرن التاسع عشر فان احدهم وهو المعلم يعقوب القبطي قد تصدي للترجمة عما في ضميرهم لو لم يصيبه ميتة عاجلة حالت بينه وبين الدفاع عن قضيته امام حكومات اوربا) .

٤- ليس من العدل اتهام رجل بالخيانة لوطنة فى وقت لم يكن هناك حس قومى وطنى فى عصرة فقد كانت مصر ولاية عثمانية و ليست مصر المستقلة كما نعرفها الان لذلك فأن سلوكة مع الحملة الفرنسية يعتبر ان جاز التعبير هو خيانة لمراد بك زعيم المماليك فى مصر ابان الحملة و لا تعتبر خيانه لمراد بك لأنه تعاون مع الفرنسيين فى نهاية أيام الحمله و اعتبرته الدولة العثمانية خائن لهم و تأمر مع الفرنسين ضد مصر و العثمانين وبالتالى فليس هناك خيانة لأحد سوى للعثمانين المحتلين لمصر و لو اعتبرنا ان الانقلاب على محتل و محاربتة لحساب محتل اخر خيانة فهذا لا يعتبر خيانة فى حالة غياب الشرعية الحقيقية متمثلة فى قائد او زعيم مصرى يحكم مصر مع العلم أن الدولة العثمانية فى تاريخها أعتبرت على بك الكبير خائن و محمد أبو الدهب قاتله وطنى و محمد على باشا مؤسس مصر الحديثة أكبر خائن للعثمانيين لأستقلاله بمصر فالخيانة السياسية جريمة نسبية و بلا عقاب أذا نجحت كما فى حاله محمد على باشا الذى لا يتجراء مصرى بوصفه أنه خائن للعثمانين عندما استطاع الأستقلال بحكم مصر و أخيرًا وحتى نكون واثقين من تحليلنا الذي أتفق فيه مع رأي أساتذة التاريخ باعتبار المعلم يعقوب مصري وطني سابق لعصره في تفكيره، لو كانت الأحداث كما صورها د/ احمد الصاوي فبماذا نفسر انقلاب محمد علي ضد عمر مكرم؟ وهو الذي سانده ليتولى حكم مصر وسجنه إلى مماته ولماذا تخلص من المماليك؟ ولماذا اعتمد على الغرب في إنشاء جيش حديث؟ وبماذا نفسر انفتاح محمد على وعائلته من بعده على المصريين المسيحيين وإعطاءهم فرص كانوا محرومين منها لقرون عديدة وانتهت بدخولهم الجيش ورفع الجزية عنهم في عهد سعيد باشا؟، يفسر ذلك الدكتور لويس عوض (أن كل كلمة في مشروع الجنرال يعقوب تشير إلى ضرورة محمد على وحتمية ظهوره على مسرح الأحداث بما في ذلك الاعتماد على الخبرات الأجنبية وتكوين قوة عسكرية مصرية لتدعيم السيادة المصرية والتخلص من المماليك تمهيدًا للتخلص من سيطرة الباب العالي العثماني).

ومن المهم الإشارة هنا إلى تساؤل كان الأستاذ جمال بدوى دائم الطرح له وهو لماذا ساند عمر مكرم؟ محمد على ليتولى حكم مصر ولم يساند أي مصري؟ ببساطة لأنه كان يؤمن

بالخلافة العثمانية فهل موقف كهذا يقارن بموقف من يريد الإستقلال لمصر وحتى إن كان هذا هو المفهوم السائد في حينه فعلينا أن نعترف ببعد نظر ووطنية الجنرال يعقوب وأنه كان سابقًا لعصره.

٥- المعلم يعقوب لم يكن مجرد قبطى مسيحى بل كان رجل دولة و رجل حرب فقد حارب مع المماليك ضد العثمانيين و كانت له مواقفة الخاصة حتى من البطريرك القبطى و يعتبر أول من فكر فى مشاكل الأقباط و المصريين خارج أطار التبعية الدينية سواء للمسيحية أو للأسلام خصوصا أن الكنيسة القبطية أثناء الحملة الفرنسية رفضت فكرة تجنيد الأقباط أو الأشتراك فى أى عمل سياسى ، لذلك ليس من المستبعد ان يكون قد فكر مثل امراء المماليك فى الاستقلال بحكم مصر كما فعل محمد على بعد ذلك و بالتالى فأنة لم يكن خائن لمصر بل قائد لأنقلاب عسكرى ضد العثمانيين و المماليك .

ثورة الشعب المصرى ضد المماليك و الوالى العثمانى مايو ١٨٠٥

أهم الثورات المصرية على الإطلاق في التاريخ الحديث أهميتها تكمن في أنها كانت بداية تغيير النظام السياسي المصري فهى أستبدلت شرعية الخلافة الأسلامية بشرعية الشعب و حقوقه لدى الخليفة ، ولولا هذه الثورة لما رسم التاريخ المصري الحديث مجراه على النحو المعروف اليوم.

يتفق المؤرخون على أن التاريخ المصري الحديث بدأ مع الحملة الفرنسية على مصر في ١٧٩٨ بقيادة الجنرال الفرنسي الطموح نابليون بونابرت، وقد خرجت هذه الحملة بضغط من القوات الإنجليزية، ولكن ليس قبل أن تغير مفاهيم كثيرة كان الشعب المصري يعيش بها، فلقد أدت مقاومة المحتل الجديد إلى الالتفاف حول الأزهر الشريف كمنبر للثورة ومركز لمقاومة الاحتلال، كما أنها فتحت المجال أمام ظهور طبقة التجار والأعيان و الأقباط كفاعل مؤثر على الرقعة السياسية في البلاد ومن وراءهم القدرة على حشد الجماهير المصرية، وعندما خرجت الحملة الفرنسية من مصر في ١٨٠١ بعد التدخل العسكري الإنجليزي المباشر بسبب فشل الجيوش العثمانية الواحد تلو الآخر في إجبار الفرنسيين على الجلاء، أصبح في مصر قوى كثيرة تتصارع على نظام الحكم، وعلى قمة السلطة في البلاد كان هناك من الناحية النظرية الوالي الذي يعينه الباب العالي، ولكن قوته كانت ضعيف متهالك، متمثل في الشرعية الدينية باعتباره ممثلا للحاكم الشرعي للبلاد متمثلا في السلطان العثماني.

لم يكن الوالي وحده على الساحة السياسية، بل إن طبقة المماليك التي كانت تحكم البلاد فعليا قبل قدوم الحملة عادت من جديد بعد أن أجبرتهم الهزائم المتتالية على أيدي الفرنسيين للهروب من مصر، ورغم أن الهزيمة والطرد من مصر كانا يجب أن يساهما في توحيد

الصف المملوكي، فإن هذا لم يحدث، بل إن التنافس كان السمة الأساسية الغالبة على وجودهم في البلاد، فكل قائد مملوكي كان له فريقه ومؤيدوه، وعلى رأسهم أشخاص؛ مثل: البرديسي بك، والألفي بك وغيرهما، وكانت القناصل الأوروبية، خاصة الإنجليز والفرنسيين منهم، يراهنون على القوى المملوكية لكي تحسم الأمور السياسية في البلاد فتعود إلى نفس أسلوب الحكم العقيم قبيل الحملة الفرنسية، فكان الفرنسيون مائلين للبرديسي، بينما الإنجليز يراهنون على الألفي بك الذي أخذوه خارج مصر، حيث تم تدريبه وشراء ولائه تمهيدا لإنزاله لمصر لتولي السلطة في البلاد في ١٨٠٤.

أما من الناحية الأمنية، فإن البلاد كانت في حالة فوضى عارمة لأسباب متعلقة بوجود الجيش العثماني الذي تم تشكيله من أجل طرد الفرنسيين من البلاد، فالجيوش العثمانية، كما هو معروف، لم تكن متجانسة، حيث كان يطلب من الولايات المختلفة إرسال فصائل وألوية للمشاركة في تكوين الجيش الموحد، بالتالي فالمشهد الداخلي في مصر تضمن انتشار قوات من جنسيات مختلفة بعدما فقد الوالي العثماني القدرة على السيطرة عليهم، منهم اللواء الألباني، وفصائل المغاربة و العرب إلخ...، كل له قيادته الخاصة، ومطلوب توفير مرتباتهم من خلال الضرائب المفروضة على المصريين، وكان من ضمن هذه القوات قائد فرقة البانية يدعي محمد علي، وكان ثالث الضباط من حيث الأقدمية في اللواء الألباني الذي كان يرأسه طاهر باشا، ومع مرور الوقت آلت قيادة اللواء الألباني إلى محمد علي الذى يتمتع بذكاء خارق وقوة وعزيمة وقدرة فائقة على المناورة والتحالف.

بدأ محمد علي بمناورة المماليك، سواء من خلال التحالف معهم أو ضدهم وفق الظروف السياسية، خاصة أن قواته لم تكن كافية لبسط سيطرتها على البلاد، وكان الرجل على دراية كاملة بأن الباب العالي لم يكن على استعداد لدعمه كوال على مصر التي تعد من أهم الولايات في الدولة العثمانية فلا يحكمها إلا من يضمن ولاؤهم، وبالتالي أرسلت الوالي تلو الآخر ليواجه مصيرا محتوما، حيث استطاع المماليك والقوات المختلفة خلعهم الواحد تلو الآخر.

لقد كتب القنصل الفرنسي لدى مصر ليؤكد لباريس أن محمد علي غير قادر على أن يكون لاعبا فاعلا على الساحة المصرية، مشيرا إلى أنه لا يملك أي مشروعات كبرى... «ولو سلمنا جدلا بأنه فكر فيه، فليس لديه من الوسائل ما يمكنه من تنفيذ ما يفكر فيه»، ولكن هذا الرجل كان له رأى أخر، فلقد أدرك محمد علي أن رهانه يجب أن يكون على الطبقة الوطنية الصاعدة ممثلة في التجار والأعيان والمدعومة من قيادات الأزهر الشريف والشعب، فبدأ يفتح قنوات الاتصال معهم ويستميلهم تدريجيا ويؤلبهم ضد الوالي تارة وضد قادة المماليك مثل البرديسي ويحثهم على الثورة عليه تارة أخرى، فتخرج جموع الشعب بعد زيادة عبء الضرائب فى مظاهرات حاشدة للتنديد بالوالى و المماليك ، واستمر محمد علي

في مناوراته حتى جاءت لحظة الحسم في مايو ١٨٠٥ عندما أعلن خورشيد باشا قرار السلطان العثماني تولية محمد علي ولاية جدة بالحجاز.
لم يعلق محمد علي على القرار وترك التعليق للقيادات الشعبية المصرية التي كانت ترى فيه الشخصية المناسبة لتولي الحكم في مصر، فعقد المصريون الاتفاق مع محمد علي لمساندته على حكم مصر مقابل الاتفاق على خروج عساكر القوى المختلفة من القاهرة وعدم فرض ضرائب إلا بإذنهم واستشارتهم في الأمور المهمة التي تؤثر على الشعب مباشرة، وعندما قبل محمد علي ثارت البلاد ثورة عارمة في وجه خورشيد باشا وحاصروه في القلعة إلى أن فر منها، وطالبوا بتولية محمد علي على مصر، وإزاء الضغوط الشعبية القوية والثورة الجماهيرية وافق السلطان واستجاب على الفور فخلع خورشيد باشا من الحكم وتمت تولية محمد علي والى على مصر بفضل الشعب، وباءت كل محاولات السلطان العثماني لعزل محمد علي بالفشل بعد ذلك، حيث ظل الرجل متمسكا بعلاقته القوية بالزعماء المصريين إلى أن غدر بهم بمجرد أن استتب له الأمر في مصر. ورغم أن محمد علي نقض عهده نقضا تاما وشتت أواصر الطبقة الوطنية المصرية الصاعدة وآخرها من خلال نفي قائدها عمر مكرم بعد عامين من توليه الحكم، فإن هذه الثورة تعد بكل المعايير ثورة فريدة من نوعها للأسباب التالية:
أولا: أن هذه الثورة تعد أول حركة ثورية من نوعها تخرج عن عباءة القومية الدينية وتدفع نحو شرعية جديدة هى شرعية الشعب فالعرف السائد في ذلك الوقت كان الولاء التام للسلطان العثماني وأن أي خروج عليه يمثل خروجا على الشرعية والدين.
ثانيا: ارست فكرة مؤداها اختيار الشعب لحكامه، وبالتالي فرض الشعب حقه في الاختيار، ومن ثم فهذه تعد بداية لمفهوم القومية المصرية أو الوطنية المصرية، أي أحقية المصريين في اختيار حكامهم وعدم خضوعهم لرغبة السلطان العثماني الذي تخلت البلاد عن سلطانه وعباءته السياسية على مدار قرون ممتدة، فكانت هذه الثورة بمثابة اللبنة الأولى لفكرة الديمقراطية في السياسة الداخلية المصرية.
ثالثا: فتحت هذه الثورة الطريق أمام بناء أول دولة مدنية في التاريخ المصري الحديث، والمقصود بالمدنية هنا هي الدولة التي تحكم على الأسس السياسية المبنية على الشرعية والمؤسسية الوطنية، فكان الجيش المصري أول هذه المؤسسية .

تمرد حامية القاهرة على محمد على باشا ١٨١٤ م

تمرد جنود حامية القاهرة فخاف الأقباط على أرواحهم وأستبد بهم الرعب فى أحيائهم وأقاموا المتاريس وأغلقوا الأبواب وتسلحوا بالبنادق لحماية أنفسهم من الغوغاء فقام محمد على باشا وأمد الأقباط بالبارود وألات الحرب وأمنهم على أرواحهم ومنازلهم .

و ذلك للنسبة الكبيرة من الأقباط الذين يعملون لدى الدولة كالكتبة والمتعلمين فقد خصص محمد على الأقباط واليهود فى المجالس والأعمال الإدارية والتحريرية بالإئتمان على خزائن الدواوين والمصالح والمديريات غير أن اليهود تركوا وظائفهم لعدم رضائهم عن الشغل فى يوم السبت أى أن محمد على باشا لجأ الأقباط الذين حملوا آماله فى تحديث مصر ونقل إليها حضارة الغرب فضبط الأقباط الأيرادات والمصروفات .

وكان محمد على هو أول حاكم مسلم رفع شأن الأقباط ومنحهم رتب إجتماعية عالية فقد وصلوا فى عهده إلى رتبة البكاوية وأتخذ له مستشارين من الأقباط .

تلاشت فى عهده الفروق بين الأقباط والمسلمين التى سبق ذكرها فى جميع العصور الأسلامية ، وكان هدف محمد على فى الظاهر الأستيلاء على أراضى الدولة العثمانية ، لهذا كان يوجه جميع امكانيات مصر لهذا الهدف وأتجهت سياسته نحو إستغلال الخبرات والكفاءات مهما كان دينها أو ملتها مادام هدفه هو مصر أولاً ، لهذا نرى أنه عين بطرس أغا مأموراً لمركز برديس وميخائيل أغا مأمور للفشن بالوجة القبلى وفرج اغا مأمور لدير مواس وتكلا سيداروس لبهجورة وأنطوان أبو طاقية للشرقية .

وبالنسبة للحملات الحربية التى كان يشنها محمد على فقد تحمل الأقباط نصيبهم فى النفقات وأشتركوا فيها كجنود وقواد وأختلطت دماؤهم مع أخوتهم المسلمين فى غزوات الشام وجبال المروة وسهول آسيا الصغرى ، وقد دفع الأقباط الأرثوذكس مائتى ريال مساهمة فى دفع مرتبات الجنود ودفع الكاثوليك ثمانية آلاف ريال وقد دفع المبلغ عن الأقباط الكاثوليك المعلم غالى وورثته وفيكتور وكيل دائرة عثمان بك البرديس ، وهذه المبالغ ضئيله ولكننا نتعجب عند معرفتنا أن المسيحيين فى ذلك الوقت كان عددهم يزيد عن الربع مليون نسمة بقليل .

اهم القرارات التى اصدرها محمد على باشا بحقوق مواطنة متساوية مع المسلمين :

الغى محمد على إجبار الأقباط على إرتداء أزياء معينة التى كانت مفروضة على الأقباط من قبل السلطنة العثمانية التى كانت ملتزمة بالشريعة الإسلامية والوثيقة العمرية ، وخلع ألقباط الزى الازرق والأسود الذى كان مفروضاً عليهم بعد ان كانوا ممنوعين من ذلك وأصبحوا يلبسوا الكشمير الملون ، وخلعوا الجلاجل الحديدية التى تسببت فى إزرقاق عظام الترقوة وأصبح العضمة الزرقاء لقباً كناية عن الإضطهادات الإسلامية لهم .

سمح محمد على للأقباط بركوب البغال والخيول ، ولا شك ان هذا كان ممتعاً لهم ان يتمتعوا بالحرية وأن يركبوا ما شاؤوا من البغال .

السماح للأقباط بحمل السلاح وذلك لأول مرة فى تاريخ الإحتلال العربى الأسلامى لمصر أى منذ ١٤٠٠ سنة . سمح محمد على للأقباط بحرية بناء الكنائس وممارسة الطقوس الدينية ولم يرفض اى طلب تقدم الأقباط به لبناء أو إصلاح أى كنيسة .

كان محمد على أول حاكم مسلم يمنح موظفي الدولة من الأقباط رتبة الباكوية عرفانا بخدماتهم لمصر كما أتخذ له مستشارين من الأقباط .

كثيرا ما عاني الأقباط في عهد المماليك من صعوبات عديدة للحصول علي إذن بزيارة الأراضي المقدسة ، لكن برعاية وتسهيلات محمد علي باشا اصبح الأمر ميسرا وممهدا ، وقد عثر علي أول وثيقة تعود إلي عام ١٢٤١ هجرية ١٨٢٥ م يوصي فيها محمد علي متسلم غزة بالقبط الذين يرغبون في الحج إلي القدس ، وألا يدع لاحد مجالا للتدخل في شئونهم .

وعثر علي وثائق أخري بهذا المعني بين عامي ١٨٢٧ و١٨٢٨م ، موجهة لمتسلمي غزة والقدس ، كان الباشا يوصيهم فيها بحماية الرهبان الأقباط والزوار الوافدين إلي القدس كعادتهم كل عام ، حاملين قفص الشموع إلي كنيستهم بالقدس وبحمايتهم وإكرامهم عند وصولهم إلي غزة والقدس .

في عام ١٨٣٧ صار كبار الموظفين في عهد محمد علي من كبار ملاك الأراضي الزراعية، أما صغار الموظفين فامتلك كل منهم ٥٠ فدانا، وبالطبع لم يفرق محمد علي باشا بين مسلم ومسيحي في تملك الأراضي وزراعتها.

ومع التوسع في قاعدة امتلاك الأراضي ، وجه محمد علي إلي التوسع في زراعة القطن ، حيث برع المصريون في زراعته ورووه بعرقهم ، فأعطاهم محصولا مباركا ، وصنعوا منه الشهرة العالمية للقطن طويل التيلة .

أيضا استعان محمد علي بالحرفيين والصناع القبط في المصانع التي أنشأها، اعتمادا علي المهارة والكفاءة دون تحيز أو اضطهاد.

ساند محمد علي النشاط الزراعي ببنية أساسية صنعتها أياد خبيرة، فشق الجسور والترع وأقام القناطر وأشهرها الخيرية كما أقام مصانع الغزل والنسيج في معظم الأقاليم، وسبك الحديد وألواح النحاس ومعامل تكرير السكر.

ظل الأقباط يدفعون الجزية للحكام المسلمين منذ عام ٦٤١م، ولكن محمد علي أعفي بعض الأقباط من دفع الجزية بحكم عملهم ، مثل الذين يعملون في ترسانة الإسكندرية ، وجاء في مرسوم أصدره سنة ١٨٣١ ما يلي :

(يقتضي اتباع الأصول المدونة وربط ماهية ومرتب الصنف الذي يستحقه الأقباط الذين يؤخذون للجهادية لكونهم يؤدون مصالح الميري ومن اللزوم رعايتهم ورفاهيتهم) ، وفي

عام ١٨٣٩ صدر مرسوم بإعفاء الأقباط من دفع الجزية ، ولكنه تعطل لسنوات طويلة بسبب الاحتياج إلي أموال كثيرة .

فى عام ١٨٤٤ م صرح محمد على باشا برفع الصليب جهاراً كما رفع فوق قباب الكنائس فى كل مكان وفى جنازات المسيحيين وفى المناسبات الدينية . وسبب ذلك حادثة استشهاد القديس سيدهم بشاى ففى شهر مارس سنة ١٨٤٤م ، كان القديس مارسيدهم بيشاى يقضى بعض الوقت بالثغر نازلاً طرف أخيه بمنية دمياط بحارة النصارى وقد يطول الوقت منظراً فيه قدوم الأخشاب ... وطوال الفترة كان شغله الشاغل هو خدمة الكنيسة القبطية بدمياط وكان يذهب إليها ماشياً على الأقدام . وفى يوم ٢١ مارس كان ماراً بطريق الكنيسة التى كانت مدافن الأقباط فى ذلك الوقت وكانت مسورة بسور كبير وكانت الكنيسة صغيرة لا تزيد عن قاعة متوسطة الحجم وكان من يذهب إلى الصلاة يذهب فى حذر وتخفى ، وكانوا يقولون بعضهم للبعض الآخر : " أنا ذاهب للسور " .

أما القديس مارسيدهم بيشاى فكان يذهب بشجاعة إلى الكنيسة مرات ، مما أثار عليه حنق بعض الأشرار فدبروا طريقة لمنعه . وبينما هو سائر فى طريقه بحارة الكنيسة إحتك به أحد الأشخاص غير المسحيين وطفق يمنعه من المسير إلى الكنيسة لكن القديس مارسيدهم بيشاى لم يعبأ به ولم يلتفت إلى أمره مما أثار سخط هذا الشرير ، فهاج وثار بالشتائم الردية حتى تجمهر حوله بعض الغوغاء والصبية ... وتصادف مرور مفتى البلدة فسألهم عن السبب ، فأخبروهم كذباً بالأمر مدعين على القديس مارسيدهم بيشاى زوراً ووجهوا إليه أتهامات باطلة خاصة بالدين فجعل المغتى يستشيط غضباً وغيظاً وصرخ قائلاً : " كيف تقولون أن الرجل النصرانى إستخف بالإسلام والمسلمبن وتطاول على نبيهم المرسل ؟!! " أخذ المفتى من تلك الزمرة شاهداً زوراً وتوجها إلى المحكمة وبواسطتهما أثبتوا الإدعاءات الكاذبة على القديس مارسيدهم بيشاى ، الذى كان رجلاً كاملاً يزيد عمره على الأربعين عاماً هادئ الطبع مملوءاً محبة للجميع ومشهوداً له بالحلم والروية وسعة الصدر والورع ولا يمكن أن يتفوه بمثل ما نسب إليه ، وقد أمرت المحكمة بإحضاره من الكنيسة فمروا به على شارع السوق ، وفى أثناء مروره بالطريق كان يضرب ويهان من كل من صادفه فى الطريق وعندما يعلمون أمره كان ينهلون عليه بالضرب بالجريد على ظهره وعلى رجليه ونتفوا نصف لحيته ونصف شاربه بقصد الأستهزاء به وظلوا فى إضطهادهم لهم حتى مثل أمام القاضى الذى لم ينتهرهم ليسكتوا .

دفاع صديقه عنه وتصادف مرور أحد أصدقائه وهو المعلم بانوب فرح إبراهيم وكان رجلاً شهماً ذا مكانة مرموقة بالبلدة فتدخل آملاً إنقاذ صديقه حيث قال للجمع : " أما كفاكم ضربه أفتجرونه أيضاً على وجهه !! " ، فحالاً ألتصقوا به أيضاً ولم ينج من أذاهم إذ قامت الجموع عليه وأوسعوه ضرباً بالجريد على رأسه كونه تكلم بهذا الكلام ، وتذكر

المخطوطة أنه كان ما يزال مريضاً من الضرب والرعب ولم تمض أيام على حالته هذه إلا وتنيح وقد وجد جسده مدفوناً أسفل جسد القديس مارسيدهم بيشاى . أحضروا القديس أمام القاضى وبعد الضرب والتهديد ظنوا أنه ينثنى أو يستكين لكنه ثبت فى إيمانه ، فأصدر القاضى هذا الحكم : " من حيث أن المدعو سيدهم سب الدين الإسلامى وتطاول على حضرة النبى فقد حكمت المحكمة إما بدخوله الإسلام فيشفع له أو قتله فوراً . ولكن القديس محب الإله تعجب من طلبهم ولم يجب إلا بالرفض حينئذ خلع الحاضرون أحذيتهم وضربوه على وجهه حتى سال منه الدم . تركوه داخل سجن المحكمة ينتظر مصيره المحتوم إلى حين يفكروا فيما سيعملون له ؟!وكان هذا اليوم مخوفاً فى المدينة لتجمهر الرعاع من الشعب بلا ضابط ، حيث أحدثوا شغباً عظيماً ولم يستطع أحد من المسحيين أن يخرج من عقر داره . كما أنه لم يتدخل أحد من كبار القوم فى المدينة ليصرفوا الجمع الذين كانول يهتفون : " يقتل النصرانى الملعون " والآخرون يحرق ... وآخرون يشنق . وهم قوم منهم ليحضروا حطباً ليحرقوه عند الكنيسة والبعض كانوا يقولون عقبال باقى النصارى فى اليوم التالى أجتمع كل الجماعة بديوان المحافظة بحضور المحافظ (خليل أغا) والشيخ على خفاجة والشيخ البدرى ونقيب الأشراف والقاضى والتجار وبقية المشايخ وميرلاى الرديف ، وأرسلوا بعض العسكر مع البكباشى (مصطفى فطين) . فأحضروا القديس سيدهم من السجن مقيداً بالضرب والإهانة طوال الطريق حتى أوصلوه دار المحافظة ، فلما رأى المحافظ شدة تمسكه وإيمانه ورفضه لمشوراتهم حكم عليه بما حكم القاضى سابقاً فجروه على وجهه من أعالى سلالم المحافظة إلى أسفل حتى تشوه وجهه وصار القضاء عليه أمام محفل الجمع أن يضرب خمسمائة كرباج فى ميدان المحافظة حتى غاب عن الوعى ، فطرحوه على الأرض ومضوا ، ثم لما أستفاق أعادوا الكرة عليه حيث جروه فى شوارع المدينة ليحصل له الجرسة كون المفتى أصدر فتوى بقتله .ثم لما وجدوه قد أعى من التعذيب طرحوه فى وكالة الأحباش الخربة ومضوا وتركوه فى نزاع الموت . فى اليوم الرابع أعادوا الكرة عليه حيث عروه من ثيابه بقصد الأستهزاء ومروا به فى شوارع البلدة وألبسوه كرشة خروف من رأسه ، ولطخوا جسده بالأوحال وعلقوا فى رأسه مقشتين ملوثتين بالقاذورات وكلابين حديد فى جنبيه بهم قطع لحم وربطوا كلبين وقطة فيه ليتعاركوا ويهروا فى لحمه . وأركبوه على جاموسة بالمقلوب (كان أحد الجزارين يزفها للذبح) وعلقوا على لحيته صليباً لوثوه بالقاذورات ، وصاروا يزفونه فى كل البلدة كأنه للذبح !! وكانت البلدة أشبه بمسرح للطائشين . ولم يكفوا عن الضر بالعصى والسياط والأحذية حتى برز لحمه من عظمه والقديس فى كل ذلك صابر غير متذمر لا ينطق بشئ سوى أنه كان يصلى قائلاً : " يا طاهرة .. يا يسوع " .وبعض من الواقفين كانوا يستهزئون به قائلين : " هوذا ينادى امرأته " .

تورط المسئولين فى قضيته ومنهم الشيخ على خفاجة والشيخ البدرى رئيس الجمهور والقاضى وبقية علماء المسلمين والتجار الذين كانوا بديوان المحافظة نزلوا وجلسوا على باب الحمزاوى بناحية السوق لكى يتفرجوا على هذه العجيبة ولم يقوموا بدورهم كمسئولين ، ولم ينتهروا الجمع الطائش ليكفوا عن الخطأ .... بل تركوهم ثائرين فى الشوارع والحارات يشتموا المسيحيين ويرجمون بيوت القناصل بالأحجار وضربوا أحد أبنائهم ويهاجمون الوكالات والحانات .مما أثار سخط هؤلاء الأجانب ، فشكوا إلى حكوماتهم ووصلت الأخبار بسرعة إلى الأسطول الإنجليزى المرابط بشواطئ البلاد منتهزاً أية فرصة للتدخل ... ولم يفكر أولئك المسئولون أن وجودهم هكذا فى مكان الشغب سيعرضهم للمساءلة ولا يعفيهم ذلك من القصاص .أخيراً ساقوا القديس متوجهين ناحية منية دمياط حيث منزل أخيه فى منية دمياط ، وطرحوه أمام منزل أخيه متجمهرين عند الباب ينتظرون فتحه لينهبوا المنزل ، وبقى الرجل مطروحاً على الباب مقدار ساعتين حيث تقدم أحدهم المدعو عبده مشرفة وصنعته خشاب ووظيفته يوزباشى بالرديف ، لما رأى القديس فيه نسمة الحياة أحضر قطران فى القدر من على النار ورشه فى وجه القديس وأمام هذه الأتعاب الكثيرة التى لا يقدر على تحملها بشر تجلت السيدة العذراء أمام عينى القديس فى صورة نورانية . كان القديس وهو ممتلئ بالروح القدس في حالة هيام روحي وقد نسى آلامه في ساعة أحتضاره فتكلم بنبوة تمت بحذافيرها ، حيث تحولت هذه المنطقة التى أستشهد فيها إلى كنيسة على اسم السيدة العذراء وقد آلت إلى الأقباط الأرثوذكس منذ عام ١٩٦٨م بعد أكتشاف جسده المبارك وقد تم توقيع العقد الإبتدائى لملكية هذه الكنيسة فى ١٩٦٩/١٠/٢٩م ثم سجل العقد .

بعد هذه الآلام المروعة التى كابدها قديسنا والتى أستمرت نحو أربعة أيام أسلم روحه الطاهرة بيد الرب الذى أحبه وكان هذا ساعة ظهور السيدة العذراء أمامه وقت أستشهاده حسب طلبه ، فحملوا جسده الطاهر إلى منزل أخيه حيث ظل هناك حتى انتهى الشغب أتصل قناصل الدول المقيمين بالثغر بالأسطول الانجليزى الواقف في عرض البحر فانتهزت هذه الدول فرصة سانحة وأرسلوا باخرتين حربيتين إلى ثغر دمياط ، لكن محمد على أسرع وأرسل مندوباً رسمياً للتحقيق وهدأ خواطر القناصل وقد أسفر التحقيق على إدانة المحافظ رغم أنه كان من المقربين للبلاط والقاضى والشيخ البدرى وتجريدهم من مناصبهم كي يعود السلام إلى المدينة .ولحكمة محمد على أراد تهدئة النفوس فأمر بتكريم الشهيد سيدهم فى كل أنحاء البلدة وتشييع جنازته رسمياً ، وأصدر أمره برفع الأعلام والصلبان فى جنازته .. وقام بالأحتفال جميع الطوائف وتقلد الكثيرون الأسلحة وسار الموكب فى حراسة جمع غفير من الجنود ، ولبس الكهنة ملابسهم الكهنوتية وعلى رأسهم القمص يوسف ميخائيل وطافوا فى كل البلدة مع لفيف من الشمامسة حتى وصلوا به إلى

الكنيسة حيث أتموا مراسيم الصلاة ودفنوه بأرض كنيسة مارجرجس التى كانت ما تزال مدافن الأقباط (أستمرت كمدافن حتى سنة ١٩١٠م تقريباً) وقد شوهد عموداً من نور يسطع فوق مقبرته وقد حضر كثيرون وكانوا يأخذون من تراب القبر ويشفون من أمراضهم بصلاته .كانت هذه الحادثة سبباً فى رفع الصليب جهاراً كما رفع فوق قباب الكنائس فى كل مكان وفى جنازات المسيحيين حتى اليوم وفى المناسبات الدينية وليس فى دمياط وحدها بل على مستوى الكنيسة كلها . وقد حدث في أيام البابا كيرلس الرابع ، بعد رجوعه من رحلة بلاد الحبشة سنة ١٨٥٨م ، استقبله الشعب استقبالاً عظيماً ، ودعاه الأرخن الكبير ميخائيل عمدة أقباط حارة السقايين إلي منزلة ، وبعد ذلك خرج البابا إلي الكنيسة بموكب حافل سار فيه الإكليروس رافعين الصليب ولأول مرة بالقاهرة ! وحدث نفس الشيء بعد ذلك بقليل حين استقبل أول مطبعة دخلت مصر حيث رفع الصليب والهتاف بالألحان إلي دار البطريركية بالدرب الواسع ..فاعترض كثيرون علي رفع الصليب ، وذكروا الأمر إلي سعيد باشا ، الذي استدعي البابا البطريرك وسأله عن سبب ذلك ؟ فأجابه : إن هذا احتفالاً دينياً معتاداً ، وأما رفع الصليب فقد تصرح به منذ أيام حادثة بشاي الشهيد الدمياطي ، وصرح به والي البلاد محمد علي باشا .

مرحلة بزوغ المواطنة - إقرارها من الحاكم :

ويقصد بها فترة مشروع محمد على الذى مثل بدرجة أو بأخرى، البداية لميلاد الدولة الحديثة لمصر، والتى شهدت بداية لتحقيق التكامل الوطنى بين المصريين جميعًا. فمن المتفق عليه بين الباحثين، أن محمد على هو مؤسس الدولة المصرية الحديثة والتى من ملامحها تكوين المؤسسات وخلق مسافة بين مصر والخلافة العثمانية، هذه المسافة التى تعكس قدرًا من الأستقلال السياسى من جانب والعسكرى من جانب آخر، خاصة مع بدء محمد على تكوين جيش وطنى مصرى. وهو الأمر الذى كان إستجابة لحركة المواطنين المصريين على مدى قرون لتحقيق الأستقلال، ففكرة الدولة المصرية المستقلة عرفت طريقها على يد محمد على وكانت بداية تأثير جديد فى المسيرة السياسية المصرية. وفى هذا يقول طارق البشرى: "أن من يطلع على التاريخ المصرى ليكتشف بوضوح أن ثمة تلازمًا تاريخيًا بين بداية تكوين الجماعة الوطنية المصرى، فى العصر الحديث وبين بناء الدولة المدنية على عهد محمد على. وليس من شطط التعبير القول مجازًا فى هذا الخصوص بأنه فى البدء كان الدولة ولكنها دولة "مصرية قوية مستقلة" يضاف إلى ما سبق البدء فى "تذويب الأشكال الخاصة للتنظيمات الدينية الإجتماعية الذمية (الملية) فى المواطن العامة.." بالطبع كانت مواطنة سلطوية، أى جاءت بقرار فوقى إلا أنها كانت بداية لمسيرة المواطنة المصرية.

محاولة نفى الأقباط بأمر عباس باشا حفيد محمد على باشا ١٨٥٤ م

عباس حلمى الأول هو ابن أحمد طوسون باشا ابن محمد على باشا حفيد محمد على باشا واكبر ذكور الاسرة العلوية (نسبة إلى محمد على) فى ذلك الوقت عين واليا من ١٠ نوفمبر ١٨٤٨ إلى ١٣ يوليو ١٨٥٤ .

وقد خلف عمه إبراهيم باشا فى تولى مصر ١٨٤٨ م ، ثم انتقل إلي القاهرة، وقد اعتني به محمد علي باشا معولاً علي تسليمه الحكم إذ كان أكبر أفراد الأسرة العلوية سناً، فعهد إليه بالمناصب الإدارية والعسكرية فتولي منصب مدير الغربية ومنصب الكتخدائية، وحين عاجل الموت إبراهيم باشا «عمه» كان في الحجاز، فتم استدعاؤه ليخلف عمه في الحكم فكان مجرد وارث لتركة عظيمة ولكنه افتقر مواهب إدارتها والإضافة عليها، وتولي الحكم في الرابع والعشرين من نوفمبر سنة ١٨٤٨م فى عهده اضمحل الجيش والبحرية فى مصر وأغلقت كثير من المدارس والمعاهد.

فى عهدة تم ترشيح القس داود للبطريركية (البابا كيرلس الرابع أبو الأصلاح ١١٠) :

كان البطريرك بطرس السابع (١٠٩) قد وعد القس داود بترقيته إلى رتبة المطران إذا نجح في تسوية المشكلة الاثيوبية، ولكن داود عاد إلى القاهرة بعد نياحة البابا باثنين وسبعين يوما، ووجد الشعب يعمل لترشيح بطريرك جديد، وقد انقسمت صفوفه إلى ثلاثة أحزاب هي:

الحزب الأول: كان ينادى بترقية الأنبا يوساب أسقف جرجا وأخميم إلى رتبة بطريرك

الحزب الثاني: قال بصلاحية القس داود الصوامعى إلى منصب البطريركية على أساس توصيه البابا الراحل بذلك .

الحزب الثالث: رأى أن الأنبا أثناسيوس أسقف أبو تيج هو رجل المهام الصعبة الذي يليق بالموقف الراهن حينئذ.

وقد تزعم أنصار أسقف أخميم الأرخن "جاد افندى شيحة" وآخرون من وجهاء الأقباط الذين عمدوا إلى ترديد شائعة تقول "أن أصحاب الدجل وعلوم المطالع يؤكدون انه لو صار داود بطريركا فسوف يكون قدومه شؤما على الحاكم والمحكومين!!

ولكن هذه الأمور وغيرها لم توهن من عزيمة أنصار القس داود، بل أخذوا يزدادون نفوذًا وعددًا، حتى أصبحوا يمثلون صوت الشعب القبطي برمته، وخدمتهم الظروف بانسحاب الأنبا أثناسيوس من المعركة.

أما أتباع أسقف جرجا فلما رأوا أن فوز مناهضيهم قد أًصبح وشيكا، ادعى عميدهم أنهم اخذوا أمرا شفويا من عباس باشا الأول بتنصيب أسقف أخميم بطريركا وتأهبوا لرسامته يوم الأحد الموافق ١٠ ابريل ١٨٥٣، ولكن أنصار القس داود أصرّوا على رسامته رغم

وقوف عباس الأول في صف الآخرين خصوصا بعد أن أرجفوه بما قاله الدجالون من أن رسامته مستجلب الخراب على البلاد.
ولما كاد الشقاق يستعلى استعان أنصار القس داود بالمستر ليدر احد مرسلى جمعية التبشير الإنجليزية وطلبوا منه التوسط لدى قنصل انجلترا في مصر لدفع عباس الأول في قبول القس داود بطريركا، وفعلا كلمه فوعد ولكنه ماطل في وعده حتى قدم من الحبشة قس حبشي ومعه كثير من الهدايا وكتاب من النجاش لعباس باشا، فقابله عباس ومكث الرجل لدية أياما، فأشيع أيامها أن القس داود سار إلى بلاد الحبشة ليستعين هو وأتباعه بالنجاش على الخروج على طاعة عباس، فاستدعى القس داود إلى دار المحافظة واستجوب في شأن هذه الإشاعة على ما كان بينه وبين نجاش الحبشة، وكان الباشا قد أمر أن يذهب به إلى مجلس الأحكام بقلعة الجبل، فكانوا يأتون أمام المجلس كل يوم مرة أو مرتين، ويضيقون عليه الخناق في التحقيق، أما هو فكان هادئا ثابتا يتكلم برزانة وتعقل، فاغتاظ عباس باشا، واشتد غضبه على الأقباط، فأمر بفصل الموظفين منهم من خدمة الحكومة، ونفي الأعيان منهم إلى ستار في السودان ودارفور، وأذل الباقين في مصر كلها وعاشت الكنيسة والشعب في اضطهاد رهيب.
استدعى بعد ذلك كتخدا باشا (في مرتبة رئيس الوزراء الآن) جاد أفندي شيحة وأعلمه برغبة الباشا في اختيار بطريرك غير القس داود، وطلب منه التعجيل في ذلك خشية تدخل القنصل الإنجليزي، فجمع جاد أفندي الأساقفة وعرض الأمر: فكثرت آرائهم وحججهم، في الوقت الذي اتفق فيه حزب أسقف أخميم على تنفيذ رغبتهم بالحيلة. وكانت حيلتهم أنهم يجتمعون ليلا في دير ليرسموه بطريركا، فإذا أصبح الصباح وجد أنصار القس داود أن السهم قد نفذ، فيرضخون مكرهين أمام الواقع، وكما قبل من قيل أن جاد أفندي شيحة قد حصل على أمر شفهي من عباس الأول برسامته.
اجتمع الأساقفة بالدار البطريركية ويتبعهم الغوغاء سرا ومعهم أسقف أخميم وجاد أفندي وبعض أقاربه، وأغلقوا عليهم الأبواب، ووضعوا عليها حراسا، وبدأوا يتممون الرسامة في الداخل سرا، ولكن حيلتهم لم تتم. إذ بينما هم كذلك ظهر أحد العميان العرفان وجعل يطوف في شوارع المسيحيين والحارت والأزقة وينادى أن قوموا من نومكم يا قوم، ففي هذه اللحظة يتممون رسامة أسقف أخميم. وظل ينادى ويصيح حتى استيقظ الناس وانطلقوا مسرعين إلى الدار البطريركية فتصدى لهم الحراس فاقتحموا الأبواب، وكثر الهياج، وكان في البطريركية بعض الأحباش نيام فاستيقظوا وسألوهم الخبر، فأوعزوا إليهم بإخراج الأساقفة من الكنيسة بالقوة، فأمسكوا القس وكسروا أبواب الكنيسة، واخرجوا الأساقفة رغما عنهم، واختلطت الأصوات وتعالى الصياح، واستمر الهياج خارج الكنيسة وداخلها وفي الشوارع المؤدية إليها حتى مطلع الفجر!!

ولما خابت جهود المتشعين (المُناصِرين والذين وراءه) للأسقف جعلوا يختلقون الأقاويل على القس داود، فأشاعوا انه في مدة إقامته بالحبشة تزوج من إمرأة حبشية وله منها ولدان، وكان أصل هذه الإشاعة قسيس حبشي كان مغتاظا منه بسبب ما ذهب إلى الحبشة من أجله، وكان قد أتى ليشي به بهذا القول إلى البطريرك ليعطل رسامته فوجده قد تنيَّح، ولما استقصى الناس عن حقيقة هذا الإشاعة أتضح كذب القس الحبشي.

ورأى القنصل الإنجليزي أن الفتنة كادت تعم، فحذر عباس باشا من سوء العاقبة، وكان الخلاف قد ظل قائما عشرة أشهر، انتهى بتوسيط الحكومة الأنبا كيرلس مطران الأرمن الأرثوذكس بالقاهرة في الصلح بين الفريقين، ولم يوفَّق أولًا، لكنه أعاد الكرة ونجح أخيرا في إقناع الطرفين برسامة القس داود مطرانا عاما أو مطرانا لبابليون على رأى بعضهم، فإن ثبتت كفاءته قلدوه البطريركية بعدئذ، وان لم تثبت فيظل مطرانا لمصر، ويتجه الأقباط بعد ذلك إلى مرشح آخر، ثم كتبت له تزكية بذلك ووقع عليها كل من: الأنبا صرابامون أسقف المنوفية، الأنبا ابرام أسقف أورشليم، الأنبا باكوبوي (ياكوبوس - يعقوب) أسقف المنيا والاشمونين، الأنبا أثناسيوس أسقف منفلوط، الأنبا مكاريوس أسقف أسيوط، الأنبا يوساب أسقف جرجا واخميم، الأنبا إبرام أسقف قنا وقوص، الأنبا ميخائيل أسقف إسنا، الأنبا اسحق أسقف الفيوم والبهنسا والجيزة.

ومن رؤساء الأديرة: القمص عبد القدوس رئيس دير السريان، والقمص حنا رئيس دير البراموس، والقمص جرجس كاهن دير أبو مقار وإذ كان جماعة الأحباش لا يحبون القس داود ولم يرضوا عن رسامته اجتمعوا مع بعض العامة وبأيديهم العصي ودخلوا الكنيسة قبل إتمام الرسامة، وصاحوا في وجوه المصلين بالسب والشتم، واشتد الهياج، فهرب الأساقفة، وتعقب الأحباش القس داود ليقتلوه فاختفي، ولكن الكتلة كانت قد اتحدت على رسامته مطرانا، فرشم في اليوم الثاني باسم كيرلس الرابع وكان ذلك في يوم ١٠ برمودة ١٥٦٩ / ١٨٥٤ م.

و اشتد اضطهاد عباس حلمى للأقباط و قرر نفيهم من مصر للسودان وتدخل بعض العقلاء والمعتدلين من علماء المسلمين.. ومن بينهم الإمام الأكبر شيخ الأزهر ابراهيم الباجوري الذي أعلن رفضه لقرار عباس باشا بنفي الأقباط خارج البلاد.. وقال له: الحمد لله الذي لم يطرأ علي ذمة الإسلام طارئ. ولم يستول عليه خلل حتي تعذر بمن هم في ذمته إلي اليوم الأخير. فلماذا هذا الأمر الذي أصدرته بنفيهم؟!

و هنا تجسدت علاقة الود والمحبة الباقية أبد الدهربين مسلمى و أقباط مصر في موقف شجاع لمفتي الديار المصرية. الذي واجه عباس باشا بجسارة. و في اليوم التالي. عثر علي عباس حلمي الأول مقتولا. قبل ساعات من تنفيذ اوامرة بنفى الأقباط أغتيل فى قصره فى بنها فى يوليو ١٨٥٤ .

الأقباط فى عصر سعيد باشا :

شهدت فترة حكمه بما يمكن تسميته بالمساواة التامة بين المسلمين والمسيحيين من خلال القرارات الآتية:

١. إلغاء الجزية عام ١٨٨٥.
٢. تجنيد المسيحيين بجيش الدولة.
٣. إلغاء الاحتفالات التى تتم عقب اعتناق المسيحى للإسلام.
٤. صدر فى عهده الخط الهمايونى من الباب العالى عام ١٨٥٦ والمنظم لبناء الكنائس بدولة الخلافة، والذى اجمع وصدر مجاملة للدول الأوربية التى وقفت بجانب دولة الخلافة فى حربها ضد روسيا (طيهة).
٥. صدر فى عهده فرمان الباب العالى بإعتبار البروتستانت (النجيليين طائفة مستقلة) وبدء توافدهم إلى مصر عام ١٨٥٤ وانشيء أول مجمع مشيخى انجيلى عام ١٨٦٠.

استقر الأنبا كيرلس في منصبه كبطريرك لجميع تخوم الكرازة المرقسية بدأ بهمة لا تعرف الكلل في تنفيذ مخططه الإصلاحى دون حساب لما يدور حوله، فوجه اهتمام إلى نشر التعليم بين أبناء شعبه، وكتب في ذلك منشورا مطولا ينتقد فيه طرق تعليم النشئ في الكتاتيب التي يديرها عرفاء فاقِدوا البصر، وجعل يحث الأراخنة والمعلمين وأرباب الحرف على المساهمة في جمع المال لإنشاء المدارس النظامية لتهذيب البنين والبنات ونشر المعارف الصحيحة في كل البلاد، فاستجاب الشعب لرغبته وانهالت العطايا عليه، فبلغ ما جمعه من تبرعات لهذا المشروع ٤٤١٠٦ قرشا ، وبالطبع كان لهذا المبلغ قيمته في تلك الفترة.

وكان أول عمل باشره هو بناء المدرسة الكبرى للأقباط وكانت إلى فترة وجيزة موجودة في فناء البطريركية القديمة بالدرب الواسع، كما اشترى عدة منازل وهدمها وأقام على أنقاضها مدرسة مسيحية ويقال أنه أنفق في بنائها ٦٠٠ ألف قرشًا، فكان بناؤها موجبا لإجماع الجميع على اختياره بطريركا.

ومما هو جدير بالذكر أن الذين كانوا يوصَفون بالزايرجة وأصحاب الطوالع الفلكية من مرشحي الأنبا يوساب كما أسلفنا أشاعوا انه لو جاء كيرلس بطريركا فسوف يكون شؤمًا على حاكم البلاد، وتلعب الصدفة دورها ويقتل عباس الأول في قصره ببنها في ١٤ يوليو ١٨٥٤ أي بعد رسامته بطريركا بأربعين يوما فقط، فعمد البعض إلى تصديق هؤلاء الدجالين!

- وكان من إصلاحاته المبكرة أيضا أن أصدر أيام أن كان اسقفا على مصر منشورا في ٢٣ أغسطس ١٨٥٣ يوصى فيه بالآتي:

١- منع الكهنة من عمل عقد أملاك عند إجراء الخطوبة حتى تترك فترة للتعارف.
٢- تحذير الكهنة من تزويج البنات القاصرات.
٣- تحذير تزويج النساء المترملات المتقدمات في السن من الشباب.
٤- تحتيم أخذ رضاء وموافقة الزوجين قبل الإكليل المقدس.

وأتم بناء المدرسة ليجعل التعليم في متناول الجميع بعد أن كان قاصرا على مدارس الدولة التي كان قد أنشأها محمد على واقتصرت على أبناء الوجهاء، وبعد جلوسه على الكرسي البابوى وسع مساحتها حتى تستوعب أكبر عدد من التلاميذ وافتتحها رسميا بحضور وجهاء الدولة في سنة ١٨٥٥، وكان يقوم بكل مطالب التلاميذ من دفع مرتبات المدرسين واختارهم من المهرة في تعليم اللغات الحية من عربية وتركية وفرنسية وإنجليزية وإيطالية مع كافة المواد الأخرى التي أقرتها برامج المدارس الحكومية، وجعل فيها التعليم والكتب والأدوات بالمجان.

ومن شدة اهتمامه بها كان يزور غرف التدريس دائما كل يوم مرة أو مرتين، ويستمع لالقاء المدرسين للدروس، ثم أنشأ بالمدرسة قاعة يستقبل فيها الزوار لاسيما الأجانب الذين كان يكلفهم بفحص غرف التدريس وإبداء ملاحظاتهم عليها وما يؤول لنجاحها.

وكان يقوم هو نفسه بإلقاء بعض الدروس التاريخية والأدبية على الطلبة مما يناسب إدراكهم وسنهم، وجعل تعليم اللغة القبطية إجباريًا مع الإشراف على ذلك بنفسه، وإذ رأى أن بعض الطلبة من جهات بعيدة يتكبدون مشقة الحضور إلى المدرسة أنشأ لهم مدرسة بحارة السقايين كان يزورها كل أسبوعين، كما أنشأ بحارة السقايين مدرسة أخرى للبنات فكانت أول لفته في مصر لتعليم البنات، حيث كانت البنات تعانى من قبل من الجهل وعدم العناية بها.

لقد كان إقبال الأقباط رغم ذلك على التعليم في مدرسة الأزبكية (الأقباط الكبرى) قليلا، فلم يزد عدد طلبتها على مائة وخمسين طالبا، وكان المشار إليهم في تعليم الأطفال حينئذ جماعة من العرفان، فلما أحسوا بما أجراه البطريرك سعوا يلقون بالفتنة ضده في البر، وجعل هؤلاء العرفاء يوهمون أهالي الأولاد بأن بين البطريرك والوالي عقدا على أن يجند له من الأولاد ألوفًا، وكان إذا وصل الدار البطريركية شيئ من الأدوات المدرسية بكوا وناحوا، وقالوا هذه آلات للحرب وإذ رأى البابا كيرلس الرابع هذا الخطر يتزايد من جراء إشاعات هؤلاء العرفان، بدأ يستميلهم بأن أشركهم في مراحل التعليم الأولى في الدارس التي أنشاها، فلم تمض مدة حتى بدأوا يرتلون بحمده ويستديروا مائة وثمانين درجة. ولقد أنجبت المدارس أبناء كثيرين تكلموا باللغات المختلفة، وكانوا من الأقباط المسيحيين منهم عبد الخالق ثروت باشا رئيس الوزراء في العشرينات من هذا القرن،

وكان يدعو سنويا كبار القوم ليوزع الجوائز الفاخرة على التلاميذ النابغين تشجيعا لهم وتنشيطا لسواهم.
وقد كلف أحد قسوس الكنيسة الكبرى بالأزبكية (القمص تكلا) وكان يجيد الألحان بأن يختار من بين التلاميذ عددا من ذوى الأصوات الحسنة، وعهد إليه بتعليمهم، وأعد لهم ملابس خاصة ليقوموا بالخدمة في الكنيسة، مما دفع الأهالي للإعجاب بالمشروعات ودفعوا أولادهم على الالتحاق بمدارسة والانتظام فيها.
وبعد قليل تخرج من هذه المدرسة عدد كبير، واتفق إنشاء مصلحة السكك الحديدية بمصر فدخلوها موظفين، وانتشروا في محطاتها، وكانوا يؤدون أعمالهم باللغة الإنجليزية، وعمل بعضهم في البنوك وعند التجار لمعرفتهم باللغات الأجنبية.
كان اهتمامه عظيما باللغة القبطية وإحيائها، فطبع منها عدة كتب، وبدأ الطباعة بلندن، فتعلمها أعضاء الكتبة القبطية، وتكلموا بها، فكانت في آخر أيامه من أهم اللغات التي كان يتكلم بها أبناء المدارس لديه، وقد أنشأ حوالي ١٢ مدرسة منها مدرسة للبنات علا فيها التدريب المنزلى من طهى ونسيج وخياطة وتطريز وبعض أعمال الخدمة الطبية إلى جانب علوم الدين واللغات.
ثم وجه عنايته إلى ترميم الكنائس وإعادة ما تخرب منها فأعادها إلى ما كانت عليه، ولما رأى صعوبة تحمل مساكن حارة السقايين والجهات القريبة منها المشاق لحضور الصلاة في الكنيسة المرقسية بالأزبكية سعى لدى سعيد باشا سنه ١٥٧٢ س ليحصل على إذن ببناء كنيسة في تلك الجهة فصدر له في ٥ ربيع الأول ١٢٧٢ هجرية، فكرس مكانا بمنزل رجل شهرته القيصاوى ليكون كنيسة إلى حين التمكن من بناء جديد، وأقام أول صلاة شكر في تلك الكنيسة وبقيت كذلك إلى أن بنيت الكنيسة الحالية في عام ١٨٨١ م.
أما كنيسة البطريركية بالدرب الواسع بالأزبكية فقد وجد مبناها الذي كان قد بناه المعلمان إبراهيم وجرجس الجوهرى ضيقا متواضعا، وأن عمارتها ضعفت ومهدده بالانهيار فقام بهدمها من أساسها ووضع تصحيحا يليق بكاتدرائية كبرى تليق بمركز الرئاسة وترفع من شأن قومه أمام الجاليات الأجنبية، واحتفل بوضع أساسها يوم الخميس ٦ مايو ١٨٥٨ بحضور كثيرين من وجهاء مصر وكبار رجال الدولة إلا انه مات أثناء بنائها فأكملها خليفته وبمثريوس الثاني.
ثم وجه نظره نحو إنشاء مكتبة تجمع الكتب النفيسة، فوجد في الدار البطريركية كثيرا من الكتب المهملة دون عناية، وبها كتب نفيسة للغاية، فجعل يصلح نظمها وتنظيمها ووضعها في مكان خاص بها أخذ يجمع من خزائن الأديرة الكتب الثمينة والسجلات المهمة لوضعها في المكتبة، كما أمر بتصحيح الكثير من كتب الكنيسة، حيث كانت تضم كثيرا من الحشاوي والتخاريف فأصلحها وضبطها.

ثم عندما انتظمت مدارس البنين والبنات التي أنشأها، رأى أن رسالتها لا تكتمل إلا بوجود مطبعة تتولى طبع الكتب المدرسية، وما تحتاج إليه الكنيسة من الكتب الدينية على اختلاف أنواعها، وكانت حتى ذلك الحين تعتمد على الكتب المخطوطة التي حرفها النساخ أو كتبوها بخطوط رديئة تصعب قراءتها، فكلف صديقًا له يدعى رفلة عبيد الرومي بشراء مطبعة من أوربا وفعلا حقق له رفلة رغبته واشترى له مطبعة من إيطاليا، وصلت ميناء بولاق وكان يومها في دير الأنبا انطونيوس بالصحراء الشرقية، فكتب إلى وكيل البطريركية بالقاهرة بأن يستقبلها في زيه الكهنوتي ويكون الشمامسة بملابسهم الكهنوتية، وهم يرددون ألحان الفرح والسرور، ولما عابه البعض على ذلك بعد مجيئه من البرية، أجابهم لو كنت حاضرا فور وصولها لرقصت أمامها كما رقص داود النبي أمام تابوت العهد.

و قام بتوسيع بعض الأديرة مثل دير السريان، وأرسل من قبله عمالا قاموا بقطع الأحجار من هضبة مجاورة، وزودهم بعربة لنقلها ونقل مواد البناء ومستلزماتها أثناء العمل.

ونظرا لما كان يعرفه من خطورة بعض الكهنة وتأثير المادة عليهم، بدأ يصلح أحوالهم المعيشية وربط مرتبات شهرية لبعضهم حتى لا تقف المادة عائقا لخدماتهم، وبدأ في عمل مدرسة إكليريكية لتعليمهم.

و كانت المرأة تعد من المتاع، إلا في مجال الأمومة، فجاء البابا كيرلس الرابع ليغيرها، فأصبحت شريكة الرجل في كل أطوار حياته، وعمل على تعليمها وتهذيبها في مدرسة خاصة بها وكانت الأولى في مصر، وقد اقتدت الحكومة به، ونظرت إليه كرائد اجتماعي وفتحت بعده مدارس البنات، كما حفظ للمرأة كرامتها فلم يكن يسمح بالطلاق إلا لعلة الزنا تطبيقا لمبدأ الإنجيل، كما كان يوصي أولاده المسيحيين بعدم التفريق بين الانثى والذكر في الميراث فهم سواء لأن الله لا يميز بين روح الرجل وروح المرأة.

و من الأعمال النافعة التي حققها أنه أقنع الحكومة باستعمال التاريخ القبطي، وقال في ذلك صاحب كتاب التوقيعات الإلهامية (في ابتداء ٢١ شوال سنه ١٢٧١ ه استعملت التواريخ القبطية بحسابات مصر) أي من أول أبيب ١٥٧١ شهداء الموافق ٧ يوليو ١٨٥٥، وبقى مستعملا إلى أن أبدل بالتوقيت الإفرنجي من أول ديسمبر ١٨٧٥ م.

ومن تأثيره كذلك أنه نهض باللغة القبطية، وأصلح النطق بحروفها بمساعدة أحد مدرسي اللغة اليونانية في المدرسة العبيدية، فنبغ في مصر وقتها كثيرون كان في مقدمتهم، المعلم عريان جرجس مفتاح - القمص فيلوثاوس إبراهيم عوض - برسوم إبراهيم الراهب - فانوس ميخائيل جرجس - الدكتور إبراهيم بك حلمي من مركز صحة السويس.

البابا كيرلس الرابع و الفرمان السلطاني في ١٨ فبراير سنه ١٨٥٦ في عهد سعيد باشا

صدر الفرمان السلطاني في ١٨ فبراير سنه ١٨٥٦ بمساواة كل المواطنين والتمتع بكافة الحقوق، قام البابا كيرلس الرابع وتقدم إلى سعيد باشا يطلب منه تطبيق نصوص الفرمان على جميع المصريين فوعده الباشا بذلك، ولكن عندما رآه يماطل في تنفيذه استاء من تهربه وتوجه إلى دير الأنبا انطونيوس ومعه الأنبا كلينيكوس بطريرك الروم الأرثوذكس الذي كانت تربطه به صداقة قويه، ومكثا هناك قرابة ستة أشهر، فانتهز قنصل فرنسا هذا الخلاف وعرض على البطريرك تسوية الأمر بينه وبين أمير البلاد شريطة أن يسمح للرهبان اليسوعيين بتأسيس مراكز تبشيرية في الحبشة إلا أن البابا رفض هذه الوساطة التي لا تتفق ومصلحة الكنيسة.

و عندما تولى سعيد باشا الحكم واجهته مشاكل متعددة فيها الجيش والتجنيد، فجعل التجنيد إجباريا على كل المصريين، وشن نظاما للاقتراع يدعى بموجبه كل المصريين بلا فارق بينهم لحمل السلاح حتى الأقباط، وقد رحب البابا كيرلس بهذا ليكون القبطي مواطنا لأخيه المسلم ويكون هذا مبررا لرفع الجزية التي كانت تدفع بدعوى الدفاع عن المسيحيين، وان كان الأقباط قد خافوا ووقعوا ضده في هذا، إلا أنه استمر في موقفة وشجع سعيد باشا على هذا، ليكون للمسيحي شرف الجندية وشرف المواطنه كمصرى.

وقع في أيام البابا كيرلس الرابع خلاف بين الحكومتين المصرية والحبشية بسبب تعيين الحدود بينها، وقيل أن السلطان عبد المجيد العثمانى هو الذي أوعز إلى سعيد باشا خديوي مصر بأن يرسل بطريرك الأقباط إلى البلاد الحبشة لعقد اتفاق بينه وبين ثيودور ملك الحبشة Tewodros II أو Theodore II الذي كان قد تعدى على بعض نقاط الحدود في إقليم هرر Harrar وحدثت مشاكل للتابعين في ذلك الوقت للحكومة المصرية العثمانية، فجهزت له باخرة، وقام البطريرك بهذه المهمة السياسية بدون أن يدرى به أحد إلا الذين رافقوه في السفر وبعض خدامه، وقد سافر البابا كيرلس الرابع رغم أن السفر كانت تعلوه الكآبة ويشوبه التشاؤم من هذه السفرية، وكان يرافقه اثنان من أغوات المنزل (جمع أغا)، فانتهز فرصة طول السفر وتعلم منهم التركية.

ولما علم النجاش بقدومة خرج لملاقاته بموكب حافل على مسيرة ثلاثة أيام من عاصمة مملكته، وطلب منه أن يمسحه ملكا بحضور جميع ملوك الحبشة، وكان في الحبشة بعض من المرسلين الإنجليز المرسلين من (جمعية التبشير بالإنجيل) لبث تعاليم ما رتبه لوثر كينج البروتستانتية بين الأحباش، وقد تقربوا من النجاش بعمل المدافع وصنع الاسلحة للحبشة، وتعليمهم فنون الحرب والقتال، حتى مال إليهم وأعطاهم الحرية ليجولوا في كل مكان، فكانوا يعبثون بطقوس الكنيسة القبطية، ولم يفلح مطران الحبشة في مقاومتهم،

فانتهز فرصة وجود البطريرك ورفع أمرهم إليه، فبعد انقضاء الأفراح طلب البطريرك من النجاش أن يرد لبلاد مصر ما أخذه منها، فأجابه إلى طلبه بسرور زائد، ثم كلمه بشأن المرسلين الإنجليز وطلب منه ترحيلهم، فاعتذر بكونهم يعلمون جنوده فنون الحرب، فأفهمه أن الحال غير داعية للحرب، فأمر النجاش بإخراج المرسلين من بلاده، فحقدوا على البطريرك وعملوا على الانتقام منه.

وكان البطريرك قد بعث يطلب من سعيد باشا أن يسير إليه بعض الصناع والمعلمين، فدس إليه قنصل الإنجليز بأن كيرلس هذا يريد أن يسلم بلاده إلى النجاش، ومازال سعيد باشا حتى قام إلى الخرطوم بجيش عظيم، وفي الوقت نفسه كان الإنجليز يحيكون مكيدة أخرى ضد كيرلس لدى النجاش، فدسوا عليه أنه قدم لطرد الإنجليز الذين كانوا يعدون لك الآلات الحربية ليمكن والي مصر منه، وقد حمل إليه من قبل سعيد باشا كسو (كساء) مسموما إذا ما لبسته قضي عليه! وكان فعلا من بين الهدايا التي قدمها البابا كيرلس للنجاش برنسا مزركشا بالجواهر الكريمة فهاب النجاش الأمر، لاسيما لما علم بقدوم سعيد باشا بجيشه إلى الخرطوم، فأمر بسجن البطريرك وضيق عليه الخناق، وخشية من أن يفلت البطريرك، ويمسح ملكا آخر للحبشة سواه، اصطحبه معه، فكان يسوقه أمامه في كل مكان يحل به محاطا بالحراس وكان إذا جلس يقف أمامه، ويبكته بأغلظ الألفاظ.

تمكن البابا من أن يصل إلى والدة النجاش، وكانت تقية ورعة، وأفهمها بحقيقة الأمر، فتوسلت إلى ولدها من جهته، فسمح له أن يدافع عن نفسه، فتمكن من إقناعه بجليل مقاصده، ومن ثم طلب أن يلبس الثوب الذي ارتاب فيه فلبس البطريرك مدة يومين دون أن يصاب بأذى، ولبسه رجل محكوم عليه بالإعدام مدة ثلاثة أيام فلم يصبه سوء، وكان النجاش قد أمر بحرم البطريرك حيا، فعفي عنه، وأرسل البطريرك إلى سعيد باشا أن نجاحه متوقف على رجوعه من حيث أتى، فرجع سعيد باشا إلى مصر بقواته من الخرطوم، وهنا عرف النجاش حقيقة الموقف، واعتذر للبطريرك على سوء فعلته وذلك برفع حجر على رأسه كعادة الأحباش وكان قد مر أكثر من سنه منذ خرج الأنبا كيرلس من مصر ولم يرد عنه خبر أو يسمع عنه شئ، وكان الناس قد قلقوا عليه كثيرا، وبعد سنه وأربعة اشهر حل مكتوب منه ينبئ بأنه وصل إلى الخرطوم ومعه اثنان من رجال حكومة الحبشة، أحدهما قسيس الملك والثاني وزيره، فسر الشعب بعد أن ظنوا أنه مات، ووصل إلى القاهرة في ١٧ أمشير ١٥٧٤ ش. وقد استقبل استقبالا عظيما.

لم ينسى الإنجليز له موقفه هذا فدبروا له مأساة محزنه لقاء إيعازه للنجاش بطرد تابعيهم من الحبشة، ولم يمكنهم من أخذ السلطان، كما اشتد غيظ الإنجليز عندما علموا أنه ينوى توحيد الكنائس الأرثوذكسية، فبعد رحيل وزير نجاش إلى الحبشة شعر البابا كيرلس بتغير محمد سعيد باشا عليه واتفق انه اصطحب معه بطريركي الروم والأرمن إلى دير

القديس انطونيوس كما أسلفنا ترويحا عن أنفسهم، فانتهز القنصل الإنجليزى ودس له عند سعيد باشا بأنه يريد توحيد الكنائس تحت حماية روسيا التي كانت مكروهة من السلطان ومن سعيد باشا، فأرسل سعيد باشا إلى مدير مديرية بنى سويف يأمره بأن يستدعى البطريرك فورا، فاستمهله أياما، فاشتد غيظ سعيد باشا، ويروى التاريخ أنه كان في أحد الأيام أن جاء إلى البابا رسول من قبل محافظ مصر يستدعيه إلى الديوان لأمر لا يتم إلا بحضوره، فلم يقبل الذهاب، وصرف هذا الرسول بالحسنى فعاد إليه مرة ثانية وثالثة، فلم ير البابا بدا من الذهاب، واصطحبه وغاب ساعة وعاد ووجهه يقطر منه العرق، وقد نزلت به حمى، فعرف العلة وأشار بالدواء، فلم يأته حتى أتاه طبيب محمد باشا بأمر منه، وأخذ في علاجه، وظل يعالجه أياما، وقد اشتدت عليه الحمى وعظم مرضه، وفقد الرشد وسقط شعر رأسه ولحيته على وسادته وانحل جسده.. ومات.

ويروى من كانوا حوله، انه لم يقبل السم في القهوة لأنه سمعهم يتكلمون بالتركية وكان يفهمها، ورجع إلى قلايته حزينا، حتى حضر إليه كل من صديقه ربيب الأرمن والخواجة حنا مسرة وأحضرا له طبيبا قائلين عنه أنه أمين، ولكنه دس له السم في الدواء، ولما شعر به يمزق أحشاءه من الألم سلم أمره لله وجعل يردد (لا تخافوا من الذين يقتلون الجسد، بل خافوا من يقتل النفس).

وكانت وفاته في ليلة الأربعاء ٢٣ طوبه ١٥٧٧ ش. / ١٨٦١ م. ودفن بقبره الذي كان قد بناه لنفسه بالكنيسة الكبرى، بعد أن قدم للكنيسة ولمصر كل هذه الأعمال الجليلة والإصلاحات الكبيرة ومن ثم دعي (أبو الإصلاح).

و جدير بالذكر أنه فى عهد سعيد باشا صدر فى عهده فرمان الباب العالى بإعتبار البروتستانت (النجيليين طائفة مستقلة) وبدء توافدهم إلى مصر عام ١٨٥٤ وانشىء أول مجمع مشيخى انجيلى عام ١٨٦٠.

الثورة العرابية

وقف الجيش المصري الذي يضم مسلمين وأقباطا يساند عرابي[٤٢] الذي حاول إبعاد النفوذ الأجنبي ومقاومة طغيان الخديوي توفيق، وإذ أصدر الخديوي أمرًا بعزله، طلب عرابي من يعقوب سامي باشا أن يدعوا إلى عقد الجمعية العمومية، فاجتمعت في وزارة الداخلية يوم السبت ٢٢ يوليو ١٨٨٢، حضر الاجتماع نحو خمسمائة من كبار المصريين في مقدمتهم شيخ الأزهر، والبابا كيرلس الخامس لتؤيد عرابي. جاءت الثورة العرابية لترفع شعار

---

42 احمد عرابي هو فلاح مصري بسيط ولد في إحدى القرى القريبة من الزقازيق بمحافظة الشرقية . حفظ القرآن الكريم فى الكتاب وتعليم في الأزهر الشريف.التحق بالجيش وعمره ١٤ سنة وترقى في الجيش بسرعة لكفاءته ومهارته العسكرية حتى وصل إلي رتبة أميرلاي (عميد حاليًا) في أوائل عهد الخديو توفيق.

(مصر للمصريين). وتم تعيين قبطيين في مجلس النواب الذى شُكل في ظل الثورة، وألقى عبد الله النديم الخطب التي ركزت على عناصر الوحدة بين المسلمين والأقباط. وعلى المستوى الشعبي قدم الأقباط مع المسلمين المئونة للجيش، وانهالت التبرعات لمساندته ليقف أمام الزحف الانجليزي.

للأسف قام بعض رعاع الإسكندرية بمذبحة عظيمة قاسى فيها المسيحيون و الأجانب كل أنواع العذابات فلجأ بعض المسيحيين على اختلاف طوائفهم إلى البطريركية، واضطر غالبية الأقباط إلى ترك الإسكندرية [٤٣]. فحملت الثورة صبغة دينية.

في أثناء ذلك حدثت ثورة المهدي بالسودان، وقبل استيلائه عليه تركه الأقباط وهربوا إلى القطر المصري، وأرغم أسقف السودان وبعض الكهنة والشعب الذين لم يتمكنوا من الهرب إلى ترك الإيمان بعد أن استشهد الكثيرون [٤٤].

الاحتلال البريطاني

ارتبطت العقود الأولى من بداية عهد الاستعمار البريطاني بتراجع في وضعية الأقباط بشكل عام، والعلاقة بين المسلمين والأقباط، مقارنة بالعقود السابقة التي دفعت بعملية الاندماج في الدولة. فعلى عكس ما توقع الكثيرون، اتخذ الاحتلال البريطاني سياسة تمييزية ضد الأقباط فيما يتعلق بالوظائف العامة. وكان وجهة النظر التي تبناها اللورد كرومر، المعتمد البريطاني، هي أنه يجب الحذر إزاء التعامل مع الأقباط. وكان ذلك راجع إلى الحرص على عدم استفزاز الأغلبية المسلمة، خاصة وأن الأقباط لم يظهروا ترحيبًا ولا استعدادًا للتعاون مع قوات الاحتلال. ومن ثم كان الاعتماد بشكل أساسي على المسيحيين من غير المصريين، وبشكل أساسي أولئك القادمون من الشام.

غير أن هذا الاستبعاد كان يقابله تحول آخر على صعيد وضعية الأقباط، فقد أدت تطورات القرن التاسع عشر إلى تكون طبقة من كبار التجار والأعيان الأقباط. من ناحية أخرى، شهدت هذه الفترة تزايدًا ملحوظًا فى التحاق الأقباط بالمدارس المصرية وكذلك مدارس الإرساليات الأجنبية، وهو ما وسع دائرة المتعلمين وساهم فى تكوين طبقة وسطى قبطية. وكان من أكبر الإدارات في الدولة إدارة المالية والضرائب، وهي التي ضمت أعدادًا كبيرة من الأقباط استمرارًا للدور الذي لعبوه تاريخياً في هذا المجال. وتشير إحصاءات العقد الأول من القرن العشرين، إلى أن الأقباط كانوا يمثلون ٧% من المصريين، ويسيطرون على ٢٠% من الثروة، ٤٥% من الوظائف الحكومية و٤٠% من الرواتب الحكومية. وحتى بافتراض عدم دقة هذه الأرقام أو تحيزها، إلا أنها تظل ذات دلالة، وتساعد على فهم

---

43 القس (الشماس) منسى يوحنا: تاريخ الكنيسة القبطية، ١٩٧٩، ص ٦١٠.

44 المرجع السابق، ص ٦١٠

نشأة المسألة القبطية في تلك الفترة. فقد أصبحت هناك طبقة عليا من التجار والأعيان وطبقة وسطى من المتعلمين، تتبنى الدفاع عن حقوق الأقباط، وترفع مطالب المساواة في الوظائف القيادية، والمساواة في المعاملة عبر أتخاذ أيام الأحد عطلة، وتدريس الديانة المسيحية في المدارس...إلخ. ولا يعني الأمر أن الأقباط يمثلون الطبقة الغنية في مواجهة المسلمين الذين يمثلون الفقراء، ذلك أن أغلب الأقباط آنذاك كانوا من الفلاحين الفقراء مثلهم مثل المسلمين كما سبق القول، لكن تطور نخبة ثرية ومتعلمة شجع على طرح المسألة في الحياة السياسية المصرية.

وفى تلك الفترة، كان على رأس الحركة الوطنية الحزب الوطنى بقيادة مصطفى كامل. ورغم أن الحزب ضم فى لجنته التنفيذية أثنين من الأقباط ـــ هما ويصا واصف ومرقص حنا ـــ إلا أنه اتخذ ميلاً إسلاميًا ودعا للانضواء تحت السيادة العثمانية، باعتبار أن ذلك وسيلة لتحقيق الاستقلال عن بريطانيا. وارتبط الحزب بشخصيات إسلامية أهمها الشيخان علي يوسف وعبد العزيز جاويش، اللذين كانا من أكثر الدعاة تحمساً لفكرة الجامعة الإسلامية. وكان لهذا التوجه أن خلق هوة بين الحزب والأقباط. وعقب وفاة مصطفى كامل، إزداد الأمر سوءًا، حيث فقد محمد فريد الذى ترأس الحزب التأييد المحدود الذى كان يتمتع به الحزب بين الأقباط، حينما أعلن احتجاجه على تعيين بطرس غالى رئيساً للوزراء عام ١٩٠٨. وبشكل عام شهدت السنوات العشر من ١٩٠٨ إلى ١٩١٨ ـ التى اتسمت بتراجع الحركة الوطنية، تصاعداً واضحاً فى التوترات الطائفية، وتدهوراً فى العلاقات بين المسلمين والأقباط. وكانت مظاهر هذا التوتر عديدة. فقد اشتعلت الحرب بين الصحف ذات التوجة الإسلامى (اللواء والمؤيد)، والصحف القبطية (مصر والوطن)، حول قضايا حقوق الأقباط فى الوظائف، وتدريس الديانة المسيحية فى المدارس، وسجل المسلمين في مصر منذ عهد عمرو بن العاص. وأدى اغتيال بطرس غالى عام ١٩١١ على أيدى شاب له صلة بالحزب الوطنى إلى مزيد من التردى.

وفى ظل هذا المناخ انعقد المؤتمر القبطى فى أسيوط عام ١٩١١، وناقش عددًا من المطالب، على رأسها اتخاذ أيام الأحد عطلة رسمية، والمساواة بين الأقباط والمسلمين فى تولى الوظائف القيادية، وإقرار نظام يضمن تمثيل الأقباط فى المجالس النيابية – وهى المرة الأولى التى يتم بها المطالبة بنظام الحصة ـــ وإنفاق الحكومة على المدارس القبطية من حصيلة الضرائب على الأطيان، حيث كان الأقباط يدفعون ١٦% منها. ورداً على المؤتمر القبطى انعقد المؤتمر الإسلامي فى القاهرة فى نفس العام. وكانت من بين توصيات المؤتمر رفض مطلب عطلة الآحاد، والتأكيد على أن دين الدولة هو الإسلام، واتخاذ الكفاءة كقاعدة للتعيين مع التأكيد على الحكومة أن تأخذ فى الاعتبار أن "الأقباط تجاوزا فيما نالوه من الوظائف الحد المعقول"، ورفض تعديل قانون الانتخاب بما يجعل لكل طائفة ممثلين فى

المجالس النيابية. وعلى أية حال فقد مثلت حالة التوتر الطائفى التي سادت فى تلك الفترة، والتى عبر عنها انعقاد المؤتمر القبطى ثم الإسلامى، نقطة تحول فيما يتعلق بالمسألة القبطية، حيث كانت المرة الأولى التى تطرح فيها قضية حقوق الأقباط باعتبارهم مواطنين مصريين على بساط البحث.

اغتيال بطرس غالي باشا: (٢٠ فبراير ١٩١٠)

تأتي أهمية هذا الحادث على وجه التحديد فى أن أول جريمة سياسية في مصر كان ضحيتها قبطى مسيحى ، وسارت الأحداث كالتالي، في ٢٠ فبراير ١٩١٠ فوجئ الجميع بشاب يدعي "إبراهيم ناصف الورداني" يطلق الرصاص على "بطرس غالي" باشا، وأصابه إصابة قاتلة نقل بعدها فورًا إلى المستشفي لإسعافه بالعلاج، وبادر الخديوي "عباس حلمي" الثاني بزيارته للاطمئنان عليه، إلا أنه مات متأثرًا بجراحه، واعترف الورداني بأنه القاتل وحده دون شريك.. ولما سأله رئيس النيابة عن سبب القتل أجاب علي الفور "لأنه خائن للوطن، وجزاء الخائن البتر"، وأحيل الورداني في يوم السبت ٢ ابريل ١٩١٠ إلي محكمة الجنايات التي قضت بإعدامه ونفذ الحكم في ٢٨ يونيو ١٩١٠، وكانت الجمعية العمومية قد رفضت الموافقة علي اتفاقية مد امتياز شركة قناة السويس قبل أن يقتل بطرس غالي وعندما جاء محمد سعيد باشا في الوزارة الجديدة أعلن الالتزام بقرارات الجمعية العمومية.

مؤتمر الأقباط الأول عام ١٩١١

اغتيل بطرس باشا غالي سنة ١٩١٠ علي يد إبراهيم الورداني، وعمل مثيرو الشقاق علي استغلال الحادث في تفجير الخلافات الطائفية بين المسيحيين والمسلمين، وانتهز اخنوخ الفرصة وأسس هيئة برئاسته باسم » مجتمع الإصلاح القبطي « ، وضم إليها العشرات من الشخصيات العامة القبطية، وأصدر أول بيان للهيئة يدعو إلي المساواة بين المسيحيين والمسلمين في جميع الحقوق بغير تمييز بسبب الدين . لم يكن دعاة الشقاق من المسيحيين يمثلون أغلبية فيهم، ولا استطاعوا أن ينجحوا في جذب الكثيرين إليهم وغلبت كفة العقلاء من المسيحيين الذين هاجموا أي نماء للشقاق وحذروا منه، لكن أخنوخ فانوس وقرياقس ميخائيل أنشأ في لندن مكتباً للدعاية والإعلان، واستطاعا أن يتصلا بأعضاء مجلس العموم البريطاني ويدعوا إلي عقد مؤتمر قبطي !! وأثير أمر هذا المؤتمر بمجلس العموم البريطاني، وأخذت الصحف الإنجليزية الصادرة في مصر علي عاتقها الدعوة لعقد هذا المؤتمر، وقدم بعض الداعين للمؤتمر طلباً إلي المسئولين في مصر، وفي ١٩١١/١/٢٥م أعلن جورست أنه زار بنفسه عدة محافظات في صعيد مصر التي يكثر فيها المسيحيون وبحث في ظلاماتهم فوجد أن الشكاوي ليست بذات شأن يذكر، فجاء حديثه

مشجعاً الداعين إلي النهوض تكثيراً للشكاوي، وبذلك فإن إعلان جورست يكون قد أشعل نار الحركة وبدأ من وقتها ضم سائر القوي التي كانت بعيدة عنهم . ثم أرسل الداعون إلي وزير خارجية بريطانيا مذكرة حدثوه فيها عن خطة التمييز الطائفي الحاصلة في مصر ضد الأقباط، فرد طالباً انتداب هيئة تقابل وكيله في مصر وترفع إليه الأمر، وما لبث أن وردت الأوامر من لندن إلي المعتمد البريطاني بالسماح بعقد المؤتمر. وفي ٦ مارس سنة ١٩١١ انعقد المؤتمر، وحرص الحاضرون علي تأكيد الانتماء الكامل للوحدة الوطنية، فارتفع العلم المصري فوق المبني الذي اجتمعوا فيه، وابتدئ المؤتمر بعزف السلام الخديوي، وأعلن رئيس الجلسة الافتتاح باسم الله، وفي ظل الحضرة الخديوية الفخيمة . ثم تحدث مطران أسيوط طالباً ابتداء بأن يبارك الله الحضور، وأن يحافظ المدعوون علي أحسن العلائق مع بقية إخوانهم المصريين، ثم تكلم ميخائيل فانوس المحامي عن توثيق عري المحبة بين المسيحيين والمسلمين، وقال : إن شيوع العدل والمساواة هو الخليق بتهدئة الخواطر، وطالب بمساواة جميع المصريين في احترام يوم الراحة الذي تنص عليه عقائدهم الدينية باحترامه، وبالتالي إعفاء موظفي الحكومة وطلبة المدارس المسيحيين من الاشتغال يوم الأحد . وطالب بالتعويل علي الكفاءة دون سواها في الترشيح في الوظائف العمومية للمصريين، بدون أن يكون هناك دخل لأي اعتبار آخر، وطالب بتمتع المسيحيين بجميع حقوق تعليم الأهالي القائمة به مجالس المديريات، ثم طالب ميخائيل فانوس بجعل خزينة الحكومة المصرية مصدراً للانفاق علي جميع المرافق المصرية بالسواء بدون فارق بين مورد ومورد . وكان من أهم ما طالب به المؤتمر القبطي هو تشخيص جميع العناصر المصرية في جميع مجالسها النيابية تشخصياً يضمن للجميع المدافعة عن حقوقهم والمحافظة عليها . ثم تحدث اخنوخ فانوس محاولاً أن يثبت أن إجازة الأحد أمر إلهي، وحذر من الشعور بالخطر لدي المسيحيين أن يدرس أولادهم يوم الأحد فيتعودن إهدار أوامر دينهم، وانتهي الأمر بموافقة الأغلبية علي الاكتفاء برفع التماس في هذا الشأن إلي سمو الخديو ! وفي الجلسة الثانية ذكر توفيق دوس : أن الوظائف العمومية ليست تركة عن الحكومة تقسم تبعاً للنسبة العددية، ولا هي أرض سائبة يملكها أول من يضع اليد عليها، ولكنها المراكز التي أوجدها القانون والنظار لإدارة دفة الأعمال العامة التي تقوم بها البلاد وتحفظ بها كيانها . وأضاف : أنه من المضر أن يطلب المسيحيون من وظائف الحكومة نصيباً يوازي نسبتهم العددية، فإن هذا قد يستلزم أن يتربع في المناصب العليا قوم غير أكفاء لإدارتها لا لعلة إلا لكونهم مسيحيين، لذلك فإن النسبة العددية يجب أن تمحي . وأشار إلي أنه لا يوجد في القوانين المصرية أي دليل علي تمييز طائفة علي أخري في التوظيف، بل هي صريحة في حصر شروط التوظف في الجنسية المصرية والكفاءة الشخصية، ولكن مصدر الشكوي لا يتأتي من القانون ولا من الواقع النظري ولكنه يجيء

من تنفيذ القانون، فوظائف الإدارة العليا مقصورة، علي شق واحد من السكان - قاصداً المسلمين - مثل المدير والوكيل والمأمور في المديريات، والوكيل والمحافظ في المحافظات، ووظائف الجيش العليا كرتبة اللواء والأميرالاي واختتم حديثه مطالباً بتعديل هذا الوضع منوها بأن كفاءة المسيحي ككفاءة المسلم لا تقف عند حد، وكلتاهما توصل لأعلي المناصب، مشيراً إلي أنه لم يحدث التمييز في مثل هذه الوظائف إلا بعد الاحتلال البريطاني في سنة ١٨٨٢ ومن وقتها أثيرت الحجج التي تبين هذا التمييز، بدعوي أن بعض هذه المناصب يدخل في اختصاصها شأن من الشئون الدينية، وأن مصر بلد إسلامي يتعين معه سيادة العنصر الإسلامي . وبالجلسة الثالثة تحدث مرقس حنا عن تشخيص المسيحيين في المجالس النيابية تشخيصاً يضمن لهم حقوقهم، وطالب بأن تكون الأمة ممثلة حسب عدد السكان، وحسب المركز المالي والحالة الاجتماعية والمقدرة العلمية، دون أن يقترح اشتراط نسبة للمسيحيين في مقاعد المجالس النيابية . وذكر اخنوخ فانوس أن طريقة مرقس حنا تضمن الوصول إلي النتيجة المبتغاة بغير حرج علي أحد الفريقين أن ينتخب من الفريق الآخر . وقال فرنسيس غبريال قائلاً : لكل مسيحي الآن الحق أن ينتخب المسلم، ولكل مسلم الحق أن ينتخب المسيحي علي السواء، فإن خذلوا فذلك شأنهم، ولا يصح أن يكون هناك مسيحي ومسلم في الانتخابات . ثم تحدث حبيب دوس عن وضع نظام لمجالس المديريات يكفل لجميع العناصر التمتع بالتعليم الأهلي، وهو الموضوع الخاص بضريبة الخمس التي تحصلها مجالس المديريات للانفاق منها علي الكتاتيب، وذكر أن الكتاتيب ودارس المعلمين ينتفع بها فريق من المصريين دون فريق . واعترض علي فكرة أن تخصص كتاتيب وأخري للمسيحيين، لكن ذلك يفرق بين أبناء الشعب الواحد ويربيهم علي العزلة، وطالب بكتاتيب عامة يدخلها المسيحي المصري واليهودي المصري والمسلم المصري، يتعلمون فيها جنباً إلي جنب بغير تمييز، ولكن إذا لم يتيسر هذا الاقتراح فلا بأس من تخصيص ما يدفعه المسيحيون لكتاتيب خاصة بهم وهو أمر نقبله مكرهين محزونين، نقبله محزوين والأسف يملأ فؤادنا لما نتوقعه من الفشل في عنصر التضامن القومي في هذا الطريق . وبالجلسة الرابعة تحدث مرقس فهمي وطالب بوجوب جعل الخزانة المصرية مصدراً للانفاق علي جميع المرافق المصرية علي السواء، وذكر أن المسيحيين لا يجهلون أنهم مصريون قبل كل شيء، واجتماعهم لا يعني أنهم يتوهمون أن الرابطة الطائفية أقوي من الرباط الوطني . وأضاف : أن المسألة تنحصر في تقرير مبادئ اجتماعية تؤلف بها القلوب، فيثبت بيننا واجب التضامن المؤسسي علي المساواة الكاملة، والمسيحيون لا يريدون أن يكونوا في وطنهم مثل السود في بلاد الأمريكان، وقال : إن الوطنية إخلاص وتفانٍ، ويقتلها كل عداء وامتياز، يقتلها في قلب الغالب القوي قبل أن يقتلها في قلب المغلوب الضعيف، وذكر أن الجهاد في تقرير هذه المساواة هو جهاد في

تربية مجموع الأمة كلها . ثم تكلم عن ميزانية الدولة، وذكر أنه لا ينبغي النظر إليها كالمال الموروث، لأن الوطن واحد والواجبات الوطنية والاجتماعية واحدة، وأنه يتعين الرقي إلي جو من الاتفاق تترك فيه النقود تحت الأقدام، لا يتحاسب عليها المواطنون ولا يتنازعون، إنما الواجب علي الحكومة أن تنظم الحقوق الشخصية للمسلمين وألا تترك المسيحيين محرومين من مثل هذا التنظيم، وأن احترام استقلال المسيحيين في شئونهم الدينية لا يصل إلي حد ترك أمورهم فوضي في هذا الشأن . وانتهي المؤتمر بالوصول إلي أن حل المشكلة لا يكون في التمييز، وإنما يكون في المزيد من الاندماج وأن التوظف يجب أن يكون حسب الكفاية، وأن التعليم المشترك أكثر فائدة فيما يتيحه للعدد الأكبر من الفرص . وأن الانتخابات بالاقتراع العام تؤدي إلي الفاعلية الأكثر في أداء الوظيفة النيابية من التمثيل النسبي، وأن الحل الأمثل لأي مسألة يكفله الاندماج الأوثق للجانبين، والمنطلق القومي في معالجة مشاكل الحياة . ورد المسلمون علي المؤتمر القبطي بمؤتمر آخر، وفي جلسة الافتتاح في ٢٩ أبريل سنة ١٩١١ تحدث رياض باشا فقال إن هدف المؤتمر هو مناقشة المسائل العمومية التي تشغل الرأي العام الآن، ومنها ما يسمونه بمطالب المسيحيين لأن حالة البلاد لا تسمح بتقسيم المصالح بين أبنائها تبعاً لانقساماتها الدينية ! وشرح أحمد لطفي السيد وأحمد عبداللطيف وعبدالعزيز فهمي أن غرض المؤتمر هو النظر في التوفيق بين العناصر المؤلفة للوحدة المصرية التي كاد يتصدع بناؤها من جراء مؤتمر المسيحيين، ثم عرض عرضاً سريعاً لمطالب المسيحيين مستنكراً لها، ومستنكراً إرسال المبعوثين منهم إلي إنجلترا لبث الشكاوي التي لا تكشف إلا عن تعصب المسلمين علي المسيحيين في مصر . وذكر أن الشكل الذي اتخذته حركة المسيحيين مريب في ذاته مفض إلي الظن بأن المسيحيين عولوا علي أن يكونوا وحدهم أمة مستقلة، وتذرعوا بهذه المطالب حتي يصلوا بمعونة إنجلترا المسيحية إلي أن يكون لهم في مصر - وهم الأقلية الضعيفة - حق السيادة علي الأكثرية الإسلامية، وأضاف بأن هدف هذا المؤتمر هو تقدير مطالب المسيحيين بميزان العدل، وبيان النافع منها والضار، والممكن وغير الممكن ! ثم قال : إن الخطأ الفادح هو تقسيم الأمة المصرية باعتبارها نظاماً سياسياً إلي عنصرين دينيين : أكثرية إسلامية وأقلية مسيحية لأن مثل هذا التقسيم يستتبع تقسيم الوحدة السياسية إلي أجزاء دينية . وناقش المؤتمر المصري الإسلامي مطالب المسيحيين، فبالنسبة لعطلة يوم الأحد طلب المؤتمر رفض المطلب لاستحالة تعطيل المصالح أيام الجمعة والسبت والأحد لأصحاب الديانات الثلاث، وإن تشابك الأنشطة والمصالح يوجب توحيد يوم العطلة للجميع، ويكفي المسيحيين تأخرهم في الحضور يوم الأحد . وبالنسبة لوظائف الإدارة العليا فإنه ليس في القوانين ما يمنع غير المسلم من الترقي إليها، ولكن وظائف المحافظين، فإن كان لا يشغلها الآن غير المسلم، فإن المسيحيين يشغلون وظائف أعلي منها كقضاء محكمة

الاستئناف والوزراء ورؤساء الوزارات، وتفسير ذلك أن الحكام الإداريين يلزمهم كثيراً في تصريف الأمور نفوذهم الذاتي أكثر من قوة القانون .. وأن الرجل لا يتم له هذا السلطان علي محكوميه إلا إذا اعتقد الناس فيه عدم التحيز لطائفة دون طائفة وأقرب الناس إلي ذلك من الحكام هم المسلمون، لا لأنهم مسلمون، بل لأن التعصب والتميز لا يكونان من شعار أفراد الأكثرية الدينية . وأضاف : إنه إذا كانت الحكومة تخشي في التوظف للإدارة العليا من افراط التضامن بين الأقلية، فقد أثبت المؤتمر المسيحي صدق هذه النظرة وأعطاها برهاناً علي صحتها، وأن المسيحيين إذ يطالبون بتأكيد جماعتهم المسيحية في التمثيل النيابي واستغلال ضريبة الخمس ، وبفناء مسيحيتهم في الوظائف، إنما يدلون بذلك علي تذرعهم بالذرائع للاختصاص بالسلطة، وأن ظنهم خاطئ أن الاحتلال الإنجليزي يمكن أن يرضيهم فيحمي تقاليد البلاد ومظاهر العدل والمساواة ونسبتهم العددية لا تتجاوز الـ٦ %. وثرواتهم لا تتجاوز الـ١٠% . وتطرق المؤتمر لمناقشة موضوع مجالس المديريات والتعليم الأهلي، وذكر أن القانون أباح لمجالس المديريات فرض ضريبة علي الأطيان لا تتجاوز ٥%؟ تصرف علي المشروعات والمدارس، ويعارض المسيحيون فيما يصرف منها علي الكتاتيب، حين أنه ليس في القانون ما يمنع صبيان المسيحيين من التعلم في الكتاتيب إلا أنها تدرس القرآن، ويمكن إنشاء كتاتيب مسيحية في البلاد التي يوجد فيها عدد كاف من المسيحيين، ولا يصح تعليم القرآن والإنجيل في كتاب واحد، لأن ذلك يفسح المجال للمناقشات الدينية في أوساط لايزال يغلب عليها الجهل . وبالنسبة للتمثيل في المجالس النيابية، ذكر المؤتمر أن قانون الانتخابات المعمول به لا يسمح بتمثيل كل أجزاء الأمة، ولكن الأجزاء غير الممثلة هي أجزاء سياسية وليست دينية، وإذا كان المسيحيون يريدون تقليد القانون البلجيكي في تمثيل الأقليات، فإن هذا القانون ينظم تمثيل الأقليات السياسية لا الأقليات الدينية، وأن الذي يريد الإخاء الحقيقي والمساواة الكاملة لا ينبغي له أن يدعو إلي بناء كيان سياسي للأقلية الدينية، بل يجب عليه أن يمحو الفروق الدينية تماماً من الاعتبارات السياسية . وبالنسبة لطلب جعل الميزانية العامة مصدراً للانفاق علي جميع الموارد ذكر المؤتمر أن هذا حاصل بالفعل، وفي آخر الجلسات قرر المؤتمر رفض الحقوق السياسية بين الطوائف الدينية، لأن الأمة المصرية هي في مجموعها كله لا يقبل التجزئة في الحقوق السياسية، وأنه مع ما لكل طائفة دينية من الحرية المتاحة في عقيدتها، فإن للحكومة المصرية ديناً رسمياً واحداً هو الإسلام . ورفض المؤتمر أن يكون من الحقوق الدينية لطائفة ما في مصر عطلة يوم الأحد أو غيره، وتقرير الاقتصار علي يوم الجمعة كعطلة رسمية . ورفض المؤتمر تعديل قانون الانتخاب بما يجعل لكل طائفة دينية دائرة خاصة بها تأكيداً علي وجوب أن يبقي حق الانتخاب شائعاً بين كل المصريين، كما رفض المؤتمر إعطاء كل طائفة ما تجبيه منها مجالس المديريات من ضريبة لأن

المسيحيين متمتعون في التعليم بجميع أنواعه بأكثر مما يتفق مع نسبتهم العددية، كما رفض المؤتمر مطالبة المسيحيين الحكومة أن تنفق من خزينتها العمومية علي مرافقهم الطائفية . ووافق المؤتمر بالاجماع علي أن تكون الكفاءة هي قاعدة التعيين . ويبدو أن عقد المؤتمرين المسيحي والإسلامي، والشقاق الطائفي الحاصل علي إثر اغتيال بطرس باشا غالي لم يكن كل ذلك شراً خالصاً، فقد وضع في هذه الخصومة حد لسوء الظن المتبادل بين الفريقين، وكانت تنفيساً شفي النفوس وفرصة لتصفية ما بين الأخوين من خصومة وعلاجه بطريقة صحيحة . وقد بث كل منهما شكواه وعبر عما يجد، وعاتب صاحبه عتاباً وإن كان قاسياً خشناً في بعض الأحيان فقد انتهي باعتذار كل منها لصاحبه علي كل حال .. وكانت هي الميلاد الحقيقي لفكرة الوطنية المصرية ويبدو أنه رغم هذه الإثارة الطائفية التي حدثت وانعقاد كلا المؤتمرين القبطي والإسلامي، رغم ذلك فإن كلا من المؤتمرين رفض مبدأ التمثيل الطائفي في المجالس النيابية رفضاً صريحاً، ولكن رغم هذا الرفض أيضاً، فقد أنشئت الجمعية التشريعية بالقانون رقم ٢٩ لسنة ١٩١٣ كجهاز استشاري للتشريع يحل محل الجمعية العمومية ومجلس شوري القوانين، وانتهزت الحكومة البريطانية هذه الفرصة للتدخل ليصدر قانون بشأن تشكيل هذه الجمعية ويقرر لأول مرة في تاريخ مصر مبدأ التمثيل الطائفي، فكانت أول مؤسسة نيابية من مؤسسات الدولة في مصر الحديثة يتقرر في تكوينها رسمياً هذا المبدأ . وكان من وضع نظام الجمعية هو اللورد كتشنر المعتمد البريطاني الذي خلف الدون جورست في مصر، وكان الحرص عند وضع نظامها علي تقرير مبدأ التمثيل الطائفي، رغم الرفض الصريح له من الرأي العام المصري ويري المستشار طارق البشري أن تقرير مبدأ التمثيل الطائفي، لم يكن مقصوداً به فقط تأكيد التفرقة بين المسيحيين والمسلمين وغيرهم، ولكنه كان أيضاً تقريراً لازماً لتبرير إيجاد الهيئات التشريعية ذات التكوين المختلط بالانتخاب والتعيين معاً، باعتبار أن التعيين هو الأسلوب الذي يكفل تمثيل الجماعات السياسية أو السكانية التي لا يفضي طريق الانتخاب إلي تمثيلها، واصطناع الخلافات الطائفية أمر لازم لتأكيد سلطة الحكم الاستبدادي وتبرير وجوده، إذ يظهر هذا النوع من الحكومات بمظهر الحكم والفيصل بين جماعات شعبية متعادية أو غير متجانسة ويبرر وجوده لدي كل منها بوصف أنه الحارس لها الكفيل بسلامتها من جور الجماعات الأخري . والقول بالتمثيل الطائفي يؤدي إلي القول بأن نظام الانتخاب العام ليس من شأنه تحقيق مصالح جميع المجموعات، ومن ثم يتعين أن يعطي الحاكم سلطة التعيين في المجالس النيابية منعاً من طغيان أي مجموعة علي الأخري . والمعروف أنه تم إعداد قانون إنشاء الجمعيات التشريعية خفية من الرأي العام الذي كان يطالب بإنشاء هيئة برلمانية ذات تكوين تمثيلي شامل واختصاص تشريعي مطلق، ولم ينشر هذا القانون قبل وضعه في الصحف لكي تدرسه وتبدي ملاحظاتها عليه، ولم يعرض

علي الأمة كذلك لتبدي رأيها فيه، وظهر القانون فجأة وبعد توقيع الخديوى عليه ! نصت المادة الثانية من قانون تشكيل الجمعية علي أن تؤلف من أعضاء قانونيين بحكم وظائفهم وهم النظار، وأعضاء منتخبين يبلغون ٦٦ عضواً، وأعضاء معينين بأشخاصهم يبلغون ١٧ عضواً منهم الرئيس وأحد الوكيلين يعينون علي نحو يكفل النيابة عن الأقليات والمصالح التي لم تنل نصيباً من الانتخابات . ونصت المادة الثالثة علي أن الأعضاء المعينين وهم ١٢ عضواً يكونون علي النحو التالي : أربعة من المسيحيين وثلاثة من عرب البدو، وتاجران وطبيبان ومهندس واحد، واثنان من رجال التربية والتعليم وواحد من المجالس البلدية . وهكذا لم تشأ السلطة الحاكمة أن تؤكد وجود أقلية واحدة في مصر وهي المسيحية، بل أضافت إليها أقلية أخري هم عرب البدو، وقد عين بالجمعية من المسيحيين قليني فهمي باشا، ومرقس سميكة بك وسينوت حنا وكامل بك صدقي، والملاحظ أن باقي المعينين لم يكن فيهم مسيحي واحد، رغم أن صفاتهم في التعيين لا توجب أن يكونوا مسلمين كالأطباء والمعلمين وغيرهم . وتقوم ثورة ١٩١٩ وتذوب كل سياسات التفرقة الطائفية أمام ما ظهر من امتزاج كامل بين المصريين - مسيحيين ومسلمين، وتكون الوفد المصري باعتباره المؤسسة السياسية الأم الحاضنة لوحدة الشعب المصري بعنصرية، وجاء تكوين الوفد في مستوياته المختلفة وفي قمة قيادته من المسيحيين والمسلمين، وعمل كقيادة للحركة الوطنية علي القضاء علي احتمالات التفرقة .

ثورة ١٩١٩

أن بريطانيا كانت تطرح دومًا مسألة حماية حقوق الأقباط كذريعة لبقائها في مصر أدرك سعد زغلول أهمية الدور المناط بالأقباط فى هذه الحركة. وكان هدف الاستقلال الأرضية التى استطاعت أن تحقق هذا المستوى من التآخى بين الجانبين. وتعبر الكتابات التى غطت تلك الفترة عن حالة فريدة من التضامن. وخطب القسس فى المساجد والشيوخ فى الكنائس، والاحتفال بعيد النيروز عيد رأس السنة القبطية كعيد قومى، والحضور القبطى بقوة فى الوفد المصرى حتى أنه عقب حدوث الانشقاق الأول، كانت اللجنة العليا للوفد تضم ستة أقباط وثلاثة مسلمين يبدو الأمر وكأنه غير قابل للتصديق، خاصة عند المقارنة بما كان عليه الحال في السنوات السابقة وما آلت إليه الاوضاع اليوم.

يلاحظ أن الوحدة الوطنية وقفت من سنة ١٩١٩ ضد الاعتراف بأي تحفظ دولي في شأن الأقليات المصرية أو الوجود الطائفي فيها، وعلي إنكار صفة أي قوة أجنبية في التدخل بشأنه أو الإشارة إليه، وهكذا كانت ثورة ١٩١٩ ذات أثر حاسم في اقتراح المصريين، كما كان لقيادة هذه الثورة ممثلة في الوفد المصري دورها التاريخي الكبير في مزج المصريين جميعاً في إطار الوحدة الوطنية، وقام الوفد بهذا الدور بفضل تشكيله الوطني

العام من المسيحيين والمسلمين وبفضل تشكيل قيادته منهما أيضاً وبفضل نشاطه الواعي الدءوب، كما كان للمسيحيين الذين ارتبطت جماهيرهم بالحركة الوطنية وبالوفد أثرهم الحاسم في إفساد ذرائع التفرقة الطائفية في مصر . والحقيقة أن مصرية الحركة الوطنية، لم تكن مجرد رد فعل لسياسة التفرقة، وإلا كانت نشاطاً مقصوداً به مجرد دحض تهمة طائفية، إنما كانت اتجاها يستمد أساسه الرصيد من الرغبة العامة في تكوين الجماعة السياسية تكويناً مصرياً، ومزج الأهالي في كيان سياسي واحد، وإيجاد الصيغة الملائمة لتأكيد قوة التماسك القائمة بين الأهلية . وكان أساسها لدي المثقفين وأصحاب الاستنارة الفكرية، هو الرغبة في تكوين الجماعة السياسية علي أساس قومي يكون أكثر الصيغ ملاءمة للتطور المأمول، وكان أساسها لدي أصحاب التفكير الديني التقليدي هو تأكيد السماحة الدينية التي ينطوي عليها الإسلام أو المسيحية . والملاحظ من قراءة الصحف الصادرة إبان هذه الفترة أن غالب المصريين وجد نفسه في عبارة الوطنية ديننا، وبذلك كانت هذه العبارة معني ضمان الوجود المشترك وتحقيق المصالح، ولدي آخرين أساس للتحضر والتنوير وللمنطق العلمي الحديث في الحياة، ولدي غيرهم برهان علي التسامح الديني، ولدي آخرين أساس لبعث مصر وإثبات لاتصال حلقات تاريخ الشعب المصري، وتجمعت هذه الروافد جميعاً في الجماعة المصرية أو في فكر الفرد الواحد . وبدا الناس فرحين بما أنجزوا في هذا الشأن، شعب حقق ذاته وأنجز في ذلك نجاحاً وجده خليقاً بالفخر والاعتزاز . كان الوفد يصدر التعليمات إلي قواعده التنظيمية بوجوب حماية الجبهة الموحدة ضد عوامل التفرقة، كما يظن ذلك مما كتبه سعد زغلول إلي عبدالرحمن فهمي يطلب إليه أن يؤكد للأمة حقيقة الاتحاد المتين بين المسيحيين والمسلمين، كما أيضاً من تربص الصحف الوطنية والمظاهرات لأي محاولة لإثارة الشقاق ولو بالشائعات، تربصها أن يقضي علي هذه المحاولة في مهدها . وبدأت بريطانيا تحس بالخوف، وأصبح مصدر قلقها هي الوحدة الوطنية، وأصبحت خطتها هي ضرب هذه الوحدة وعمل الإنجليز علي تفتيت هذه الوحدة بسلاحين :

الأول : اصطناع الوقيعة بين المسيحيين والمسلمين.

الثاني : الاحياء الحذر الهادئ المستمر للذاتية المسيحية .

والمعروف أنه حين تقرر وصول لجنة ملنر إلي مصر أن استقالت وزارة محمد سعيد علي إثر مظاهرات عنيفة قامت ضدها وكان الشعار الذي تنادي به قوي الحركة الوطنية هو المقاطعة الشاملة للجنة عند وصولها، وشاء الإنجليز أن يفتتوا الاجماع الشعبي الملتف حول الوفد بإثارة الناحية الطائفية . وفي ٢١ نوفمبر سنة ١٩١٩ اسندت رئاسة الوزارة إلي يوسف باشا وهبة وهو من المسيحيين، وكان المتوقع أن هذه الوزارة هي التي ستستقبل لجنة ملنر، وظهر المأزق فلو سكت علي هذه الوزارة لتحقق جو الهدوء الذي يرجوه

الإنجليز ضد خطة الوفد، ولو ثار الناس عليها لقيل إن السبب يرجع إلي رئيسها المسيحي الذي يرفضه المسلمون . والمعروف أن يوسف وهبة عين لأنه مسيحي، وكان الوطنيون المسيحيون يعملون في العمل السياسي بصفتهم وطنيين مصريين فقط، ولا تكن تثار مسألة الانتماء الديني مما اضطرهم أن يتشحوا بالرداء الطائفي لحظة ليواجهوا الوقيعة من الداخل ويقف سينوت حنا ويعلن للعالم أن يوسف وهبة لا يمثل المسيحيين وأنهم منفضون من حوله مجمعون علي طلب الاستقلال التام . ولم ينقض شهر علي تعيين يوسف وهبة حتي تربص له شاب في مقهي ريش وألقي علي سيارته قنبلتين انفجرتا وأخطأتاه، وقبض علي الفاعل واسمه عريان يوسف سعد فاعترف بارتكابه الحادث لدوافع وطنية، وكان انتماء يوسف سعد لمسيحيين مفسداً لأي محاولة لتفسير الحادث علي أساس التعصب الإسلامي. ويبدو أن هذا الفشل الذي واجهته السياسة الإنجليزية في سعيها للتفرقة الطائفية أن يقضي بها إلي اليأس بل أخذت السياسة الإنجليزية منهجاً جديداً، فبدأت علي تأكيد الذاتية المسيحية، والوقوف في وجه الاقتراح الحاصل بين المسيحيين والمسلمين، وأخذت تحاول فتح حوار بين كل من الطائفتين والأخري، واستخدمت في ذلك كل الحذر الممكن في أمر أساسي وهو إبقاء كل من الجانبين متميزاً عن الآخر، يحاوره بصفته الدينية المتميزة، وأن يبقي بذلك الوجود المسيحي الطائفي كوجود سياسي .

القمص سرجيوس

برز القمص سرجيوس[٤٥] وسط الثائرين، فكان أشبه بعبد الله النديم، فقد وهبه الله لسانًا فصيحًا يهز أوتار القلوب إلى حد جعل سعد زغلول يطلق عليه لقب خطيب مصر أو خطيب الثورة الأول. عاش في الأزهر لمدة ثلاثة شهور كاملة يخطب في الليل والنهار مرتقيًا المنبر، معلنًا أنه مصري أولًا ومصري ثانيًا ومصري ثالثًا، وأن الوطن لا يعرف

---

45 القمص مرقس سرجيوس ولد بجرجا سنة ١٨٨٢ م. ورُسِم قسًا على بلده ملوي باسم القس ملطي سرجيوس، ثم عُيِّن وكيلًا لمطرانية أسيوط في ٣٠ أكتوبر سنة ١٩٠٧ م.اشتهر بغيرته على دينه، وألمه الشديد على مجد أمته الزائل، وكان رجلًا ثائرًا على كل مالا يرضيه، ولكن ثورته اقتصرت في بداية حياته في تمسكه الشديد لعقيدته.أصدر مجلة المنارة المرقسية في سبتمبر سنة ١٩١٢ م. في مدينة الخرطوم عندما كان وكيلًا لمطرانيتها، وكان هدف المجلة دعوة الأقباط والمسلمين إلى التضامن والتآخي، وتقويم الاعوجاج الذي تأصل في الأقباط ككنيسة، والضرب على العادات التي أضلَّت الشعب وأفسدت ما ورثناه من الآباء القديسين.غضب عليه الإنجليز وأمروا بعودته إلى مصر في أربع وعشرين ساعة، وكانت آخر كلماته للمدير الإنجليزي هي: "إنني سواء كنت في السودان أو في مصر لن أكف عن النضال وإثارة الشعب ضدكم إلى أن تتحرر بلادي من وجودكم"في ثورة سنة ١٩١٩ م. برز القمص سرجيوس وسط الثائرين إلى حد جعل سعد زغلول يطلق عليه لقب خطيب مصر.عام ١٩٤٤ عين وكيلا للبطريركية.عام ١٩٥٠ نجح فى انتخابات المجلس الملى وبهذا فتح باب عضوية المجلس الملى للكهنة .ظل القمص مرقس سرجيوس زوبعة عاصفة إلى آخر نسمة في حياته بالرغم من شيخوخته، إذ قد انتقل إلى العالم الباقي عن إحدى وثمانين سنة، وكان ذلك في ٥ سبتمبر سنة ١٩٦٤ م. وأبت الجماهير الشعبية التي اشتركت في تشييع جنازته إلا أن تحمل نعشه على الأعناق. ثم أبدت الحكومة اعترافها بجهاده الوطني بأن أطلقت اسمه على أحد شوارع مصر الجديدة بالقاهرة.

مسلمًا ولا قبطيًا، بل مجاهدين فقط دون تمييز بين عمامة بيضاء وعمامة سوداء، وقدم الدليل للمستمعين إليه بوقفته أمامهم بعمامته السوداء.

عمل القمص سرجيوس[46] وكيلا للمطرانية القبطية فى السودان (١٩١٢- ١٩١٥م)، وهناك لعب دورا مهما مع عدد من العلماء المصريين المسلمين فى عودة روح التآخى والوئام بين المسلمين والمسيحيين فى السودان، حتى استطاعوا أن يعبروا أزمة اغتيال بطرس باشا غالى رئيس الوزراء (١٩٠٨ـ ١٩١٠م) والذى كان قد أُغتيل سنة ١٩١٠م، وما تلا ذلك من تأزم العلاقات بين المواطنين المسلمين والمواطنين المسيحيين من أهل مصر وانعقاد المؤتمر القبطى بأسيوط والمؤتمر المصرى (الإسلامى) بضاحية مصر الجديدة سنة ١٩١١م.

ذُكِر عنه أنه ذات مرة وقف في ميدان الأوبرا يخطب في الجماهير المتزاحمة، وفي أثناء خطابه تقدم نحوه جندي إنجليزي شاهرًا مسدسه في وجهه، فهتف الجميع:(حاسب يا أبونا، حايموتك)، وفي هدوء أجاب أبونا: (ومتى كنا نحن المصريون نخاف الموت؟ دعوه يُريق دمائي لتروي أرض وطني التي ارتوت بدماء آلاف الشهداء. دعوه يقتلني ليشهد العالم كيف يعتدي الإنجليز على رجال الدين). وأمام ثباته واستمراره في خطابه تراجع الجندي عن قتله.

مرة أخرى وقف هو والشيخ القاياتي يتناوبان الخطابة من فوق منبر جامع ابن طولون. فلما ضاق بهما الإنجليز ذرعًا أمروا بنفيهما معًا في رفح بسيناء. وكانا في منفاهما يتحدثان عن مصر، ويتغنيان بأناشيد حبهما لها. كذلك انشغل في المنفى بكتابة الخطابات، وإرسالها إلى اللورد، يندد فيها بسياسة الإنجليز، ويعيب عليهم غطرستهم وحماقتهم في معاملة الوطنيين، وعلى الأخص في معاملة قادتهم وزعمائهم. وقد قضى أبونا سرجيوس والشيخ القاياتي ثمانين يومًا في هذا المنفى. وبعدما خرج من الاعتقال ظل يخطب في كل مكان في المساجد والكنائس والأندية والمحافل وفي الشوارع والميادين.

يقول الدكتور محمد عفيفى أن القمص سرجيوس أصبح (ظاهرة مهمة فى تاريخنا المعاصر، وأصبح استدعاء الدور التاريخى لسرجيوس عاملا من أهم عوامل مواجهة الفتنة الطائفية، فضلا عن إبراز مدى أهمية التاريخ فى عودة الروح للوطن من جديد).

فى سنة ١٩٢٨م عاود القمص سرجيوس إصدار مجلته (المنارة المرقسية)، مجلة أسبوعية بمدينة القاهرة، وقد غير اسمها إلى (المنارة المصرية) منذ عام ١٩٣٥م. وكان لهذه المجلة شأن واضح إذ يُعدها بعض الباحثين واحدة من أهم الصحف التى أصدرها أحد الأقباط خلال النصف الأول من القرن العشرين، إلى جانب جريدتى (الوطن) و(مصر)، فقد جمعت

46 الدين والسياسة فى مصر المعاصرة: القمص سرجيوس، دار الشروق، ٢٠٠١م

أحيانا بين الدين والسياسة، ومثّلت اتجاها ثوريا إصلاحيا واهتمت بمشكلات الأقباط والعلاقة بين الأقباط والمسلمين فى جرأة وصراحة .

وعند وضع دستور ١٩٢٣، أثيرت مسألة نظام الحصص للأقباط فى المجالس النيابية وتم رفضها باعتبارها تكرس للطائفية. وكان الكثيرون يعتقدون بناء على ما تحقق في ثورة ١٩١٩، أن الأمر سوف يتطور في اتجاه إنعدام دور العامل الديني في السياسية. ومع ذلك فقد نص الدستور على أن الإسلام هو دين الدولة بناء على اقتراح من المفتي لم يستطع أن يعارضه أعضاء اللجنة المُشكلة لوضع الدستور. وقد لاقى هذا النص اعتراضًا من صحيفة الوطن باعتباره يفتح الباب أمام التفرقة. وأجريت الانتخابات التشريعية التى نجح خلالها جميع من رشحهم الوفد، سواء كانوا مسلمين أو أقباطًا. وكذلك لم يُلحظ أثر للطائفية فى الانتخابات التى أجريت عامى ١٩٢٥ و١٩٢٦. وكانت فترة العشرينيات بشكل عام فترة انحسار للطائفية فى السياسة المصرية.

غير أن ذلك التوجه لم يتواصل، بل شهد محطات من التراجع خلال العقدين التاليين. حيث فشلت ثورة ١٩١٩ فى تحقيق الهدف الذى قامت من أجله، وهو الاستقلال. فلم تسفر أعوام طويلة من المفاوضات سوى عن معاهدة ١٩٣٦ التى أضعفت من شعبية حزب الأغلبية. من ناحية أخرى، أبدى الوفد، وسعد زغلول بشكل خاص، تخوفًا من أن تمتد الحركة الوطنية لتطرح مطالب اجتماعية، ومن ثم قام بحظر الحزب الشيوعي وتقييد النقابات العمالية. كما أن الوفد لم يطرح أية إصلاحات اجتماعية مثل إجراء إصلاح زراعى أو حماية العمال من الفصل التعسفى...إلخ. وكان العنف الذى اتخذته ثورة ١٩١٩، والإضرابات الواسعة، والهجمات التى قام بها الفلاحون ضد الأغنياء وكبار الملاك وهى كلها ممارسات أدانها قادة الوفد أنفسهم دليلاً على حالة الغضب الشعبي والأوضاع المعيشية المتردية بفعل الفقر والبطالة وارتفاع الأسعار، ونذيرًا بأن الحركة من الممكن أن تتطور إلى طرح مطالب اجتماعية. ومن ثم حرص الوفد على تقييد المشروع القومي في إطار المطالبة بالاستقلال عن طريق والتفاوض، والحيلولة دون تطوير هذا المشروع إلى مشروع اجتماعي، وهو ما كان يمكن أن يشكل هدفًا جامعًا ويسير خطوات أبعد في تأسيس الجمهورية المصرية وتجاوز الطائفية.

أما فيما يتعلق بعملية الديمقراطية، المتمثلة فى الدستور والحياة البرلمانية والأحزاب، والتى ظلت الهدف الأساسي الذى ركز عليه الوفد خلال الثلاثينيات والأربعينيات، فلم تنجم عن تغير ذي شأن فى حياة الشعب. ومن ثم، وبالرغم من التأييد الكاسح للوفد، أصبح هناك إدراك بأن ما يحدث هو تغير فى الوجوه مع ثبات النخبة الحاكمة. كما أن الديمقراطية، حتى فى ظل هذا المعنى المحدود، كثيراً ما شهدت تراجعت، جراء التدخل المستمر للملك بحل الوزارة وإسقاط الوفد فى الانتخابات عن طريق التزوير.

فبالرغم من أن وزارات حزب الوفد ضمت العديد من الأقباط، إلى أنه ظلت هناك وزارات محظورة عليهم، وهى الحقانية والمعارف والداخلية. واستمر التفرقة بين المسلمين والأقباط فى الجيش والشرطة، خاصة ما يتعلق بالرتب العالية. كما لم يتول الأقباط مناصب رؤساء ووكلاء الجامعات. وأبقت حكومات الوفد على الخط الهمايوني الذى اشترط أن يكون بناء أو ترميم الكنائس ودور العبادة لغير المسلمين، رهناً بصدور فرمان من السلطان العثمانى. وأصبحت المسألة بعد سقوط الإمبراطورية العثمانية من سلطات الملك. كما لم يلغ الوفد الشروط العشرة التى وضعها محمد العزبي باشا –وكيل وزارة الداخلية فى أحدى وزارات أحزاب الأقلية فى عام ١٩٣٤، والتى تفرض قيودًا تُصَعِب بناء الكنائس.

مرحلة الاتفاق على المواطنة :

ونقصد بها تجربة ثورة ١٩١٩ ، والتى أعطت للمواطنة "مضمونًا جماهيريًا إجتماعيًا" كما كرست فعليًا مفهوم التكامل الوطنى بل تجاوزته إلى الإندماج الوطنى بفضل التحقق العملى لشعار وحدة عنصرى الأمة. استطاع النظام السياسى الليبرالى الذى قاده حزب الوفد والذى تأسست مشروعيته مع ثورة ١٩١٩ وعند وضع دستور ١٩٣٢، أثيرت مسألة نظام الحصص للأقباط فى المجالس النيابية وتم رفضها باعتبارها تكرس للطائفية.
وكان الكثيرون يعتقدون بناء على ما تحقق في ثورة ١٩١٩، أن الأمر سوف يتطور في اتجاه إنعدام دور العامل الديني في السياسية. ومع ذلك فقد نص الدستور على أن الإسلام هو دين الدولة بناء على اقتراح من المفتي لم يستطع أن يعارضه أعضاء اللجنة المُشكلة لوضع الدستور. وقد لاقى هذا النص اعتراضًا من صحيفة الوطن باعتباره يفتح الباب أمام التفرقة. وأجريت الانتخابات التشريعية التى نجح خلالها جميع من رشحهم الوفد، سواء كانوا مسلمين أو أقباطًا. وكذلك لم يُلحظ أثر للطائفية فى الانتخابات التى أجريت عامى ١٩٢٥ و١٩٢٦. وكانت فترة العشرينيات بشكل عام فترة انحسار للطائفية فى السياسة المصرية. ومارس الجميع يهود و مسيحين و مسلمين حق المواطنة على أرض مصر واستطاع الوفد أن يعبر عن الإجماع الشعبى لإسترداد الحقوق الوطنية.
وفيما يتعلق بمشاركة الأقباط يقول أ. طارق البشرى فى معرض حديثه عن تكوين برلمانات فترة ما قبل الثورة: (أن مشاركة الأقباط إرتبطت دومًا بالحركة السياسية الديمقراطية وما يعتريها من تصاعد وإنخفاض بمعنى أنه (وبإستثناء الانتخابات الأخيرة سنة ١٩٥٠) فإن الانتخابات التى يحصل فيها الوفد على الأغلبية وهذا يعنى أنها كانت انتخابات حرة وكانت هى التى يصل فيها عدد القبط أكثر ما يكون بنسبة تتراوح بين ٨% و ١٠,٥ % والعكس بالعكس، فحينيما قاطع الوفد الانتخابات أو لا يظفر فيها بالغالبية، يقل عدد الأقباط فى مجلس النواب بنسبة تتراوح بين ٢,٥ % و ٤,٥ %. ولهذا

الإحصائية دلالة هامة هى أنه حين تترك للإرادة الشعبية حرية التعبير عن نفسها فى إنتخابات حرة فثمة رضا منها بوجود نواب عن الأمة من القبط فى المجالس النيابية).

أن هذه الفترة يمكن إعتبارها إلى حد ما فترة توافق بين البناء الإجتماعى والإقتصادى والبناء السياسى، لهذا كانت المشاركة متوفرة بين الجميع ومن ضمنهم الأقباط. صحيح كانت هذه المشاركة محصورة بين طبقتى كبار ملاك الأرض والرأسمالية المصرية إلا أن أحزاب هذه المرحلة وعلى رأسها أوفد كانت تسعى بدرجات متفاوتة للحصول على تأييد الجماهير أو قطاعات عريضة منهم. شهد عقدا الثلاثينيات والأربعينيات، عودة استخدام الدين فى الحياة السياسية، وهو ما كان يعنى بالتبعية إثارة المسألة القبطية. فقد أستخدمت أحزاب ضعيفة كالأحرار الدستوريين والحزب السعدي الحضور القوي للأقباط في قيادات الوفد، سلاحًا ضد الحزب، واتهمته بالانحياز للأقباط على حساب المسلمين. وتم استخدام سلاح الطائفية عند توفير الموظفين الذى كان يتم مع تغير كل وزارة. وأبدت حكومات الأقلية الحزبية احتجاجات كبيرة ضد ارتفاع عدد الموظفين الأقباط فى وزارة المالية. وأدت نشأة جماعتي الإخوان المسلمين ومصر الفتاة إلى صعود الخطاب الديني فى السياسة، والذى لم يتوان عن مهاجمة الأقباط في مناسبات عديدة، مما أثار نوعاً من التربص والاحتقان الطائفي. وإضافة إلى ذلك، فقد حرصت السراي على استخدام مسألة الدين فى مواجهة الموقف العلماني لحزب الوفد. فحاول الملك فاروق بمساعدة الشيخ المراغي شيخ الأزهر طرح نفسه كخليفة للمسلمين. وصحب ذلك تعريضًا بالأقباط وتأليبًا ضدهم، أسفر عن تعرضهم لعدد من الاعتداءات. وفى هذا السياق، استخدم الدين ضد الوفد فى انتخابات ١٩٣٨ حينما تم وصف مكرم عبيد، سكرتير الوفد آنذاك، بأنه عدو الدين، وشن حزب الأحرار حملة ضد الوفد باعتباره يمالئ للأقباط على حساب المسلمين .

نشأة جماعة الأخوان المسلمين و استشعار الأقباط خطرها

تأسست جمعية الأخوان المسلمين عام ١٩٣٠ على يد مؤسسها حسن البنا باعتبار نشر اللائحة الأولى للجمعية كوثيقة رسمية لجمعية الإخوان المسلمون عام ١٩٣٠ و التى قد استبعدت السياسة بشكل نهائي كنشاط من انشطة الجمعية فى حين أن اللائحة الثانية التي صدرت عام ١٩٣٥ والتي حولت الجمعية إلى جماعة فتحتل السياسة فيها المرتبة الأولى وتكون للجماعة مجتمع خاص بها بقوانين وأحكام تعزلها عن المجتمع أو تؤسس لدولتها الخاصة. إن شخصية حسن البنا أو الإمام الشهيد تكاد تكون مقدسة، والغريب في الأمر أنه لم يكن كذلك في حياته فقد اختلف معه بعض الإخوان وانشق عنه بعضهم وهاجمه عدد منهم واتهمه كل من انشق عن الجماعة بالتسلط والديكتاتورية وأنه يتحدث عن

الشورى لكنه لا يعمل بها بالمرة، أما بعد عودة الإخوان إلى النشاط في السبعينيات فقد اجتهدوا في تقديم مرشدهم الأول في صورة الإنسان المثالي واستخدم معول الوثائق في هدم الكثير من المسلمات المرتبطة بالبنا وجماعته ، أن معظم الجماعات الأسلامية المتطرفة والتي خرجت على المجتمع ورفعت السلاح عليه، كلها خرجت بشكل أو بآخر من معطف الإخوان. بناءا على تعاليم البنا في تكفير المجتمع ومقاطعة التجار غير المسلمين والمحاكم الأهلية و انشاءة التنظيم الخاص لأعمال العنف والاغتيالات ضد الأقباط و الشعب و الحكومة و التي نفذها التنظيم بناءا على تعليمات المرشد حسن البنا وقد تصدى الأب سرجيوس خطيب ثورة ١٩١٩ لكتابات ودروس حسن البنا التي أثارت قلق الأقباط واليهود، وقد تحول القلق لفزع بعد وقوع أعمال إرهابية تجاه بعض اليهود ومنشآتهم وحرق كنيسة الزقازيق وكنيسة السويس.

وكانت كتابات حسن البنا تنادي بالخلافة الإسلامية وسقوط حدود الأوطان، وطالب الأقباط بدفع "الجزية" ورأى فيها "أبلغ معاني الإنصاف والرحمة التي جاء بها الإسلام لكي لا يوقع الإحراج لهم حتى لا يلزمهم أن يقاتلوا في صفوف المسلمين فيتهم بأنه يريد لهم الموت والاستئصال والفناء، فهي في الحقيقة امتياز في صورة ضريبة؟!!

وقد هاجم أفكار البنا بضراوة المفكر المستنير سلامة موسى الذي طالب بفصل الدين عن الدولة مؤكداً على وطنية الأقباط مذكراً بدورهم في ثورة ١٩١٩. أما القمص سرجيوس فنشر أكثر من مقال في مجلته "المنارة المصرية" ضد الإخوان، ومن أهم مقالاته التي مقال تحت عنوان "الموت ولا حكم دولة عم حسن البنا" وجاء فيه (ها نحن قد عشنا وشفنا ووقفنا مع الذين سبقونا ورددوا هذا القول لأننا ما كنا نحلم أو نتصور أنه في القرن العشرين وفي عهد الدستور والديمقراطية والقنبلة الذرية يقوم في مصر هنا، في عروس الشرق وقدوته، يقوم عم حسن البنا يجمع حوله رهطاً هم أعلم الناس بحقيقة أنفسهم، يتطلعون إلى الحكم في مصر وإخضاع البلاد وإذلال العباد.

وتخيل القمص سرجيوس النحاس باشا وهو يدعو المسلمين والمسيحيين واليهود ليتوجهوا بالدعاء إلى الله (خدها يا رب ما تحضرهاش حكم هذه الدولة.)

ومن المؤكد أن رفض القمص سرجيوس و جمهور الأقباط لجماعة الأخوان لأن الجماعة تعلن العداء لحزب الوفد وترفض مبدأ الوطنية المصرية داعية إلى دولة الخلافة الإسلامية، وكان ذلك مصدر قلق لدى كثيرين من المصريين ، وكانت حدة القمص سرجيوس في مقالاته تؤكد على أنه متابع جيد لمسيرة البنا وجماعته ويدرك الكثير من الخبايا عن التوظيف السياسي الذي قامت به الحكومات المختلفة للجماعة. وفضلاً عن ذلك كان القمص ينتقد بعمق كتابات ومقالات البنا، وأثبت القمص أن لديه إلماماً واسعاً بالثقافة الإسلامية وعلى دراية كاملة بالآيات القرآنية وأقوال كبار المفسرين حولها، فقد

اتهمه أنه يقدم تفسيراً ملتوياً للقرآن الكريم، وكان البنا يقدم سلسلة مقالات بعنوان "نظرات في القرآن الكريم" وحاول أن يفسر الآيات القرآنية التي تتعلق بالمسيحيين وأهل الكتاب، والحقيقة أنه لم يكن مفسراً ولا كان ملماً بخبايا وأسرار علم التفسير، وكذلك كانت ثقافته المعاصرة محدودة، لذا راح يطلق أحكاماً بالكفر على أهل الكتاب مما أثار عليه ليس القمص سرجيوس فقط بل وآخرين، وترصده سرجيوس بالبحث والرد مفنداً كل ما يقول في سلسلة أخرى من المقالات حملت عنوان "حسن البنا يحرض على قتال الأقليات" وقد فسر حسن البنا الآية القرآنية (قاتلوا الذين لا يؤمنون بالله ولا باليوم الآخر ولا يحرمون ما حرم الله ورسوله ولا يدينون دين الحق من الذين أتوا الكتاب حتى يعطوا الجزية عن يد وهم صاغرون) (التوبة٢٩)، وجاء في تفسير البنا لها "وقد وصفت الآية الكريمة وهم في عرف الإسلام اليهود والنصارى بثلاث صفات بأنهم لا يؤمنون بالله ولا باليوم الآخر وبأنهم لا يحرمون ما حرم الله ورسوله وبأنهم لا يدينون دين الحق وذلك معلوم من سيرتهم وكتبهم" وقال البنا أيضاً: "وأهل الكتاب فيقاتلون كما يقاتل المشركون تماماً إذا اعتدوا على أرض الإسلام أو حالوا دون انتشار دعوته". وراح القمص سرجيوس يرد على هذه الآراء بعبارات غاية في الانفعال والقسوة فأطلق على حسن البنا "شيخ السوء" وبدلاً من لقبه المرشد العام قال عنه "المفسد العام" والواقع أن الآية القرآنية لم تدن أهل الكتاب عموماً لكن فئة منهم هم الذين لا يؤمنون بالله ولا باليوم الآخر، ولذا راح سرجيوس يستشهد بأقوال مفسرين آخرين وبآيات أخرى من القرآن الكريم تشيد بأهل الكتاب، وكان عدد من علماء الأزهر ومن هيئة كبار العلماء قد ردوا على البنا واستشهد بهم سرجيوس قائلاً: "ولعل في فتاوى حضرات علماء المسلمين التي نشرت ضدك في الصحف ما يجعل المسلمين في بلاد الشرق أن يضربوا بأقوالك عرض الحائط لا شك أصبحت غير ذي ثقة في أمور الدين" و لكن ظلت الجماعة تنخر فى عظم الدولة المصرية .

واستمر هذا المناخ خلال الأربعينيات، وتصاعدت النزعات الطائفية المناهضة للأقباط إلى حد محاولة إحراق كنيسة بالزقازيق عام ١٩٤٨. ويلاحظ أن تلك الحقبة أيضاً شهدت خروج مكرم عبيد من الوفد وتحالفه مع الملك وأحزاب الأقلية، وهو الأمر الذى لم يكن له أية علاقة بالدين، لكنه بلاشك وجه ضربة إلى الميراث الذى حرص الوفد على ترسيخه منذ عام ١٩١٩. وأخيرًا، فقد أدى صعود الحركة الوطنية فى الاربعينيات إلى توجه بعض من شباب الأقباط و المسلمين إلى الارتباط بالحركة الشيوعية. ولكن ظل أثر ذلك محدودًا بسبب ضعف تأثير المنظمات الشيوعية على شباب الكنيسة المسيحى و المسلمين فقد كانت الشيوعية تشجع على الألحاد و الشعب المصرى مؤمن و متدين بطبيعته .

وتبيّن الأرقام التالية عدد النواب الأقباط عبر مراحل تاريخ مصر الحديث ٤٧:

عدد النواب المصريين الأقباط في البرلمان قبل ثورة يوليو ١٩٥٢

عدد النواب من أصل قبطي	عدد النواب في البرلمان	السنة
١٦	٢١٤	١٩٢٤
١٥	٢١٤	١٩٢٥
١٢	٢١٤	١٩٢٦
٢٣	٢٣٥	١٩٢٦
٤	١٥٠	١٩٣١
٢٠	٢٣٢	١٩٣٦
٦	٢٦٤	١٩٣٨
٢٧	٢٦٤	١٩٤٢
١٢	٢٦٤	١٩٤٥
١٠	٣١٩	١٩٥٠

الأقباط و ثورة ٢٣ يوليو ١٩٥٢ :

يمكننا أن نحدد نهاية الأربعينيات كأحد أبرز نقاط التغيير في أوضاع العلاقة بين الأقباط والنظام السياسي المصري شبه الليبرالي، وذلك ببروز «الحزب الديمقراطي المسيحي» وكان سكرتيره العام رمسيس جبراوي المحامي مواليا للملك فاروق ورافضا لحزب الوفد وفي اعقاب ثورة يوليو اطلق عليه اسم «الحزب الديمقراطي القومي» ثم ظهرت جماعة الأمة القبطية التي تأسست في ١٩٥٢/١٠/١١ بقيادة إبراهيم هلال المحامي وطالب برنامجها الأقباط بالتكلم باللغة القبطية والتمسك بالكتاب المقدس وتنفيذ جميع احكامه ودراسته دراسة علمية حديثة، وطالبت الجماعة الحكومة بإنشاء محطة إذاعة خاصة بالأمة القبطية والاهتمام بالروح الرياضية بمختلف وجوهها وإنشاء مركز رئيسي للجماعة في

---

47 انظر: ما هو عدد الأقباط في البرلمان المصري؟، موقع كلمة:
http://www.alkalema.net/persecuate/persecuate13.htm

وسط القاهرة بالقرب من الأحياء القبطية ولاحظ البعض ان الجماعة قد اتخذت من بعض الاساليب والشعارات التي تذكر بنظيراتها جماعة الإخوان المسلمين وقد اختلفت الجماعة مع البطريرك يوساب الثاني لوقوفه مع الحكومة ضد أهداف الجماعة فى تأسيس أمة مستقلة من الأقباط، واختلفت الجماعة القبطية مع السلطة السياسية بعد الثورة عندما طالبت أن يكون الدستور وطنيا لا دينيا مصريا لا عربيا ونددت بدستور ١٩٢٣ لأنه كان ينص علي أن الإسلام دين الدولة وأن رئيس الدولة يجب أن يكون مسلماً فهذه النصوص عند الجماعة مصدر كل ما حاق بالأقباط من ألوان التمييز والاضطهاد سياسياً وثقافيا واجتماعياً.

ثم دخلت جماعة الأمة القبطية في صراع مع السلطة السياسية الحاكمة بعد الثورة بعد اختطافها البطريرك عام ١٩٥٤ وذلك لأسباب مرجعها انتشار الفساد وسط الموظفين القريبين من البابا في إدارة شئون الكنيسة وهو ما أدي إلي القبض عليهم وتقديمهم للمحاكمة وادانتهم قضائيا.

ان بروز الحزب الديمقراطي المسيحي ثم تغيير اسمه إلي الديمقراطي القومي بعد ثورة يوليو- وجماعة الأمة القبطية عكس عدداً من الاعتبارات.

١- ان الاطر الحزبية والسياسية في نهاية المرحلة شبه الليبرالية وبداية نظام يوليو ١٩٥٢ لم تعد قادرة علي استيعاب الشرائح القبطية ، وأن الحساسية القبطية إزاء جماعة الإخوان وطروحاتها الدينية الاصولية الإسلامية وعلاقتها بالثورة بعدئذ أثار مخاوف عديدة لدي غالبهم وصفوتهم خاصة في ظل بروز بعض وقائع التوتر الطائفي.

٢- تآكل تدريجي لبعض قواعد ومبادئ الاندماج القومي التي تأسست حول الحركة الوطنية الدستورية للمبادئ والقواعد المنظمة للمواطنة في تطبيقات الدولة وسياسة الحكومة وفي العلاقات الاجتماعية بين المواطنين في علاقات بعضهم بعضاً.

٣- بروز بعض التناقضات في الخطابات القبطية السياسية حول الدولة ودستورها وتشريعاتها التي رمي بعضهم إلي ضرورة تأسيسها علي أسس علمانية من ناحية في حين أن بعضهم ذهب إلي ضرورة احياء اللغة القبطية وتحويلها إلي لغة حياة وخطاب وإلي مفهوم الأمة القبطية تناقضات عديدة سنري أنها تبرز حينا في بنية الخطاب صريحة وجهيرة وحينا أخري تمثل جزءاً من الخطاب الذي يجري فيما وراء الخطاب .

٤- بروز أدوار جيل جديد من أبناء مدارس الأحد من خريجي الجامعات وبعضهم تأثر ببعض الخطابات القبطية وما حملته من تصورات حول ضرورة مواجهة الفساد داخل المؤسسة وفي تنظيم شئونها الداخلية وفي التصورات المطروحة في المجال العام السياسي، حول العلاقة بين الدولة والدين وضرورة مساواة الأقباط كمواطنين سواء في تقلد المناصب العامة وفي الممارسة السياسية وحرية العقيدة وممارسة الشعائر الدينية أو في بعض الطروحات التي ذهبت إلي اعتبار «الأنجيل شريعة» كما في بعض شعارات جماعة الأمة

القبطية كما ان قيادات الكنيسة في اواخر الاربعينيات وأوائل الخمسينيات كان لديها رؤي حول العلاقة بين الكنيسة والعلمانيين الأقباط تختلف عن تلك التي كانت لهم قبل ثورة يوليو ١٩٥٢.

من حيث التأثير علي أوضاعها من خلال الدعم المالي، والمجالس المالية والإشراف علي الانفاق الداخلي وكان لدي بعضهم موقف محافظ ومتشدد ازاء نصوص لائحة الأقباط الارثوذكس للاحوال الشخصية بخصوص فسخ العلاقة الزوجية لأسباب مرضية وفق نصوص لائحة الأحوال الشخصية الصادرة عن المجلس الملي العام للأقباط الارثوذكس إن الجيل الذي برز في إطاره البابا شنودة الثالث بعد اختياره بطريركا للأقباط الارثوذكس في أوائل عقد السبعينيات من القرن الماضي- ساهم في الكنيسة وفي بلورتها كمؤسسة كنسية واجتماعية وثقافية، ولاسيما في ضوء خلفياتهم التعليمية والاجتماعية والبيئة السياسية والدينية التي دخلوا في سياقها إلي نظام الرهبنة مما ساهم في بروز خطاب مسيحي لاهوتي وتأويلي ذهب عبر آلياته التأويلية إلي رفض ميراث قانوني- لائحي وقضائي يتصل بالتطليق الأمر الذي ساهم في ضبط آليات السيطرة علي الحياة الاجتماعية للأقباط في مجال قانون الأسرة.

٥- بروز مؤشرات تراجع دور «العلمانيين» الأقباط في الحياة السياسية والمجال العام المصري، بل والمجال الديني الاجتماعي داخل المؤسسة الارثوذكسية ثم استمرارية هذه الظاهرة بعدئذ في ظل نظام يوليو ١٩٥٢.

٦- تزايد تراجع وزن وتأثير العناصر القبطية في تركيب «الطبقة السياسية الجديدة» ذات الجذور العسكرية وبعض معاونيها من التكنوقراط في الجامعات والبيروقراط في جهاز الدولة ولاشك أن هذا الاتجاه أخذ في النمو لاعتبارات عديدة منها:

أ- ان تنظيم الضباط الأحرار لم يكن يضم سوي ضابط قبطي بدرجة ملازم من الصف الثالث وهو ما اثار شكوك بعض الأقباط حول مواقف الضباط الاحرار، خاصة في ظل علاقات وعضوية بعضهم في جماعة الإخوان المسلمين.

ب- أدت السياسة الاقتصادية التدخلية للثورة إلي تأميم البنوك والمصانع وفرض قانون الإصلاح الزراعي الذي مس ملكيات لبعض أبناء الشرائح العليا من الطبقة الوسطي القبطية والإسلامية مما ترتب عليه لجوء بعضهم للهجرة خارج مصر إلي بعض البلدان الأوروبية والولايات المتحدة وكندا من الفئات الوسطي- الوسطي، الوسطي- الصغيرة بحثا عن الرزق في عقود الستينيات والسبعينيات والثمانينيات والتسعينيات من القرن الماضي في ظل استثناء حدة الاحتقانات الدينية الإسلامية- المسيحية في ظل موجات العنف الدينية الذي طال الأقباط ودور عباداتهم.

ج- بدء بروز نمط سياسين من التكنوقراط الأقباط الذين تم إحلالهم بديلا عن السياسيين الأقباط من شبه الاقطاعية وشبه الرأسمالية من رجال الاحزاب السياسية المصرية التي تم حلها بعد الثورة.

د- لجوء السلطة السياسية الحاكمة إلي استخدام التكنوقراط الأقباط كحاملي رسائل بينها وبين قيادة الكنيسة القبطية حتي في ظل العلاقة الجيدة التي ربطت بين الرئيس جمال عبدالناصر وبين البابا كيرلس السادس ثم تراجع دور التكنوقراط في ظل التوترات والأزمات الدينية الإسلامية- المسيحية .

لقد تضافرت هذه العوامل، على الأخصّ في السّنوات الأولى من ثورة يوليو، لتولّد مواقف واتّجاهات معارضة في مواجهة النّظام الجديد، أو مواقف حذرة ومتردّدة في قطاعات مختلفة من هذه الفئات، بما فيها الفئات الوسطى الإسلامية والمسيحيّة معاً.

غير أنّه ثمّة عوامل إضافيّة كانت مرشّحة في تلك المرحلة لأن تدفع بقطاعات من المتعلّمين والمثقّفين الأقباط إلى طرح تساؤلات أو إبداء تحفّظات، وحتى إلى معارضة النّظام الجديد مع ميْل إلى الانسحاب من الحياة السياسية. والواقع أنّ الأقباط ليسوا وحدهم من انسحب أو فُرض عليه الانسحاب من الحياة السياسية. فالنظام السّياسي الذي تشكّل وسيطر عليه التيار المُعادي للدّيمقراطية في صفوف الضبّاط الأحرار، أقصى كلّ من يعارضه أو يخالفه الرّأي. كما لا يعني هذا أنّ الأقباط تصرّفوا ككتلة متجانسة وبناءً على قرارٍ جماعي بالانسحاب من الحياة السّياسية.

مرحلة المواطنة الناقصة - الإقتصار على البعد الإجتماعى للمواطنة ١٩٥٢

ويقصد بها الفترة الناصرية، تحديدًا حيث أهتم النظام السياسى بتحقيق المواطنة فى إطار المشروع الإجتماعى لثورة ٢٣ يوليو الذى ساوى بين الجميع فى فرص التعليم والعمل، ولقد استفاد الأقباط من هذه الفرص. إلا أن الثابت قد تم تجاهل الجانب السياسى للمواطنة، وضعفت المشاركة السياسية. وقد تأثر الأقباط كثيرًا بهذا الأمر خاصة به أن أستحدث مبدأ التعيين ولأشخاص غير مسيحيين كانوا فى الأغلب الأعم من التكنوقراط.

بقيام ثورة ٢٣ يوليو كان من الطبيعى مع تأسيس نظام وطنى بدون سلطة الملك وسطوة المحتل. أن يتم إستكمال ما يتم إنجازه سابقًا فى المرحلة الليبرالية ولكننا نجد النظام فى هذه المرحلة يهتم بالمشروع الإجتماعى على حساب المشروع السياسى حيث استبدلت التعددية السياسية بالتنظيم السياسى الواحد الذى يستمد حيويته ومشروعيته من الزعامة الكاريزماتية لعبد الناصر أكثر من أن يكون نظامًا سياسيًا شعبيًا.

ومنذ وقت مبكر قامت الثورة بحل الأحزاب السياسية هو التصفية الوحيدة لمؤسسات المجتمع المدنى، ولكنه فى المقدمة. فالجمعيات الأهلية التى كانت قد شهدت إزدهار فى

العهد الليبرالى قبل الثورة، صدر قرار جمهوريًا عام ١٩٥٦ بشأنها، ينص على إلغاء الماد من ٥٤ إلى ٨٠ والتى تضمنها القانون المدنى بشأن الجمعيات. وقد فرض هذا القرار حل هذه التنظيمات جميعًا وتعديل نصوصها. وقد كان هذا الأجراء بداية إخضاع كافة الجمعيات الأهلية للرقابة الكاملة والأشراف عليها من قبل الدولة. ثم صدر بعد ذلك القانون لسنة ١٩٦٤ ليكرس مفهوم هيمنة الدولة على العمل الأهلى". ومن المعروف أن الجمعيات الدينية تمثل نسبة غير قليلة من إجمالى عدد الجمعيات الأهلية العامة فى المجالات الإجتماعية والثقافية.

وفى هذا السياق خضع الأقباط شأنهم شأن باقى مكونات الجماعة الوطنية لقرارات المرحلة الجديدة وذلك على المستوى السياسى. أما فى إطار المشروع الإجتماعى الذى طرحه نظام ٢٣ يوليو لتحرير البلاد وإعادة بنائها فلقد .("استفادة الأقباط من فرص التعليم والعمل المتاحة كما شاركوا فى المعارك التى فرضها تنفيذ هذا المشروع") وفى هذه المرحلة ظلت المساواة والمواطنة كقيم مكتسبة عبر التاريخ كما هى دون إنتقاض ولكن نقصت المشاركة ،(السياسية للجميع. نعم حققت ثورة ٢٣ يوليو "إنجازات بالغة الأهمية فى مجال بلورة فكرة المواطنة قاعديا")

وعلى مستوى المشروع الإجتماعى إلا أنها شاهدت تراجعًا فى المسألة السياسية خاصة فيما يتعلق بقضية المشاركة السياسية.

جماعة الأمة القبطية

وأعلنت الجماعة الأمة القبطية عن نفسها فى سبتمبر سنة ١٩٥٢ وقد رحب البابا يوساب بالجماعة فى بدء القيام بأنشطتها .

وكان من مؤسسي جماعة الأمة القبطية شاب أسمه إبراهيم فهمى هلال خريج كلية الحقوق جامعة القاهرة وكانت جماعة الأمة القبطية مكونة من شباب الأقباط المثقف والذي يحمل درجات علمية هدفهم النهوض بالشعب القبطى كله عن طريق الإصلاح من خارج الكنيسة فى أقصر وقت ممكن وكانت متشبعة بالتيارات التى كانت سائدة فى ذلك العصر مثل الإخوان المسلمين والثورة وهم بذلك عكس مدارس الأحد التى رأت أن التعليم والعمل الهادئ من داخل الكنيسة له أكبر الأثر فى إصلاح الكنيسة ولكن على المدى الطويل وفى الوقت الذى كان هدف مدارس الأحد أن أصلاح الكنيسة يأتى فكراً رأت جماعة الأمة القبطية أن الإصلاح يأتى عملاً ومدارس الأحد وجماعة الأمة القبطية هم من شعب الكنيسة الذين يريدون إصلاحها ولكن الفرق أن مدارس الأحد رأت أن يكون الإصلاح من الداخل بالتعليم فظلت فى الداخل ورأت جماعة الأمة القبطية أن الإصلاح يكون من الخارج وفى الحقيقة قيادات مدارس الأحد رأت أن الإصلاح

بالإضافة إلى التعليم لا بد أن يكون من قمة الهرم أى يجب أن يكون منفذي الإصلاح من الأساقفة والمطارنة والإباء البطاركة فسلكوا فى سلك الرهبنة ووصلوا إلى هذه المناصب وأحدثوا فعلاً إصلاحا حقيقيا .

شعارها

الله ربنا، ومصر وطننا، والإنجيل شريعتنا، والصليب علامتنا، والقبطية لغتنا، والشهادة فى سبيل المسيح غايتنا

قانون تأسيسها

١- إصلاح شئون الكنيسة القبطية
٢- تقديم المساعدة للمحتاجين
٣- نشر تعاليم الكتاب المقدس والتمسك بجميع أحكامه
٤- تعليم اللغة القبطية والتاريخ القبطى التمسك بعادات وتقاليد الأقباط
٥- توجيه الشباب القبطى فى حياته والاهتمام بالنواحي الروحية والعلمية الرياضية
٦- إصدار جرائد يوميه وأسبوعيه وشهريه تكون المنبر القوى للدفاع عن الأمة القبطية
٧- الاهتمام برعاية الأقباط فى مصر و الخارج
٨- إنشاء دار كبيره تتسمّى المركز الرئيسى لجماعه وسط القاهرة
٩- العمل على احترام الكرسى الباباوى وتكريمه

اتخذت الجماعة مقرا لها في حي الفجالة بالقاهرة ، واستطاعت خلال عدة أشهر من تأسيسها أن تضيف إلي مركزها الرئيسي سبع أفرع أخري انتشرت في الأرياف كما جاء في بيانها رقم (١) الذي أصدرته في ١٩٥٠.

وعندما شكلت الثورة لجنة الدستور التي كانت تبحث في صياغة دستور جديد للبلاد بدلا دستور ١٩٢٣ الذي ألغته الثورة ، وأرسل إبراهيم فهمي هلال إلي لجنة الدستور مذكرة باسم الأمة القبطية معترضا علي اقتراح اللجنة اعتبار الدين الرسمي للدولة هو الإسلام . وما تنويه اللجنة من إقرار ضرورة أن يكون دين رئيس الجمهورية هو الإسلام ، كما دعا اللجنة باسم العدالة والوحدة الوطنية أن تضع لمصر دستورا "

وطنيا صريحا لا دينيا ، مصريا لا عربيا ، واضحا وصريحا في ألفاظه ومعانيه ، وفصل الدين عن الدولة صراحة حرصا علي قيام الأمة ووحدة أبنائها " .

كما ظهر أعضاء جماعة الأمة القبطية في مناسبات عديدة مثل مناسبة دفن جثمان القس داود المقري الذي توفي في يناير ١٩٥٤ ، واعتبرت الجماعة وفاة الرجل مناسبة للظهور علي السطح ، وتميز أعضاء جماعة الأمة القبطية بشارات خاصة علي ملابسهم .أما مكاتبات الجماعة فكان لها شعر عبارة عن الصليب الفرعوني وتحته كتاب التوراة مفتوح علي عبارة " سيأتي اليوم " .

كما كان للجماعة هتاف هو " المجد لله ومبارك شعب مصر " .
كما كان لهم نشيد ينشدونه هو " الله ربنا ، ومصر وطننا ، والإنجيل شريعتنا ، والصليب علامتنا ، والقبطية لغتنا ، والشهادة في سبيل المسيح غايتنا " .
كانت الجماعة متأثرة إلي حد كبير بتنظيم الإخوان المسلمين ، وقد أصبحت أكثر ميلا إلي الجانب السياسي ، مما دفع الكنيسة والدولة إلي محاربتها والقضاء عليها .. وتعرضت لدعاوى لإيقاف نشاطها .
وقد قام أعضاء هذه الجماعة فى سنة ١٩٥٤ بالإقدام على مغامرة من النوع الحافل بالإثارة والمفاجآت وذلك بخطف البطريرك الأنبا يوساب الثانى انتهت بالقبض على رئيس الجماعة وحكم بإدانته وسجن لمدة ثلاث سنين – وقد تم الحدث كالآتي :-
كان إبراهيم هلال يعمل محامياً شاباً فى الرابعة والثلاثين من عمره وفى فجر أحد أيام هذه السنة قام خمسة شبان أقباط بهجوم مسلح فى ١٩٥٤م على المقر البابوى اقتحموا بوابة دار البطريركية بكلوت بيه وجردوا عامل البوابة والنظافة من عصيهم وقيدوهم بعد أن شهروا مسدس فى وجوههم وشقوا طريقهم إلى داخل مبنى البطريركية ووصلوا إلى غرفة البابا العجوز الأنبا يوساب فأيقظوه من نومه بغلظة ووجد نفسه أمام ثلاثة من المسلحين (كانوا قد تركوا واحداً منهم على بوابة الدار ليمنع أى شخص من طلب نجدة وتركوا واحداً ثانياً عند مدخل جناح البطريرك لكى يقوم بعرقلة أيه محاولة للاقتراب من حجرة النوم التى أقتحمها المهاجمين الثلاثة) ووجد الأنبا يوساب نفسه محاطا بمسلحين يطلبون منه أن يسرع بارتداء ملابسه لأنه سيذهب معهم – وأستسلم البابا العجوز فارتدى ملابسه بسرعة وأستعد أن يذهب معهم بدون أن يعرف ماذا يريدون ، ولكنهم أبرزوا مجموعه من الأوراق وطلبوا أن يوقع عليها والمسدس مصوب إليه ولم يكن أمامه مفراً من التوقيع ، وهكذا وقع على تنازله عن البطريركية ووثيقة أخرى بدعوة المجمع المقدس والمجلس الملي لأجراء انتخابات لبطرك جديد ، ووقع أيضاً على وثيقة ثالثة بتوصيات لائحة انتخاب البطرك بحيث يشترك فى انتخابه جمهور رعاياه الدينيين ، وخرج المسلحون الخمسة ومعهم البابا ليركبوا سيارة ومضت السيارة تنهب الطريق إلى أديرة وادي النطرون وهناك دقوا باب الدير وعندما فتح الرهبان ورأوا البطرك ومعه المسلحين كانت الدهشة تعتلى وجوههم وأدخلوا البطريرك إلى الدير ثم أمروا رهبان الدير أن يستبقى لديه رهن الاحتجاز فإنه يريد التفرغ للصلوات والعبادة المنفردة لأنه تنازل عن العرش البابوى. وعادت المجموعة بسرعة للقاهرة لتصدر بياناً كانوا جهزوه من قبل أرسلته إلى الكنائس والصحف وبعض الجهات الرسمية فى الدولة تعلن فيه أن البابا تنازل عن العرش وإقراراً موقعاً بالفساد المستشري فى الكنيسة ، وتطلب من

الشعب القبطي أن يقوم بانتخاب بطريركا آخر وتحذر الدولة " من التدخل فى شئون الأقباط الداخلية .

كانت الدولة وقتها قد فرغت من الاحتفال بالذكري الثانية لقيام الثورة وسط أجواء بالغة التعقيد ، فقد كان الصراع بين محمد نجيب وجمال عبد الناصر لم يحسم بعد ، وكان الرئيس محمد نجيب في تلك الفترة قد قدم استقالته ، ولكنهم أعادوه ، كان كل أعضاء مجلس الثورة مشغولون فيما بينهم في الصراع بين الرفقاء علي الحكم والسلطة ، وهي الفرصة التي أغتنمها الجناة لتنفيذ مخططهم بعزل البابا بعيدا عن أعين الدولة .

أرسلت الحكومة وزير التموين القبطي جندي عبد الملك إلي المقر البابوي للتفاوض مع الجماعة التي قامت بالعملية ، كان الأمر يتعلق بمسألة قبطية داخل الكنيسة .

لم يكن أحد يشك في وجود جريمة ، وعندما وصل الوزير القبطي أيقن أن الأمر فيه مخطط جنائي ، وعلي الفور أبلغ وزير الداخلية .

وفي ظهر اليوم التالي٢٦ يوليو ١٩٥٤ اقتحمت الشرطة المبني ، وألقت القبض علي الجناة ومعهم ٣٧ من أتباعهم ، وسارعت القوات إلي دير مار جرجس للبنات في مصر القديمة وقامت بتحرير البابا وأعادته إلي المقر البابوي .

كانت هذه محاولة يائسة لتحسين حال الكنيسة القبطية ولكنها اتخذت طابع العنف الذى لم تعرفه الكنيسة من قبل ولذلك لم يكتب لها عنصر النجاح .

ولكن صحة البابا لم تحتمل الموقف ، وأصيب بمرض أفقده القدرة علي التركيز ، ولعله الزهايمر.

وفي ٢فبراير ١٩٥٥ قرر المجمع المقدس تشكيل لجنة من ثلاثة أساقفة تتولي شئون البطريركية.

لم تكتف جماعة الأمة القبطية باختطاف البابا ، ولكنها دبرت محاولة لقتله في ٢٠ سبتمبر ١٩٥٥ قام بها عبد المسيح باشا أحد المتهمين في قضية الاختطاف . . وفي ٢١ سبتمبر ١٩٥٥ جرد البابا يوساب الثاني رسميا من مهامه البابوية وأرسل إلي الدير المحرق بالقوصية التابعة لمحافظة أسيوط ، وكلفت الدولة ثلاثة أساقفة تتولي إدارة شئون البطريركية حتى وفاة البطريرك في ١٣ نوفمبر ١٩٥٦. ولكن مهما كانت عناصر اليأس التى تحتويه هذه المغامرة الفاشلة إلى أنها كانت تحمل علامات وإشارات هامه تجرى فى عروق الأقباط تريد أن ترجع الكنيسة إلى مجدها السابق فأيقظت الأقباط من غفوتهم ليواجهوا عصراً جديداً .

وبادرت وزارة الداخلية فيما بعد إلى استصدار أمر قضائي بحل تلك الجمعية فرفعت الجمعية المنحلة معارضة فى أمر الحل أمام الدائرة الخامسة المدنية بمحكمة القاهرة الابتدائية – وكان د/ ادوار غالى الدهبى هو المختص بمباشرة قضايا الحكومة المنظورة

أمام هذه الدائرة وساء جماعة الأمة القبطية أن يترافع ضدهم محام قبطى فأرسلوا سيلا من خطابات التهديد بالخطف والقتل وكان يذهب إلى المحكمة فى حراسة مشددة وتقدم للمحكمة بمذكرتين بدفاع وزارة الداخلية – الأولى بجلسة ١٩٥٤/٥/١٣ – والثانية بجلسة ١٧/ ٦/ ١٩٥٤ بينت فيها إغراض الجمعية إلى إقامة دولة قبطية باستعمال القوة المسلحة وهذا يتنافى على المبادئ المسيحية وأن العنف مرفوض تماما فالمسيحية – وانتهى الأمر برفض معارضة الجمعية وتأييد قرار الحل

وخرج إبراهيم فهمى هلال من السجن بعد مضى ثلاث سنوات وهاجر إلى فرنسا وحصل على الدكتوراه فى القانون وفى مقالة للأستاذ كمال زاخر موسى بتاريخ ٢٠٠٩/٤/٢٦م أن د . إبراهيم فهمى هلال - ٧٥ سنة - مازال يمارس عمله كمحام بالقاهرة ومحاضرا وأستاذا زائراً بجامعة السوربون بباريس ، ورفاقه منهم من هو طبيب أو مهندساً أو رجل أعمال بمصر وبلاد المهجر

جمـــاعة الأمة القبطية وجمـــاعة الإخـوان المسلمين

حاولت جماعة الإخوان المسلمين الاتصال بإبراهيم هلال عن طريق القائمين فى السجون لمحاولة أقناعة على تجميع المسيحيين فى إحدى المحافظات واختاروا محافظة الفيوم .. ولكن كانت جماعة الأمة القبطية قد انتهت فعلاً .. وما يزال المسلمون المتطرفون يعرضون هذا العرض على القيادات الكنسية المختلفة حتى يومنا هذا وكان رد القيادات الكنسية أنه من المستحيل فعل هذا الأمر لأنه خطر عليهم التواجد فى مكان واحد وقال آخرون نحن مع المسلمين نكون نسيج هذا الوطن وقال الشيخ الباقورى لا يمكن فصل الأقباط عن المسلمين لأنه من المستحيل أن نفصل وجه العملة الورقية عن الآخر .

وقد تكون فكرة الفصل سهله نظريا ولكن تعتبر هذه الفكرة مستحيل تنفيذها عمليا حيث يعمل المسيحيين فى مختلف المجالات العلمية والثقافية والمهنية ويسكنون فى كثير من الأماكن ويعملون فى تخصصات مختلفة فى المدارس والجامعات وهناك عشرات من العوامل التطبيقية تفشل هذه الفكرة من الأساس ولا نية للأقباط لتقسيم مصر لكن جماعة الأخوان المسلمين ما زالت تعمل حتى اليوم بالرغم من الجرائم العديدة التى فعلتها فى حق مصر والمصريين ويرى د/ غالى شكرى أن شعار جماعة الأمة القبطية كان نقلا حرفياً معاكساً لشعار الإخوان المعروف :

" القرآن دستورنا والرسول زعيمنا والموت فى سبيل الله أسمى أمانينا "

وكانت جماعة الإخوان قد أثارت الخوف فى نفوس الأقباط قد كانت الجماعة تنادى باستئصال النصارى ومقاطعة المحاكم الأهلية لأن بها قضاة غير مسلمين والوصول إلى الحكم والسيطرة على البلاد وقلب النظم المقررة فى البلاد وقد قامت فعلياً بالإعداد على

المدى الطويل والقصير للوصول إلى هذا الهدف فظهرت جماعة الأمة القبطية كوسيلة للوقوف أمام جماعة الأخوان المسلمين لكنهم ضلوا الغاية و الوسيله .

الحقبة الناصرية

لم يضم تنظيم الضباط الأحرار سوى مسيحي واحد، وفي غير موقع القيادة. وقد سبقت الإشارة إلى أنه وجدت قبل يوليو ١٩٥٢ تفرقة ضد الأقباط فيما يتعلق بالجيش والشرطة، ومن ثم فإن مستوى حضور الاقباط فى الجيش كان أدنى منه بدرجة نوعية عنه فى الدوائر المدنية. وفي يوليو ١٩٥٢، كان هناك قبطي واحد يتولى منصب اللواء. وبشكل عام، يعتبر الكثيرون أن الفترة الناصرية عززت الطائفية، وكانت نقطة البداية فيما نشاهده الآن من تمييز ضد الأقباط. ويعود ذلك، وفقًا لوجهة النظر تلك، إلى عاملين:

اولا : تبنى عبد الناصر خطاب القومية العربية الذي مهد لبروز العامل الدينى لتحديد الهوية.

ثانيا : اتباع نظام الحصص للأقباط للمرة الأولى.

بعد إلغاء الأحزاب السّياسية ابتداءً من يناير ١٩٥٣، بات من الصّعب على أيّ قبطي يرشّح نفسه للانتخابات العامّة أن ينجح في الوصول إلى المجلس النيابي. ونتيجة ذلك، لم ينجح في انتخابات مجلس الأمّة في عام ١٩٥٧ سوى قبطي واحد عن دائرة شبرا (شمال القاهرة)، هو فايق فريد. ولمعالجة الأمر، ابتكر عبد الناصر مبدأ دستورياً جديداً هو «التعيين»، وأدخل مادة جديدة على الدستور المؤقّت عام ١٩٥٦، تسمح له بتعيين عشرة أعضاء في مجلس الأمة . وظلّ هذا المبدأ يرافق تعيين أقباط في مجلس الشعب حتى عهد مبارك. ويؤخذ على هذا المبدأ أنه أخطأ الهدف وأسهم في استبعاد النوّاب الأقباط من انتخابات مجلس الأمّة، وأظهر وجودهم في مجلس الأمّة على أنه مكرمة، مكرِّسا نوعًا من فصل الأقباط أو خصّهم بمعاملة مختلفة عن معاملة بقيّة الشّعب المصري الذي ينتمون إليه.

وقيام الرئيس عبد الناصر باستثناء تنظيم الإخوان المسلمين من هذه الخطوة، لأن الجمعية ليست حزبا، ولأنّ ضبّاطاً في مجلس قيادة الثورة كانوا ينتمون إلى الجماعة. هذا الأمر ترك انطباعا لدى الأقباط بأنّ نظام عبد النّاصر يتحالف مع الإخوان المسلمين.

بعد اصطدام جماعة الإخوان المسلمين مع عبد النّاصر في أواخر عام ١٩٥٤ تبدّد هاجس التّحالف بين عبدالناصر والإخوان ، غير أن الانقلاب في وضع الإخوان في صراعهم مع النظام وتعرّضهم للملاحقة لم يؤدّ إلى تحسّن منزلة الأقباط السياسيّة عموما. وبالتالي لا يمكن اعتباره متغيراً مهماً في العلاقة بين الأقباط والدولة، بمعنى آخر فإن ملاحقة التيار الإسلامي و تحجيمه لم يؤدّيا إلى تحسّن وضع الأقباط، وبالتالي ليس ثمّة

علاقة تناسبيّة مباشرة بين المتغيّرين. ومع ذلك ظلّ الدّين حاضراً، وقد استخدمه عبد الناصر وظيفياً للمزايدة تكتيكيا على الإخوان المسلمين. وتجسّد ذلك في مجموعة قرارات وخطوات مثل:

جعل الدّين مادّة أساسية في مختلف مراحل التعليم تحدّد نتيجة النّجاح والرّسوب.

إنشاء جامعة الأزهر المقصورة على الطلبة المسلمين، وإعلاء شأن الأزهر والمؤسّسة الدينية وذلك عبر إصدار قانون رقم ١٩٦١/١٠٣، والذي عرف بقانون الأزهر بحجّة تنظيم عمل المؤسّسة الدينية، فيما لم يكن القانون سوى محاولة لاحتواء هذه المؤسسة ونزع استقلاليتها، لتصبح مؤسّسة حكومية وشيخ الأزهر مجرد موظف عمومي، واستخدامها أيضا ضمن أدوات توسيع نفوذ مصر النّاصريّة في العالم العربي والإسلامي عموما. ولكن الأزهرعرف كيف يستغلّ هذه الحاجة عند النظام لكي يقوّي نفسه في مجالات مختلفة اجتماعيّة وتربويّة مختلفة وكمرجع ديني.

إنشاء دار القرآن عام ١٩٦٤، من أجل نشر التّراث القرآني وإنشاء إذاعة القرآن الكريم.

وفي المقابل مثّلت الإجراءات الاشتراكية الاجتماعية، ومنح المواطنين فرصاً متساوية، جانبا إيجابيا لحكم عبدالناصر. فرغم السياسات الموصوفة أعلاه، كانت سياسته تقدّم نفسها على أنها وطنيّة عامّة يستفيد من خدماتها الجميع من مسلمين وأقباط.

إنّ تحول الدولة إلى تبنّي مواقف دينيّة وتشجيع تديّنٍ إسلامي معيّن ضدّ التديّن السّياسي، أنتج ظاهرة مرافقة هي شعور الأقباط بأنهم غرباء عن هذه اللعبة الدائرة، في حين أنهم ليسوا ضيوفا بل هم مصريّون أصيلون. وبرأينا، فإنّ تراكم هذا البعد الوجداني، وليس التمييز الذي يقاس بالأرقام فقط، هو الأمر الأكثر أهميّة لناحية تبلور الهويّة المختلفة، وعلى مستوى تسييس هذه الهويّة

وإذا أردنا اقتفاء أثر العهد الناصرى على وضع الأقباط، فقد كانت الطائفية بمعنى التوتر فى علاقات المسلمين والمسيحيين وطرح قضايا المساواة والتمييز....إلخ، أقل حدة فى تلك الفترة من أى فترة تالية. غير أن ذلك لا يعود إلى أن الناصرية صاغت رؤية ثبت نجاحها للتعامل مع تلك القضية، ولكن لأنه تم القفز عليها واعتبارها كما لو كانت غير موجودة، واتخاذ إجراءات عملية – أو بالأحرى براجماتية – كى تكتمل الصورة ويظهر أن هناك حضورًا قبطيًا فى السياسة ومؤسسات الدولة.

ويرتبط ذلك بطبيعة المشروع الناصري وتناقضاته. فالضباط الأحرار الذين يرجعون في معظمهم إلى أصول برجوازية صغيرة، واجهوا بعدما استولوا على السلطة رفضًا وتوجسًا من جانب الرأسمالية المحلية، والولايات المتحدة التي مثلت القوة الغربية الأكبر والتي في نفس الوقت كانت بدون ميراث استعماري. وقد أملى هذا الوضع طرح مشروع للتنمية يقوم على التعاون مع الاتحاد السوفيتي وتجريد الشرائح العليا من الرأسمالية من ثرواتها

لصالح نظام رأسمالية الدولة، تضطلع فيه بالدور القيادي في عملية التنمية. وكي ينجح هذا المشروع، الذي تبنى أهداف التحرر من الاستعمار، والوحدة العربية والتعاون بين دول العالم الثالث، كان لابد من بناء قاعدة شعبية واسعة، وخلق محتوى تنضوى تحته قطاعات الجماهير، في ظل آمال التحرر والعدالة الاجتماعية. ومن هنا كانت الإنجازات الاجتماعية التي طالت المسيحيين كما طالت المسلمين. فالتعليم والعلاج المجاني لم يكن يفرق بين مسيحى ومسلم. ومهمة التوظيف التي كانت تضطلع بها الدولة كانت تطال كافة الخريجين بغض النظر عن الدين. وقد ساعدت هذه الإجراءات وما أدت إليه من تحسن في وضعية الطبقات الوسطى والفقيرة، وكذلك تصاعد قضية الصراع مع إسرائيل، إلى انحسار الميول الطائفية.

لكن ذلك لم يكن يعني عدم وجود تمييز. ذلك أن المشروع الناصري بكل إنجازاته كان مشروعاً للتغيير من أعلى، أي التغيير الذي يتولاه النظام لا الجماهير التي ليس مسموحًا لها أن تلعب سوى دور المتلقي. ومن ثم تم القضاء على كافة أشكال المعارضة السياسية بدعوى حماية المشروع ومنع المؤامرات الساعية لإجهاضه من الداخل والخارج. وفى هذا السياق، لم يكن مسموحاً الحديث عن قضايا حقوق الأقليات والتمييز وما شابه. كما أنه لم يكن يُسمح بحدوث توترات طائفية يمكن أن تمثل تهديداً لاستقرار النظام. ولكن مع ذلك، فقد حدث تراجع حقيقي في أوضاع الأقباط فيما يتعلق بتولي الوظائف القيادية والتمثيل البرلماني، والتمثيل في الوزارات، والبعثات الدراسية إلى الخارج. كما أن النظام لم ينه القيود المفروضة على بناء دور العبادة للمسيحيين، وأبقى على الخط الهمايوني وشروط العزبي باشا. ومن ثم فبدلاً مع مواجهة المسألة القبطية بشكل مفتوح، وتبني رؤية للتعامل معها، اتبع النظام نهجًا توفيقيًا برجماتيًا. فبناء الكنائس كان يتم بناء على وضع عدد من التصاريح لبناء الكنائس سنوياً تحت تصرف البابا. وتم بطريقة غير رسمية تخصيص نسبة للأقباط نحو ٥% بين ضباط الجيش والشرطة. وعلي صعيد التمثيل البرلماني، كان طبيعياً لنظام يرتكز على الولاء ويقف في قمته أهل الثقة أن يعزف عن تشجيع الأقلية على أن يكون لها دور تمثيلي. لذلك لم يفز أي من الأقباط في انتخابات مجلس الشعب في عامي ١٩٦٤ و١٩٦٨. ولكي تكتمل الصورة، أُعطي لرئيس الجهورية حق تعيين عشرة نواب في المجلس النيابي، وكان أغلبيتهم من الأقباط.

ودشن هذا العصر بداية ظهور دور الكنيسة كفاعل فى السياسة. فقد تمت صياغة نوع من علاقة التفاهم بين النظام والكنيسة، تقوم بمقتضاه الأخيرة بعدم التدخل فى السياسة مقابل عدم تدخل الدولة فى شئون الأقباط الدينية. وفي نفس السياق، تم تعيين عدد من المسيحيين في الوظائف التنفيذية العليا. وشهدت هذه الفترة بداية التوجه نحو الهجرة من جانب الطبقة الوسطى القبطية، المتمثلة في المهنيين. إذُن فقد ساهمت الناصرية بوضع

حجر في بناء الطائفية، ليس لأن تبني نهج القومية العربية يمهد في حد ذاته بالضرورة للطرح الإسلامي، ولكن لأن الطبيعة الاستبدادية للنظام كانت تعني اتخاذ موقف الحذر من الأقلية، والخوف من النهج المنفتح في معالجة القضايا الحساسة، وعلى رأسها قضية الأقلية الدينية .

عدد النواب الأقباط فى البرلمان في عهد الرئيس جمال عبد الناصر ٢٣ يوليو ١٩٥٢م

عدد النواب من أصل قبطي	عدد النواب المعينين من بينهم	عدد النواب المنتخبين	عدد النواب	السنة
صفر	صفر	صفر	٣٥٠	١٩٥٧
٩	٨	١	٣٦٠	١٩٦٤
٩	٧	٢	٣٤٨	١٩٦٩

السادات ومرحلة صعود الأسلام السياسي

ابرز الأحداث والمواقف ذات البعد الطائفى فى عهد الرئيس السادات:-

١- صدور دستور ٧١ والذى ينص فى مادته الثانية على أن الإسلام دين الدولة ومبادىء الشريعة الإسلامية مصدر للتشريع.

٢- إطلاق سراح الإخوان المسلمين عام ١٩٧١.

٣- تعدد الأحداث الطائفية ذات الصدى (أحداث الخانكة – أحداث الزاوية الحمراء).

٤- اعتراضت الكنيسة على مشروع قانون الردة.

٥- بدء ظهور قوى قبطية بالمهجر مناوئة ومطالبة وناقدة للنظام.

٦- أصدار قرار بعزل البابا شنودة وتشكيل لجنة لإدارة شئون الكنيسة عام ١٩٨١.

٧- بدء نهوض الطائفة الانجيلية برئاسة د/ صموئيل حبيب.

إذا كان صعود المشروع الناصري قد صاحبة التفاف على المسألة القبطية واختفائها من على السطح، فإن فشل هذا المشروع أدى إلى عودة هذه القضية لتفرض نفسها بقوة، ودشن بداية مرحلة جديدة من تنامي النزعة الطائفية والتمييز ضد الإقباط، بلغت اليوم مستويات خطيرة. فكانت هزيمة ١٩٦٧ ، بمثابة هزيمة للمشروع الناصري القومي الاجتماعي برمته.

تميّزت بداية عهد السادات بالعمل الحثيث لضرب الإرث الناصري في الدولة والمجتمع والإعلام، حتى لو تطلّب الأمر التّحالف مع الجماعات الإسلامية والإخوان. وقد أطلق السادات سراح المعتقلين الإسلاميّين وكتب غالي شكري في وصف أثر ذلك في العلاقة مع

الأقباط: (لم يبدأ التطرّف وانعكاسه المباشر على الأقباط إلاّ في عهد السّادات، حين خرج المعتقلون بكلّ ما في صدورهم من غضب لم يكن تفجيره في وجه الدولة ممكناً، فهي التي أخرجتهم، فتحوّل بعضهم بهذا الغضب نحو المسيحيّين الذين لم يسجنوهم ولم يعتدوا عليهم قط) [٤٨]. وقد انتشرت أفكار عن السّادات وتصريحات منسوبة إليه ضدّ الأقباط، يعود بعضها إلى مرحلة عبد الناصر- مثل تصريحه في جدة حين أوكل إليه منصب السكرتير العام للمجلس الإسلامي عام ١٩٦٥، وتفاخر بأنه (سيحوّل أقباط مصر إلى الإسلام خلال عشر سنوات، أو سيتم تحويلهم إلى ماسحي أحذية وشحاذين) [٤٩].

ولم تكن فترة السادات قطعًا مباشرا مع المرحلة الناصرية، ولكن تطوّرات هامة أماطت عنه حتى لثام الإيديولوجية القومية التي تشمل الأقباط بصفتهم عربا ومصريّين. فقد عمد أنور السادات في بداية عهده إلى التخلص من التيار الناصري واليساري، من خلال استخدام التيار الديني "الأصولي" و تشجيعه. وقد أدّى ذلك إلى انتشار الخطاب الديني الإسلامي بشكل غير مسبوق [٥٠]، الأمر الذي أثّر سلبا في أقباط مصر. وبرز ذلك عندما تمّ إضافة "الإسلام دين الدولة، والشريعة مصدر رئيس للتشريع" إلى المادة الثانية من دستور عام ١٩٧١، لتصبح بعدها "الشريعة هي المصدر الرئيس للتشريع" بحسب تعديل عام ١٩٨٠. فازدادت الهوة بين الأقباط والدولة خاصة بعد وضع "الشروط العشرة" لبناء الكنائس وترميمها. وقد ترافق ذلك مع حالة "اغتراب"، عاشها الأقباط في سبعينات القرن المنصرم، نتيجة محاولة التيار الديني "المتحالف مع السادات" طرح مسائل فقهية تتعلق بوضعهم القانوني ضمن الدولة والمجتمع المصري على أساس مفهوم "أهل الذمة"، الذي عاد إلى التداول بعد غياب طويل فلأول مرة فى تاريخ مصر الحديث يواجه الأقباط فتاوى وأراء دينية تتعلق بموقعهم فى الدولة وحقوقهم كمواطنين فضلا عن فتح الباب على مصراعيه للانتقاد العلنى لعقائدهم ثم الهجوم المباشر عليهم فى ظل صراع الدولة مع الجهاديين الإسلاميين. أدى ذلك إلى مزيد من الانسحاب للأقباط داخل كنائسهم لكنه أدى فى الوقت نفسه إلى مزيد من الميل نحو الدولة لحمايتهم.

وفيما يخص المسألة القبطية، فالمتعارف عليه أن لحظات الهزائم والأزمات عادة ما تكون مصحوبة بعودة النزعات الانقسامية، عرقية كانت أم طائفية، وسعي كل طرف إلى التأكيد على هويته، وهو غالباً ما يكون على حساب الهويات الأخرى. وفي مصر، حيث أن الاختلاف الرئيسي هو اختلاف في الديانة بين الأسلام والمسيحية، كان طبيعياً أن يكون الانقسام على أساس هذا المعطى، وأن تكون الأقلية العددية هي من يدفع الثمن

---

48 غالي شكري، "الأقباط في وطن متغير"، (القاهرة: دار الشروق، ١٩٩١)، ص ٦١

49 أسامة سلامة، الأقباط في مصر، ط ١، (القاهرة: دار الخيال للنشر، ٢٠٠٢)، ص ٢١٧

50 محمد السيد حسين، النزاعات الأهلية العربية العوامل الداخلية والخارجية، ط٢، (بيروت: مركز دراسات الوحدة العربية،١ ٢٠٠)، ص ١٧٥.

الفادح. ومن ناحية أخرى، فإن هزيمة المشروع القومي كان لابد أن يتبعها بروز مشروع بديل. وفي مصر والمنطقة العربية، التي يدين غالبية سكانها بالإسلام، كان هذا المشروع هو المشروع الإسلامي، الذي شهد في الماضي فترات صعود وهبوط على مدى نحو قرن من الزمن.

واندلعت الشرارة الأولى للتوتر الطائفي في عام ١٩٧٢، حينما حُرقت جمعية الكتاب المقدس في الخانكة بعدما دشنها أحد الأساقفة وإقيمت الصلاة بها. وأعقب الحريق أن دعا البابا شنودة، إلى صلاة في موقع الحادث تضم عشرات من الكهنة، مما كان بداية لمرحلة من التوتر، بلغت حد العداء بين البابا والسادات. وبعد انتهاء الأزمة، شكل مجلس الشعب لجنة برئاسة جمال العطيفي قدمت توصيات بشأن وضع قانون ينظم بناء دور العبادة، حتى تتوقف الأزمات المتكررة بسبب هذه القضية، لكن توصيات اللجنة ظلت حبراً على ورق. لكن الأهم من ذلك أن التغيرات التي شهدتها مصر في حقبة السبعينيات كان لها أعظم الأثر على تصاعد حالة التوتر الطائفي والتمييز ضد الأقباط، واتخاذ هذه الحالة أبعادًا جديدة. فكما هو معروف، سعى السادات إلى استخدام الورقة الدينية من أجل توجيه الضربات لأعدائه من اليساريين والناصريين، وهو ما تُرجم إلى اتخاذ سياسة ودية مع الإخوان المسلمين، وتشجيع الجماعات الإسلامية في الجامعات وفي مناطق الصعيد على التصدي للمختلفين معها بكافة الوسائل. وتم غض الطرف عن العنف التي كانت تمارسه الجماعة ضد من تعتبرهم أعداءها، ومنهم الأقباط بالطبع. واتخذ الإعلام توجهاً إسلامياً، بلغ حد إذاعة خطب الدعاة التي تحوي تعريضاً بعقيدة الأقباط. وأطلق السادات على نفسه لقب "الرئيس المؤمن" وعلى مصر "دولة العلم والإيمان". وفي عام ١٩٨٠، وضع التعديل الدستوري المهم الذي جعل مبادئ الشريعة الإسلامية هي المصدر الرئيسي للتشريع، في إطار تعديلات دستورية كان الغرض الأساسي منها هو تمكينه من الترشح لفترة رئاسية ثالثة. وتزامن ذلك مع بداية موجة الهجرة إلى دول النفط التي أحدثت ولاشك تغيرات مهمة في الثقافة المصرية، جاءت على حساب قيم التسامح والعيش المشترك.

وفي المقابل، وبسبب هذه التطورات، إرتفعت مكانة الكنيسة ونفوذها بين الأقباط، وأصبحت تلعب دور الممثل لهم، وعزز من ذلك الدور الاجتماعي والخدمي الواسع الذي مارسته الكنيسة آنذاك. وفي تلك المرحلة، برز متغير جديد- قديم في المسألة القبطية، هو علاقة الإمبريالية بالمسألة القبطية. فقد أصبحت العلاقة مع أمريكا هي العلاقة الأهم بالنسبة لنظام السادات، وأصبحت هناك مساحة واسعة من التعاون. وقد طرح هذا الوضع للمرة الأولى مسألة تدخل أمريكا المسيحية دفاعًا عن الأقباط. وبالرغم من أن حدود هذا التدخل لم تكن أبدًا واضحة، بدأ يظهر إعتقاد لدى بعض الأقباط بأن

أمريكا يمكن أن تستخدم نفوذها في الضغط على السادات لتحسين وضعهم. و توترت الأجواء بين البابا شنوده والسادات بعد أن رفض البابا مصاحبة السادات أثناء زيارته المفاجأة للقدس عام ١٩٧٧؛ وبعد أن اندلعت مظاهرات غاضبة من الفلسطينيين وبعض أقباط المهجر أثناء زيارة للسادات إلى الولايات المتحدة الأميركية بعد ذلك، وزاد الأمر توترا إعلان البابا إلغاء الاحتفال بعيد القيامة وذهابه للاعتكاف بالدير وعدم استقبال المهنئين الرسميين من الدولة بهذه المناسبة رغم الوساطات.

وكان هناك عاملا آخر لسوء علاقة البابا شنودة بالرئيس السادات ذكره محمد حسنين هيكل فى كتابه «خريف الغضب» التفوق القيادي للبابا شنودة على صفات السادات القيادية حينما كتب يقول: (المسرح كان مهيأ لدور يقوم به رجل يستطيع أن يتحمل مسئولياته، وكان البابا شنودة يملك الكثير من المقومات اللازمة فهو كان شاباً ومتعلما وكاتبا وخطيبا متمكنا وكانت شخصيته قوية إلى جانب كثير من صفات الزعامة وقوة احتمال ومثابرة لا شك فيها السادات كان يرى فى تصرفات البابا معه تحركات استفزازية، فقرر أن يتبع معه نفس الأسلوب، فكما يحكى هيكل فى كتابه «خريف الغضب»(أن السادات كان فى زيارة للكنيسة ونظر إلى ساعته أثناء اجتماعه مع البابا وأعضاء المجمع المقدس وقال موجها كلامه إلى البابا شنودة لقد حان موعد صلاة الظهر وأريد سجادة صلاة وأسرع شنودة بنفسه إلى غرفة مجاورة وجاء بسجادة صغيرة فرشها وسط مكتبه للسادات وخرج الكل من القاعة، ولكن شنودة لم يخرج وإنما وقف بعيدا وقد شبك يديه أمام صدره فى خشوع وانتظر السادات حتى أتم صلاته.... كان السادات ينظر إلى البابا ويحاول تقدير ردة فعله، فهو حاول استفزازه، لكن شنودة كما روى السادات كان (ناصح وغويط) طبقا لنص كلامه، ومع ذلك فقد وافق السادات للبابا شنودة على ضعف عدد الكنائس التى اتفق عليها الرئيس الراحل جمال عبد الناصر مع بابا الأقباط السابق كيرلس، وعندما لاحظ السادات دهشة المستمعين إليه، رد بقوله: (شنودة ظل طول الوقت يقول لي أنت رئيسنا وأنت زعيمنا وأنت رب العائلة).

ويستكمل هيكل (وسألني الرئيس السادات كم عدد الكنائس الجديدة التى صرح بها عبد الناصر سنويا للبابا كيرلس، وحين ذكرت العدد. خمسة وعشرين كنيسة سنوياً هز الرئيس السادات راسة معترضاً قائلاً: " إن ذلك كثير جداً "

وبناء على نصيحة محمد حسنين هيكل اجتمع السادات بالمجلس الإسلامي الأعلى برياسة شيخ الأزهر ثم اجتمع بالبابا شنودة ومعه الأساقفة وصرح لهم بإنشاء خمسين كنيسة بدلا من بناء خمسة وعشرين كنيسة سنوياً التى صرح بها عبد الناصر إلا أن هذه الوعود تبخرت على صخرة الواقع فقد حدثت شكاوى من رجال الدين المسيحي من وزير داخلية

حكومة السادات وقتها النبوي إسماعيل الذي كان يتباطأ فى تنفيذ تعليمات رئيسة ببناء ٥٠ كنيسة، ووضع العراقيل الروتينية.)

ولكن زيادة الاحتقان بين علاقة البابا والسادات جاءت بعد اتصال من رئيس الوزراء وقتها بالبابا يطلب منه ترشيح ١٠ أشخاص لتعيينهم في مجلس الشعب حيث كانت انتخابات عام ١٩٧٦ على الأبواب. ويقول البابا أرسلت أسماء ١٠ شخصيات عامة يشهد لهم الجميع، إلا أنه لم يعين منهم إلا حنا ناروز «المستشار القانوني للكاتدرائية» لذلك شعرت أن الدولة أرادت أن ترضيني باستطلاع رأيي دون الأخذ به فامتنعت بعد ذلك عن أي ترشيحات تطلبها الحكومة حتى أرفع عنها الحرج. وجاء الاعلان عن قانون الردة الذي كانت الدولة تعتزم إقراره ليقطع الشعرة التي كانت لا تزال تربط بين السادات والبابا.

و في مطلع الثمانينيات قام المحامي حنا ناروز عضو مجلس الشعب ووكيل المجلس الملي، يرفع مذكرة لرئيس مجلس الوزراء بشأن الأحداث التي يشكو منها المسيحيون وأكدت المذكرة أن الأقباط ليسوا من مثيري الشغب، وأن الإجراءات التي اتخذت، يقصد ما قامت به الكنيسة من صوم وامتناع عن تقبل التهنئة بالعيد، لم يكن المقصود منها «أي إحراج أو ضغط أو إثارة أو ضغط، بل على العكس كان القصد منها هو سرعة تحرك المسئولين لوأد الفتنة». ثم عددت المذكرة أمثلة لما تعتبره ماسا بشأن الأقباط مثل رأى للشيخ الشعراوي الذي أعلنه في جريدة الأخبار بأن الإنجيل محرف، وحرص التليفزيون على عدم التحوط في مثل هذه الأمور وترديدها، وتصريحات ومواقف لمحافظ أسيوط محمد إسماعيل عثمان تعتبرها المذكرة مسيئة للمسيحيين، ثم نوه بأحكام قضائية تتداول أيضا مصطلح الكفر ضد الأقباط، فضلا عن ترك الجماعات الإسلامية لمهاجمة المسيحيين وتوزيع المنشورات.

تشير مذكرة ناروز إلى أن وعد الرئيس السادات ببناء خمسين كنيسة عطلته وزارة الداخلية، وأنه من عام ٧٧ إلى ٧٩ كان من المفترض بناء ١٥٠ كنيسة، لكن لم يرخص سوى لعدد محدود جدا من هذه الكنائس، وبين أن المشرف على هذه الخطوات التمهيدية لإصدار الترخيص هو مدير إدارة الحج والعمرة والشئون الدينية بوزارة الداخلية، ويرى أنها إدارة تعطل التراخيص لأسباب لا أساس لها.

وأن هناك تعليمات بمصلحة الشهر العقاري توجب بإبلاغ المباحث العامة عن «كل عقد يقدم لتسجيل كنيسة» ثم تقوم المباحث العامة بإخطار الجمعيات الإسلامية، لتسرع في إقامة مسجد أو مصلية، على مقربة منه حتى تتخذها إدارة الحج والعمرة والشئون الدينية سندا لعدم صدور الترخيص ونوهت المذكرة بدور هيئة الأوقاف المصرية ووزارة الأوقاف واستيلائها على الأوقاف المسيحية التي تبلغ ٢٥٠٠ فدان، وأنه عرض الأمر

على الرئيس الذى طلب بردها للكنيسة لكن الأمر لم ينفذ، بل إن هيئة الأوقاف أعلنت عن بيع هذه الأوقاف المسيحية في الصحف اليومية.

وأشارت المذكرة إلى وجود خطة منظمة لإبعاد الأقباط عن المناصب القيادية، وأن وزارة العدل لا تعين في النيابة إلا أعدادا لا تذكر، وأن هناك تعنتا فى تعيين المعيدين وذكر أمثلة للتضيق على أعضاء هيئة التدريس من المسيحيين داخل بعض الجامعات.

وتناولت المذكرة بعض الأحداث الجنائية الموجهة ضد الأقباط، وموقف أجهزة الدولة مثل قضية القس غبريال عبد المتجلي وحرق كنيسة قصر الريحان بمصر القديمة، ثم تحدث بتفصيل عن حوادث الاعتداء على الطلبة المسيحيين في المدينة الجامعية بأسيوط، وأحداث ما تعتبره المذكرة اختطافا وأسلمة للقاصرات دون موافقة ذويهم، وترك بعض الشخصيات التي تدعى بأنها كانت رجال دين مسيحي ثم أسلمت وتحولوا إلى دعاة يلقون دروسا دينية فى معظم أحياء القاهرة دون تدخل.

واقترحت المذكرة أن يتم التعامل بجدية مع إجراءات تغيير الديانة وفق القواعد المرعية لا سيما فيما يخص المسيحيين، من عرض على أحد الكهنة، مع التنويه بحسب المذكرة أن مؤسسة الأزهر لم تلتزم بذلك منذ فترة، بل تمنح من يغير الديانة مكافأة.

وفى مؤتمر صحفي عالمي عقده الرئيس السادات فى قريته ميت ابو الكوم فى ٩ سبتمبر ١٩٨١ علق السادات على هذه المشكلة وقال :(بالنسبة للبطريرك فإن مهمة البابا أولاً أنه قس، ثم المهمة الثانية مسئوليته في رعاية الكنيسة. وإني أتوجه لشعبي المسيحي، وأود هنا أن أقول إنهم انتخبوه بناء على قوانين الكنيسة على أنه بابا، والدولة فوراً أصدرت ما تسميه بالقرار الجمهوري لتعزيز هذا الانتخاب، وهو أمر حيوي بالنسبة لأي بابا ليعمل. وان ما حدث هو لا يمكن لأحد أن يكون له أي دخل بالقوانين، ولكن ما ألغيته بالفعل هي النقطة الثانية، والتي لدي السلطة أن ألغيها، وهي إعلانه أمام الدولة وأمام العالم بأسره على أنه رئيس الكنيسة. ولهذا فإنني عملت فقط داخل حدود مسئولياتي، ولكن لو طلبت أن أعدل عن فكرتي، فإني أقول إنه يتعين على الرجل أن يبقى في ديره كما كان الحال في الماضي. وأقول هنا أن كل ما أحدثه من دمار بالنسبة لشعبي، فانه يتعين على شعبي أن يقف إلى جواري وأن يمنعوا ما حدث وأن يمنعوا إثارة الفتن كما حدث من جانب بعض المسيحيين في الخارج. ولذا أفضل أن يبقى في ديره ولن أقبض عليه أبداً. فعليه أن يظل في ديره، وأن اللجنة التي تم تشكيلها قد عينت طبقاً للنظام الديني وقوانين الكنيسة وليست تخرج عن قوانين الكنيسة) لقد اشتد الصراع بين السادات والبابا، وصل إلى إتهام السادات للبابا بالسعي إلى إقامة دولة مسيحية في الصعيد، وقيامه بتحديد إقامة البابا في دير وادي النطرون، وقبل رحيل السادات بأشهر قليلة، وتحديدًا في يونيو ١٩٨١، وقعت أحداث الزاوية الحمراء المروعة، والتي بدأت بنزاع على قطعة

أرض أراد المسيحيون بناء كنيسة عليها، تحول إلى هجوم على الأقباط أسفر عن مقتل العشرات وحرق عدد من المحال والمنازل والصيدليات المملوكة للأقباط .

عدد

عدد النواب الأقباط فى البرلمان فى عهد الرئيس السادات

عدد النواب من أصل قبطي	عدد النواب المعينين منهم	عدد النواب المنتخبين	عدد النواب	السنة
١٢	٩	٣	٣٦٠	١٩٧١
٨	٨	--	٣٧٠	١٩٧٦
١٤	١٠	٤	٣٦٠	١٩٧٩

مرحلة تغييب المواطنة - تدين الحركة السياسية (١٩٧٠-١٩٨١)

ويقصد بها المرحلة الساداتية والتى شهدت إعتمادًا على الدين فى إدارة شئون الحكم، بداية من البردة الدينية، أواستخدام سلاح الفتاوى الدينية لتبرير وتمرير القرارات السياسية، إلى إجراء تعديلات دستورية وتحديد الشريعة الإسلامية لتكوين المصدر الرئيسى للتشريع. بالإضافة إلى شيوع المناخ الطائفى بسلسلة من الأحداث الطائفيةالمتكررة والممتدة حتى الآن. ومحاولة علاجها بتكريس الانشطار الوطنى. الأمر الذى أثر سلبًا من جهة على المواطنة، ومن جهة أخرى على التكامل.

فالسادات كان يبحث عن "شعبية" لرفع أسهمه بعد موجات الرفض الشعبي لاتفاقية كامب ديفيد فحاول مغازلة الأغلبية بموضوع "تقنين الشريعة الإسلامية"، وترديد عبارات من قبيل "أنا رئيس مسلم لدولة مسلمة"، وإطلاقه صفة "دولة العلم والإيمان" على مصر، وهذا كله كما سبق القول تكتيكات سياسية لكسب الشعبية وليس إستراتيجية جديدة تبناها النظام لتحويل مصر إلى "دولة إسلامية". فى إطار التحالفات السياسية من أجل تكريس شرعية الحكم نجد النظام الجديد وقد أعتمد كليًا على القوى الدينية الاسلامية لتدعيم وجوده الشرعى وتقويته فى لعبة الصراع السياسى. وقد اتجهت مجمل سياسات هذه المرحلة تارة بالتدريج وتارة بالصدمات الكهربائية المفاجئة فى التأثير وبصورة مباشرة على المشاركة السياسية هذا رغم التحول إلى نظام التعددية الحزبية فى إطار ليبرالية إقتصادية مشوهة. يضاف إلى ما سبق صبغ كل القرارات السياسية بالبردة الدينية، ومعالجة الأحداث الطائفية نجده يكرس ويؤكد علنًا من خلال سلسلة من الخطابات الرسمية والأحاديث الصحفية والتليفزيونية بتكريس فكرة المواجهة بين أقباط والمسلمين.

وفى ظل هذا المناخ بدأت تثار قضايا لم تكن مثارة من قبل يتعلق بالمواطنة والمساواة وبدأ التشكيك فى قيم أصيلة إكتسبتها معًا مكونات الجماعة الوطنية عبر التاريخ من خلال النضال المشترك ليعاد طرحها من جديد. لقد صار عقد السبعينات بالنسبة لتاريخ مصر هو البداية لعصر الأحتكاكات والصرعات الطائفية كل هذه واكبه تزايد متصاعدة لنفوذ الجماعات الدينية والتى طرحت تصورًا لبناء الجماعة الوطنية يختلف عن ذلك الذى استقرت عليه الحركة الوطنية المصرية.

لقد كانت المحصلة المنطقية لموقف كل من النظام والجماعات أن اعتبر الأقباط هناك "تراجعًا عن الإتفاق الضمنى" حول المساواة والمواطنة ومن ثم المشاركة والذى تم التوصل إليه من خلال النضال المشترك عبر التاريخ.

المواطنون الأقباط.. بين مطرقة (الطائفين) وسندان (الأقلويين) :

كان من المفترض أنه بتأسيس مرحلة التعددية الحزبية للمرة الثانية فى تاريخ مصر الحديث فى عام ١٩٧٦ ، أن يواكب ذلك تحركًا إتجاه تأكيد دعم المواطنة، إلا أن مصر شهدت "مناخًا" خلال هذه الفترة، أثر سلبًا على العلاقة بين مكونات الجماعة الوطنية، كذلك عانى الأقباط - وهم المصريون الذين يمثلون الآخر الدينى - من جراء الممارسات الطائفية الموجهة ضدهم كمًا وكيفًا، كمًا من حيث مرات حدوثها، وكيفًا من حيث نوعية وأسلوب تتنفيذها، على المستويين الفكرى والمادى.

وخلال هذه الفترة والتى تقترب من الربع قرن، وفى محاولة لحل ما طال الأقباط، برز على سطح الحياة السياسية فريقان حاصر الأقباط من خلال طروحاتهما وممارستهما، وساهما إلى حد كبير فى دعم المناخ المناقض للتطور الديمقراطى وللمسار التاريخى الطبيعى لمكونات الجماعة. هذان الفريقان هما:

١- الطائفيون. ٢- الأقلويون.

أولا: الطائفيون :

ونقصد بهم هؤلاء الذين شرعوا فى إعادة النظر فى الموقف من الأقباط من حيث طرح التعامل معهم على أساس أنهم "أهل الذمة" الأمر الذى مثل تراجعًا عن "المواطنة" التى تحققت على أرض الواقع خلال العمل الوطنى المشترك،كذلك نقضًا للمبادئ والنصوص المقررة التى صاغتها معًا مكونات الجماعة الوطنية كمحصلة للنضال المشترك حول المساواة والمواطنة. لقد مرت هذه العملية بمرحلتين :

البدء فى عملية تقسيم الجماعة الوطنية على أساس دينى، الأمر الذى يحمل ضمنًا تمجيدًا لقيم طائفة :

على حساب الأخرى، كذلك صحوة للوعى الذاتى الدينى الذى يتضمن تجاهلا لقيم الآخرين.

نتيجة لما سبق حدث عمليًا على أرض الواقع نوع من التمييز وعدم المساواة الذى تجسد فى مظاهر عديدة لقد رافق هذه العملية إنتاج أدبيات كثيرة فى هذا الإتجاه مسلحة بترسانة نصوصية هائلة. صحيح أن هناك تنويعات عديدة فى داخل هذا الفريق إلا أن الترسانة النصوصية فى الأجمال لم تزل لديها إشكالية خاصة بالمساواة الكاملة بين مكونات الجماعة الوطنية. ولاشك أن الاستناد إلى النصوص لدى أصحابه ما يبرره، فهو أحد أساليب المواجهة ضد كل من يستحضر مرجعية، فى نظرهم، وافدة بديً لا لمرجعيتهم إلا أن الواقع أثبت انه حتى الآن لم يستطع النصوصيون هضم الحاضر بمستجداته، إلا فيما ندر، وعليه فإن النتيجة العملية لذلك تمثل عدم الاستجابة لإنجاز تحقق فى الواقع عبر التاريخ، والعجز عن إمكانية إهمال التجديد للنص كى يستجيب لهذا الإيجاز.

ثانيًا: الأقلويون :

وتقصد بهم الذين يحاولون الدفاع عن حقوق الأقباط على أرض (الأقلية) أى إعتبار الأقباط أقلية. لقد تبلور هذا الفريق كرد فعل لمواجهة الفريق الأول، وينطلق أنصار هذا الفريق من أن الأقباط هموما ينبغى السعى لحلها، وإنهم أقلية تعانى من الجور. ونحن مع إقرارنا أن هناك همومًا يعانى منها الأقباط، إلا أن المحصلة النهائية لهذا الفريق أنهم قدموا الأقباط بأعتبارهم جماعة مستقلة الأمر الذى يعنى عزل الأقباط عن الجماعة الوطنية.

لقد أعتمد أنصار هذا الفريق على تطبيق مفهوم "الأثنية" على الأقباط ودفعهم إلى الشعور بالتمايز وتضخيم التباين والاختلاف بينهم وبين باقى مكونات الجماعة وترجمة هذا الشعور إلى ممارسات ومواقف عملية والتى تتجسد فى الدعوة من قبل البعض إلى إقامة تنظيم سياسى عمودى وإعتبار ذلك تطوير لنظام الملة العثمانى، رغم أن الثابت تاريخيًا أن الأقباط فى مصر لم يتحولوا مع نظام الملل إلى أقلية أو قومية، وأن نظام الملة فى مصر لم يتعد مسائل الأحوال الشخصية.

والراصدة لحركة هذا الفريق فى الأعوام الأخيرة بجد أن حركتهم تأتى مواكبة للانشطة الدولية المتنامية فى مجال حقوق الإنسان- حقوق الأقليات، الأمر الذى أصبح الأقباط بموجبه موضع اهتمام الهيئات التى تعمل فى هذين المجالين: والعمل إلى تنظيم لقاءات عدة فى الأعوام الأخيرة لمناقشة هموم الأقباط تحت مظلة حقوق الإنسان وإعلان الأمم المتحدة لحقوق المنتمين إلى أقليات قومية وأثنية ولغوية. ويرتكز خطاب هذا الفريق فى هذا اللقاءات على تعزيز ورصد حقوق الأقليات وأيضًا تعزيز الهوية الذاتية للأقليات.

وبدلا أن تناقش الهموم على أرض الوحدة نجدها تناقش على أرض العزلة والتى تعنى ضمنًا الأستقلال عن الآخر - الأكثرية - كما تعطى مجاً لا للتدخل الخارجى.
وبعد فإن المحصلة النهائية لحركة هذين الفريقين هى أن الأقباط صاروا محاصرين بين فريقين ينظر الأول إليهم الأول بأعتبارهم "ذمة" والثانى "كأقلية" ورغم التناقض بين الفريقين فى الدوافع والأهداف، إلا أنه من الناحية العمليةنجد أن كل فريق قد صار وجوده مبررًا لوجود لآخر بالأدبيات والممارسات المتنوعة، الأمر الذى يأتى فى النهاية على حساب الحركة الوطنية المصرية والإنجاز المصرى فى مجال التكامل الوطنى.
إن الفريقين ينظران إلى الأقباط بإعتبارهم جماعة طائفية أقلوية مستقلة، وكتلة واحدة صماء لا يوجد بداخلها
تنويعات طبقية وإجتماعية وأنهم منتشرون فى جسم المجتمع المصرى.
كذلك يستبعد الفريقان المواطنة، كأرضية للعلاقة والتفاعل الحى بين مكونات الجماعة ودفعًا لها للنهوض، واستبدالها "بالطائفية" و "بالأقلوية".
والقارئ للمعالجات التى تمت أثناء فترة إثارة قانون موضوع التحرر من الإضطهاد الدينى، يجدها لم تخرج عن الطرحين لسابقين. ولا يستثنى إلا معالجات نادرة إنطلقت من أرضية المواطنة، بل والحرص على أن يطرح الشأن القبطى على هذه الأرضية والتى تؤكد بداية على أن الأقباط مواطنين.

مرحلة الرئيس محمد حسنى مبارك

أهم النقاط فى هذة المرحلة :

١- استهل الرئيس مبارك ولايته بالإفراج عن المعتقلين الذين شملتهم قرارات سبتمبر ، واستقبل بعض الرموز السياسية منهم في قصر الرئاسة، في بادرة تبشر ببدء عهد جديد، إلا أن البابا شنودة الثالث ظل قيد التحفظ حتى صدر قرار بإعادة تعيينه من رئيس الدولة في يناير ١٩٨٥، فعاد إلى مقر كرسيه بالكاتدرائية المرقصية بالقاهرة، وكانت أولويات الرئيس في هذه المرحلة إعادة بناء البنية التحتية المنهارة بسبب استنزاف الحروب للاقتصاد المصري، والنجاح في استعادة بقية الأرض المحتلة من سيناء في ٢٥ أبريل ١٩٨٥.

٢- اجتياح الدولة موجة من الإرهاب طالت المسلمين والأقباط.

٣- عام ١٩٩٨ صدر القرار الجمهورى رقم ١٢ لسنة ١٩٩٨ "بأن يكون الترخيص بترميم الكنائس من اختصاص المحافظين"، والذى كان من اختصاص رئيس الجمهورية.

٤- عام ١٩٩٩ صدر القرار الجمهورى رقم ٤٥٣ لسن ١٩٩٩ فى المادة الأولى "يكون الترخيص بترميم وتدعيم كافة دور العبادة من خلال الجهة الإدارية ذات الاختصاص

بشئون التنظيم فى كل محافظة وعليها البت فى الطلبات المقدمة فى هذا الشأن وفقاً للإجراءات المنصوص عليها".

٥- تحول مصر من المعسكر الشرقي مع الاتحاد السوفيتى إلى المعسكر الغربي بقيادة الولايات المتحدة.

٦- صدور قوانين دولية لحماية الأقليات الدينية: عقب انهيار الاتحاد السوفيتى قامت الولايات المتحدة بقيادة العالم فى ظل نظام مجلس الأمن و الأمم المتحدة . اصدروا قانون لحماية الأقليات الدينية والعرقية.

٧- عام ١٩٩٩ وقع حادث الكشح الأول، وهو عبارة عن أعمال عنف واضطرابات وقعت في ٣١ ديسمبر ١٩٩٩ في منطقة الكشح بمركز البلينا بمحافظة سوهاج في صعيد مصر. أدت أعمال العنف إلى مقتل ٢٠ شخصا كان ١٩ منهم من مسيحين وأصيب ٣٣ آخرون بجروح. استنادا إلى افادات رسمية عن الحادث فإن خلافا وقع بين تاجر قبطي وأحد الزبائن المسلمين عشية رأس السنة في ٣١ ديسمبر ١٩٩٩ كان السبب وراء اندلاع المواجهات، إلا أن التوتر كان سائدا في البلدة عندما استرعت الكشح الانتباه الدولي للمرة الأولى في عام ١٩٩٨، عندما اثيرت اتهامات للشرطة باعتقال مئات الأقباط وتعذيب العديد منهم أثناء تحقيقها في جريمة قتل اثنين من المسيحيين و فيما بدا أن الشرطة وقتها كانت تريد إلصاق التهمة بأحد الأقباط لتجنب تصعيد حدة التوتر بين المسلمين والمسيحيين وقد نفت الحكومة المصرية ذلك في حينه.

مرحلة المواطنة المستعادة - محاولة استعادة المسار الطبيعى (١٩٨١)

هى مرحلة تشهد شدًا وجذبًا بين أطراف عدة منها من يريد استمرار الاحتقان الطائفى، ومن يريد أن تستعيد مصر مسارها الطبيعى فيما يتعلق بالمواطنة والتكامل الوطنى.

تمثل مرحلة حكم الرئيس حسنى مبارك ، محاولة لإعادة التوازن للحياة السياسية المصرية، فبعد مرحلتى "الاندفاع الثورى" الناصرية و " العداء الناصرى" الساداتية كان من الطبيعى أن تتسم حركة القيادة بالحذر الشديد بهدف ضبط الإيقاع والبطىء الشديد فى معدل التغير واستخدام أسلوب التروى ودراسة الموقف بكل أبعاده قبل إتخاذ القرار حتى ولو كان ذلك على حساب الحسم المباشر فى العديد من القضايا.

أنها مرحلة يمكن أن توصف بحسب تعبير د. أحمد عبد الله (باللادكتاتورية واللاديمقراطية) فرغم التأكيد من قبل القيادة السياسية على ضرورة المشاركة السياسية نجد المؤسسات السياسية القائمة لم تزل غير متوافقة مع هذا الأمر. ورغم حرية الحرية المتاحة للجميع إلا أن ذلك لم يترجم على أرض الواقع إلى فاعليات سياسية تدعم العملية الديمقراطية فى مصر. يضاف إلى ما سبق محاولات هدم الشرعية القائمة من خلال الأعمال الإرهابية المتعاقبة والتى يوجه بعض منها إلى الأقباط. وعليه فإن النتيجة

العملية لما سبق هو أنه رغم التأكد على قيم المواطنة والمساواة من قبل النظام السياسى إلا أنه وعلى أرض الواقع تتغير بعض الشيء إمكانية تجسيد هذه القيم عمليًا من خلال مشاركة فعالة.

و من ناحية الكنيسة فعندما صدر قرار الرئيس مبارك سنة ١٩٨٥ بإعادة تعيين الأنبا شنودة بطريركا للأقباط كان ضرورياً أن تحدث مراجعة للكثير من السلوكيات السياسية للكنيسة حيث بدء البابا شنودة حمله لكسب الإعلام الذي وقف ضده في السبعينيات و رأى ضرورة بناء جسور بين الكنيسة والنخب العلمانية وكان حريصاً علي الاهتمام بالبعد الدولي الذي لم يعطه الاهتمام الأكبر فى عصر السادات فقد أدرك البابا شنودة أهمية التواصل مع أقباط المهجر وفتح كنائس جديدة من أجل استيعابهم وتنظيمهم و ايضاح الصورة للغرب أن موقف الدولة من الجماعات الإسلامية قد تغير عن عهد الثمانيات فقد بدأت الدولة توجه ضرباتها للجماعات الأسلامية المتطرفة و تدخل الكنيسة فى الصراعات الطائفية سيؤدي إلي قلب الموقف من جماعة ضد القانون والحكومة تقبض عليهم، إلي مسألة بين مسلمين ومسيحيين، ونكون قد خسرنا الموقف، و لم يميل قداسته الى مطالب أقباط المهجر لتصعيد الأمور مع الدولة بل أكد على الحرص من أن أحيانا أقباط المهجر قد يكونوا مدفوعين من غير وعى من جهات أجنبية تسعى لزعزعة أستقرار مصر و من هنا شارك في الولائم والإفطارات الرمضانية المسماة إفطار الوحدة الوطنية ورأي أنها خففت من حدة الموقف والاحتقان.

و أتسمت مرحلة حكم مبارك الأخيرة بالنسبة للأقباط بالتالى :

- حدوث أعمال عنف ضد الأقباط، لأسباب مختلفة، لم تنل العقاب الرادع بما يكفي من قبل القضاء.
- التضيق على بناء وترميم الكنائس.
- غياب الأقباط عن بعض الوظائف العليا في الدولة.

لكن بعد محاولات عديدة لأصلاح أحوال الأقباط فى الدولة أثمرت عن إدخال مفهوم المواطنة في التعديلات الدستورية التي شهدتها مصر عام ٢٠٠٧.

وفيما يبدو أنه استجابة حكومية لدعاوى احترام حقوق الإنسان، وفي القلب منها حقوق الأقباط، أنشأ نظام الحكم في مصر (المجلس القومي لحقوق الإنسان)، لكن هذا المجلس للأسف غلب عليه الطابع التكنوقراطي، لأن قرار تشكيله جاء خاليا من آليات لتنفيذ رؤيته وتوصياته. ولعل هذا يفسر ازدياد ما بات يعرف إعلاميًا بالفتنة الطائفية والتي تشهد تحولاً نوعيًا بعد أن أصبح الفاعلون فيها من عامة الناس بعد أن كانت قاصرة على الجماعات المتطرفة.

فمواجهة الفتن الطائفية بالحل الأمني فقط جعل الأزمات الطائفية تتفاقم و احيانا منعا لتفاقم الوضع يلجأ الأمن الى القبول بالحلول العرفية مما يعنى إقصاء القانون وردة إلى نسق القبيلة والمجتمعات البدائية، وهو نسق لا تعرفه مصر عبر تاريخها الطويل إلا في صحرائها وبشكل استثنائي، ويترتب على ذلك هدم أركان الدولة المدنية، و مكافأة المجرم بدلا من معاقبته، فتختفي ثقافة الردع الرامية لحماية المجتمع، وتكون دعوة واضحة لتكرار الأعمال الإجرامية التي تتم على خلفيات دينية مشوشة.

و ذلك يرجع لغياب العمل التشريعى في ترجمة نص المواطنة الدستوري إلى حزمة من القوانين المشتبكة مع المجتمع، والمنظمة لعلاقاته البينية على أرضية المواطنة، والتي ترمي إلى تجريم كل ما ينتقص منها ومن محاورها الأساسية التي يأتي على رأسها مبدأ المساواة، والتي تقر بأن الحقوق والواجبات تترتب على الانتماء للوطن وليس إلى أية انتماءات أخرى مهما علا شأنها.

و رغم أن الأقباط جزء أصيل في التركيبة السكانية المصرية لكن بعض الحلول التى تبنتها الجلسات العرفية شملت أن يتم تهجير الأقباط طوعًا أو قسرًا منها، و أصبح يُنظر للأقباط كأقلية عرقية خلافا لحقيقة ثابتة وهي أن مصر وفق كل الدراسات الانثروبولوجية تتميز بوحدة العرق، الأمر الذي يستوجب تصحيح المفاهيم الخاطئة من قبل الدولة .

وعلى مدى الأعوام الثلاثين لحكم مبارك كانت المعادلة القائمة تتلخص فى ارتماء الأقباط فى حضن الكنيسة وارتماء الكنيسة فى حضن الدولة سعيا للحماية من خطر التيارات الإسلامية وطلبا للخدمات الطائفية.

و ساهم فى أنحصار دور الأقباط سياسيا ضعف الحياة الحزبية ، فقد أثرت المعطيات السابقة أيضا على عملية المشاركة السياسية للمواطنين المصريين الأقباط، حيث تمّ استبعادهم من القوائم الانتخابية للحزب الوطني بذريعة عدم قدرتهم على الفوز، كما استبعد طرح مشاكلهم الاجتماعية وهمومهم الحياتية في برامج الأحزاب السياسية الأخرى ٥١. ومقولة تضاؤل فرصة الفوز، هي موقف والموقف قد صنع واقعا. فهي تفترض وجود نمط تصويت طائفي عند المواطنين المصريين، ويسلّم قائلها بافتراضه هذا، ثم يكرسها عبر سلوكه السياسي (عدم ترشيح الأقباط) فتتحول إلى نبوءة تتحقق بذاتها.

وفي عهد مبارك تباينت تقييمات المواطنين المصريين الأقباط لأوضاعهم وفق اتّجاهين رئيسين:

---

[51] محمد سعيد العشماوي، الإسلام السياسي، ط١، (القاهرة: دار سيناء، ١٩٨٧)، ص ١٧٩

الاتجاه الأول: ينظر بإيجابية إلى سياسة مبارك في التّعاطي معهم، من خلال إجراء مقارنة مع الماضي (السادات). ويدلل على ذلك بالمرونة النسبية في إجراءات بناء الكنائس واعتبار عيد الميلاد المسيحي عطلة رسمية للدولة، وتدخل القيادات العليا لحلّ بعض مشاكلهم وإجراءات أخرى.

الاتجاه الثاني: يعتبر أنّ الشارع المصري أصبح أكثر تشدّداً وأن الدولة لجأت إلى محاربة التيار الأصولي أو المهادنة معه بشكل جعلها تغفل الأقباط وقضاياهم، إلاّ في بعض المسائل المتعلقة بالمرافق، وفي بعض القضايا الاجتماعية أيضا.

ومن خلال استقراء واقع المواطنين الأقباط في مصر، يمكن ملاحظة انفتاح بسيط من الدولة في عهد مبارك، دون إحداث قطيعة مع الممارسات الإلغائية في عهد السادات. إذ ظلّت المشاركة السياسية تقتصر على بعض النوّاب المعينين أو الوزراء في وزارات غير سيادية. فعلى سبيل المثال وليس الحصر، اقتصر تمثيل الوزراء من أصل قبطي في الحكومة الأخيرة على إثنين فقط، هما يوسف بطرس غالي في وزارة المالية وماجد جورج في وزارة البيئة. وبعد تكليف أحمد شفيق بتشكيل الحكومة احتفظ وزير البيئة فقط بمنصبه. وغالبا ما يعمد الحزب الوطني إلى إلغاء ترشيح بعض النواب الأقباط عن الدوائر الانتخابية بحجة عدم قدرتهم على الفوز، حيث تم في الانتخابات الأخيرة استبعاد مرشحين بعد أن طرحت أسماؤهم في لوائح الحزب الوطني في انتخابات مجلس الشورى. ويقتصر النظام الرسمي على ضمان مشاركة صورية للمواطنين الأقباط، من خلال تعيين الرئيس للنواب الأقباط في مجلس الشعب. ففي انتخابات عام ٢٠١٠ قبل تفجيرات الإسكندرية، عيّن الرئيس المخلوع حسني مبارك سبعة نوّاب أقباط من أصل عشرة يضمن له الدستور تعيينهم.

عدد النواب المعينين فى البرلمان فى عهد مبارك

عدد النواب من أصل قبطي	عدد النواب الأقباط المعينين	عدد النواب الأقباط المنتخبين	مجمل عدد النواب	السنة
٩	٥	٤	٤٦٨	١٩٨٤
١٠	٤	٦	٤٥٨	١٩٨٧
٧	٦	١	٤٥٤	١٩٩٠
٦	٦	--	٤٥٤	١٩٩٥
٦	٣	٣	٤٥٤	٢٠٠٠
٧	٥	٢	٤٥٤	٢٠٠٥

١٠	٧	٣	٥١٨	٢٠١٠

فأنسداد قنوات التواصل مع الشارع الأمر الذي فتح الأبواب للمؤسسات الدينية، الرسمية والموازية، للسيطرة على اكبر نسبة ممكنه من العقول البسيطة فى المجتمع ، وبث الخطابات الصانعة للفتنة والمعمقة للشرخ الوطني.

أعلنت الحكومة المصريّة عام ٢٠٠٧، في معرض ردّها الرّسمي على تقرير منظّمة العفو الدولية، الذي اعتبر أنّ المصريّين الأقباط يعانون من التّمييز والاضطهاد في أكثر من مجال، بأن الأقباط يمتلكون ما يزيد عن ثلث الثروة القومية، رغم أنّ نسبتهم تبلغ ١٠% من مجموع السكّان. وأشارت وزيرة القوى العاملة والهجرة آنذاك عائشة عبد الهادي إلى أنّ أقباطا يملكون كبرى الشّركات المصرية، كما يشغلون نسبة عالية من إجمالي الوظائف التخصّصية والراقية مثل الصّيدلة والطبّ، وتصل نسبتهم في عضوية النقابات المهنية إلى ٢٥% تقريبا من إجمالي الأعضاء ٥٢.

من جهة أخرى، تشير تقارير اقتصادية غير رسميّة إلى أنّ ٧٥% من وسائل النقل و٤٤% من الصناعة و٥١% من البنوك و٣٤% من الأراضي الزراعيّة يملكها أقباط، وهذا يعني أنّ هؤلاء يمتلكون ربع إجمالي الثروة القومية. وجاء في تقرير مجلة "فوربس" أنّ ثلاثة من المصريّين الأقباط أُدرجوا في قائمة أغنى أثرياء العالم، بالإضافة إلى عشرة آخرين في المنطقة العربية.(٥٣)

ويجب الإشارة هنا إلى شكوك حول دقّة هذه الإحصائيات. كما أنّ عملية التقسيم هذه في تحديد نسب ملكية جماعات سكانية للثروة القومية هي عملية منافية لتعريف الثروة القومية ولأيّ فهم علمي للاقتصاد بشكل عام، فضلا عن أنّ هذا الفصل معادٍ لمفهوم الأمّة والمواطنة. ولكن الحقيقة الثابتة فيها أنّ هنالك تفاوتاً بين الحراك الاقتصادي للمواطنين المصريّين من أصل قبطي وبين أوضاعهم السياسية والقانونية. وهو أمر لا يخفّف على المواطن المنتج والنّاجح اقتصاديّا بل يضاعف شعوره بالخيبة. فهو يتوقّع بإلحاحٍ أكبرَ تعاملاً سياسيا وقانونيا يساوي بينه وبين بقيّة المواطنين.

وفي هذا السّياق تبرز حقيقة أنّ بعض الوظائف الهامّة في الدولة ما زالت مغلقة أمام المواطنين المصريّين الأقباط، وأنّ نسبة تمثيلهم في حقول القضاء، والإعلام، والبعثات الدبلوماسية، والجيش والشرطة لا تتجاوز معدل ٢%. وعلى سبيل المثال، هناك ١٧

---

[52] محمد العجرودي، "مصر ترد على مزاعم التمييز ضد الأقباط لمدير منظمة العمل الدولية"، صحيفة الأهرام، السنة ١٣١، العدد ٤٤٠٠٤، ٢٠٠٧/٥/٣٠.

[53] فكري عابدين،"القاهرة ثلث ثروة مصر بيد الأقباط"، موقع إسلام أون لاين ٣٠-٥-٢٠٠٧
http://www.islamonline.net/servlet/Satellite?c=ArticleA_C&pagename=Zone-Arabic-News/NWALayout&cid=1180421166600

جامعة حكومية في مصر، لكلّ واحدة منها مدير وثلاثة أو أربعة نوّاب بمجموع ٧١منصبا، ولا نجد في هذه المناصب قبطيا واحدًا. كما يوجد ٢٧٤ عميداً في هذه الجامعات، وليس بينهم سوى قبطي واحد [٥٤].

لم يكن التعاون بين الدولة و الكنيسة كافيا لذلك خرج الأقباط للمرة الأولى فى مظاهرة احتجاجية أمام محافظة الجيزة ديسمبر ٢٠٠٩،اعتراضاً على إيقاف الحكومة العمل فى بناء الكنيسة، حينذاك ألقى القبض على ١٥٢ مواطناً قبطياً، كانوا من كافة الطوائف المسيحية، فى تلك الفترة كانت جبهة العلمانيين ومنسقها كمال زاخر، والتى تأسست ٢٠٠٦ تدعو للإصلاح الوطنى والكنسى، جنباً إلى جنب مع محاولات تنظيمية أخرى مثل: «أقباط من أجل مصر»، التى أسسها الصحفى هانى الجزيرى، والناشط رامى كامل وآخرون، للمطالبة بحقوق الأقباط، وتلا ذلك تظاهرات المواطنين المصريين الأقباط فى نجع حمادى، بعد مذبحة ليلة رأس السنة ٢٠١٠، ورصد للمرة الأولى مشاركة المواطنين المصريين المسلمين فى تلك التظاهرات، وصولاً إلى تفجيرات كنيسة القديسين فى الإسكندرية ليلة رأس السنة ٢٠١١، وما جرى من تظاهرات فى الإسكندرية والقاهرة، ورفعت تلك المظاهرات (٢و٣ يناير) للمرة الأولى شعارات إسقاط للعادلى ونظام مبارك، وهناك قضية معروفة إعلامياً بقضية «كنيسة مسرة» وثقت تلك الشعارات، وكانت تضم متهمين من المسلمين، ولوحظ أن تلك التظاهرات ضمت أيضاً قادة من الحركات القبطية الجديدة.. جنباً إلى جنب مع قادة من الحركات الوطنية الجديدة.

- اسباب توترالعلاقة بين الكنيسة القبطية والسلطة السياسية الحاكمة قبل ثورة ٢٥ يناير ٢٠١١ .

أ- فشل الأنظمة التي وضعتها السلطة السياسية الحاكمة وحكوماتها- علي اختلافها- منذ ٢٣ يوليو وإلي الآن في ايجاد حل ملائم لحل مشكلة تمثيل الأقباط في مؤسسات المشاركة السياسية السلطوية بعد فشلها وهما نظام الدوائر المغلقة والمقاعد العشر المخصصة لرئيس الجمهورية في تعيين الكفاءات في مجلس الشعب والتي كانت محجوزة عرفياً في غالبها لبعض التكنوقراط والبيروقراط الأقباط، ثم زاحمهم فيها فئات أخري كالمرأة وبعض الخبراء أو الموالين للسلطة الحاكمة.

تفاقم أزمة المشاركة السياسية للأقباط حيث تتهرب الاحزاب السياسية الرسمية وعلي رأسها الحزب الوطني الحاكم علي ترشيحهم خشية عدم نجاحهم في الانتخابات البرلمانية.

---

54 Adel Gunidy, "Symbolic Victim in a Socially Regressing Egypt: the Declining Situation of the Copts ."Middle East Review of International Affairs, Vol. 14, NO. 1, (March ٢٠١٠)، p.85

من ناحية أخري ساهمت عمليات الشحن والتعبئة علي أساس ديني وطائفي- وفق التعبير الخطأ والشائع في بعض العقبات أمام بعض المرشحين الأقباط ومنعتهم من النجاح في انتخابات مجلس الشعب.

ساعد علي عدم حل مشكلة التمثيل السياسي للأقباط صراع السلطة وجهازها الايديولوجي والإعلامي والثقافي والتعليمي مع الجامعات الإسلامية الراديكالية والإخوان المسلمين خاصة في ظل شيوع خطاب أهل الذمة والرؤي المحافظة حول وضع الأقباط في «دولة إسلامية» وتشويش بعضهم علي مفهوم المواطنة الأمر الذي أثر علي بعض الاتجاهات الدينية الشائعة لدي الجمهور إزاء مشاركة الأقباط مما اعاق ايجاد حلول فعالة لمشكلة من أبرز مشكلات النظام السياسي السلطوي في مصر.

ب- أن النظام رفض وعلي نحو حاسم استخدام أي جماعة أو مؤسسة للدين في السياسة خارج إطار احتكار الدولة ومؤسساتها الرسمية وتوجيهاتها في هذا الإطار، وذلك في ضوء خبرة الزعامة السياسية المصرية- ذات الجذور والتكوين العسكري- وجماعة الإخوان المسلمين من اتصالات وصراعات ضارية أدت إلي سيطرة السلطة السياسية علي استخدامات الدين الإسلامي- والمسيحي- والمؤسسات الدينية الرسمية كالأزهر الشريف، والكنيسة القبطية الارثوذكسية بل وغيرها من الموسسات كالجماعات الصوفية والجمعيات الأهلية الدينية التي خضعت للقانون ومتابعة أجهزة الدولة الإدارية والأمنية لنشاطاتها المختلفة حتي لا تخرج عن طابعها الرعائي والخدمي والثقافي الموالى لسياسة الحكومة إذا جاز التعبير وساغ.

ج- التعامل السياسي- عبر أجهزة الدولة الأمنية- مع الكنيسة الارثوذكسية واختزالها في البطريرك حتي يسهل تمرير توجهات السلطة السياسية سواء علي مستوي إدارة العلاقات الدينية والمذهبية وما يطلق عليه المشكلات والفتن الطائفية في الخطابات الدينية والسياسية والإعلامية المصرية علي اختلافها- أو ازاء بعض الملاحظات السياسية والأمنية التي قد تتم علي بعض الخطابات أو الوقائع التي قد تثير مشاكل أو أزمات أو توترات دينية «طائفية» أو طلب مشاركة الاكليروس في عمليات المساندة والتعبئة والتأييد لبعض السياسات- أو المواقف أو القرارات الداخلية أو الخارجية لرئيس الجمهورية أساسا، والحكومة ولاسيما في لحظات الأزمات مع دول أخري خارجيا أو في الاقليم أو في إطار الصراع العربي الإسرائيلي.

د- استخدمت المؤسسة الارثوذكسية كإحدي أوراق السياسة الخارجية المصرية في إفريقيا، ولاسيما تجاه اثيوبيا، وفي العلاقة مع الكنيسة الارثوذكسية الاثيوبية التي استقلت بعدئذ ومن ثم مع الدولة الاثيوبية.

هـ- كانت أبرز أدوار الكنيسة والبطريريك وبعض الاكليروس هو إعلان تأييدهم لرئيس الجمهورية في مراحل سريان نظام الاستفتاء الشعبي أيا كان موضوعه ولاسيما الاستفتاء علي اختيار رئيس الجمهورية ثم انتخابه بعد تعديل المادة ٧٦ ان التأييد المستمر للبطريرك ورجال الدين لرئيس الجمهورية والسلطة الحاكمة يبدو أحد أبرز معالم سياسة الكنيسة إزاء النظام السياسي التسلطي والصفوة السياسية الحاكمة مثل :

١- مواقف البطريرك من الاستفتاءات وانتخابات رئيس الجمهورية والدعوة لاختياره.

٢- الميل لدعم اختيار الحزب الوطني في الانتخابات العامة لمجلس الشعب، وذلك خشية من تمدد نفوذ جماعة الإخوان المسلمين والجماعات الإسلامية السياسية.

٣- الدعوة لتأييد التعديلات الدستورية للمادة «٧٦» في تعديلها الأول، ثم لمشروع تعديل الأربع وثلاثين مادة في عام ٢٠٠٦ ولاسيما بعد تعديل نص المادة الأولي والنص فيها علي مبدأ المواطنة بين المصريين جميعاً.

و- أن تأييد الكنيسة طيلة نظام يوليو من المرحلة الناصرية إلي عهد الرئيس حسني مبارك هو تعبير عن صيغة ملائمة للتعايش السلمى مع السلطة الحاكمة وتتمخض عنها مزايا نسبية سياسية وأمنية وبيروقراطية لكل من طرفيها ويمكننا استخلاص أسباب ذلك فيما يلي:

١- أن السلطة الحاكمة تستخدم الكنيسة والاكليروس في تمرير وتيسير مطالبها إزاء بعض القضايا السياسية والدينية وفي تطويق بعض الأزمات «الطائفية» وفق التعبير الشائع والمغلوط ولاسيما في محاولة للسيطرة على ظل ظاهرة مظاهرات الشباب القبطي الساخط التي ظهرت في وقائع أزمات الراهب المشلوح وشريطه الاباحي و قضية إسلام السيدة وفاء قسطنطين وماريان وتريزا وزواج الفتيات المسيحيات القاصرات من مسلمين وتحول بعضهن إلي الإسلام ومشكلة هجوم مسلم مختل نفسياً علي كنيستين بالإسكندرية ومسرحية كنت أعمي فابصرت وغيرها من وقائع اختفاء بعض الفتيات المسيحيات.. الخ.

٢- الرد بين الحين والآخر من البطريرك علي بعض دعاوي حاملة لاتهامات «طائفية» للحكومة المصرية من قبل بعض عناصر متشددة وراديكالية من جامعات أقباط المهجر في الولايات المتحدة وكندا واستراليا وفرنسا.. الخ في ظل تنامي ورقة أقباط المهجر التي تستخدمها بعض العناصر القبطية كأداة ضغط إزاء الحكومة المصرية في بعض الأزمات الطائفية التي قع فيها ضحايا من المواطنين الأقباط، أو اضرار تحدث لدور العبادة أو منازل ومحلات مملوكة لبعض الأقباط.

٣- معالجة الخلل في النظام السياسي التسلطي وبروز عملية الاستبعاد الهيكلي للأقباط من التمثيل السياسي و الأجتماعى خاصة في ظل تزايد النزعة الإسلامية المحافظة في المجتمع المصري وبين الشرائح الوسطي- الوسطي وفي قيم وسلوكيات الغالبية الشعبية أن الآثار السلبية للتشدد الديني والمحافظة الاجتماعية في السلوك اليومي أدت إلي شروخ عديدة في

العلاقة بين أبناء الأمة المصرية خلال أكثر من ثلاثة عقود في القرن الماضي وإلي الآن ولاسيما في عقدي الثمانينيات والتسعينيات وما بعد حيث أصبح التمييز بين المسلمين و المسيحيين من خلال الزى حيث أرتدت النساء الحجاب و الملابس السوداء أو الفضفاضة و الرجال الجلاليب البيضاء مما يرجعنا لمجتمع العصور الوسطى لكن بشكل مختلف فقد فشل المتشددين المسلمين فى فرض ذى خاص على الأقباط ليساعدهم فى تميزهم و اضطهادهم فقاموا بفرد ذى خاص على المسلمين ليصلوا لنفس النتيجة و هى تقسيم المجتمع و عزل المسيحين مجتمعيا و سياسيا داخل مؤسسة الكنيسة و أنشطتها الأجتماعية و أخراجهم من المعادلة السياسية بديلاً من حلول لأزمة المشاركة السياسية للأقباط في المؤسسات السياسية المصرية.

٤ـ العلاقة التعاونية بين السلطة السياسية والأمنية علي وجه التحديد وبين الكنيسة الارثوذكسية والكنائس عموماً تحقق بعض المزايا للكنائس عموما منها :استخدام المؤسسة للعلاقة مع جهاز الدولة وتأييدها للقيادة السياسية عموماً- والاستثناءات في بعض الأزمات الطائفية والقضايا والمطالب القبطية في ايجاد حلول لبعض المشكلات وتحقيق بعض المطالب الكنسية بخصوص إنشاء كنائس جديدة أو ترميم بعض القديم منها أو المساعدة في الافراج عن مقبوض عليهم في احداث طائفية أو تظاهرات احتجاجية، كما حدث في وقائع السنوات الأخيرة بدءاً من أزمة الراهب المشلوح وصحيفة الميدان ووفاء قسطنطين وغيرها من الوقائع التالية وآخرها وقائع الفتنة في اسنا بمحافظة قنا.. الخ.

٥- قامت الدولة بتهميش دور العلمانين الأقباط سياسيا عموماً باستثناء بعض الذين يرتبطون بعلاقة وثيقة مع الكنيسة تصل إلي تبنيهم لخطاب الكنيسة الارثوذكسية في المجال السياسى لحصر تمثيل الأقباط فى الكنيسة وهو تكريس لفكرة أراد النظام الترويج لها في العقود الثلاثة الأخيرة من القرن العشرين، وحتي المرحلة الراهنة خاصة في ظل اندماج غالب الأقباط بالمؤسسة الدينية كنتاج لاستبعادهم وعدم مشاركتهم داخل هياكل النظام الا فيما ندر من استثناءات محدودة أو كتعبير عن بروز الجماعات الإسلامية الراديكالية والإخوان وممارسة بعضهم للعنف ذي الوجوه الدينية والطائفية والذي مس بعض الأقباط ودور عبادتهم و ذلك أدى لظهور نشطاء مسيحين من طوائف غير أرثوذكسية لجذب انتباه النظام أن الكنيسة الأرثوذكسية ليست كافة المسيحيين فى مصر .

- مما لاشك فية أن فساد النظام السياسى فى عصر الرئيس السابق محمد حسنى مبارك أدى لظهور كثير من الحركات و التنظيمات و الأحزاب السياسية الرافضة له .

حركة كفاية

ظهرت حركة كفاية على الساحة السياسية المصرية فى صيف عام ٢٠٠٤ .. فى شكل تجمع لمجموعة من المثقفين وأساتذة الجامعات والمحامين الذين عارضوا مبدأ التمديد للرئيس مبارك لفترة حكم جديدة .. وعارضوا بشدة أية محاولات لتوريث الحكم لنجل الرئيس، حيث صاغ ثلاثمائة من المثقفين المصريين والشخصيات العامة التي تمثل ألوان متعددة من الطيف السياسي المصري وثيقة تأسيسية تطالب بتغيير سياسي حقيقي في مصر، وقد حصلت الحركة على شهرة واسعة داخل مصر وخارجها، على الرغم من حداثة عهدها بالعمل السياسي وأثارت جدلاً واسعاً في الساحة السياسية المصرية وحركت المياه الراكدة فيها، متفوقة بذلك على الأحزاب التقليدية المعارضة والموجودة على الساحة منذ سنوات طويلة .

حصلت (كفاية) على اسمها استعارة من تصريح للرئيس الماليزي السابق (مهاتير محمد) فى لقاء فكري معه في مكتبة الإسكندرية،حينما جاء في معرض حديثه بأنه " كفاية عليه في الحكم ٢٤عاما"، معدداً انجازاته في هذه الفترة، التي لخصها في خفض نسبة الفقر من ٧٠% إلى ٣% .. وزيادة الدخل القومي الحقيقي إلى ١٢% .. وغيرها بعدها تجمع عدد من المثقفين والكتاب وأساتذة الجامعات وبدأوا في تكوين الحركة التي اعتمدت على إصدار عدة بيانات في الصحف (المستقلة) تدعو فيها الرئيس مبارك إلى عدم الترشح لفترة رئاسة جديدة .

نظم جورج إسحاق[55] أول مظاهرة في ١٢ ديسمبر ٢٠٠٤ وخرج بهتافات لم يكن يسمع عنها الشعب المصري من قبل، مثل «كفاية ٢٤ سنة لمبارك» حيث كانت الحركة الأولي من نوعها لمناهضة التوريث.

وتحمل إسحاق علي عاتقه صعوبات بداية إنشاء الكيان وواجه الملاحقات الأمنية والاعتقالات علي الرغم من كبر سنه ، ولم يكتف بذلك، بل امتدت الضغوط ليواجه كذلك مع بقية زملائه قضايا أخرى، مثل التعديلات الدستورية الأخيرة، حتي وصلت الحركة

---

[55] جورج إسحاق أبو الفضل جاد الله قيادي في حركة كفاية ومنسقها السابق والمتحدث الرسمي باسمها ومسؤول المحافظات بالجمعية الوطنية للتغيير. ترشّح عن بورسعيد في انتخابات مجلس الشعب المصري ٢٠١١-٢٠١٢ ولكن خسر مقابل أكرم الشاعر.
بدأ حياته بالعمل مدرساً للتاريخ، ثم خبيراً تربوياً، ثم تقلد منصب مدير المدارس الكاثوليكية بمصر لفترة طويلة، وبعدها عين مستشاراً إعلامياً لها، هو جورج إسحاق الذي ولد في بورسعيد، وتخرج من قسم التاريخ كلية الآداب جامعة القاهرة عام ١٩٦٤، ويبلغ من العمر سبعين عاماً.
عمل إسحاق بعدها في الخدمات العامة علي مختلف المستويات والمجالات، حيث شارك في حركات سياسية كثيرة منذ أن كان طفلاً شارك مع الفدائيين في مقاومة الاحتلال، وشارك أيضاً في مقاومة الاعتداء الثلاثي علي مصر، ثم انتقل إلي حزب العمل ١٩٦٩ اسس عام ٢٠٠٤ حركة كفاية و شارك فى مظاهرات ٣٠ /٢٠١٣/٦ ضدد حكم الأخوان و مازال يعمل جاهدا فى تغيير المجتمع للأفضل .

التي اقتصرت عضويتها في بداية إنشائها علي ٣٠٠ شخص إلي الألأف ً، وأصبح لديه منسقون في ٢٤ محافظة.

ويعد إسحاق نموذجاً حياً للأقباط المعتدلين، وتم اختياره منسقاً عاماً لحركة «كفاية» بعد البيان التأسيسي لأول مؤتمر عقدته الحركة في سبتمبر ٢٠٠٤.

رسخ إسحاق مبدأ التداول داخل حركة «كفاية» حين رشح الدكتور عبد الوهاب المسيري، منسقاً عاماً للحركة، خليفة له، فهو شخصية تتمتع بالإحساس العميق بالانتماء الوطني الذي لا يميز بين التيارات المختلفة، التي جعلت العمل معه مسألة في منتهي السهولة.

إن تاريخ كل حركة اجتماعية يبدأ في الغالب الأعم بمرحلة من "التعبئة" الأولية؛ بالمعنى الذي قصده باحث بارز مثل كارل دبليو دويتش[٥٦] ، حيث قصد بالتعبئة حالة اجتماعية متسمة بتزايد الحركية الجغرافية (الهجرة الداخلية) والمهنية، وسرعة توصيل الأفكار وانتشارها، وكثافة الاتصالات؛ أي أن تعبئة المجتمع -في المعنى الذي استعمله دويتش- تشكل واحدة من مقدمات ظهور الحركات الاجتماعية، ولكن هذا الشرط لا يكفي؛ إذ يقتضي أن يتحرر الأفراد من القيود التقليدية، وأن يطوروا قدرة تنظيمية يستطيعون بفضلها تحديد أهداف مشتركة، ووضع الموارد المطلوبة للوصول إلى هذه الأغراض موضع العمل.وعادة ما يلاحظ في بدء عملية التعبئة وجود مرحلة مبادرات لا مركزية وغير منسقة تطبع بدايات الحركة، وتليها مرحلة العمل المنظم. وهو ماحدث مع حركة كفاية.ويختزل بعض علماء الاجتماع مراحل تطور الحركات الاجتماعية في مرحلتين:

---

[56] هو عالم باحث فى الشئون الاجتماعية والسياسية. ركز عمله على دراسة الحرب والسلام، والقومية، التعاون والاتصال. و إدخال الأساليب الكمية وتحليل النظم الرسمية ونموذج التفكير في مجال العلوم السياسية والاجتماعية ، استخدم دويتش مدخلاً جديداً للتحليل السياسي يقوم على نظرية الاتصال والتحكم (السيبرناتك) ، وهو الدراسة المنظمة للاتصال والتحكم في المنظمات بكل أنواعها . ويقول دويتش : أن السيبرناتك في حقيقته ينطوي على نقل الرسائل وفهم عمليات الضبط ، وهو فرع من هندسة الاتصال أو نسيج متغلغل من الأعصاب ، وتقوم هذه الشبكة بحمل الإشارات من مراكز الضبط المختلفة إلى الوحدات التي تقوم بالأداء ، ثم تعيد الرسائل منها إلى مراكز الضبط .

وتعالج نظرية الاتصال لدويتش الحكومة كنظام لصنع القرار مبني على تدفق مستمر للمعلومات ، ويمكن فهم ذلك في ضوء المفاهيم الأساسية للنظرية وهي تنقسم إلى قسمين :

أولاً – مفاهيم ترتبط بالنظم الفاعلة : يرى دويتش أن هناك نظم استقبال تتلقى المعلومات من البيئة المحلية والدولية ، وتنقسم هذه المعلومات إلى ثلاثة أنواع هي :

١- معلومات عن العالم الخارجي . ٢- معلومات تاريخية عن الماضي .٣- معلومات عن النظام وأجزائه .

وتمثل عملية تشغيل المعلومات وتمثيلها نقطة التشابه الأساسية بين النظم السياسية وكل النظم الاتصالية الأخرى . ثانياً : المفاهيم المرتبطة بعملية الاتصال وتدفق المعلومات

يرى دويتش أن هناك تدفقاً للمعلومات بشكل مستمر يشكل شبكة الاتصال التي تعدل من نفسها ذاتياً .وهذه الشبكات الاتصالية تمثل أي نظام يمكن وصفه بدرجة معينة من التنظيم والاتصال والتحكم ، بغض النظر عن العمليات الخاصة بنقل الرسالة سواء تمت عن طريق الكلمات كما يحدث بين الأفراد في التنظيم الاجتماعي ، أو من خلال العصب والهرمونات في الجسم الحي ، أو تمت عن طريق الإشارات الإلكترونية في الآلات الهندسية .

الأولى: هي المرحلة التلقائية:

حيث لا تتميز إلا بقليل من التنظيم، وتكون الأدوار غير واضحة، والأهداف غير متبلورة بشكلٍ كافٍ.

والثانية: هي مرحلة التنظيم الواضح والبناء الاجتماعي:

الذي تحدد فيه الأدوار، وتبلور الأهداف في إطار أيديولوجية متكاملة.

ويمكن القول بأن الحركات الاجتماعية بشكل عام تمر بثلاث مراحل هي:

١ - تبلور فكر جديد واتساع دوائر انتشاره.

٢ - حشد التأييد الاجتماعي له.

٣- تغيير الواقع، أو الإسهام في تغييره.

ويغلب على كل مرحلة نمط خاص من النشاطات والبرامج التي من المفترض أن تسهم في تحقيق أهداف الحركة.

وقد مرت حركة (كفاية) بهذه المراحل الثلاث مجتمعة، فمما يحسب للحركة أنها ألقت الكثير من الحجارة في المياه السياسية الراكدة بعد تحييد عمل الأحزاب، وشل أدوارها الاجتماعية والسياسية خاصة فيما يتعلق بتقديم رؤية بديلة للسلطة واكتفائها ببعض المغانم السياسية والمادية الضيق التي تحافظ على وجودها التقليدي دون فعل تغييري حقيقي. فلأول مرة في تاريخ مصر الحديث يتم انتقاد الرئيس بشكل علني وتسير مظاهرات في شوارع المحافظات والمدن تندد بعصره وترفض احتلاله للسلطة متحدّية كل القوانين بما فيها قانون الطوارئ التي تمنع مجرد ازدراء من يتولى هذا المنصب، ما جعلها تحظى بتأييد عارم من قبل الشارع المصري المطحون بسياسات السلطة في حياته اليومية،وهو الأمر ذاته الذي جعل المواطن المصري يشعر بقربه من الحركة ومن أنها لا تحصر ذاتها في الإطار النخبوي الضيق، بل على العكس من ذلك نجحت في استقطاب النخب الصامتة في المجتمع خاصة تلك التي تتصور أنّ المشاكل التي تعاني منها هي نتاج قدري وليست نتاج فساد النخبة الحاكمة بعد فشل الأحزاب السياسية المعارضة وضعف أساليبها. وقد استطاعت الحركة تجاوز هذه الأحزاب وقدمت نموذجاً متطوراً للعمل والحراك السياسي ونزلت الشارع ترفض التمديد والتوريث بناء على تعديل المادة (٧٦) من الدستور المصري، وقد قاد هذا الموقف الكثير من المنضمين للأحزاب السياسية المصرية إلى ترك أحزابهم والانضمام لحركة كفاية وهو ما يعني ضمناً فقدان شرعية ومصداقية هذه الأحزاب عند عناصرها و نشطائها، أو على الأقل لم تعد تمثل طموحه السياسي في التغيير.ويمكن القول بشيء من الثقة أن دور الأحزاب أصبح أكثر ميلاً إلى إضفاء الشرعية على الدولة، وفي أكثر من مناسبة بدت الهوية الأيديولوجية لهذه الأحزاب باهتة؛ إذ طغت براجماتيتها على أيديولوجيتها، وتمثلت هذه البراجماتية في

التزام الأحزاب المحافظة على الاستقرار المؤسسي. وليس أدل على ذلك من الانخفاض الملحوظ في المشاركة في الانتخابات العامة وفقدان الثقة بالسياسيين خصوصاً.

وتنشط الحركات الاجتماعية في ظل هذا العجز لتقوم بمهمة تمثيل المصالح وتقديم خطط بديلة والدفع باتجاه التغيير من خارج النظام، ولتمثل قوة ضاغطة تفرض على الدولة تعديل سياساتها وتطوير أدائها.وهي تضم قطاعات واسعة من المواطنين -خاصة أولئك البعيدين عن مراكز القوة- للدفاع عن حقوقهم المدنية من الناحية الفعلية. ومع اتساع ظاهرة اللامنتمين الذين لا يشاركون عادة في التصويت وقد ينضمون للحركات تطلعاً لتحقق تغيير، وأيضاً ذوي الأصوات المستقلة.

كما أنّ هذه الحركات الاجتماعية الجديدة تتميز بأنها لا تسعى لامتلاك مؤسسات السلطة، ولا تزاحم الأحزاب السياسية في مجال نشاطها، فقط هي تأمل في ترسيخ نمط فعّال من المشاركة الاجتماعية، على المستويات المحلية والقومية في بلدانها، وعلى المستوى العالمي بالنسبة للحركات التي تنزع نحو هذا الاتجاه، وذلك بغرض التأثير على سلطات صنع القرار وتحقيق مكاسب جماهيرية على مستوى أو أكثر من تلك المستويات.

وهي – لذلك - تمثل مرحلة جديدة من مراحل الصراع من أجل الديمقراطية، من خلال الإسهام في إعادة تعريف مفاهيم أساسية مثل الديمقراطية والقوة وأدوات الهيمنة، فهذه الحركات لا تريد منافسة السلطة الرسمية، ولا تعتمد على المنظمات الجماهيرية المعتادة (كالنقابات مثلا) لتوصيل مطالبها إلى السلطة، وتقع في موضع وسط بين المؤسسات الرسمية والمؤسسات الجماهيرية التقليدية، ومع ذلك تنشغل دوماً بقضايا عامة تصب في نهاية المطاف في صالح الحريات الديمقراطية وحقوق الإنسان والعدالة الاجتماعية.

والواقع أن هذه الحركات تمارس الديمقراطية بمعناها شبه المباشر عن طريق أصغر الوحدات الاجتماعية الممكنة (مثل: الأسرة - المدرسة - الحي... إلخ)، وبالتالي فهي تعمق الممارسة الديمقراطية وتجذرها كممارسة على المستوى الشعبي، ربما أكثر مما تفعله المؤسسات التقليدية (الأحزاب - النقابات)؛ أي أنها تمارس السياسة على المستوى الشعبي -القاعدي.وهي بذلك تساعد على تنمية الوعي الجماهيري، وتترجمه على مستويات تنظيمية دنيا، وهذا النمط من الممارسة الديمقراطية هو الأكثر فعالية على المدى الطويل في تحدي الهياكل المسيطرة، وفي مواجهة الهيمنة القائمة، وبناء هيمنة بديلة على المدى الطويل نسبياً.وهي إذ تدعو إلى الحل غير العنيف لمختلف الصراعات، سوف تساهم في انتشار الرؤية السلمية -من وجهة نظر هذه الحركات- التي يمكن أن تؤثر على الطريقة التي يتم بها حل قضايا مهمة.وإتاحة فرص المشاركة الديمقراطية والقضاء على آليات الإقصاء، وتبني سياسات للاستيعاب عوضا عن سياسات الاستبعاد.

وما نود التأكيد عليه هنا هو أن مثل هذه الطريقة تعبر عن تحول نوعي في اهتمامات الحركات الاجتماعية نحو الجمع بين المطالب المادية والأخلاقية في الوقت نفسه، بدلا من التركيز على إعلاء النبرة الأخلاقية أو الدينية فقط .وقد بدأت الحركة تكتسب أرضية جديدة في الحياة السياسية، مع انضمام العديد من رموز النخبة والفكر المصري؛ أمثال المستشار طارق البشرى والدكتور عبد الوهاب المسيري، والدكتور كمال حبيب وبدأت الحركة في توسيع نطاق أعمالها من خلال تأسيس موقع على الانترنت دعت فيه كل المصريين إلى تسجيل أنفسهم فيه كأعضاء ..تالياً بعد تلك الخطوة الأولى؛ أخذت تدعو إلى التظاهر السلمي الصامت في أماكن تجمع خاصة في المحافظات المصرية؛ تعبيراً عن تحفظها على عدد من النقاط التي تثار من وقت إلى آخر أهمها إحداث تغيير سياسي حقيقي في مصر، وإنهاء الظلم الاقتصادي والفساد في السياسة الخارجية.

اعتمدت (كفاية) أسلوب التظاهر في أغلب محطاتها المعارضة للنظام المصري وقد رد النظام على تنامي الحركة - وصلت ل٢٢ محافظة من أصل ٢٦ محافظة في مصر ككل - بحملات اعتقال وسحل وصفته الحركة بالوحشي، وقد حازت الحركة على دعم إعلامي مكثف من صحف المعارضة، التي ساهمت الحركة في رفع سقف الحرية التي تكتب من خلالها حيث تناول العديد من الصحافيين وبصورة شبة يومية شخصيات كان من المحظور تماماً قبل بزوغ حركة كفاية الإشارة إليها مثل أسرة الرئيس المصري وخاصة زوجته وولده جمال المرشح لخلافة مبارك على عرش مصر كما تقول الحركة كفاية إذن الحركة كانت فرزاً طبيعياً لتطورات داخلية وإقليمية ودولية، خرجت على غير ما هو متبع ومعهود، لم تكن كغيرها منحة النظام وليست هبة من الملك ، إنها وليد طبيعي نتيجة تلاقى قوى متعددة اجتمعت على ضرورة الخروج على ميراث احتكار السلطة وعقد الزواج الأبدي بين الرئيس والسلطة والتي لا يفرق بينهما إلا الموت الطبيعي أو الاغتيال القسري.كسرت حاجز الخوف، و خرجت إلى الشارع، ليرى الناس لأول مرة ومنذ نصف قرن مظاهرات في شوارع القاهرة، متحدّية قانون الطوارئ

أسباب ظهور حركة كفاية:

١- موت السياسة فى مصر حيث تم تكريس الاستبداد والحكم المطلق والأبدي، وربما توريث السلطة، كما حدث في سوريا مثلاً، ويهدد بالحدوث في عدة أقطار عربية أخرى ومنها مصر. ولذلك قامت حركة كفاية بالخروج من ركود الأحزاب ، وهو ما أدى حتى الآن إلى تنشيط الآفاق المطلبية والإصلاحية للأحزاب السياسية الكبيرة نسبيا.

٢- الاقتناع بأن إنقاذ الوطن وبناء نظام ديمقراطي يجب أن يقوم على فعل مشترك وتاريخي ومباشر في الواقع. ويعني ذلك بناء هيكلية فضفاضة للممارسة السياسية التي تنهي سياسات الإنكار ورفض الآخر، وتقوم تحديداً على الاعتراف بالآخر، من حيث

المبدأ وفي الممارسة الفعلية. ولا تكتفي حركة (كفاية) بالعمل على مستوى الإصلاح السياسي والدستوري الشامل فحسب، بل هي تدعو لتنشيط الحركة الجماهيرية عموماً على كل المستويات. بدءاً من إصلاح الجامعات ومروراً بتحرير المنظمات والمنابر المدنية مثل الصحافة والإعلام ومختلف المهن والقطاعات الاجتماعية الكبرى وحتى مؤسسات الإدارة المحلية على مستوى القرى والأحياء. وهي بهذا المعنى- كما يصفها د. سعيد- حركة إحياء شعبي، فضلاً عن كونها حركة إحياء للمجال السياسي.

أهداف حركة كفاية:

أعلنت الحركة عن أهدافها في موقعها على الانترنت ومن أهمها :

١- الإلغاء الفوري – بدون تسويف - لحالة الطوارئ، التي تشل القوة الفاعلة في الوطن، والتخلص من مجموعة القوانين التي تنتهك الحريات.

٢- إطلاق حق كل القوى المدنية السلمية في التنظيم، وفي تشكيل الأحزاب السياسية، والنقابات، والهيئات، والجمعيات، بغير قيود.

٣- الاعتراف بحق التظاهر والإضراب والاعتصام السلمي.

٤- إطلاق حريات التعبير، وإصدار الصحف، وتحرير أجهزة الإعلام المرئي والمسموع من القيود.

٥- تشكيل جمعية تأسيسية وطنية، تشرف على إعداد دستور جديد للبلاد، يحتفي بالحرية، ويضع الضمانات الفعلية لتأكيدها.

٦- تأسيس جمهورية برلمانية، تضمن حقوق الوطن والمواطن وتفصل بحسم بين السلطات،وتحدّ من إنفراد الحاكم بالسلطات الدستورية المطلقة، وتضع حداً لمدد حكمه وصلاحياته.

٧- تطالب الحركة بفترة انتقالية مناسبة – قبل إجراء أية انتخابات، يتم فيها خلق مناخ موات لإجرائها بنزاهة وعدالة، وحتى لا تصبح الانتخابات وسيلة لخداع الناس.

يتضح من هذه الأهداف أنّ الحركة تركز على الطرق السلمية لتحقيق التطور السياسي الذي تنشده .. ولكنها على لسان الناطق باسمها أو لسان الأمين العام لها (إسحاق روحي) تستبعد تحولها إلى حزب سياسي في القريب العاجل.

٨- إنهاء الظلم الاقتصادي والفساد في السياسة الخارجية.

وسائل حركة كفاية لتنفيذ أهدافها:

اعتمدت حركة كفاية أسلوب التظاهر والاحتجاج السلمي في أغلب الحالات التي مارست فيها فعالياتها وأنشطتها، كما كانت شبكة الانترنت وسيلة فعالة في التحشيد والتعبئة للحركة، فقد طالبت من كل المواطنين المصريين بتسجيل أنفسهم عبر موقعها كأعضاء في الحركة.

حركة كفاية كحركة احتجاجية / اجتماعية:

كثيرة هي الأشكال التي يبتكرها المواطنون في حياتهم اليومية من أجل الاحتجاج أو مقاومة الضغوط الواقعة عليهم أو الالتفاف حولها. وهي أشكال منتشرة لدى الفئات الاجتماعية، خاصة تلك الرازخة منها تحت الضغوط الاجتماعية والسياسية.

وتعبر هذه الأشكال عن رفض الضغوط التي يقع تحتها الأفراد والجماعات ومحاولة إيجاد سبل لتجاوزها، سواء كانت هذه الأشكال صامتة أو هادئة أو تسللية أو تراكمية بمعنى القيام بخطوة وانتظار رد الفعل، الذي يليه إما من خلال التراجع مؤقتاً أو القيام بخطوة أخرى . ومن أشكال هذه الاحتجاجات: مقاطعة الانتخابات؛ أو الانسحاب من الحياة السياسية والعامة؛ أو عدم الاستجابة للخطابات المختلفة.

أزمة الديمقراطية:

عادة ما تنشأ الحركات الاجتماعية في مواجهة الدولة نتيجة تعثر الدولة في أداء دورها وتدخل الدولة المتزايد للسيطرة على السوق وتدعيم قوتها وتوسعها على حساب المجتمع المدني، وهو ما يتزامن عادة مع تآكل دور الأحزاب السياسية كمنظمات للتعبئة والتمثيل الشعبي، وعندما تندمج الأحزاب السياسية مع النظام وتدور في فلك الحكومة رغبة ورهبة، وتأخذ شكل الأجهزة الملحقة بالدولة، ومن ثم تفشل الأحزاب في أداء وظيفتها الطبيعية في الرقابة وتقديم سياسات بديلة؛ وحتى أوقات الانتخابات نجدها تتوخى الابتعاد عن القضايا الملحة والخلافية، ولا تركز عليها في برامجها وحملاتها الانتخابية.

١- ظهرت حركة (كفاية) في لحظة مفصلية في الوضع الدولي المهموم بالحرب على الإرهاب وما صاحب ذلك من الترويج والدفع الأمريكي لنشر الديموقراطية كأداة أساسية في حصر الإرهاب الدولي.

٢- تمثل حركة (كفاية) حركة تغيير ثوري وجذري وفقاً لآليات التغيير حالياً وهي العصيان المدني والثورات الشعبية، على غرار ما حدث في بعض دول آسيا وأمريكا الجنوبية وهي تسير في هذا الاتجاه متخذة من العصيان المدني وسيلة لإحداث ثورة سلمية تغييرية.

٣- لقد كانت الحاجة الماسة إلى التغيير في ظل الحياة السياسية المضطربة في مصر والهوة الشاسعة بين الأغنياء والفقراء وتركز الثروة والنفوذ في أيدي عدد قليل من رموز السلطة، من العوامل المهمة التي دفعت المثقفين وعموم الشعب إلى الثورة ضد هذه الحالة.

٤- ساهم غياب رؤية بديلة للنظام عند أكثر الأحزاب السياسية المصرية والاعتماد على الشعارات الرنانة والفضفاضة ، شتت أهداف هذه الأحزاب وضيعت مسارها الفاعل

والحقيقي بمشاركة شعبية واسعة وجعلها صدى خافت لأحلام بائدة تفتقر إلى الحامل الاجتماعي.

حركة شباب ٦ أبريل

حركة شباب ٦ أبريل [57] هي حركة سياسية مصرية معارضة ظهرت سنة ٢٠٠٨.أنشأها بعض الشباب المصري. ظهرت في الساحة السياسية عقب الإضراب العام الذي شهدته مصر في ٦ أبريل ٢٠٠٨ بدعوة من عمال المحلة الكبري وتضامن القوى السياسية فتبناه الشباب وبدؤوا في الدعوة إليه كاضراب عام لشعب مصر. أغلب اعضاء الحركة من الشباب الذين لا ينتمون إلى تيار أو حزب سياسي معين وتحرص الحركة على عدم تبنيها لأيدلولوجية معينة حفاظا على التنوع الأيديولجي داخل الحركة ولما تفرضه ظروف مصر من ضرورة التوحد والائتلاف ونبذ الخلاف. حركة شباب ٦ أبريل من الأوائل في الدعوة إلي ثورة ٢٥ يناير. وفي سبتمبر ٢٠١١ ترشحت الحركة لجائزة نوبل في السلام ولكنها تهدي الترشح للشعب المصري مشيرة إلى إنها أقل بكثير من الشعب المصري الذي ضرب المثل في تحضره بثورته وعلم العالم كله كيف تكون الثورة السلمية.

في يوم ٦أبريل من عام ٢٠٠٨، أعلن بعض الشباب تضامنهم مع إضراب العمال وتبنوا فكرة الكاتب الصحفي مجدي أحمد حسين أن يكون الاضراب عامًا في مصر وليس للعمال فقط. بدأت الحركة في تشكيل مجموعات لنشر فكرة الإضراب وإرسال رسائل إلى المصريين المشتركين بموقع فيس بوك (وصل عدد الأعضاء إلى ٧٠,٠٠٠ في إحدى الصفحات الداعية للإضراب)، بعد فترة تناولت بعض الصحف المصرية فكرة الإضراب والحركة وفى أيام قليلة بدأت تصل رسائل نصية قصيرة بشكل عشوائي داعية لإضراب عام يوم ٦ أبريل. تحت شعار "خليك بالبيت". وبالفعل نجح الإضراب إلى حد كبير وكانت المفاجأة إضراب في دولة يحكمها الرئيس حسنى مبارك.

ثانياً:- رؤية الحركة

ضمان التحول الديموقراطى خلال المرحلة الانتقالية وحتى وصول ادارة البلاد الى سلطة مدنية منتخبة ، تستمد البلاد من هويتها كأساس لنهضتها ، و الوصول لمشروع مصرى حضارى يتم كتجربة انسانية تفيد باقى العالم.

ثالثاً:- أهداف الحركة

١-العمل للحفاظ على المكتسبات الديمقراطية و توسيع دائرتها لتمس و تؤثر على المؤسسات المشكلة لحياة الناس .

---

[57] موقع حركة ٦ ابريل http://6april.org/us.php

٢-الوقوف فى وجه أى نظام ديكتاتورى و الوقوف ضد اى انقلاب على الحكم ومنع انشاء اى ديكتاتوريات جديدة .

٣-مقاومة أى اعتداء او احتلال او أى تدخل أجنبى فى شئون البلاد .

٤-الحفاظ على هوية الشعب و الأمة الأصيلة و الاتزان بين القيم و التراث و أدوات التقدم و النهضة اللازمة .

٥-التأثير الايجابى فى القوانين و التشريعات و جعلها معبرة بحق عن آمال و طموحات الناس .

٦-الحفاظ على مستوى الاداء النزيه و الديمقراطى للمؤسسات سواء حاكمة او رسمية او حزبية لضمان تحرك كامل هدفه للصالح العام و مؤثر .

٧-العمل على احتواء الأزمات فى البلاد و تقديم حلول عملية و نظرية و العمل على حلها بشكل عملى .

٨-الوقوف فى وجه اللاعدالة الاجتماعية و الاقتصادية و العمل على حل تلك المشكلات سواء عمليا او بطرقها الرسمية .

٩-السعى لتطبيق أفكار و التبنى العملى لمشروع النهضة .

١٠-نشر فكر الديمقراطية و حقوق الانسان و قيم التفاهم و التعايش و ضمان فكرة استمرارتهم و تطويرها .

١١-تقديم تجارب انسانية ناجحة و يتم تصديرها الى باقى المجتمعات على أى خط ديمقراطى .

تحقيق المطالب السبعه للتغيير من انهاء حالة الطوارىء و الانتخابات النزيهه والاشراف القضائى والرقابه الدوليه و تعديل الدستورو غيرها من المطالب الأصلاحية عن طريق ضغط شعبى وهذه المطالب تعد مدخل وبدايه لخلق توافق وطنى حول مشروع بناء نظام سياسى ديمقراطى بأسس جديده تضمن استقلال الوطن وتكفل الحقوق الاساسيه و الاقتصاديه و الاجتماعيه للمواطن المصرى .

تّفجيركنيسة القديسين في الإسكندرية

منتصف ليل رأس السنة الميلادية ٢٠١١، تعرّضت كنيسة قبطية في الإسكندرية إلى تفجير أوْدى بحياة ما يزيد عن العشرين شخصاً. بعد حادثة التّفجير ضدّ كنيسة القديسين في الإسكندرية، كان النقد الأقوى تجاه الدولة موجّهاً من الأقباط. فالاحتقان المتنامي لدى الأقباط في البلد، كان قد تصاعد عبر السنوات، ووصل إلى ذروته مع هذه الجريمة الإرهابية. يتّضح ذلك من المظاهرات القبطية الحانقة التي ندّدت بالدولة في الأيّام اللاحقة للحادثة. وفي أجواء الاحتجاج عقد محامي الكنيسة القبطية مؤتمراً صحافياً دعا فيه الحكومة المصرية إلى إقرار القوانين المتعلّقة بالأحوال الشخصية للأقباط وحرّية بناء دور العبادة. كان الوضع في مصر عموماً محتقنا مسبقاً، وذلك نتيجة لسوء الأوضاع المختلفة في البلد على المستويات الاقتصاديّة والسّياسية وغيرها، لكن اللافت أنّ جريمة التفجير جعلت حالة الاحتقان تنفجر ضدّ النظام، ولم يتوجّه الغضب إلى المسلمين ، بل إلى الحكومة نفسها، خاصّة أنّ هذه الأخيرة كانت قادرة على تقديم إصلاحات ونهج مدني يفيد الجميع. كما لوحظ تفهّم اجتماعي واسع من كافة الفئات لغضب الأقباط. وربّما كانت هذه سخرية التاريخ أو خداعه. فبدلا من إشغال المجتمع بفتنة طائفية بوساطة هذا الفعل، ازداد تعاطف المسلمين مع الأقباط، وتصاعدت النقمة ضدّ النظام الحاكم من الجميع، مسلمين وأقباطاً. ولقد تبيّن لاحقا، أثناء الثورة، أنّ هنالك أساسا جدّيا للاعتقاد بأنّ هذا الهجوم الذي ألصقت مسؤوليّته بشكل مفبرك بأصوليّين فلسطينيين من غزّة، كان في الواقع من تدبير وزارة الداخلية ومباحث أمن الدولة للتغطية على عمليات التّزوير في الانتخابات بإشعال فتنة طائفية يتم فيها اتّهام من يعتبرهم النظام المصري خصوما سياسيّين. لقد وصفت صحيفة "نيويورك تايمز" الحدث في حينه بأنه الهجوم الأسوأ على "الأقلية المسيحية في مصر". وركّزت وسائل إعلام غربية على ما أسمته خطر التشدد الإسلامي. فتحدثت "الواشنطن بوست" عن شكوك حول دور للقاعدة في العملية، وأن ذلك إن حدث فهو يعتبر تطورا خطيراً بالنسبة إلى مصر. و"لوس أنجلس تايمز" تنقل حديثاً يقول إنّ تصاعد المدّ الديني في مصر، أدّى إلى وجود جماعات متطرّفة قادرة على تنفيذ مثل هذه الأعمال. لقد أحيت هذه الحادثة خطاباً غربياً متنامياً عن خطر يتعرض له المسيحيون في الشرق، فذكرت "كريستيان مونيتور" في افتتاحيتها ليوم ٢٠١١/٠١/٠٤ أنّ الأخطار التي يتعرض لها المسيحيون في الشرق الأوسط هي في ازدياد، بينما تربط "واشنطن تايمز" بين كافة أعمال العنف التي تعرّض لها مسيحيون في مجتمعات إسلامية أو مختلطة في آسيا وأفريقيا، وتنتقد الإدارة الأميركية على عدم شجاعتها في مواجهة الخطر الإسلامي الذي يهدّد المسيحيين كما تبيّن من حوادث نيجيريا و العراق و باكستان ومصر. ألقت الحكومة المصرية باللائمة على أطراف خارجية تستهدف أمن مصر،

بحسب تصريح الرئيس المصري حسني مبارك. وقد اتّهم حبيب العادلي وزير الداخلية المصري تنظيم "جيش الإسلام الفلسطيني" بأنه يقف وراء حادث التفجير، وذلك عبر تصريحات له بثّها التلفزيون المصري بتاريخ الأحد ٢٠١١/٠١/٢٣. وقد أكّدت وزارة الداخلية المصريّة أنّ التنظيم قد استعان بشابّ مصري من أجل تنفيذ التفجير. وقد نفى أبو محمد المقدسي، القيادي في جيش الإسلام، أيّ ضلوع للتنظيم في هذه العملية. وكان واضحا أنه من المستبعد أن يقْدم تنظيم جيش الإسلام على تفجير كنيسة "القديسين" في الإسكندرية، فهو بذلك سيعرّض غزّة لمزيد من الحصار والتضييق، وربما يبرّر بشكل مفضوح حربا إسرائيلية أخرى على غزّة بدعوى مهاجمة التنظيمات المتشدّدة.

ناشد البابا شنودة الثّالث الحكومة المصرية أن تعمل على معالجة ما أسماه "معاناة المسيحيّين المصريّين" والقضاء على أسباب تنامي الصّراع الطائفي في مصروذكرت العديد من وكالات الأنباء أن مستشار البابا شنودة، ورئيس المركز المصري لحقوق الإنسان، نجيب جبرائيل، كان قد اتهم كبار الدّعاة والعلماء المسلمين بأنهم المسؤولون عن هذا التدهور الطائفي، بسبب شحن نفوس المواطنين بإشاعات تخزين أسلحة وذخائر في الكنائس، وأنها قد جُلبت من إسرائيل. وقد ذكر في هذا السّياق مقابلة تلفزيونية حادّة الطابع، إلى درجة التحريض، أجراها أحمد منصور على قناة الجزيرة مع المفكّر الإسلامي والباحث المصري محمد سليم العوا. ودارت المقابلة حول اتهامات موجّهة للأقباط في مصر، مثل التبشير بين المسلمين، وتخزين السّلاح في الكنيسة [58]. وبعد هذه المقابلة تزايد الغضب في الأوساط القبطية تجاه ما اعتُبر تحريضا موجّها من المذيع والضّيف ضدّ الأقباط. وكان العوا قد قدّم أيضاً حلقات عبر قناة الجزيرة عن الفتح الإسلامي لمصر. وقد علّق متابعون أنّ هذه الحلقات إنما أتت حلقة في سلسلة الاستقطاب الطائفي الذي تشهده مصر، وأنها قد أتت ردّة فعل على تصريحات الأنبا بيشوي ضدّ المسلمين التي قال فيها إنّ مصر ملكٌ للأقباط وأنّ المسلمين ضيوفٌ عليهم.

وكان المفكر الإسلامي محمد سليم العوا قد دافع عن نفسه ضدّ الاتهامات التي راجت ضدّه بسبب عرض حلقات عبر قناة الجزيرة عن الفتح الإسلامي لمصر في ذلك التوقيت؛ خاصّة وأنها أتت سجاليّة الطابع، وتأخذ شكل ارتباط مباشر بالوضع الراهن للاستقطاب الطائفي في مصر، ممّا جعلها عامل تأجيج للكراهية والاحتقان الطائفي في البلد. وقد قال العوا، المعروف عادةً برصانته، في محاضرة له في جمعية مصر للثقافة والعلوم في مسجد رابعة العدوية في القاهرة، إنه يستنكر التفجير الإجرامي، وإن اتهامه هو "كلام سخيف ومرفوض عقلاً". كما أدان تفجير الإسكندرية مفتي الأزهر أحمد الطيب، والدكتور محمد بديع المرشد العام لجماعة الإخوان المسلمين، وغيرهم من علماء

58 "برنامج بلا حدود"، قناة الجزيرة ٢٠١٠/٠٩/١٥

المسلمين. واستنكرت جماعة الإخوان المسلمين الحادث، وذلك في بيان لها صدر بعد الحادث، أعلنت فيه أن الإخوان يرفضون كل أشكال العنف وتهديد الآمنين من المسيحيين والمسلمين وترويعهم. ونستطيع أن نستشفّ موقف حركة الإخوان المسلمين من أبرز الأفكار التي حملها لقاء د.رشاد بيومي، نائب المرشد العام للإخوان المسلمين، والمنشور في الموقع الرسمي للإخوان بتاريخ ٢٠١١/٠١/١٢. وقد تراوحت تلك الأفكار بين لوْم أميركا والصهاينة على اعتبار أنهم هم أكبر مستفيد من هذه التفجيرات، إلى لوم الفاتيكان على تدخله، والرفض القاطع لأيّ تدخّل أجنبي في مصر، بالإضافة إلى تمسّكهم بالمرجعية الإسلامية لمصر. وهذا الخلط بين الفاعل والمستفيد هنا، هو آلية تلجأ إليها قوى لا شك أنها تعارض مثل هذه الأعمال، ولكنها لا ترغب في خوض مواجهة حقيقيّة وصارمة مع الثقافة والسياسة التي تؤدّي إلى ارتكابها، ولا مع النظام السياسي الذي تجري في ظلّه، وتظلّ متمسّكة بنفس المواقف التي تجعل جزءًا كبيرا من المواطنين غير المسلمين يشعرون بمواطنة ناقصة وبغربة عن الوطن. فالاكتفاء بالإدانة من دون نقض الثقافة التي تؤدي إلى مثل هذه الأعمال، ومن دون تأكيد واضح على أنّ الوطن للجميع، وعلى أنّ الدولة تمثّل المرجعية لجميع مواطنيها، هو موقف يتضمّن تمييزا ضدّ مواطنين، رغم أنّ إدانة التفجير قد تكون إدانة صادقة.

وأطلقت ردود فعل غاضبة في مصر والعالم العربي والإسلامي نتيجة تصريح لبابا الفاتيكان وللرئيس الفرنسي ساركوزي حول الخطر الذي يتعرّض له المسيحيون في الشرق. فقد قال ساركوزي، في كلمة له بمناسبة العام الجديد خلال حفل أُقيم في قصر الإليزيه في يوم الجمعة ٢٠١١/٠١/٠٧، إن بلاده قلقة ممّا أسماه "العنف الأعمى"، وقال: "لا يمكن أن نقبل ومن ثم أن نسهّل ما يزداد شبها أكثر فأكثر بمخطّط تطهير إجرامي في الشرق الأوسط. وأكرّر مخطط تصفية دينية في العراق كما هو الحال في مصر. مسيحيو الشرق الأوسط هم في أوطانهم. إنهم هناك في بلدانهم وأغلبهم منذ ألفيْ عام. لا يمكننا القبول بأن يختفي هذا التنوّع البشري والثقافي والديني من هذه المنطقة من العالم" .وكان بابا الفاتيكان بينديكت السادس عشر قد طالب قادة العالم بحماية الأقليات المسيحية في الشرق. فقد دعا زعيم الكنيسة الكاثوليكية، في لقائه السنوي التقليدي مع سفراء وممثلي دول العالم المعتمدين لدى الفاتيكان بمناسبة العام الجديد، حكومات الشرق الأوسط وقياداته الإسلامية إلى "العمل من أجل أن يحيا مواطنوهم المسيحيون في أمان". وأعلن البابا، في حديثه الذي أثار غضب جهات متعددة من العالم العربي والإسلامي باعتباره

تعدياً على الشأن الخاص بتلك الدول، أن تتابع الهجمات يمثل دلالة واضحة على الحاجة الملحة لاتّخاذ تدابير فعالة [٥٩]

استدعت مصر سفيرتها لدى الفاتيكان رداً على ما اعتبرته تدخّلاً غير مقبول في شأنها الداخلي. وقد جمّد الأزهر بدوره الحوار مع الفاتيكان لأنها لم تقدّم إيضاحات حول تصريحات البابا الأخيرة، والتي تحتمل على ما يبدو أكثرَ من وجه. فقد طالب البابا بتوفير الحماية للأقباط في مصر من دون تحديد الجهة. وهذا يعني أنه من الممكن أن تفسّرها مصر بما لا يتعارض مع سيادتها باعتبارها دولة، أي أنه على الدولة والقانون في مصر تولّي مثل هذه الحماية. وقد أكّد رئيس المجلس القومي لحقوق الإنسان بطرس غالي أنّ تعليقات قادة الاتّحاد الأوروبي بشأن حماية الأقليّات لا تُعتبر تعدّياً على الشأن الداخلي المصري، بل إنّ تعليقها يأتي في "سياق ظاهرة العولمة ووجود تيّار جديد للتعليق على قضايا حقوق الإنسان بين الدول". ووافقهِ الرّأي الكاتب المصري إميل أمين، فقد رأى أنّ تعليقات البابا لا تعني دعوة للتدخّل الخارجي، وأنه ليس من مصلحة الدول العربيّة والإسلاميّة أن تضطرب علاقاتها مع "قوّة روحيّة ودبلوماسية تمتدّ حول العالم" مثل الفاتيكان، فهو اضطراب يصبّ في مصلحة "آخرين معروفين رابضين خلف الباب لأيّ تقارب إسلامي-مسيحي في أوقاتنا الحاضرة"

والحقيقة أنّ مثل هذه التصريحات المندرجة في نفس العقلية التي استخدمتها الدول الاستعمارية عند ادّعائها بسْط الحماية على المسيحيّين في الشرق في صراعها على مناطق نفوذ داخل الدولة العثمانية، هي التي تخلق هذا الواقع وتعيد إنتاجه.

وقد استنكرت قيادات التيار السلفي في مصر تفجير الإسكندرية الأخير. فأعلن الشيخ أبو إسحاق الحويني، على موقعه الرسمي على الانترنت، أنّ هذا الحادث "لا يجوز شرعاً"، وأن المقصد منه زرع فتنة في البلاد، كما أعلن في ذات البيان أن علماء الشريعة هم "الجهاز المناعي للأمة". وكذلك ندّد علماء آخرون من السلفية بالعملية، مثل الشيخ السلفي محمد حسان في مقطع مصوّر له بُثّ عبر الانترنت وهو مأخوذ من قناة "الرحمة" والسّلفية السّائدة فى مصر قبل ثورة ٢٥ يناير كانت تعتبر السلفية الرسمية ، باعتبار أنها مدعومة من الحكومة كونها تركّز على البعد الاجتماعي والعقائدي وتبتعد عن التّعاطي مع الشّأن السياسي، فهي ترى أنّ الحاكم أو النظام هو "وليّ أمر" مخوّل شرعا بالحكم، ويستند هذا التيار على أدبيات واسعة من التراث السلفي. ولكن التيار السلفي الآخر (الجهادي) لا يعدم هو أيضاً تراثاً زاخماً يدعم مواقفه المتشدّدة في أمور مثل القتال واستخدام القوّة تجاه السلطة الرّسمية، والسّعي الدؤوب لإقامة مجتمع بحاكمية

59 "بابا الفاتيكان يطالب حكومات الشرق الأوسط وقياداته الإسلامية بضمان حماية المسيحيين"، وكالة الأنباء الكويتية ٢٠١١/٠١/١٠

إسلامية، في كلّ جوانبه، وبأيّ طريقة ممكنة. فإن عدم حدوث ردود فعل من القيادات السلفية في مصر تجاه استمرار الحكومة في اضطهاد أفرادها وسجنهم وتعذيبهم ، قد أدى إلى تسرّب شباب السلفية السّاخطين من مواقعهم الحالية إلى تنظيمات أخرى جهادية، كما حدث لدى سلفية السعودية . وظهر شبابا ساخطين يعتبرون أنّ الدولة تتعاطى معهم بكونهم الطرف الأضعف فى الجماعات الاسلامية تستطيع الحكومة أن تفعل بها ما تشاء. في أعقاب تفجير الإسكندرية، بعد أن اعتقلت الدولة المئات منهم، وموت الشابّ السّلفي سيّد بلال تحت تعذيب جهاز الشرطة، كما قالت أسرته. وكان انزعاج قطاعات كبيرة من المجتمع المصري مشهودا في المظاهرات التي أعقبت تفجير الإسكندرية. فالكثير من العبارات واللاّفتات كانت معانيها تتضمّن التّشديد على التّلاحم بين المسيحيّين والمسلمين. ويمكننا القول إنّ ردّة الفعل بالتأكيد على الإخاء لم تكن ردّة فعل على التّفجير فقط، وإنّما عبّرت عن سأم عام من المشهد الثقافي الاجتماعي، ومن الاحتقان والتّنافر في ظلّ نظام حكم لا يحظى بأيّة شعبية. كثير من الخطابات السلفيّة في أوقات الأزمات تؤكّد على أهميّة اتّباع منهجها حتى يَرشُد الشّخص وقت الأزمة أو الفتنة، ومثال ذلك بيان الشيخ أبي إسحاق الحويني على إثر تفجير الإسكندرية الأخير، والذي نشره عبر موقعه الرسمي. فقد رأى البيان أنّ الحلّ هو توعية الجماهير "بالأحكام الشرعية والآداب المرعية... وفتح الباب أمام جهود العلماء الربانيّين"، فتصبح الأزمة بذلك عامل استثمار لدعم نفس المسار الموجود، من غير أن تستنتج وقفة مصارحة أو "نقد ذاتي" من قبلهم لمراجعة طريقتهم في التعاطي مع الأمور، وإن كان لها دورٌ فعلي أم لا في تأزّم الموقف. ونجد في نفس المصادر، فتاوى كثيرة لا تعتبر بالبعد الوطني ومسألة العيش المشترك واختلاط المواطنين في البلد الواحد. منها ما قاله الشّيخ السّلفي أبو محمد بن عبدالله بن عبدالحميد الأثري: "لا يجوز أبدا أن تهنّئ الكفّار ببطاقة تهنئة أو معايدة، ولا يجوز لك أيضا أن تقبل منهم بطاقة معايدة ،بل يجب ردّها عليهم، ولا يجوز تعطيل العمل في هذا اليوم- يقصد عيدهم [٦٠]. ويفتي الداعية السلفي محمود المصري بأنه لا يجوز بدْؤهم - يقصد غير المسلمين- بالسلام، ولا حتى القول لهم "أهلا و سهلا" لأنّ في ذلك تعظيما لهم، كما جاء في كتابه [٦١]. أنّ السلفية تتمدّد في مصر بينما أفرادها يعيشون في عالم خاص يتمايز عن مجتمعهم، وتكمن خطورة السلفية فهدوئها الظاهري، تمارس "تثقيفا تحويليا" ينقل السلفي ليكون جهاديا [٦٢].

---

60 "الاحتفال برأس السنة ومشابهة أصحاب الجحيم"، مجلة التوحيد، العدد ٨\٢٣، ص٢٠.

61 من كتابه: تحذير الساجد من أخطاء العبادات والعقائد، في: رفعت سيد أحمد، المرجع السابق

62 عبدالله كمال، "خطورة السلفية"، روز اليوسف، ٢٠١١/٠١/١١. المشكلة في كتابات هذا الكاتب أنها تحريضية وأن علاقته بالمؤسسة الآنية المصرية غير مخفية .وكان يعمل أحيانا بوق تحريض ضدّ خصوم النظام المصري السابق.

ثورة ٢٥ يناير ٢٠١١

ثورة ٢٥ يناير [٦٣] هي مجموعة من التحركات الشعبية ذات الطابع الإجتماعي والسياسي انطلقت يوم الثلاثاء ٢٥ يناير ٢٠١١ الموافق ٢١ صفر ١٤٣٢ هـ. يوم ٢٥ يناير الذي اختير ليوافق عيد الشرطة حددته عدة جهات من المعارضة المصرية والمستقليين، من بينهم حركة شباب ٦ أبريل وحركة كفاية وكذلك مجموعات الشبان عبر موقع التواصل الاجتماعي فيس بوك وتويتر والتي من أشهرها مجموعة «كلنا خالد سعيد» و«شبكة رصد» وشبان الإخوان المسلمين. برغم التصريحات الأولية التي أشارت إلى أن الجماعة لن تشارك كقوي سياسية أو هيئة سياسية لأن المشاركة تحتاج إلي تخطيط واتفاق بين كافة القوي السياسية قبل النزول إلي الشارع، كانت الجماعة قد حذرت إذا استمر الحال على ما هو عليه من حدوث ثورة شعبية، ولكن على حد وصفهم «ليست من صنعنا». جاءت الدعوة لها احتجاجًا على الأوضاع المعيشية والسياسية والاقتصادية السيئة وكذلك على ما اعتبر فسادًا في ظل حكم الرئيس محمد حسني مبارك. في عام ٢٠٠٨، قامت فتاة تدعى إسراء عبد الفتاح وكانت تبلغ حين ذاك من العمر ٣٠ عاماً، من خلال موقعها على الفيسبوك، بالدعوة إلى إضراب سلمي في ٦ أبريل ٢٠٠٨، احتجاجا على تدهور الأوضاع المعيشية، وسرعان ما لقيت دعوتها استجابة من حوالي ٧٠ ألفا من الجمهور خصوصا في مدينة المحلة الكبرى. والنتيجة أن الإضراب نجح، وأطلق على إسراء في حينه لقب «فتاة الفيسبوك» و«القائدة الافتراضية»، ومنذ عام ونصف قامت حركات المعارضة ببدء توعية أبناء المحافظات ليقوموا بعمل احتجاجات على سوء الأوضاع في مصر وكان أبرزها حركة شباب ٦ أبريل وحركة كفاية وبعد حادثة خالد سعيد قام الناشط وائل غنيم والناشط السياسي عبد الرحمن منصور بإنشاء صفحة كلنا خالد سعيد على موقع فيس بوك ودعا المصريين إلى التخلص من النظام وسوء معاملة الشرطة للشعب.

أدت هذه الثورة إلى تنحي الرئيس محمد حسني مبارك عن الحكم في ١١ فبراير ٢٠١١ (الموافق ٨ ربيع الأول ١٤٣٢ هـ) ففي السادسة من مساء الجمعة ١١ فبراير ٢٠١١ أعلن نائب الرئيس عمر سليمان في بيان مقتضب تخلي الرئيس عن منصبه وأنه كلف المجلس الأعلى للقوات المسلحة إدارة شؤون البلاد. وقد أعلنت أغلب القوى السياسية التي شاركت في التظاهرات قبل تنحي مبارك عن استمرار الثورة حتى تحقيق الأهداف الإجتماعية التي قامت من أجلها.

---

63 http://ar.wikipedia.org/wiki/%D8%AB%D9%88%D8%B1%D8%A9_25_%D9%8A%D9%86%D8%A7%D9%8A%D8%B1

المطالب الرسمية لثورة ٢٥ يناير

١- تنحى الرئيس حسنى مبارك عن الحكم نهائيا.

٢- إقالة الحكومة وتشكيل حكومة وفاق وطني سريعا.

٣- حل مجلس الشعب والشورى وإصدار قانون جديد لمباشرة الحقوق السياسية يكفل حرية وحيوية التفاعلات السياسية وضمان نزاهة الانتخاب

٤- إطلاق سراح جميع المعتقلين السياسيين ممن ليس عليهم أحكام جنائية.

٥- محاكمة كل رموز الفساد والمستفيدين منه وحصر ثرواتهم ومصادرتها لصالح خزانة الدولة.

٦- إلغاء حالة الطوارىء وإطلاق الحريات العامة.

٧- تشكيل جمعية تأسيسية لوضع دستور جديد للبلاد مشك

٨- إجراء تعديل فوري في المواد المعيبة في الدستور المصري مثل المواد ٦٦ و٦٧ و٥ و٨٨ و ١٧٩ لضمان انتخابات رئاسة حرة.

٩- إتخاذ إجراءات عاجلة لتحقيق العدالة الإجتماعية وعدالة التنمية وتحقيق التوازن بين الأجور والأسعار وحماية مصالح الفقراء والمهمشين.

١٠-إلغاء كل القرارات التى أتخذت ضد العمال بسبب إشتراكهم فى ثورة ٢٥ يناير سواء بالفصل أو النقل والتشريد.

١١- المحاكمة الفورية للمسؤلين عن إغتيال شهداء ثورة ٢٥ يناير وهجوم البلطجية على المتظاهرين وترويع الآمنيين.

١٢- توفير حد أدنى من الأجور ١٢٠٠ جنيه

١٣- تنفيذ كل أحكام القضاء الصادرة واحترام أحكام القضاء وإعادة هيبته كهيئة مستقلة.

دعت الطوائف المسيحية المصرية الثلاث (الأرثوذكسية والكاثوليكية والإنجيلية) إلى مقاطعة مظاهرات يوم الغضب وعدم النزول للشارع بداعي عدم معرفة هدفها ومن يقف خلفها.[٦٤] كما دعا البابا شنودة إلى التهدئة في ثاني أيام المظاهرات وهو يلقي عظته الأسبوعية.[٦٥] وبالرغم من ذلك، فقد شارك عدد من الشباب المسيحي ونشطاء أقباط معروفون مثل عضو حزب الوفد رامي لكح في بعض المسيرات. فيما أدان المفكر القبطي رفيق حبيب موقف الكنيسة المصرية بدعوة الأقباط إلى مقاطعة الاحتجاج، ولكنه أكد أن

---

[64] عماد خليل، الكنائس المسيحية الثلاث ترفض مظاهرات ٢٥ يناير.. وتطالب الأقباط بعدم المشاركة. جريدة المصري اليوم، ٢٠١١-١-٢٤، وصل لهذا المسار في ٢٩ يناير ٢٠١١.

[65] جمال جرجس المزاحم، في عظته الأسبوعية.. البابا شنودة يدعو الجميع لـ "التهدئة ". موقع اليوم السابع، ٢٠١١-١-٢٧. وصل لهذا المسار في ٢٩ يناير ٢٠١١.

مشاركة الأقباط في التظاهرات تتزايد يوماً بعد يوم.[٦٦] أعلن البابا شنودة عن تأييده للرئيس مبارك يوم الأحد ٢٧ يناير، كما أشاد بدور الجيش القوي في "حماية البلاد والتصدي للخارجين عن القانون"[٦٧].

غابت بعض محافظات الصعيد عن المشهد الاحتجاجي في الأيام الأولى وقد رجح بعض المحللون سبب ذلك يعود إلى وجود قبضة أمنية حديدية على الإقاليم إضافة لكونها بعيده عن العاصمة. ولكن سجلت محافظات عدة بالصعيد مثل أسيوط والمنيا وقنا وسوهاج بعض التجمعات الاحتجاجية والمظاهرات .

و لم يكن غريباً أن نجد الشباب القبطى فى طليعة من خرجوا فى ٢٥ يناير ٢٠١١، ومنهم من أصيب مثل مينا ناجى، ومن استشهد مثل مينا نبيل، حدث ذلك رغم تحفظ قيادات كنسية على مظاهرات ٢٥ يناير (نشرت نداءات فى المصرى اليوم ٢٥ يناير من الأنبا يؤانس سكرتير البابا الراحل شنودة الثالث والأنبا أنطونيوس عزيز مطران الجيزة للأقباط الكاثوليك وجناب القس الدكتور أندريه زكى، مدير الهيئة القبطية الإنجيلية بعدم المشاركة فى المظاهرات).

كذلك شاركت قطاعات من الأكليروس فى الثورة، كان أول بيان من رجال دين مسيحيين لتأييد الثورة صادر من الآباء وليم سيدهم اليسوعى وهنرى بولاد اليسوعى ٢٩ يناير، ثم نشر مقال فى الأهرام ووطنى ٢٠١٣/٢/١ لنيافة الأنبا موسى أيد فيه الثورة وباركها، ورويداً رويداً بدأت النخبة القبطية الجديدة فى الظهور فى الصلوات المشتركة بالميادين، وبرز دور كنيسة قصر الدوبارة والقس سامح موريس، والدكتور القس إكرام لمعى، والتصدى، وهكذا وحدت الميادين من فرقتهم الخلافات اللاهوتية والعقائدية، ولكن الرياح أتت بما لا تشتهى السفن، وتفجرت أحداث كنيسة المريناب بأسوان، ومحاولة هدم كنيسة الشهيدين بأطفيح، تجمعت تلك النخب الشبابية مع قادة روحيين مثل الأب متياس نصرى والأب فلوباتير، واعتصم الشباب القبطى فى ماسبيرو، وهنا ظهرت أول ملامح الفصل بين الروحى والسياسى، حينما طلب البابا الراحل شنودة الثالث من المعتصمين فض اعتصامهم، فكان ردهم: «قداستك قيادة روحية، نسمع قراراتك الروحية، ولكن فى السياسة لنا شأن

---

[67] البابا شنودة يدعو للهدوء وتجاوز الحالة التي سادت البلاد ٢٨ يناير ٢٠١١
المصدر: الأهرام اليومى (عقد البابا شنودة الثالث بابا الإسكندرية وبطريرك الكرازة المرقسية، العظة الأسبوعية، بالكاتدرائية الكبرى بالعباسية. مؤكدا أنه اختار للعظة عنوان «القلق» بسبب الظروف التي تمر بها البلاد من اضطرابات ومظاهرات في أماكن متعددة، مطالبا بالهدوء وتجاوز هذه الحالة التي سادت البلاد أخيرا.وحذر البابا من الانتحار قائلا: مرفوض دينيا لأنه قتل للنفس التي هي أمانة من الله للإنسان، ولا يجوز أن ينهي حياته بنفسه بسبب أي مشكلة أو ضغوط معيشية، فالمنتحر قاتل حتي لو قتل نفسه، لأنه نفسه لايملكها فهي ملك الله.)

آخر»، كما أحدثت ثورة ٢٥ يناير نقلة نوعية، حيث انتقلت المعارضة القبطية من بلدان المهجر إلى مصر، وأسس الناشط مجدى خليل، مؤسس بحثية «منتدى الشرق الأوسط للحريات، وأسس الناشط مايكل منير حزب الحياة، وفى ٣ فبراير أصدرت الكنائس الثلاث الأرثوذكسية والكاثوليكية والإنجيلية بياناً لتأييد الثورة.

ظهرت شخصيات مسيحية كثيرة أثناء ثورة ٢٥ يناير و منها :

النقيب ماجد جمال بولس

النقيب «ماجد جمال بولس»[٦٨] أو أسد التحرير الذى لن ينساه معتصمو التحرير المعتصمون بالميدان فى فتنة الأيام الخمسة عشر ما بين جمعة الغضب فى ٢٨ يناير وجمعة التنحى فى الحادى عشر من فبراير. أكاد أجزم أن كل أم مصرية راودها حلم أن يكون «ماجد بولس» إبناً لها، أو أن يكون لها ابناً مثله وهذا أضعف الإيمان.

يشبه النقيب «ماجد بولس» إلى حد كبير جارك أو صديقك أو زميلك أو الجالس إلى جوارك فى «مينى باص» أو «ميكروباص» يشق طريقه إلى رمسيس أو بولاق، أو قطار متجه للإسكندرية أو أسوان. لا علامة تميزه سوى لقب «كابتن ماجد» كما اعتاد المعتصمون بالتحرير مناداته بود وحب واحترام وابتسام كلما عبروا دبابته الرابضة على رأس أحد الشوارع التى تصب فى الميدان، والتى اختفت وصاحبها كحلم ليلة شتاء بعد انتهاء المهمة. ومع ذلك، وحتى الآن، يعرف الجميع «كابتن ماجد»، ولكنهم لا يعرفون عنه شيئاً محدداً، وخاصة بعد رفضه الحديث لوسائل الإعلام لاعتبارات نفهمها. ببساطة، قدم «ماجد بولس» نموذجاً حقيقياً للإيمان بالواجب فى تلك الأيام التى كان فيها الإيمان بالآخر رفاهية والثقة درع من ورق أو فولاذ - ولا شئ مؤكد ولا ثابت إلا وجه الله - حيث الجميع تحت سيف الشائعات وقنابل التخويف قبل المولوتوف، والميدان هو الفيصل والاختبار. نجح النقيب «ماجد بولس» فى اختباره المهنى بحسم الأمر لصالح المعتصمين فى سلمية التحرير فى ظهيرة الثانى من فبراير الذى شهد «موقعة الجمل»، بعد أن تكالب مؤيدو النظام السابق وبلطجيته على الميدان لتفريغه من معتصميه الذين قالوا لا فى وجه من قالوا نعم، فلم يجدوا عند مدخل التحرير من ناحية شارع طلعت حرب سوى «ماجد» وقبله يد الله الحارسة. وقف «ماجد بولس» وحده تقريبا أمام بلطجية مستفيدى الحزب الوطنى، الذين هاجموا الميدان من خمسة مداخل تكفل المعتصمون بثلاثة منها، بينما وقف النقيب «ماجد» وحده تقريباً ليصد الهجوم القادم كأسد جسور بعد أن نزل عن دبابته دون ارتداء درعه الواقى مطلقاً رصاصة تحذيرية لم تكن كافية لردع الوحوش المتوثبة لنهش الميدان، فلم يجد سوى

---

68 جريدة الأهرام بتاريخ ٢٠١١/١٠/٦
http://digital.ahram.org.eg/articles.aspx?Serial=658795&eid=983

إطلاق دفعة أخرى كانت كافية للصد وبناء الجدار الذى احتمى خلفه بعض المعتصمين لتشكيل جبهة سريعة بعد أن أنقذهم «ماجد بولس» من كارثة الهجوم المباغت من الخلف بينما تتدفق أفواج وحوش على جمال وأحصنة عبر ميدان عبدالمنعم رياض.

لا ندعى أننا نعرف الكثير عن النقيب «ماجد بولس»، ولكن المحبة دفعتنا وغيرنا للبحث ومشاهدة عدة فيديوهات ترسم ملامح بطولة تشكلت كأسطورة لبطل يحلم به ناس الميدان. يحتضن موقع اليوتيوب تلك الفيديوهات ممهورة بدعوات العشرات له، وبعضهم يسرد قصصاً وصورا متواترة:

الأولى: عن لحظة وصول الفارس «ماجد» إلى الميدان ممتطياً صهوة دبابته مساء ٢٨ يناير الماضى، حيث استقبله الثوار كغيره من أبناء القوات المسلحة فرحين مهللين فى فرح هستيري: «الجيش والشعب ايد واحدة»، فى استدعاء طازج لنزول الجيش التونسى إلى الشارع، بعد قفز «بن علي» فى طائرته باحثاً عن ملاذ آمن بعد أن أشعل ببطء فهمه تونس الخضراء، التى تضرجت شوارعها بدماء المؤمنين بالتغيير والحرية. ويتردد أن النقيب ماجد قد تعهد منذ تلك الجمعة المباركة لساكنى الميدان بالأمان شريطة عدم الاقتراب من مبنى وزارة الداخلية الذى تحول حرمه إلى ساحة إعدام لكل من يقترب، وهو ما وافق عليه الشباب والتزم به النقيب الشاب الذى لا يتجاوز عمره الثلاثين عاماً - أو هكذا يبدو -، والذى لم يسلم هو نفسه من رصاص قناصة الداخلية الذى كان فى استقبال دبابته، فاضطر لإطلاق النار من سلاحه الآلى لوضع حد لصوت الرصاص فى المنطقة.

والثانية: صورة أخرى يرسمها معتصمو التحرير للنقيب «ماجد» الذى ألقى السكينة فى قلوب تخوفت من طيران الإف ١٦ على ارتفاعات منخفضة فوق الميدان بأمر الرئيس السابق، وذلك عندما خرج النقيب عن صمته بالحديث فى الميكروفون مؤكداً للواقفين أمام إحدى منصات التحرير أن الطائرات لم تفعل ذلك من أجل ترويعهم، وإنما هو اجراء روتينى لطمأنة القوات البرية نافياً النية لإطلاق أى صواريخ لأنها ستقتل ببساطة الجميع من متظاهرين أو عسكريين. واختتم كلمته بقوله: «إذا حدث ذلك سأقتل نفسى»، ولم يجد المتظاهرون بداً من التكبير ورفع «ماجد بولس» على الأعناق.

والثالثة: ماجد بولس وقد انخرط فى بكاء عميق، مع أحد أطباء المستشفى الميدانى الذى انشقت عنه الأرض يوم الثانى من فبراير لمواجهة أفواج المصابين والجرحى جراء إلقاء كسر الرخام وقنابل المولوتوف، يومها أطلق «ماجد بولس» رصاصاته دون أوامر عليا، ولكن بما أملاه عليه ضميره العسكرى فى حماية المدنيين المسالمين فى وجه المدججين بكراهية ومصالح وسلاح. قيل إن «ماجد» بكى لأنه لم يستطع أن يفعل ما هو أكثر بينما الطبيب الشاب المتطوع يهدئ من روعه ويخفف من مشاعر النقيب الشجاع، وهو ما دفعه لرفع مسدسه لإطلاق الرصاص على رأسه فأمسك به الطبيب الشاب مخففاً عنه ألم مرأى

المصابين ممن أريقت دماؤهم من أجل حاشية رئيس لم ير فى مصر سوى «مدفن سوبر لوكس» ينفق فى سبيله أرواح شابة لم تنعم بالحياة طويلاً.

واللقطة الأخيرة يرسمها فيديو آخر يتوجه فيه المحتفلون فى التحرير بتلقائية لتحية «ماجد بولس» والتقاط الصور التذكارية معه فور إعلان خبر التنحى، حيث رفرفت فى سماء الميدان أصوات تهتف وتصرخ وتدعو وتبتهل فى الوقت نفسه، وتشكر «ماجد بولس» وتقبله بينما يرسم بإصبعيه علامة النصر. فى تلك اللحظة، لم ينس البعض أن يطلب توقيع النقيب «ماجد» للذكرى الخالدة فى الذاكرة الجمعية والبصرية، والتى نجح الناشط «محمد حسين» فى توثيقها بفيلم قصير ضم جميع لقطات «ماجد بولس» مدافعاً كنمر يقظ، وباكياً كطفل وديع، ومتبادلاً التهنئة فى يوم عرس الحرية بينما يقف على دبابته مع زملاء أمسك أحدهم بيده لحمايته من السقوط لتحية كل من جاء يطلب توقيعه أو التقاط صورة لطفله مع «رفيق سلاح الميدان» الذى يدفع فى يد الطفل شعار القوات المسلحة المصرية، التى انتمى لها «ماجد» فتشرفت به وتشرف بها.

أعترف، فى تلك اللحظة أحببت قواتنا المسلحة أكثر من أى وقت مضى، وتناسيت مخاوف تنبت بين الحين والآخر، وفهمت مغزى ما كتبته إحداهن تعليقاً على صورة النقيب الشجاع فى تلميح لديانته: "مع "ماجد بولس" ذلك أفضل جداً".

بيان الكنيسة القبطية الأرثوذكسية حول ثورة ٢٥ يناير ٢٠١١

اجتمع صباح الثلاثاء ١٥ فبراير ٢٠١١ قداسة البابا شنودة الثالث بلجنة مُصغَّرة من أعضاء المجمع المقدس وأصدرت البيان التالي: "الكنيسة القبطية تحيي شباب مصر النزيه، شباب ٢٥ يناير، الذي قاد مصر في ثورة قوية بيضاء. وبذل في سبيل ذلك دماءً غالية دماء شهداء الوطن الذين مجدتهم مصر قيادة وجيشًا، بل مجدهم الشعب كله ونحن نعزّي أهلهم وأفراد أسراتهم.

والكنيسة القبطية تحيي جيش مصر الباسل، والمجلس الأعلى للقوات المسلحة، فيما أصدره من بيانات، من أجل الحفاظ على مصر في الداخل والخارج. ونؤيد موقفه في حل مجلسي الشعب والشورى، وفي دعوته لإقرار الأمن. ونحن نؤمن بأن تكون مصر دولة ديمقراطية مدنية، تختار أعضاء برلمانها بانتخابات حُرَّة نزيهة، وتتمثل فيها جميع فئات الشعب. ونؤيد مصر كلها في محاربة الفقر والفساد والبطالة، ومقاومة الفوضى والتخريب، وقد تحدثنا عن هذا الموضوع هنا في موقع الأنبا تكلاهيمانوت في أقسام أخرى. وفي إرساء الأمن والأمان ومبادئ العدالة الاجتماعية والوحدة الوطنية – وفي الاقتصاص من المفسدين والخارجين على القانون.

والكنيسة القبطية تصلي من أجل مصر العظيمة ذات التاريخ المجيد والحضارة العريقة، ونرجو أن يحفظها الرب سالمة وينشر فيها الهدوء والاستقرار والأمن والرخاء.

البابا شنودة الثالث

بابا الإسكندرية وبطريرك الكرازة المرقسية

ورئيس المجمع المقدس للكنيسة القبطية الأرثوذكسية

- نعرض مجموعة من تصريحات قداسة البابا سنودة الثالث فى الجرائد القومية و المجلات بعد ثورة ٢٥ يناير ٢٠١١ و منها :

- البابا شنودة يحيي ثورة الشباب ويدعو أن تكون مصر دولة ديمقراطية [٦٩]

في أول بيان رسمي يصدر من الكنيسة القبطية الأرثوذوكسية بعد تغيير النظام، قال البابا شنودة الثالث إن الكنيسة القبطية تحيي شباب ٢٥ يناير الذي قاد مصر في ثورة قوية وبيضاء وبذل في سبيل ذلك دماء غالية، دماء شهداء الوطن الذين مجدتهم مصر قيادة وجيشا والشعب كله، وقدم البابا التعزية الحارة لأهالي الشهداء، ودعا لان تكون مصر دولة ديمقراطية.

- البابا شنودة يدعو الجميع للمشاركة في الانتخابات [٧٠]

في أول عظة أسبوعية عقب ثورة يناير قال البابا شنودة الثالث بابا الإسكندرية وبطريرك الكرازة المرقسية أمس، إنه يطلب السلام لمصر والمصريين، وأكد أن السلام داخل النفس والقلب والفكر يجعل الإنسان لا يقع في الخوف والاضطراب.

وطالب البابا الأقباط والمصريين جميعا المشاركة في الانتخابات، سواء برلمانيين أو رئاسية، لأن الديمقراطية لا تتحقق إلا بمشاركة كل المصريين، وقال إن المرحلة المقبلة تتطلب من كل مصري أن يري مصر وطننا جميعا الذي يعيش فينا وليس فقط نعيش فيه.

و طلب البابا شنودة الثالث من جميع المسيحين تسجيل أسمائهم فى جداول الإنتخابات [٧١]

فى أول لقاء له بعد أحداث ثورة ٢٥ يناير بالشعب فى إجتماعه الأسبوعى يوم الأربعاء وقد أكد قداسته على ضرورة أن يسجل المسيحيين أسمائهم فى جداول الإنتخابات وأن يكون لكل واحد بطاقة إنتخابية ،خاصة أن آخر ميعاد لقيد الأسماء أصبح آخر أبريل بدلا من آخر مارس، وأسند البابا متابعة هذا الأمر إلى الأنبا بولا أسقف طنطا وتوابعها معللا أنه الأكثر نظاماً هذا وقد أشار البابا أن سبب إلغاء الإجتماع الأسبوعى هو حظر التجول الذى كان أقصاه الثامنة مساء وهو ما حال دون عقد هذا الإجتماع نظرا لضيق الوقت.

و كانت العظة عن السلام الذى بدونه تنشأ الحروب والخراب والسلام هو وصية من الله بل أن السلام هو عمل الله أصلا والله هو ملك السلام وإله السلام .

---

69 المصدر: الأهرام اليومى بقلم: أشرف صادق١٦ فبراير ٢٠١١

70 المصدر: الأهرام اليومى بقلم: أشرف صادق ١٧ فبراير ٢٠١١

71 المصدر : جريدة وطنى مرجريت عادل الخميس ١٥ ديسمبر ٢٠١١

فترة حكم المجلس العسكرى

منذ ثورة ٢٥ يناير نظمّ شبان أقباط وتعاون معهم في كثير من الأحوال شبان مسلمون، عدد من الوقفات الاحتجاجية والمسيرات التي تؤكد وحدة الشعب المصري، وكذلك حال مظاهرة ماسبيرو التي انطلقت من شبرا أحد أحياء القاهرة ذي الكثافة المسيحية وتوجهت نحو مقر الإذاعة والتلفزيون المصري الواقع في منطقة ماسبيرو بالقرب من ميدان التحرير الذي احتضن ثورة ٢٥ يناير؛ أما السبب المباشر لمظاهرة شبرا فهو المطالبة بإقالة محافظ أسوان والرد على هدم بناء يعتقد أنه كنيسة في المدينة. علمًا أن البناء متواجد من منتصف الثمانينات ولم تقم السلطات المصريّة بهدمه بل من هدمه شباب من سكان القرية، لم يتعامل معه المحافظ بالحزم الكافى مما أدى إلى تفاقم كراهية الاقباط للمحافظ.

وقد أعلن آلاف الأقباط اعتصامهم مساء الرابع من أكتوبر أمام مبنى ماسبيرو احتجاجاً على أحداث الماريناب والمطالبة بتقديم الجناة للمحاسبة، ودعا القس فلوباتير المتظاهرين للاعتصام، فيما انسحبت حركات اتحاد شباب ماسبيرو وحركة اقباط بلا قيود ، وفي مساء ٤ أكتوبر ٢٠١١، قامت قوات الشرطة العسكرية بفض اعتصام الأقباط بالقوة، عقب قيام قوات من الأمن المركزي بضرب المتظاهرين وتعقبهم حتى ميدان التحرير ثم انسحبت لتحل محلها قوات الشرطة العسكرية التي طالبت الأقباط بإنهاء اعتصامهم، وعندما رفض المعتصمون ما طلب منهم، فضت اعتصامهم بالقوة وقامت بإطلاق أعيرة نارية أصابت ٦ معتصمين [٧٢]. كما أظهرت لقطات مصورة على موقع اليوتيوب قيام جنود من الشرطة العسكرية بالضرب المبرح لأحد المتظاهرين وهو الشاب رائف فهيم الذي أعلن اتحاد شباب ماسبيرو عن تنظيم احتفالية لتكريمه في مطرانية شبرا الخيمة، والتي دعا فيها القس فلوباتير جميل عضو الاتحاد وكاهن كنيسة العذراء، جموع الأقباط لتكريم الشاب بالمشاركة في أكبر مسيرة للأقباط تشهدها مصر «على حد قوله» يوم الأحد ٩ أكتوبر، والذي عرف إعلامياً بيوم الغضب القبطي حيث تظاهر آلاف الأقباط في مسيرات بست محافظات مصرية، أهمها تلك التي ذهبت إلى مبنى ماسبيرو.[٧٣]

توجد روايتان متناقضتان تمامًا للأحداث، رواية الإعلام المصري الرسمي حيث اتهم المتظاهرين الاقباط بقتل رجال الأمن، حيث تركزت تغطيته للأحداث على أن الأقباط تعدوا على قوات من الجيش ورجال الشرطة العسكرية «بالسيوف والخناجر والأسلحة النارية» ما أدى إلى مقتل ثلاثة من رجال الجيش بطلقات نارية، وفق ما ذكرته جريدة اليوم السابع

---

72 الشرطة العسكرية تفض اعتصام الأقباط بالقوة و«شباب ماسبيرو» يهدد بـ«تدويل القضية»، المصري اليوم، ٦ أكتوبر ٢٠١١.

73 القس فلوباتير جميل يدعو المسيحيين للمشاركة فى يوم الغضب القبطى، اليوم السابع، ٩ أكتوبر ٢٠١١.

المستقلة نقلاً عن مصادر طبية.[٧٤] والرواية الثانية هي رواية المشاركين في التظاهرة، ومعهم وسائل إعلام مستقلة، إذ كشفت رويترز عن ناشطين، أن المحتجين كانوا يسيرون سلميًا، وحين بدأت الوقفة أمام ماسبيرو قام الجيش بإطلاق النار في الهواء بقصد تفريق التظاهرة، وقالت الوكالة أن «مركبات الجيش دهست المحتجين»، وهو ما أكدته الصور التي بثتها القنوات الفضائية، وبثت بعض القنوات الإعلامية أخبار عن وجود بلطجية ومندسين وفلول الحزب الوطني بهدف إشعال المكان وتأجيج العنف، فضلاً عن إطلاق نار مجهول المصدر علمًا أن المسيرة، التي بدأت قبطية، انضم لها عدد من الجهات المناوئة لسياسة المجلس العسكري في مصر، ولم تقتصر على الأقباط فقط.

بعد نجاح الجيش في ضرب طوق أمني حول مبنى ماسبيرو وتراجع المتظاهرين إلى كورنيش النيل أمام المبنى، ظهر مجولين يستقلون دراجات بخارية ودخلوا في حماية الشرطة العسكرية واعتدوا على المتظاهرين بالجنازير. في الوقت نفسه، توجه العشرات من الشباب المسلمين والمسيحيين إلى ميدان التحرير هاتفين بسقوط الحكم العسكري، ومنددين بالتعامل العنفي للأمن، ولم يفلحوا في الوصول إلى ماسبيرو لكشف «الحقيقة»، وسرعان ما تمكنت قوات الأمن من السيطرة على الوضع داخل ميدان التحرير، وتم إلقاء القبض على العشرات، وتقهقر بقيتهم إلى خارج الميدان.كما وصل بعد ذلك عدد من السلفيين إلى منطقة ماسبيرو مرددين هتافات «إسلامية إسلامية»، الاشتباكات انتقلت إلى شارع رمسيس، ما دفع الجيش إلى إعلان حظر التجول في وسط القاهرة من الثانية فجرًا وحتى السابعة صباحًا.

قرر المجلس الأعلى للقوات المسلحة تكليف مجلس الوزراء تشكيل لجنة لتقصي الحقائق للوقوف على ما تم من أحداث لاتخاذ جميع الإجراءات القانونية الرادعة حيال كل من يثبت تورطه فيها، سواء بالاشتراك أو التحريض. كما أكد المجلس في بيان له على مدنية الدولة واستمرار جهود الانتقال إلى حياة ديمقراطية والتأكيد على إعادة الأمن للبلاد، الأمر الذي يأتي في المرتبة الأولى من الاهتمامات، بحسب ما جاء بالبيان.

وأكد المجلس حرصه على عدم التجاوب مع محاولات الوقيعة بين القوات المسلحة والشعب المصري والذي أكد مرارا على ضرورة الحذر منها ومن آثارها الخطيرة على أمننا القومي، وقال البيان «سيقوم المجلس الأعلى للقوات المسلحة باتخاذ التدابير والإجراءات اللازمة لضبط الموقف الأمني للحفاظ على أمن البلاد وسلامتها».إلى ذلك، قرر مجلس الوزراء، في اجتماع طارئ برئاسة الدكتور عصام شرف، تشكيل لجنة لتقصي الحقائق برئاسة وزير العدل حول الأحداث المأساوية التي وقعت بماسبيرو، على أن تبدأ هذه اللجنة عملها فورا، لبحث أسباب وتداعيات الأحداث، وإعلان نتائج أعمالها في أسرع وقت،

---

[74] المتظاهرون أشعلوا النار في المدرعات، اليوم السابع، ١٠ أكتوبر ٢٠١١.

وكشف المسؤولين عنها ومحاسبتهم. كما قرر المجلس عرض مشروع مرسوم بقانون بتقنين أوضاع دور العبادة القائمة غير المرخصة على اللجنة التشريعية بمجلس الوزراء تمهيدا لإقراره في صورته النهائية من المجلس خلال أسبوعين من تاريخه، وقرر المجلس أيضا إضافة مادة جديدة إلى قانون العقوبات بشأن منع التمييز.

ووفقا لآخر إحصائيات وزارة الصحة المصرية فإن أحداث ماسبيرو خلفت ٢٦ قتيلا (٢١ مسيحيا و٣ من جنود الجيش ومسلم واحد بالإضافة إلى شخص مجهول الهوية)، و٣٢٩ مصابا أغلبهم من المسيحيين. وأضاف المصدر الأمني أنه تم كذلك تحويل منطقة العباسية (شرق القاهرة) حيث مقر الكاتدرائية المرقسية (المقر البابوي) إلى ثكنة عسكرية تحسبا لوقوع أي اشتباكات خلال نقل جثامين الضحايا المسيحيين من المستشفى القبطي وحتى مقر الكاتدرائية لإقامة القداس على أرواحهم. ورأس البابا شنودة فى اليوم التالى قداس الجنازة على أرواح الضحايا، وحضر الجنازة عدد من كبار الأساقفة، وآلاف المصريين من المسيحيين والمسلمين، وقطع أهالي الضحايا القداس أكثر من مرة بترديد الهتافات المطالبة بالقصاص للقتلى ورفعوا ملابس ذويهم المخضبة بالدماء. وتظاهر آلاف المسيحيين خارج مقر الكاتدرائية خلال الجنازة ونددوا بالأحداث ورددوا هتافات مناهضة لحكومة الدكتور عصام شرف والمجلس العسكري.

وكان البابا شنودة قد أصدر بيانا عقب اجتماع للمجمع المقدس بحضور ٧٠ أسقفا، أدان فيه ما حدث، وقال البيان «ندين استشهاد أكثر من ٢٤ من أبنائنا الأحباء وأكثر من ٢٠٠ جريح في مسيرتهم السلمية»، مضيفا «وإذ نؤكد إيماننا المسيحي بأن بعض الغرباء يندسون وسط أبنائنا ويرتكبون أخطاء تنسب إليهم، إلا أن المسيحيين يشعرون بأن مشاكلهم تتكرر كما هي باستمرار دون محاسبة المعتدين، ودون إعمال القانون عليهم، أو وضع حلول جذرية لهذه المشاكل». ودعا المجمع المقدس المسيحيين للصوم والصلاة ٣ أيام اعتبارا من يوم (الثلاثاء) حدادا على أرواح الضحايا.

و بدأت النيابة العسكرية تحقيقات موسعة مع ٢٥ من المتهمين في أحداث ماسبيرو. وقال مصدر مسؤول إن مباشرة القضاء العسكري للتحقيقات مع المتهمين المدنيين في تلك الأحداث يعد اختصاصا أصيلا للقضاء العسكري في ضوء ما شهدته الأحداث من تعديات على القوات المسلحة وعناصرها المتواجدة بمنطقة ماسبيرو، مشيرا إلى أن المتهمين المقبوض عليهم شاركوا في أعمال تخريب واعتداءات على أفراد من القوات المسلحة وإحراق ممتلكات تخص الجيش المصري. وكانت النيابة العامة المصرية قد أجرت معاينة لموقع الاشتباكات للوقوف على حجم التلفيات والخسائر التي وقعت بالمنطقة. ونفى اللواء مصطفى السيد محافظ أسوان ما تردد عن أنباء بتقديمه استقالته من منصبه للمجلس العسكري على خلفية أحداث ماسبيرو. وقال المحافظ في تصريح لوكالة «أنباء الشرق

الأوسط» الرسمية إنه رجل مقاتل وخاض الكثير من الحروب ويرفض مبدأ الانسحاب بصفة عامة، مشيرا إلى أن المجلس العسكري هو الوحيد الذي يملك قرار تعيينه أو إقالته.
رغم أن مظاهرات المسيحيين أمام ماسبيرو طالبت بإقالة محافظ أسوان بسبب تصريحاته التي اعتبروها غير مسؤولة حول أحداث كنيسة المريناب. وفي محاولة لاحتواء الموقف، عقدت مبادرة «بيت العائلة المصرية» التي دعا لها الإمام الأكبر الدكتور أحمد الطيب شيخ الأزهر لوأد الفتن الطائفية في مصر اجتماعا برئاسة الدكتور الطيب وبحضور رموز إسلامية ومسيحية أكد خلاله أن المعالجات السطحية والحلول المسكنة لظواهر الأزمات في الفترات الماضية غير مجدية، وأهاب بيت العائلة بالمجلس العسكري ومجلس الوزراء سرعة الانتهاء من إعداد القانون الذي ينظم بناء الكنائس، وأن يتخذ الإجراءات العملية اللازمة لتعزيز ما نص عليه الدستور من إرساء مبدأ المواطنة للمصريين جميعا.[٧٥]
لقد شهدت الفترة من أبريل ٢٠١١ وحتى يونيو ٢٠١٢ سقوط ٦٢ شهيداً، فى مذبحة ماسبيرو، وأحداث إمبابة ومنشية ناصر ودهشور وغيرها و٩١٤ جريحاً قبطياً، والاعتداء على ٢٤ كنيسة، وتهجير ١٢٤ أسرة، لم يعد منها حتى الآن ٤٣ أسرة، وحرق الشيخ أبوإسلام الإنجيل المقدس علانية، وازدرى د. ياسر برهامى المسيحية فى ١٤ فتوى مسجلة فى مواقع «صوت السلف» «أنا سلفى» أشهرها فتوى عدم توصيل سائقى الأجرة للكنائس ورغم ذلك لم يتخل الشباب القبطى عن نضاله الوطنى وأعلن عن تأسيس اتحاد شباب ماسبيرو، تتويجاً لذلك النضال .

بيان قداسة البابا شنودة للمعتصمين أمام ماسبيرو [76]

(يا أبناءنا المعتصمين أمام ماسبيرو، أن الأمر قد تجاوز التعبير عن الرأي وقد إندس بينكم من لهم إسلوب غير إسلوبكم وأصبح هناك شجار وضرب نار، وكل هذا يسىء إلي سمعة مصر ويسىء إليكم أيضا.
لذلك يجب فض هذا الاعتصام فورا، فهذا الذي حدث لا يرضي أحد، وإن صبر الحكام قد نفد وأنتم الخاسرون إذا استمر اعتصامكم.)
- أن نشر هذا البيان أثار ردود فعل مختلفة فى أوساط المسيحين المصريين و أقباط المهجر نعرض منها مقال تناول رأى القمص متياس نصر :

القمص ميتاس نصر: البابا شنودة يأمر فيطاع فى أمور الدين أما الدنيا فلنا حرية الاختيار

القمص ميتاس نصر يطمئن على أحد المصابين بعد الأحداث للدامية التى وقعت مساء السبت الماضى أمام ماسبيرو والاعتداءات بين المتعصمين والمهاجين، توافدت اعداد كبيرة من الأقباط أمس للمشاركة فى الاعتصام والاحتجاجات لليوم التاسع على التوالى، بالاضافة

75 جريدة الشرق الأوسط ١١ اكتوبر ٢٠١١
76 المصدر: الأهرام اليومى ١٦مايو ٢٠١١

لعدد من المسلمين الذين حضروا من محافظات مختلفة للتنديد بالأعتداء الغاشم والتأكيد على أن من قاموا بمثل هذه الأعتداءات لا يعيرون عن المسلمين فى مصر وإنهم فئة مدفوعة من البلطجية الذين تم استئجارهم من أجل احداث فوضى.

وقد شهد مقر الاعتصام أمام ماسبيروحالة من الاستنفار الأمنى والاجراءات شديدة الصرامة فى الدخول والخروج من كل المنافذ التى احتشدت بها قوات الشرطة فى صفين متوازيين وكانوا يقومون بتفتيش كل من يريد الدخول إلى مقر الاعتصام بالاضافة إلى نقاط التفتيش التى شكلها أعضاء اتحاد شباب ماسبيرو والذين حملوا بطاقات تثبت هويتهم.

وعلى الرغم من البيان الذى صدر عن قداسة البابا شنودة لمناشدة الأقباط اعتصامهم فإن اعداد المعتصمين قد تزايدت بشكل كبير،وقد عبروا عن أنها فى حالة تأكدهم من البيان سيفضون اعتصامهم.

وألقى القمص ميتاس نصر قائد الاعتصام وكاهن كنيسة عزبة النخل كلمة على جموع المعتصمين حول هذا البيان وقال: أن حوارا دار بينه وبين البابا شنودة حول الأزمة الحالية وأن البيان الذى تم اذاعته من البابا شنودة كان معدا قبل أحداث ليلة السبت الماضى، ولكن بشكل غير معلن وذكر القمص ميتاس أنه ذهب لاستقصاء رأى البابا شنودة حول البيان.

وأوضح أن البابا شنودة أعرب عن قلقة من الأحداث الأخيرة له «يا ابنى أنا خايف عليكم» وعندما قلت له الشباب غاضب وللأمر لم يعد بسيطا فرد البابا ما هى طلباتهم، فأوضح له الأنبا ميتاس أنهم يريدون محاكمة الجناة الذين ارتكبوا أحداث العنف ضد الأقباط فى الفترة الماضية. وأشار إلى أن البابا أيد هذا المطلب وقال إنه مع مطالب الشبان.

وأضاف القمص ميتاس: أنه عندما قال للبابا شنودة أن هذا هو مطلبنا ولكن إذا أمرتنا بأى شىء سنطيعك قال البابا شنودة أنه «لن يضغط على أولاده»، مشيرا إلى أنه أكد أن الأقباط جزء من هوية مصر وأنه لا يتصور مصر بدونهم وأن البيان الذى دعا إلى فض الاعتصام جاء من قبيل خشية البابا شنودة على مصر.

وقال ميتاس أنه يبعث برسالة إلى قداسة البابا شنودة من مقر الاعتصام بأن الاقباط أولاده وأنهم مطيعون له وأعلن ميتاس عن استمرار الاعتصام حتى يتم تنفيذ المطالب.

وقال القمص ميتاس نصر قائد الاعتصام فى تصريحات للأهرم عن بيان البابا شنودة يفض الاعتصام: أن قداسة البابا شنودة يأمر فيطاع فى الأمور الدينية واللاهوتية أما فى أمور المواطنة والحياة والمشاركة السياسية فأنه يعلمنا الديمقراطية وحرية الرأى وأنه يعلمنا معايير الأختيار ويترك لنا حرية الأختيار.

وأشار إلى أن هناك مفاوضات تمت مساء أمس الأول مع المجلس العسكرى بمشاركة ٥٠ من رجال الدين القبطى وعدد من أعضاء اتحاد شباب ماسبيرو وتم الإتفاق فيه على التعجيل باصدار قانونى دور العبادة الموحد والأحوال الشخصية وأنه سيتم تنفيذهما بمجرد اصداره

كما قرر وزير الداخلية اللواء منصور عيسوى اعادة فتح ١٦ كنيسة بجميع المحافظات على مسئوليته الشخصية. كما تم الاتفاق على أن تنظر فيها الأحداث الأخيرة فى امبابة والمقطم امام القضاء العادى. ومن ناحية أخرى دعا القمص ميتاس المعتصمين إلى غلق الإذاعة الموجودة بالميدان الساعة ١٢ مساء وذلك مراعاة للجيران وساكنى المنطقة خاصة وأن لديهم طلبة فى المدارس والجامعات وأن أصوات مكبرات الصوت تؤذيهم. من جانبهم اتفق الشباب المعتصمون امام ماسبيرو على أنه لا يوجد انقسام فيما بينهم بعد أن طالبهم البابا شنودة بابا الأسكندرية بطريرك الكرازة المرقسية بفض الاعتصام. وقال القس فيلوباتير جميل أحد المشاركين فى الاعتصام وكاهن كنيسة العذراء مريم والقديس مارمرقس بالطوابق بالجيزة بعد قراءة البيان بتأن شديد: «نحن نؤمن جميعا أن قداسة البابا شنودة هو أبونا الروحى الذى نقدره تماما ولكن خروج هذا البيان هو محاولة من المسئولين لإحداث وقيعة بين اتحاد شباب ماسبيرو المعتصمين للمطالبة بعدم تكرار الاعتداء على الاقباط وكنائسهم وبين قداسة البابا شنودة.[٧٧]

البابا شنودة يصدر بيانا يطلب فيه الاقباط بفض اعتصامهم

أصدر قداسة البابا شنودة بابا الاسكندرية وبطريرك الكرازة المرقسية اليوم بيان بشأن اعتصام ماسبيرو، وما تعرض له المعتصمون من اعمال بلطجة و تعدى عليهم ادى الى اصابة العديد منهم .و قال قداسة البابا شنودة فى البيان ما نصه: (يا أبناءنا المعتصمين أمام ماسبيرو ، إن الأمر قد تجاوز التعبير عن الرأي ،وقد اندس بينكم من لهم اسلوب غير اسلوبكم، واصبح هناك شجار وضرب نار ، وكل هذا يسيء إلى سمعة مصر، ويسيء إليكم أيضا.لذلك يجب فض هذا الاعتصام فورا ، فهذا الذي حدث لا يرضي أحدا. وإن صبر الحكام قد نفد. وأنتم الخاسرون إذا استمر أعتصامكم)[78].

رغم بيان البابا شنودة توافد الشباب بغزارة إلى اعتصام ماسبيرو

رغم بيان قداسة البابا شنودة الثالث الذي أكد فيه أنه لابد من فض اعتصام ماسبيرو إلا أنه توافد المئات من الشباب منذ صباح اليوم على اعتصام ماسبيرو، وقاموا بترديد الهتافات المنددة بأحداث أمس السبت. من ناحية أخرى قال مصدر مسئول عن تنظيم الاعتصام إن هناك حالة من الانقسام بين الشباب يفضوا الاعتصام أم لا؟ وهل يستجيبوا لقداسة البابا شنودة أم لا؟يذكر أن الشرطة العسكرية والقوات الخاصة من الأمن المركزي، فرضت

---

77 الأهرام اليومى بقلم: أشرف صادق اسماعيل جمعة هانى بركات ١٧ مايو ٢٠١١م:

78 المصدر : جريدة وطنى ميرفت عياد ٢٠١١

كردونات أمنية محكمة على جميع مداخل ماسبيرو، فيما تمركزت قوات من الأمن المركزي في ميدان عبد المنعم رياض تحسبا لأي أعمال تخريبية تحدث.[٧٩]

أقباط المنيا يواصلون مظاهراتهم وخلافات بينهم بعد دعوة البابا شنودة لفض الاعتصام[٨٠]

واصل الآلاف من الأقباط في المنيا مظاهراتهم أمام مبني ديوان عام محافظة المنيا، حاملين الصلبان الخشبية، مرددين الهتافات ضد الفتنة والأحداث الأخيرة الدامية عبر مكبرات الصوت D.G بسرادق إقامة المظتاهرين خصيصاً للتظاهر علي كورنيش النيل في مواجهة مبني ديوان المحافظة مباشرة.كما طالب المتظاهرون ببناء كنيسة قرية القمادير التابعة لمركز سمالوط بالمنيا، كما طالبوا بفتح عدد من الكنائس المغلقة بالمنيا منذ عهد جهاز أمن الدولة، وكان قد شارك في الاعتصام أول أمس مايكل منير، والذي دعا المتظاهرون للتعامل بروح من الود والاحترام لأفراد الجيش والشرطة أثناء تظاهرهم، ونفي أن يكون جاء ليدعوهم لفض التظاهر.ورغم وقوع خلافات بينهم وبين بعضهم البعض حول استمرارهم في التظاهرات، بعد دعوة البابا شنودة لفض الاعتصام، وقرر البعض عدم التظاهر استجابة لدعوة البابا، بينما رفض البعض الآخر وقف المظاهرات.

- و أمام أتهامات الصحافة و الأسلاميين أن الشباب المسيحى المعتصم أمام ماسبيرو هم بلطجية قال قداسة البابا شنودة: الأقباط لا يعتدون على أحد حيث كتب فى جريدة وطنى أن المجمع المقدس برئاسة قداسة البابا شنودة الثالث أكد عدم استخدام الأقباط للعنف أمس فى أحداث ماسبيرو، و أشارت الكنيسة إلى أن الاقباط لا يعرفون ثقافة العنف و التعدى، فهم يعلمون و يكرزون بالمحبة و السلام.[81]

و فى موقف أخر أكد البابا شنودة رفض حمل الأقباط السلاح للدفاع عن أنفسهم[82]

و جاء ذلك ردا على سؤال وجه إليه خلال عظته الأسبوعية أمس الأول. واستدرك قائلا: «لسنا بتوع سلاح»، مشيرا إلى أن دفاع الله عن المؤمنين به أقوى من أى أسلحة. كما أشار البابا شنودة إلى أن البعض يعتبر كل من مات خلال مشاجرة شهيدا، وأن هذا ليس صحيحا، وقال: إن الشهيد هو من مات فى سبيل الله ووطنه فقط.

و أكد قداسة البابا شنودة الثالث أن الصلاة الخاصة بالدعاء لرئيس الدولة فى القداس يجب أن تتلى كالمعتاد فى المرحلة الحالية لأن المقصود ليس شخصا معينا وإنما المسئول عن إدارة البلاد .جاء ذلك خلال المحاضرة الأسبوعية مساء الأربعاء والتى القاها البابا شنودة ردا على سؤال البعض عن مدى إمكانية حذف هذه الصلاة لحين انتخاب رئيس جديد للبلاد.وقال البابا شنودة : إن هذه الصلاة نحن فى حاجة إليها فى هذه المرحلة الدقيقة التى

---

79 المصدر : جريدة وطنى روبير الفارس ٢٠١١

80 المصدر : جريدة وطنى المنيا ـ تريزا كمال: ٢٠١١

81 المصدر : جريدة وطنى مايكل فيكتور الخميس ١٥ ديسمبر ٢٠١١

82 المصدر: الأهرام اليومى بقلم: أشرف صادق ١ يوليو ٢٠١١

تمر بها بلادنا حتى يوفق الله قادة البلاد لخير الأمة . من ناحية أخرى كرم البابا شنودة - على هامش المحاضرة -الطفل أبانوب عزت وأسرته، والذى تعرض للاختطاف فى فترة الانفلات عقب الثورة ونجحت الأجهزة الأمنية فى استعادته دون أية أعباء على الأسرة أو دفع فدية .[83]

كما قام قداسة البابا شنودة الثالث بإجراء اتصالات مكثفة مع إثيوبيا لحل أزمة المياه والشروع فى بناء سد "الألفية العظيم" الإثيوبى، خاصة أن الكنيسة القبطية تربطها علاقات قوية بكنيسة إثيوبيا منذ سنوات عديدة، وربما تكون هذه العلاقات أحد الحلول لأزمة المياه.وأكد مصدر كنسى أن البابا شنودة قد يقوم بالسفر إلى هناك إذا تطلب الأمر، من أجل مصر وأمنها كما أنه لن يتأخر عن القيام بأى مهام قد تطلبها القيادة السياسية من قداسته.[84]

و قد حرصت القيادات الدينية لرجال الدين الاسلامي والمسيحي للمشاركة في الاستفتاء علي التعديلات الدستورية. وحرص البابا شنودة الثالث علي المشاركة الايجابية في الاستفتاء وذهب إلي مدرسة محمد فريد بشبرا في الساعة الثانية عشرة ظهرا وقد التف حوله الجميع للاطمئنان علي صحته، وقد حرص علي مرافقة البابا هاني عزيز أمين عام جمعية محبي مصر السلام.[85]

كما بحث قداسة البابا شنودة الثالث بابا الإسكندرية وبطريرك الكرازة المرقسية مع رؤساء الكنائس المسيحية بمصر الأوضاع على الساحة السياسية، خاصة الاستعدادات للانتخابات البرلمانية والرئاسية وإعداد الدستور، بالإضافة إلى مشروع قانون بناء دور العبادة الموحد . حضر الاجتماع صفوت البياضى رئيس الطائفة الإنجيلية، والأنبا يوحنا قلتة نائب بطريرك الكاثوليك، والمطران منير حنا رئيس الكنيسة الأسقفية [٨٦]

كما دعا البابا شنودة إلي تحكيم المنطق في خيارات المصريين لأنتخابات الرئاسة و رحب البابا شنودة بزيارة عمرو موسي الأمين العام لجامعة الدول العربية المنتهية ولايته والمرشح المحتمل لانتخابات الرئاسة فى الكاتدرائية وأشاد بمواقف عمرو موسي في مقر الكاتدرائية. وأكد البابا أن موسي كانت له مواقف لا تنسي في أثناء توليه الخارجية وفي منصبه كأمين عام للجامعة العربية. وقال خلال لقائه الذي بدأ في الثامنة صباح أمس مع عمرو موسي في مقر الكاتدرائية المرقسية بالعباسية: أدعو الله أن يتحكم المنطق في خيارات المصريين خلال المرحلة المقبلة. ومن جانبه أكد عمرو موسي، أن مصر تعاني حالة من الالتباس حول طبيعة التحول الديمقراطي خلال المرحلة المقبلة، وقال إن آراء متعددة واتجاهات كثيرة مختلفة حول طبيعة وخطوات الانتقال الديمقراطي وأيهما أولا

---

[83] المصدر : جريدة وطنى ماجد سمير:٢٠١١

[84] المصدر : جريدة وطنى مرجريت عادل الخميس ١٥ ديسمبر ٢٠١١

[85] المصدر: الأهرام اليومى بقلم: هالة السيد ٢٠ مارس ٢٠١١

86 ٢١ يونية ٢٠١١المصدر: الأهرام اليومى

الدستور أم الانتخابات. وشدد موسي علي ضرورة عدم مد الفترة الانتقالية داعيا إلي ضرورة تأجيل الانتخابات البرلمانية وإجراء الانتخابات الرئاسية أولا، ثم انتخاب جمعية تأسيسية تضع دستورا جديدا. وأكد ضرورة أن تضم هذه الجمعيات التأسيسية المنتخبة ممثلين لجميع النقابات والحرف ومؤسسات المجتمع المدني ومؤسسات الأزهر والكنيسة ومختلف أطياف المجتمع حتي تنتهي إلي دستور محل اتفاق شعبي.

وقال موسي انه يفضل أن يكون نظام الحكم برلمانيا رئاسيا علي الطريقة الفرنسية علي أن يعاد النظر في هذا النظام بعد ٤ دورات رئاسية مقبلة. وأكد موسي أن تقصير الفترة الانتقالية، لاجراء انتخابات الرئاسة يضمن تجاوز مرحلة الغموض السياسي وحتي يمكن ان تستعيد وضعها الاقتصادي من خلال ضخ الاستثمارات الجديدة وتحسين السياسات الاقتصادية التي تخدم مصر. وشدد موسي علي حتمية تحقيق الاستقرار الأمني ووضع إطار زمني محدد يضمن عودة الشرطة للعمل بكامل طاقتها.وهاجم موسي النظام السابق، وأكد انه ترك شللا كبيرا في المجتمع وفي جميع المجالات وعلي جميع المستويات وتعمد استغلال الملف الطائفي للعبث به علي حساب مصلحة الوطن والأهداف الخاصة.كما أوضح موسي أنه حضر للقاء البابا شنودة كمواطن مصري، وقال البابا بوداع موسي وداعا حارا.

[87] اكد البابا شنودة ان المشاركة فى الانتخابات واجب وطنى على كل قبطى ومصري، وطالب فى عظته الاسبوعية امس الاول الصيادلة الاقباط الادلاء بأصواتهم فى الانتخابات التى ستجرى صباح اليوم لاختيار نقيب واعضاء الصيادلة. ورغم حرص البابا على عدم الحديث بشأن مظاهرات التحرير التى دعت اليها قوى سياسية مختلفة الا انه داعب فتاة قالت له ان عيد ميلادها يوم الجمعة قائلا احتفلى به فى ميدان التحرير مما اعتبره بعض الاقباط انه دعوة من البابا للاقباط للمشاركة فى مظاهرات التحرير اليوم. وخصص البابا موضوع عظته للحديث عن صفات الله سبحانه وتعالى قائلا: انه العادل فى رحمته. [88]

رفض البابا شنودة دعوة الأقباط للانتماء إلى حزب معين 89

التقى قداسة البابا شنودة الثالث بابا الاسكندرية وبطريرك الكرازة المرقسية مع رامى لكح رئيس حزب الاصلاح والتنمية مصرنا.وقال مصدر فى المكتب البابوى لوكالة انباء الشرق الاوسط ان البابا تعرف خلال اللقاء على توجهات وبرنامج الحزب المعروف باتجاهاته الليبرالية متمنيا له التوفيق فى الانتخابات القادمة لمجلسى الشعب والشورى.واضاف المصدر ان البابا اكد احترامه وتقديره لكل القوى السياسية الموجودة على الساحة حاليا وشدد على ان الكنيسة لاتدعو الاقباط للانتماء الى حزب دون الاخر.

---

87 المصدر: الأهرام اليومى ٢٤ يونية ٢٠١١بقلم: نادر طمان هالة السيد

88 لمصدر: الأهرام اليومى بقلم: أشرف صادق٨ يوليو ٢٠١١

89 المصدر: الأهرام اليومى بقلم: أشرف صادق ٢٤ سبتمر ٢٠١١

البابا شنودة يؤكد للسفيرة الأمريكية تفاؤله بمستقبل مصر [٩٠]

أكدت السفيرة الأمريكية فى مصر آن باترسون أنها لمست من البابا شنودة الثالث بابا الاسكندرية وبطريرك الكرازة المرقسية تفاؤلا كبيرا بمستقبل مصر السياسى انطلاقا من حضارة وتاريخ ووعى الشعب المصري.وقالت السفيرة الأمريكية عقب لقائها بالبابا شنودة الثالث فى حضور الدكتور رفعت السعيد رئيس حزب التجمع إنها تعرفت من البابا على رؤيته للأوضاع الحالية للكنيسة القبطية الارثوذكسية وللأوضاع السياسية بمصر، وأنها سعيدة بلقائه للمرة الأولى منذ توليها مهام منصبها بالقاهرة، من ناحية أخري، أكد الدكتور رفعت السعيد انه تربطه مودة كبيرة بالبابا شنودة، وأن زياراته متكررة للكنيسة والبابا للتعرف على الرؤية الحكيمة للبابا لمستقبل مصر السياسى فى ظل أجواء التغيير والديمقراطية والانتخابات البرلمانية والرئاسية القادمة. حضر اللقاء الأساقفة الأنبا بطرس والأنبا يوانس والأنبا أرميا سكرتيرو مكتب البابا شنودة.

القضاء الإدارى يمكن محامى السلفيين من إلزام البابا شنودة بإظهار كاميليا [٩١]

قررت محكمة القضاء الإداري برئاسة المستشار كمال اللمعى نائب رئيس مجلس الدولة تأجيل الحكم في الدعاوى المقامة من المحامون نزار غراب وجمال تاج وطارق أبو بكر ضد رئيس الجمهورية، والتى يطالبون فيها بإلزام البابا شنودة بإظهار كاميليا شحاتة إلى جلسة ١٩ أبريل القادم.إذ تم اليوم تمكين المحامين من استخراج صورة رسمية من المحضر ١٢٤١ لسنة ٢٠١١ تحقيقات قصر النيل والخاصة بقضية كاميليا شحاتة وإعلام قداسة البابا شنودة بطريرك الأقباط الأرثوذكس بالحضور أمام المحكمة لأن أحد مقيمى الدعوى المحامى نزار غراب المحامى أكد أنه لا يستطيع أن يعلن البابا شنودة نظرا للحريق الذي شب بمحكمة الجلاء أيام ثورة ٢٥ يناير.و تقدم المحامون بحوافظ مستندات حَمّلوا فيها مسئولية اختفاء كاميليا للبابا شنودة، بابا الاسكندرية وبطريرك الكرازة المرقسية، خاصة قراره بإيداعها إحدي الدور التابعة للكنيسة.

وأضافوا أن كاميليا شحاتة اختفت لمدة خمسة أيام الشهر الماضى، مما أثار تكهنات كبيرة حول مصيرها قبل أن تسلمها أجهزة الأمن لأهلها ومن ثم تسليمها إلى الأنبا أغابيوس أسقف دير مواس، ليحيلها إلى مكان غير معلن، بأحد بيوت المغتربات بالقاهرة، حيث تخضع لتأهيل نفسى على حد تعبير الكنيسة،هكذا قال المحامون.واتهم المحامون قداسة البابا شنودة بأنه أصدر قراراً إدارياً سلبياً بتاريخ ٢٤يوليو الماضي باحتجاز كامليا في أحد الأماكن التابعة للكنيسة مشيرين إلى أن القوانين المصرية تُجرم احتجاز المواطنين حتي لو كان هذا المواطن قبطياً، لمجرد اعتناقها الإسلام وأكد المحامون أن تصرف البابا يعد عملا غير

---

90 المصدر: الأهرام اليومى بقلم: أشرف صادق ٢٧ سبتمر ٢٠١١

91 المصدر : جريدة وطنى متابعة - حنان فكرى الخميس ١٥ ديسمبر ٢٠١١

مشروع ويتسم بالطائفية ويهدد الوحدة الوطنية.فيما قوبل ذلك بصمت من قبل الكنيسة ولم يتم الرد حتى الآن .من ناحية أخرى نظم مجموعة من السلفيين عقب انتهاء نظر القضية أمام المحكمة وقفة احتجاجية على سلالم مجلس الدولة طالبوا فيها بضرورة الإفراج عن كاميليا شحاتة ورفعوا لافتات كتبوا عليها دى مش فتنة طائفية دى قضية إسلامية ، ويا كاميليا إحنا إخواتك صوت الحق مش ساكت.وتضاربت آراء المارة من المحامين مسلمين ومسيحيين، وأكدوا جميعا اتفاقهم أن قضية كاميليا لا تعنى المجتمع المصرى ولا المجتمع الإسلامى، وأن الظرف الراهن لا يحتمل ما يثيره السلفيون فى المجتمع من شقاق وفتنة بسبب سيدة سواء كانت غيرت دياناتها أم لم تغيرها .واشار أحد المحامين المسيحيين إلى أن هناك فتيات قبطيات تعرضن للاختطاف المعنوى هذا بخلاف اختفاء الفتيات القاصرات ولم يفعل المسيحيون مثل هذه الأفعال .الجدير بالذكر أن أحد المحامين على سلالم مجلس الدولة بمجرد أن رأى التظاهرة قال عبارة واحدة بصوت عال جدا :" هو ده وقته .. لك الله يا مصر".

لاسند قانونيا لاستدعاء البابا شنودة فى قضية كاميليا [92]

أكد المستشار القانونى للكنيسة القبطية الأرثوذكسية، والناشط الحقوقى نبيل جبرائيل، أن إلزام البابا شنودة الثالث بابا الإسكندرية وبطريرك الكرازة المرقسية بالحضور للمحكمة أو النيابة للإدلاء بأقواله فى قضية كاميليا شحاتة، غير جائز قانونا، ولا يوجد له أى سند فى التشريعات القانونية المعمول بها فى مصر، لأن المحكمة تباشر اختصاصها على نحو مدنى وليس جنائيا. وقال: إن الباب شنودة ليس متهما حتى يمثل أمام النيابة العامة، كما أن هذا الطلب لم يكن بناء على قرار محكمة، وإنما بناء على طلب أحد المحامين السلفيين الذى زعم أن البابا شنودة يخفى كاميليا شحاتة فى أحد الأديرة. وأضاف أن اختصام البابا شنودة فى هذه القضية، والمطالبة بمثوله أمام المحكمة فى جلسة نظر هذه القضية يوم ١٩ إبريل الحالي، ليس له سند قانوني، لأن المختص بإشهار الإسلام - حيث يزعم السلفيون أن كاميليا أسلمت - هى مشيخة الأزهر، وكان يتوجب اختصام الأزهر الذى قال كلمته فى هذا الشأن على لسان متحدثه الرسمي، الذى أعلن أن كاميليا لم تطأ قدماها مشيخة الأزهر، ولم يشهر إسلامها. ووصف جبرائيل الدعوى بأنها لون من ألوان دعوى الحسبة التى قصرها المشرع فى تعديل قانون المرافعات الأخير على النيابة العامة فقط، منذ القضية الشهيرة الخاصة بالدكتور نصر أبوزيد، حيث تم التفريق بينه وبين زوجته. وقال: إن هذه الدعوى رفعت ممن لايملكون الصفة فى رفعها، وسوف تكون نهايتها عدم قبولها لانعدام الصفة.

- البابا شنودة: ثورة ٢٥ يناير كانت سلمية وتنادي بمباديء آمن بها الجميع [93]

---

[92] المصدر: الأهرام اليومى بقلم: أشرف صادق القاهرة:٣ ابريل ٢٠١١

[93] المصدر: الأهرام اليومى بقلم: أشرف صادق ٢٥ ابريل ٢٠١١

أكد الدكتور عصام شرف رئيس الوزراء أن مصر بلد كل المصريين يجب أن نحافظ عليها جميعا نحميها ونبنيها، وننميها، ونحافظ عليها فليس لنا وطن سواها وقد جاء ذلك خلال زيارته للكاتدرائية المرقسية بالعباسية للتهنئة باحتفال الأقباط بعيد القيامة والبابا شنودة بابا الاسكندرية وبطريرك الكرازة المرقسية.

في الوقت نفسه احتفل الأخوة الأقباط امس بعيد القيامة المجيد بالكاتدرائية المرقسية بالعباسية حيث توافد عشرات من الوزراء والمسئولين والشخصيات العامة من بينهم الدكتور عصام شرف وعمرو موسي أمين عام جامعة الدول العربية، والدكتور سمير رضوان وزير المالية، والدكتور فتحي البرادعي وزير الاسكان والدكتور ايمن فريد أبوحديد وزير الزراعة والدكتور سيد مشعل وزير الدولة للانتاج الحربي، ومنصور العيسوي وزير الداخلية والدكتور عمرو عزت وزير التعليم العالي والبحث العلمي وعبد القوي خليفة محافظ القاهرة.

وقد حرص جميع المسئولين علي التأكيد علي روح المحبة والأخوة التي تجمع أقباط ومسلمي مصر عبر ١٥ قرنا من الزمان، حضر الصلاة مندوبون عن المشير طنطاوي والمجلس الأعلي للقوات المسلحة في كنائس مصر التي احتفلت بعيد القيامة المجيد أمس الأول، وعلي الصعيد نفسه أعرب بابا الاسكندرية وبطريرك الكرازة المرقسية شنودة الثالث عن أمله في أن تعود مصر مركزا للشرق الأوسط كما كانت من قبل وقال نأمل في أن يعود الاستقرار الي البلاد. ونوه البابا شنودة - في تصريح خاص للقناة الأولي بالتليفزيون المصري أمس الي أن ثورة ٢٥ يناير كانت سلمية وتنادي بمباديء آمن بها الجميع معربا عن أمله في أن تتحقق هذه المباديء يوما بعد يوم لتحقيق الاصلاح. وأشار البابا شنودة الي مكانة مصر العظيمة بين دول العالم أجمع معتبرا اياها جوهر وقلب الشرق الأوسط. وعن كيفية الحفاظ علي الوحدة الوطنية قال البابا ان السلام هو ماينشده جميع المصريين ولم تظهر في الأيام الأولي من الثورة أي احتكاكات بين المسلمين والأقباط ولكن للأسف حدثت فيما بعد وهو ماشهدناه جليا في أحداث "أبو قرقاص" بالمنيا واحداث قنا، مما يضر بمصلحة البلاد.

وأضاف: نريد أن تكون مصر دولة ديمقراطية ومدنية وأعرب عن شكره وتقديره للقوات المسلحة علي اعادة بناء كنيسة صول أطفيح. معربا عن تقديره أيضا للامام الأكبر شيخ الأزهر الدكتور أحمد الطيب الذي قام بزيارة هذه الكنيسة.

البابا شنودة يرفض دعوات الأقباط للاعتصام تجنباً للصدام مع السلفيين [٩٤]

94 المصدر : جريدة وطنى ماجد سمير: الخميس ١٥ ديسمبر ٢٠١١

رفض البابا شنودة الثالث بابا الإسكندرية وبطريرك الكرازة المرقسية دعوات الشباب القبطي للتجمع والاعتصام أمام كاتدرائية الأقباط الأرثوذكس بالعباسية الأربعاء القادم للاحتجاج على مظاهرات السلفيين التى نظموها أمام الكاتدرائية الجمعة، في الوقت الذي تجاهلت فيه الكنيسة الأرثوذكسية رسميا الرد على تلك المظاهرات تجنباً للصدام. وأكد مصدر كنسي أن البابا يتابع ما يحدث دون أن يعلق، مؤكدا ثقته في معالجة المجلس العسكري لما يحدث. كان نشطاء الأقباط قد دعوا إلى تظاهرة واعتصام بمقر الكاتدرائية الأربعاء المقبل للمطالبة بدولة مدنية وتدخل فوري من الحكومة والمجلس العسكري لوأد الفتنة الطائفية، حيث اعتبر الأقباط مظاهرات السلفيين أمام الكاتدرائية إهانة لرأس الكنيسة.
يشار إلى أن ما يقرب من ٥ آلاف سلفي كانوا قد شاركوا في مظاهرة أمام مقر الكاتدرائية الجمعة الماضية مصطحبين معهم سيارات نقل كبيرة تحمل مكبرات صوت طالبوا من خلالها قيادات الكنيسة بالإفراج عن كاميليا شحاتة وغيرها من الفتيات اللائي قالوا إن الكنيسة تجبرهن على اعتناق المسيحية منادين بإعلاء سيادة القانون من خلال إعلان هؤلاء الفتيات حقيقة ديانتهن أمام أحد القضاة.
فيما هدد شباب سلفي بالخروج علي طاعة مشايخهم ورفض فض أي اعتصام قادم ما لم تتحقق مطالبهم بالكشف عن مصير كاميليا شحاتة خلال ١٥ يوما.

فترة حكم الرئيس المعزول محمد مرسى مرشح جماعة الأخوان المسلمين

عندما انطلقت شرارة ثورة ٢٥ يناير كانت العلاقة بين الأقباط ودولة مبارك قد وصلت إلى أسوأ حالتها، فقد ازدادت وتيرة الاحداث الطائفية وأدرك الكثيرين من الأقباط داخل الكنيسة وخارجها أن من يسعون إلى طلب الحماية منهم متورطين فى أعمال عدائية ضدهم وتحديدا فى جهاز أمن الدولة، ومن ثم إزدادت الوقفات الاحتجاجية من شباب الأقباط ضد الدولة والقيادة الكنسية معا. وقد أدت هذه الأحداث إلى انخراط الكثيرين من شباب الأقباط فى الثورة فى أيامها الأولى بالرغم من موقف القيادة الكتسية المساند لرأس النظام.
ومثل كل المصريين شعر الأقباط بالأمل فى غد أفضل لحظة تنحى الرئيس المخلوع عن الحكم، لكن سلسلة الأعمال العدائية ضد الكنائس والأفراد قام بها جماعات تنتسب للحركات الإسلامية، السلفية منها على وجه الخصوص، إضافة لتحويل الاستفتاء على التعديلات الدستور إلى استفتاءا دينيا وما صاحبه من هجوم علنى ومبطن على الأقباط باعتبارهم داعمين لرفض هذه التعديلات التى ستأتى بـ"الشريعة الإسلامية" سرعان ما بدد هذا الأمل. بل إن الأقباط وكثيرين من المصريين وجدوا أن أسوأ مخاوفهم من سقوط نظام مبارك قد تحقق، ألا وهو سيطرة الإسلاميين على المشهد السياسى والاجتماعى فى مصر.

لقد أفرزت ثورة ٢٥ يناير جديدا فى الساحة المصرية على مستوى موقع الاقباط فى المجتمع والدولة فى مصر، وبعض هذا الجديد إيجابى وبعضه الآخر سلبى، على الأقل فى المدى القريب والمتوسط، لكنه جديد يتعلق بكافة التيارات السياسية فى مصر بنفس القدر الذى يتعلق بالاقباط. فعلى مستوى الأقباط كان أهم متغير سقوط معادلة احتماء القبطى فى الطائفة المهيمنة واحتماء الطائفة فى الدولة الباطشة. وهى المعادلة الخبيثة التى تقوى كل من الطائفة والدولة المستبدة على حساب الفرد. سقوط هذه المعادلة كان احد النتائج الإيجابية للثورة. ويلى ذلك إدراك الفرد بأن له صوتا، وأن تصويته فى العملية الديمقراطى يحدد قدرته على حماية حقوقه بدلا من طلب الحماية من الدولة المستبدة. ومن ثم أصبح هناك كتلة تصويتة قبطية يخشى البعض من تأثيرها أو يطلب البعض الاخر دعمها وهو أحد الأمور المهمة فى العملية الديمقراطية، وقد ظهر ذلك بقوة فى الانتخابات البرلمانية والرئاسية فى كافة مراحلها.

ومن ناحية أخرى فإن نمط النشاط القبطى فى العملية الانتخابية شابه بعض السلبيات أهمها استمرار تأثير المؤسسة الكنسية فى عمليات التوجيه الغير مباشرة للناخب القبطى، وهو أمر مفهوم فى المرحلة الحالية فالمؤسسة التى كانت مصدر التوجيه للأقباط فى مختلف شئون حياته على مدى عقود لن تختفى بشكل مفاجئ من مجال التأثير. أيضا كان من أخطر ما ظهر فى الانتخابات الرئاسية هو ميل البعض فى ظل الخوف من الدولة الدينية إلى التصويت لاستدعاء الدولة الباطشة مرة أخرى طلبا للحماية.

على الجانب الأخر فإن تيارات الاسلام السياسى أضطرت لتحديد تصوراتها الفكرية عن الأقباط وموقعهم فى المجتمع والدولة، كما أضطرت للإفصاح عن تصوراتها السياسية عن المواطنة والمساواة والدولة الحديثة وقيمها. والواقع أن لدينا عدة اتجاهات داخل التيار الإسلامى، صحيح أنها فى مجملها محافظة وأصولية، إلا أنها تتفاوت فى درجات قبولها لقيم الحداثة والدولة الحديثة من الرفض الكامل إلى القبول المشروط، وفى كل الحالات فإنه على الرغم من أن هناك اجتهادات متقدمة لبعض المفكرين والقانونيين الإسلاميين فيما يخص الموقف من الأقباط والمواطنة والمساواة إلا إننا لا نجد لها مردود فى الواقع الفعلى لكافة تيارات الإسلام السياسى حتى الآن. وعلى الرغم من ذلك فإن كثيرين من القادة والدعاة الإسلاميين قد طوروا تحت ضغط الضرورة السياسية من توجهاتهم نحو الأقباط. فبعض الدعاة والساسيين من المشاهير الذين كانوا يلمحون لمريديهم بألا يقرأوا غيرهم السلام أصبحوا الآن يطلبون لقاء رموز الأقباط ويلتقطون معهم الصور التذكارية فى المناسبات.

وعندى أن البعض فى تيارات الإسلام السياسى يدرك الآن عمق التحدى الذى يواجهه، فإما الركون إلى النصوص الدينية وتأويلاتها التقليدية التى تعنى الدولة الدينية التى تعود بنا إلى مجتمع الطوائف الدينية ومن ثم الدخول فى نفق المجتمعات العصية على التطور والتقدم

والنهوض، أو تطوير النظرية السياسية للتيار الإسلامى باستدعاء كل التجربة التاريخية للأمة المصرية والتعلم الإيجابى من التجربة الإنسانية فى عمومها وهو ما يعنى الدولة المدنية الحديثة ومن ثم تسقط قضية الاستقطاب السياسى على أساس الدين لدى الأقباط والمسلمين معا ليصبح الوطن لجميع المصريين، لكن جاء فوز الرئيس محمد مرسى فى أجواء من الاستقطاب، لم تكن غالبية الأقباط مؤيدة له. ورغم أن مرسى حاول الظهور بمظهر رئيس كل المصريين، فإن التطورات على أرض الواقع كانت تسير فى اتجاه مزيد من انتهاك حقوق الأقباط، وتراكم المشكلات التى يعانون منها، ومحاصرة الخطابات المتشددة لهم، وإهانة العقيدة المسيحية على يد إسلاميين، وجاءت حادثة «الخصوص» لتزيد الوقيعة و تعمق الخلاف فالمسألة ليست حباً أو كراهية، لكنها فى المقام الأول إعادة تشكيل الدولة المصرية. حيث تتأثر العلاقة بين الأقباط والرئاسة و بين الكنيسة والرئاسة دون شك بالعلاقة الأعم والأشمل بين الأقباط والإخوان.

فالتصريحات التى أدلى بها المهندس خيرت الشاطر ثم الدكتور محمد البلتاجى إبان أحداث الاتحادية من أن المسيحيين يشكلون غالبية المتظاهرين،كل أعطى الإخوان المسلمين أحساسا بأن الأقباط يحملون مشاعر سلبية تجاههم. بينما يرى الأقباط أن حكم الإخوان المسلمين يحمل تراجعاً لهم فى الوضع القانونى، والمكانة السياسية، والحضور الثقافى، و بالعكس فى حاله فوز التيارات المدنية التى تقر بمواطنتهم، وتسعى لإدماجهم فى المجتمع على أساس من المشاركة والندية والمساواة، وترى فيهم شركاء فى المشروعات السياسية والاقتصادية المطروحة ، الإخوان المسلمون يرون أن المسألة مجرد مظاهرات أقلية و طائفية قبطية يمكن القضاء عليها من خلال التهديد بأستخدام قوة الخطاب الأسلامى المهيج ضد الأقباط الذى سيجبرهم على الخوف و التراجع عن الأحتجاج مع كثير من الضغط على الكنيسة التى يريدونها ممثلاً وربما مهيمناً على الأقباط مقابل حفنة من مناصب، وضمان حرية تنظيم الشأن الدينى دون التصدى للأفكار والآراء والممارسات المتشددة التى تمارسها أطراف إسلامية أخرى يبدو أنها تحارب أحياناً بالوكالة عن الإخوان المسلمين.

لكنهم لم يعرفوا أن الأقباط خرجوا إلى فى مظاهرات ينشدون التيارالمدنى فقد كانت هتافاتهم فى ثورة ٢٥ يناير مدنية مدنية رغم أن حكم الرئيس محمد حسنى مبارك لم يكن حكم أسلامى فالأقباط لا هم يرغبون ولا القيادة الكنسية الحالية راغبة فى التدخل فى الشأن السياسى. بصرف النظر عن ملابسات ما حدث فى الخصوص فقد التقط الأقباط رسالة بين المولوتوف والخرطوش والطوب الذى ظل لساعات طويلة ينهال على الكاتدرائية، مفادها أن هناك من يريدهم طائفة وليسوا مواطنين متنوعين، هناك من يريد أن يعيدهم إلى داخل الأسوار ويتفاوض معهم من منطلق طائفى وليس تعبيراً عن اندماج وطنى، هناك من يريد أن يعاقبهم على معارضتهم، واحتجاجهم، كما لو أنهم يجب أن يكونوا فى صف الموالاة

دائماً. المسألة بالنسبة للأقباط لم تعد مناصب أو مواقع أو كنائس تبنى أو ترمم كما كان الحال فى عهد مبارك، ولكن فى الأساس حضور ووجود واعتراف بالدولة الوطنية التى تحتفى بكل مواطنيها، وليست الدولة التى تجعل الجماعة فى مواجهة الوطن. باختصار هى معركة وجود فى وطن يتغير، وتهتز أسسه، وتتبدل ثوابته.

فتنة الخصوص

يوم ٢٠١٣/٤/٥ شهدت منطقة الخصوص[٩٥] أحداثاً مؤسفة ومشاجرات بين مسلمين ومسيحيين، إثر مشادة بين مسلم ومسيحى، بسبب رسوم مسيئة، تطورت لمعركة بالأسلحة النارية والبيضاء، مما أسفر عن مصرع طالب مسلم، و٤ مسيحيين، وإصابة ٤، بينهم مسيحى والباقى مسلمون.

وقال شهود عيان، إن مشاجرة نشبت بين سمير إسكندر، مسيحى، مع آخر مسلم، بسبب رسم شابين مسلمين لعلامة هتلر على معهد دينى، فشاهدهما أحد أبناء المنطقة، فأسرع إليهما ونهرهما ووجه لهما اللوم، وأقنعهما بإزالة الرسومات، وأثناء ذلك تدخل آخران مسيحيان ونشبت مشادة بين الأربعة، وتشاجروا، فلقى مسلم مصرعه وعلى أثر ذلك توجهت مجموعة من المسلمين إلى منزل المسيحى القاتل لحرقه، وتطورت الأحداث إلى ارتفاع القتلى إلى ٤ مسيحيين وحرق ٤ منازل وسيارتى نقل وصيدلية ملك أقباط.

وأشار الشهود إلى حشد الطرفين المسلمين والمسيحيين أنصارهم، وخصوصاً أن المكان بجوار كنيسة «مارى جرجس» الرئيسية خلف مجمع المدارس الثانوى، وتطور الأمر لإحراق منزل سمير إسكندر، فيما رد المسيحيون بإطلاق الرصاص عليهم من فوق أسطح المنازل.تدخلت قوات الأمن بين الطرفين، وتمكنت قوات الدفاع المدنى من إطفاء النيران قبل امتدادها إلى المنازل المجاورة، وفرقت الأهالى من الطرفين بواسطة القنابل المسيلة للدموع.وتمكنت الشرطة من فض المعركة بالقوة بين الطرفين، خاصة بعد أن ترددت شائعات عن محاولة مسلمين اقتحام كنيسة «مارجرجس» التى تقع بجوار الأحداث.

يوم ٢٠١٣/٤/٧ تم تشييع جثث الضحايا من الكاتدرائية العباسية ووجه نيافة الانبا رافائيل سكرتير المجمع المقدس ثلاثة رسائل هامة فى صلاة جناز شهداء الخصوص : (نحن نودع لحمنا ودمنا):

---

95 "الخصوص" تنضم إلي حزام "الفتنة الطائفية" جريدة الوطن ٢٠١٣/٤/٧

الرساله الأولى: الى السماء نحن نؤمن بعدالة السماء ، السيد المسيح علمنا أننا لن ننسى دماء الشهداء، بل أن تعليم السيد المسيح يكشف لنا أن دماء الشهداء لا تنسى أمام الله حتى أنه قال ينتقم من هذا الجيل لدم جميع الصديقيين الذى سفك على الأرض من دم هابيل الصديق ، حتى دم هابيل الصديق لم ينسى أمام الله

الرساله الثانيه: موجهه الى مصرنا التى لم نتركها دى بلدنا الرساله التى اوجهها إلى مصرنا ليس بسفك الدماء تنمو البلد وليس بأنعدام الآمان تحكم الحكومات

الرساله الثالثه: موجهه لنا نحن بخصوص أقباط مصر لن نترك إيماننا ، سفك الدماء بالنسبه لنا يجعلنا نتمسك بالأيمان أكثر ، ونتمسك أيضاً بأخلاقنا ومحبتنا ولن نتنازل عن أخلاق الأنجيل التى تحثنا على المحبه لكل الخليقه مهما عملوا فينا نحن المسيحيين ، الذين قتلوا أخذوا أكاليل الشهاده ونحن إزدادنا إيماناً .

و بعد انتهاء الصلاة و خروج المصليين من الكاتدرائية قام مجهولون بإطلاق الرصاص عشوائيا على المشاركيين فى الجنازة مما أثار غضب المشاركيين بالجنازة و قاموا بالتراشق بالحجارة بين أهالي المنطقة ثم بدأت قوات الشرطة بفض المشاجرة و تعقب الأقباط حتى الكاتدرائية المرقسية بالعباسية و القت الشرطة قنابل غاز مسيلة للدموع، الأمر الذي أدى إلى اختناق المئات من الأقباط المحتمين بالمكان، علاوة على دخول دخان الغاز إلى المقر البابوي ،، الأمر الذي أدى لارتفاع عدد الإصابات بين الأقباط وبدا أن قوات الأمن تحجم عن التدخل في اول هجوم على مقر البابوية في مصر منذ اكثر من ١٤٠٠ عام. و بعد انتهاء الأحداث اعلن البابا تواضروس الثانى أن رئيس الجمهورية محمد مرسى كلمه تليفونيا في بداية الاحداث يطمئن فقط وانه كان في الأسكندرية لكن البيان الصحفى باللغة الأنجليزية الذى خرج من مكتب رئاسة الجمهورية قائلا إن المسيحيين بدأوا الاشتباكات حين هاجموا سيارات امام الكاتدرائية اثناء تشييع جنازة قتلى أحداث الخصوص وإنه تم استخدام اسلحة نارية وقنابل حارقة من داخل مجمع الكنيسة مما استفز قوات الأمن. عار من الصحة و الحقيقة إن المشيعين كانوا يردون على الاعتداء.

وأضاف البابا أن الاقباط مش جايين يعملوا عنف.. هم جايين يعملوا واجب العزاء وخرجوا من الكنيسة فعلا. ابتدوا يتعرضوا لعنف وبالتالي الاقباط عملوا رد فعل. فيه فرق بين الفعل ورد الفعل.وقال البابا إنه لم يتم توجيه طلب للكنيسة لتقديم روايتها عن الأحداث للمسؤولين الحكوميين.و فى اتصال هاتفي مع قناة "أون تي في" الخاصة، إن الرئيس مرسي "وعد بعمل كل شيء من أجل حماية الكاتدرائية لكن في الواقع لا نرى شيئا على الأرض".

وأضاف البابا أن الفشل في القيام بذلك "يندرج في خانة الإهمال وعدم تقييم الأحداث كما ينبغي".ومضى للقول "نحتاج إلى الأفعال وليس فقط إلى الأقوال...ليس هناك فعل على الأرض...لم تتعرض الكنيسة إلى هكذا (هجمات) حتى في أحلك العصور".

وكان الرئيس مرسي قال "إن الهجوم على الكاتدرائية هجوم علي شخصيا"، داعيا إلى تحقيق فوري في أحداث كاتدرائية العباسية.
وفي إطار ردود الفعل على أحداث كاتدرائية العباسية، أعرب المجلس الملي العام للكنيسة القبطية الأرثوزوكسية في مصر في بيان شديد اللهجة صدر مساء الثلاثاء، عن "قلقه الشديد من استمرار الشحن الطائفي الممنهج ضد مسيحيي مصر، والذي تصاعدت وتيرته بسبب تراخي الدولة وكل مؤسساتها عن القيام بدورهم تجاه تطبيق القانون دون تفرقة".
وأضاف المجلس "وبسبب تقاعس القيادة السياسية للبلاد عن تقديم الجناة المعروفين في أحداث سابقة للعدالة، أو اتخاذ أي موقف حاسم حقيقي نحو إنهاء الشحن والعنف الطائفي الآخذ في التصاعد بدون رادع.. الأمر الذي ترتب عليه إهدار هيبة الدولة واحترامها للقانون."وتابع البيان "في ظل غياب غير مسبوق في تاريخ مصر لدور القيادة السياسية في توحيد أبناء الشعب، والعمل المخلص على نزع فتيل الأزمات الطائفية، وصل الأمر الى السماح لأشخاص مدفوعين بمهاجمة جنازة شهداء العنف الطائفي، والهجوم على الكاتدرائية المرقسية والمقر البابوي على مرأى ومسمع من قوات الشرطة وقيادتها ولساعات طويلة بدون تدخل حاسم". و حمل المجلس الملي العام "رئيس الدولة والحكومة، المسؤولية الكاملة عن غياب العدل، والأمن، والسكوت على التواطؤ المشبوه لبعض العاملين بأجهزة الدولة التنفيذية عن حماية أبناء الوطن، وممتلكاتهم، ودور عبادتهم."
و قد تناقلت وكالات الأنباء و الصحافة العالمية أخبار الأعتداء على الكاتدرائية بأهتمام بالغ حيث كتبت صحيفة الإندبندنت[٩٦] تحت عنوان ("الأقباط المسيحيون تحت الحصار مع هجوم على الكاتدرائية بالقاهرة" إن مراسلها بالقاهرة ألستير بيتش قد شاهد تبادل إطلاق النار مع اعتداء عصابات مسلحة على جنازة المسيحيين الذين سقطوا فى صدامات طائفية أخيرة. ووصفت الصحيفة هذا الاعتداء من قبل المسلحين بأنه غير مسبوق على أقدم كنائس مصر. وتحدثت الصحيفة عن سقوط قتيل وإصابة ٨٤ آخرين مع تعرض المسيحيين داخل الكاتدرائية فى العباسية لهجوم محموم من المعتدين فى الطريق الرئيسى بالخارج.
وأشارت الصحيفة إلى أن هذه الاشتباكات جاءت بعد هتاف آلاف الأقباط المشاركين فى تشييع الجنازة ضد الرئيس محمد مرسى وجماعة الإخوان المسلمين. كما تحدثت الصحيفة أيضا عن البيان الصادر عن الرئيس مرسى والذى قال فيه إنه يعتبر أى هجوم على الكاتدرائية هجوم عليه هو شخصيا.ونقلت الصحيفة عن شهود كيف أنهم تعرضوا للهجوم فى العباسية. فبعد أن تم إلقاء الحجارة عليهم من أسطح المبانى المجاورة، تم إجبار المشيعين على العودة إلى مجمع الكاتدرائية مرة أخرى).

---

96 جريدة اليوم السابع ٨ ابريل ٢٠١٣

و أخيرا اثار الرئيس محمد مرسي غضب المسيحيين حين حدد موعدا للانتخابات البرلمانية تزامن مع عطلة عيد القيامة ثم غير موعدها متعللا بأنه لم يكن يعلم أن هذا يوم عيد. كل هذة الأحداث دفعت الأقباط للمشاركة بقوة فى حمله تمرد .

حركة تمرد أو حملة تمرد

حركة تمرد أو حملة تمرد، هي حركة معارضة مصرية دعت لسحب الثقة من محمد مرسي رئيس جمهورية مصر العربية السابق، والدعوة إلى انتخابات رئاسية مبكرة. انطلقت "تمرد" في يوم الجمعة ٢٦ أبريل ٢٠١٣ من ميدان التحرير بالقاهرة، على أن تنتهي في ٣٠ يونيو من نفس العام، وتمكنت من جمع ٢٢ مليون توقيع لسحب الثقة من محمد مرسي و قد أعلنت الحركة في الأسبوع الأول أنها جمعت ٢٠٠ ألف توقيع ، جدير بالذكر أن حركة تمرد كان قد سبقها إلى هذا النهج حركات أخرى مثل حركة مستمرون والتي أسسها محمد أبو حامد عضو مجلس الشعب السابق المنحل. وصل إنتشار حركة تمرد إلى حد أن أعلن مؤسسوها أنهم قد جمعوا ٢ مليون و٢٩ ألفاً و٥٩٢ استمارة توقيع لسحب الثقة من مرسي في مؤتمر صحفي عقدوه يوم الأحد ١٢ مايو ٢٠١٣ أي بعد حوالي أسبوعين من تدشين الحملة ثم ظهرت أنباء تعدي عدد الإستمارات الموقعة لما يزيد عن ٢ مليون في أسبوعين أحدثت صخبا إعلاميا واسعا ساعد في إنتشار حركة تمرد أكثر في الأوساط الشعبية المصرية كما إنتبهت لها قوى المعارضة التي أجمعت تقريبا على تأييدها ومن التيارات السياسية التي دعمت حركة تمرد حركة كفاية و جبهة الإنقاذ و الجمعية الوطنية للتغيير و حركة ٦ أبريل، كما أعلنت نقابة المحامين المصرية فتح مقراتها للمواطنين على مستوى الجمهورية لتلقي الإستمارات الموقعة. بعد الثورة على محمد مرسي، وتعيين عدلي منصور رئيسًا مؤقتًا للبلاد، أصدر إعلانًا دستوريًا في ٩ يوليو.من جانب آخر أطلق بعض المنتمين لجماعة الإخوان المسلمين وتيارات إسلام سياسي موالية لها حملتا جمع توقيعات لدعم إستمرار محمد مرسي في الحكم هم حملة مؤيد وحملة تجرد.

في نفس الوقت إتهم بعض الموالين لجماعة الإخوان حركة تمرد بأنها حركة تخريبية وأن إدعائها أن جمعت هذه الأعداد كذب .

ثورة ٣٠ يونيو ٢٠١٣

جرت مظاهرات ٣٠ يونيو ٢٠١٣ [٩٧] في مصر في محافظات عدة. توقيت المظاهرات كان محددًا مسبقًا منذ نشأة حركة تمرد . طالب المتظاهرون برحيل الرئيس محمد مرسي، الذي أمضى عامًا واحدًا في الحكم. في يوم ٣ يوليو، أعلن وزير الدفاع الفريق عبد الفتاح السيسي إنهاء حكم محمد مرسي، وتسليم السلطة لرئيس المحكمة الدستورية العليا، المستشار عدلي منصور.في اليوم الأول من التظاهرات وقع قتلى وجرحى. وأحرقت مكاتب لجماعة الإخوان المسلمين، ومقرها في المقطم بالقاهرة. الاشتباكات عند مقر الإخوان في المقطم أوقعت ١٠ قتلى. في اليوم التالي، وقد جرت مظاهرات في الشهر نفسه للقوى المؤيدة للرئيس، وحملت شعارات "نبذ العنف" و"الدفاع عن الشرعية".

في عصر اليوم التالي، ١ يوليو، أصدرت القيادة العامة للقوات المسلحة بيانًا يمهل القوى السياسية مهلة مدتها ٤٨ ساعة لتحمل أعباء الظرف التاريخي، وذكر البيان أنه في حال لم تتحقق مطالب الشعب خلال هذه المدة فإن القوات المسلحة ستعلن عن خارطة مستقبل وإجراءات تشرف على تنفيذها. في أعقاب ذلك، طالب كل من حزب النور السلفي والدعوة السلفية الرئيس محمد مرسي بالموافقة على إجراء انتخابات رئاسية مبكرة، وجاء في البيان تعبير عن الخشية من عودة الجيش للحياة العامة. وفي نفس اليوم استقال خمس وزراء من الحكومة المصرية تضامنًا مع مطالب المتظاهرين، واستقال مستشار الرئيس للشؤون العسكرية الفريق سامي عنان، الذي قال أن منصبه كان شرفيًا ولم يكلف بأي مهمة. وقدم ٣٠ عضوًا في مجلس الشورى استقالاتهم.وذكرت وكالة أنباء الشرق الأوسط، وكالة الأنباء الرسمية، أن محمد كامل عمرو وزير الخارجية قدم استقالته، ولم تقدم تفاصيل أكثر.وفي الليل، أصدر التحالف الوطني لدعم الشرعية بيانًا جاء فيه إعلان الرفض البات والمطلق محاولة "البعض استرداد هذا الجيش للانقضاض على الشرعية والانقلاب على الإرادة الشعبية". وقد أعلنت وزارة الداخلية في بيان لها تضامنها مع بيان القوات المسلحة مذكرة بأنها تقف على مسافة واحدة من جميع التيارات السياسية وأسهم بيان الجيش في دفع مؤشرات البورصة المصرية حيث زادت القيمة السوقية للأسهم نحو عشرة مليارات جنيه.

وأصدرت الرئاسة المصرية بيانًا في الساعات الأولى من الثلاثاء ٢ يوليو جاء فيه أن الرئاسة المصرية ترى أن بعض العبارات الواردة في بيان الجيش "تحمل من الدلالات ما يمكن أن يتسبب في حدوث إرباك للمشهد الوطني المركب".

في ٣ يوليو، وبعد انتهاء المهلة التي منحتها القوات المسلحة للقوى السياسية، في التاسعة مساءً، وبعد لقاء مع قوى سياسية ودينية وشبابية، أعلن وزير الدفاع الفريق عبد الفتاح

---

97 http://ar.wikipedia.org/wiki/%D8%AB%D9%88%D8%B1%D8%A9_30_%D9%8A%D9%88%D9%86%D9%8A%D9%88

السيسي إنهاء حكم الرئيس محمد مرسي على أن يتولى رئيس المحكمة الدستورية العليا إدارة شئون البلاد لحين إجراء انتخابات رئاسية مبكرة، مع جملة إجراءات أخرى أعلن عنها.وتبع ذلك البيان احتفالات في ميدان التحرير و عدد من المحافظات المصرية
وشهدت الفترة من ٣٠ يونيو ٢٠١٢ حتى ٣٠ يونيو ٢٠١٣ (حكم مرسى) استشهاد ١٧ قبطياً والاعتداء على ٢٤ كنيسة، وممارسة العقاب الجماعى على الأقباط، وهاجم البلتاجى وصفوت حجازى الأقباط، واستشهد من ٣٠ يونيو ٢٠١٣ وحتى الآن ٢٠ شهيداً منهم الكاهن مينا عبود، وحرقت ٤٢ كنيسة وتم الاعتداء الجزئى على ٢٩ كنيسة، و٩ مدارس و١١ مؤسسة، وما زال الأقباط يناضلون من أجل الوطن.

موقف البابا تواضروس و الاقباط تجاه ثورة ٣٠ يونيو

هذه حرية شخصية ودور الكنيسة روحى فقط كتبت : شادية يوسف
يؤيد المركز المصرى للدراسات الانمائية وحقوق الانسان [98] المعنى بالشأن القبطى موقف البابا تواضروس تجاه دور الكنيسة والاقباط فى مظاهرات ٣٠ يونيو القادم والذى اوضح فيه ان الكنيسة دورها روحى والخروج يوم ٣٠ /٦ للاقباط حرية شخصية وهذا الموقف يدل على حكمة البابا تاوضروس وقد اعلن عن ذلك بعد اجتماع الطوائف الكنسية
يقول جوزيف ملاك مدير المركز نؤكد على ان هذا الموقف هو من المبادىء الثابتة التى يتعامل فى اطارها المركز المصرى فى جميع القضايا وموقف البابا تاوضروس نابعا من ايمانه العميق بالمواطنة كحق شرعى للاقباط لانهم مواطنين مصريين شركاء فى هذا الوطن وليسوا دخلاء او وافدين لهم الحق فى التعبير عن اراءهم ولهم ان يعارضوا او يؤيدوا فهم يشعرون بما يشعر به المواطن المصرى
ونعتقد ان موقف البابا تاوضروس هو ابلغ رد على مأثير من البعض مؤخرا عن دور الكنيسة والحشد القبطى فى المظاهرات
ويضيف ملاك كما نؤكد على أن المظاهرات والاحتجاجات التى تحدث فى مصر هى نتيجة سوء الادارة وغياب الحوار الوطنى الجاد القائم على المشاركة الوطنية وليس على السيطرة والديكتاتورية وكما حدث فى ثورة ٢٥ يناير من قبل فلم يستطيع احد ان يفرق بين المتظاهرين مسيحى او مسلم الا فى وقت الصلاة حينما كان الاقباط يحمون اخوانهم وهم يصلون فهذا سوف يتكرر من اجل الوطن .....وفى الحروب ايضا الرصاص لم يفرق بين المسيحى اوالمسلم والجميع مصريين والدماء واحدة

[98] جريدة الأهرام ٢٠١٣/٩/٢٥ http://www.ahram.org.eg/NewsQ/215787.aspx

ويطالب المركز جموع المصريين من مختلف الفصائل الظاهر سلميا والحفاظ على ارواح بعضهم البعض وعدم اراقة الدماء بين ابناء الوطن الواحد فهذه الدماء قد استعادت الارض والحرية من الاعداء

- دور الكنيسة القبطية الارثوذكسية فى السياسة المصرية

الحقيقة أن الكنيسة القبطية حرصت بكل دقة وعناية على تنفيذ مبادئ وتعاليم الكتاب المقدس التي ترفض وتحذر وتحرم الالتجاء أو الاستعانة بإنسان مهما كانت مكانته ليخلصهم من إنسان آخر مهما كان ظلمه أو جبروته.

ففي صلوات الأجبيه التي يصليها الأقباط كل يوم، يقول مزمور ١٤٥ من مزامير صلاة الساعة الثانية عشر:**(لا تتكلوا على الرؤساء ولا على بني البشر الذين ليس عندهم خلاص تخرج روحهم فيعودون إلى ترابهم في ذلك اليوم تهلك كافة أفكارهم طوبى لمن اله يعقوب معينه واتكاله على الرب إلهه الذي صنع السماء والأرض .)**

وفي سفر(أرميا ١٧ :٥) (هكذا قال الرب ملعون الرجل الذي يتكل على الإنسان ويجعل البشر ذراعه وعن الرب يحيد قلبه).وفي (المزمور ١١٨ : ٨-٩) (الاحتماء بالرب خير من التوكل على إنسان، الاحتماء بالرب خير من التوكل على الرؤساء). وفي(المزمور ١٠٣ : ١٥ ـ ١٨) (الإنسان مثل العشب أيامه كزهر الحقل كذلك يزهر. لأن ريحا تعبر عليه فلا يكون ولا يعرفه موضعه بعد. أما رحمة الرب فإلى الدهر والأبد على خائفيه وعدله على بني البنين، لحافظي عهده وذاكري وصاياه ليعملوها).

إذا أردنا التعرف على واقع الأقباط فى إطار السياق الذى قمنا بتقديمه فليس أفق من استعارة ما ذكره المقريزى فى معرض حديثه عن الحضور الإجتماعى للأقباط حيث قال: (إن منهم كتاب المملكة ومنهم التجار، والباعة، ومنهم الأساقفة والقسوس ونحوهم، ومنهم أهل الفلاحة والزراعة، ومنهم أهل الخدمة والمهنة) أى أن الأقباط انتشروا فى جسم المجتمع المصرى بطبقاته الإجتماعية وفئاته النوعية. لقد عاش الأقباط شأنهم شأن المصريين حيث لم يشكلوا أبدًا برجوازية مزدهرة، فجماهيرهم تظل ريفية ومدينيه. وفى القاهرة نجد أنهم لا ينخرطون فى التجارة الدولية مثلما فعل الأرمن والمسيحيون الشوام مثلا، لذا نجدهم دوما ينشغلون بالفلاحة وأو الإدارة، فنجدهم كتبة لدى الإدارة الحكومية أو الارستقراطية المسلمة، أو تجارة تجزئة أو صغار حرفيين [99] ويلاحظ أن الأقباط لم يسلكوا فى المجتمع من منطلق أنهم جماعة مغلقة أو ذات عناصر متماثلة فلقد ضمن

[99] المقريزى، المواعظ والاعتبار بذكر الخطط ولآثار المعروف بالخطط المقريزية، تحقيق محمد زينهم ومديحة الشرقاوى، ج ٣، مكتبة . مدبولى، ١٩٩٨ ، ص ٧٦٥

أنتشارهم فى جسم المجتمع وتنوعها الطبقى والفئوى الإرتباط العضوى بالسياق الإجتماعى - الثقافى المصرى. فبينما يقرر كثيرًا من المؤرخين كيف استفادت جماعات مسيحية متعددة فى المنطقة من تطبيق نظام الملة وتطورت من خلال هذا الإطار القانونى، فأننا نجد، على العكس تمامًا، الأقباط وقد تعاملوا مع نظام الملة فى سياق إقتصادى وثقافى مختلف .

والسلوك العملي والمواقف الكثيرة المتكررة تؤكد هذا المفهوم الراسخ لدى الأقباط وتثبته بكل وضوح وجلاء. فمثلا يذكر :

١- موقف البابا خائيل الأول البابا (٤٦) (٧٢٨ - ٧٥٢م) من كرياكوس ملك النوبة المسيحي أيام عبد الملك بن مروان (٧٤١ م) :

عندما جاء كرياكوس لإنقاذ البابا من يد عبد الملك بن مروان الذي كان قد فرض غرامة كبيرة من المال على البابا وسجنه لمدة ١٧ يوما ثم أطلقه ليجمع قيمة الغرامة المفروضة عليه من أبنائه الأقباط، ولكن البابا لم يستطع أن يجمع أكثر من نصف الغرامة فقط، فغضب عبد الملك بن مروان وألقاه مرة أخرى في السجن، ولما سمع بذلك ملك النوبة كرياكوس، جهز جيشا كبيرا سار به حتى وصل إلى مشارف الفسطاط، ولكن عبد الملك بن مروان أسرع وأخرج البابا من السجن، وكان أول ما فعله البابا خائيل بعد خروجه من السجن أنه طلب من الملك كرياكوس العودة من حيث أتى رافضا تدخله بالقوة المسلحة لحماية الأقباط لأن الله هو الحامى و الحاكم الظالم تجربة من الله لأيمان المسيحين .[١٠٠]

٢- موقف الكنيسة الأرثوذكسية من الامتيازات الأجنبية فى ظل الدولة العثمانية :

الامتيازات الأجنبية : فى الثلث الأول من القرن السادس عشر، وفى إطار العلاقات العثمانية الأوربية، طبق نظام "الامتيازات"، والذى منح الأجانب، الأوربيون تحديدًا، الذين يقيمون فى أراضى الدولة العثمانية حصانات وحقوق وإعفاءات مميزة، كذلك عدم خضوعهم لقوانين الدولة العثمانية وإنما لقوانين البلاد التى ينتمون إليها.

يمكن اعتبار الامتيازات الأجنبية، المرحلة الأولى من مراحل الاختراق الغربى لمنطقتنا، حيث حملت الامتيازات الأجنبية معها إلى جانب حماية الرأسمالية الأوربية فى ذلك الوقت أمران:

أولا : فكرة رعاية الأجانب المقيمين فى دول المنطقة العربية.

ثانيًا : محاولة الامتداد بهذه الرعاية إلى المواطنين المسيحين ، وذلك بطرح إستراتيجية الرعاية المذهبية أى أن ترعى إحدى الدول الأوربية طائفة مسيحية. فمثلا نجد فرنسا وقد راعت من ينتمى إلى الكاثوليكية، وإنجلترا من ينتمى إلى البروتستانتية، وروسيا من ينتمى إلى الأرثوذكسية الرومية.

---

[100] كتاب الخريدة النفيسة في تاريخ الكنيسة للأسقف ايسيذوروس - الجزء الثاني صفحة ١٢٦

ولقد أتفق تاريخيًا، على أن الامتيازات التى منحها السلطان سليمان القانونى سنة ١٥٣٥ إلى فرانسوا الأول ملك فرنسا، هى البداية للاختراق الإقتصادى للمنطقة. وقد نتج عند تطبيق هذه الامتيازات "هيمنة التجار الأوربيون داخل مناطق الدولة العثمانية، ولاسيما فى المرافئ والمدن التجارية الكبرى. وكانت هذه الهيمنة تزداد بقدر ما كانت تزداد ضعف السلطنة وتفكك مؤسساتها الإقتصادية والعسكرية. وأصبح تجار الدول الأوربية يشكلون مع قنصلياتهم جاليات أجنبية تتمتع بسلطات مستقلة عن السلطة المحلية العثمانية وتشكل إلى حد ما دولً داخل الدولة .

وبقراءة نصوص المعاهدة والإتفاقيات المتتالية التى أبرمت، يمكن إيجاز أهم ما جاء فى هذه المعاهدات وجوهر ما تضمنته، وذلك كما يلى :

١- حرية الملاحة فى المياه العثمانية، وحرية الدخول والخروج من الموانئ العثمانية، وحرية السفر فى الأراضى العثمانية الرعايا الأوربيين وبضائعهم.

٢- تحديد الرسوم الجمركية والضرائب على البضائع.

٣- إختصاص المحاكم القنصلية بالنظر فى الدعاوى المدنية بين الأوربيين (وقد جرت العادة فى هذا الصدد على أن تنظر الدعاوى بين الأجانب من مختلف الجنسيات أمام المحكمة القنصلية التابع لها المدعى عليه).

٤- ضرورة حضور ممثل عن قنصل المدعى عليه بالجرائم التى تجرى محاكمتها أمام المحاكم العثمانى.

٥- الإعفاء من الضرائب العثمانية والخدمة العسكرية الإلزامية للأوربيين الذين مضى على إقامتهم فى الولايات العثمانية أقل من عشر سنوات متصلة.

٦- حرية العبادة والشعائر الدينية.

٧- ضرورة حضور مندوب القنصل عند إجراء القبض على أى أوروبى ثم تفتيش محل إقامته بمعرفة السلطات العثمانية.

وعملت أوربا على تشجيع كل سلطان عثمانى يتولى الحكم على تجديد تلك المعاهدات وقد كان هذا التشجيع من الوسائل التى تمكن الدول الأوربية من توسيع مجال إمتيازاتهم، وبمقتضى بنود المعاهدات التى تنص على "حق الدولة الأكثر رعاية" وبمقتضى العادة والممارسة الدائمة، أمكنها الحصول على مجموعة ضخمة من الحقوق والإمتيازات.

وبالنسبة لمصر فلقد خضعت لنظام الإمتيازات الأجنبية باعتبارها جزءًا من الإمبراطورية العثمانية والثابت أن التجار الأجانب كانوا يتمتعون بامتيازات كبرى عن المصريين فلم تكن تجارتهم تستعمل أساليب فنية أعلى فقط، بل كانت سفنهم تجد حماية البحرية الحربية أحوال النزاع، وبضائعهم تخضع لشروط جمركية تتراوح ما بين ثلث ونصف ما يفرض على ممتلكات المصريين، وتتمتع أعمالهم بالحماية الكاملة. وكان من

نتيجة ذلك أن يتنازل المصريون عن التجارة فى بلادهم لمنافسيهم الوافدين من التجار الأجانب، الأمر الذى بسببه تمسك هؤلاء التجار بالبقاء فى مصر لأنهم كانوا يحققون أرباحًا سنوية تصل نسبتها إلى رأسمالهم إلى ٣٣ % .

٣- موقف البابا بطرس الجاولى [البابا١٠٩] أيام محمد علي باشا من طلب الحماية من روسيا و رفض أستراتيجية الرعاية المذهبية :

أستراتيجية الرعاية المذهبية : لم يحصل الأجانب بموجب الامتيازات على حق التجارة فحسب، بل على جملة من الإمتيازات الأخرى. إذا أصبح باستطاعة سفن سائر الأمم دخول الموانئ العثمانية تحت حماية الأعلام الأجنبية. ومنح الزوار الأجانب زيارة الأماكن المسيحية المقدسة بل والأشراف عليها. وقد مهد ذلك إلى بدء اهتمام الأوربيون بغير المسلمين من المواطنين فى الدولة العثمانية حيث نهجوا إستراتيجية ما سمى "بالرعاية المذهبية". وتعنى الرعاية المذهبية أن تمد الدول الأوربية رعايتها للمسيحيين، بالإضافة إلى الأجانب المقيمين، فى الدولة العثمانية، بحيث ترعى كل دولة أوربية مجموعة من المسيحيين تبعًا للتوافق المذهبى بين كل دولة أوربية وأبناء كل مذهب مسيحى يعيشون فى المنطقة. وعليه ومدت فرنسا رعايتها على من ينتمى إلى المذهب الكاثوليكى، ومدت إنجلترا رعايتها لمن ينتمون إلى المذهب البروتستانتية، وروسيا رعت أبناء الكنيسة الأرثوذكسية الرومية. وهكذا استطاعت الدول الأوربية أن تجد لنفسها موقعًا للتواجد من خلال بسط مظلة الرعاية المذهبية على مجموعة من مواطنى المنطقة وعزلهم ضمنًا عن باقى السكان وخلق إمدادات لهم خارج نطاق البلاد التى يعيشون فيها، مما يعنى جهة إنفصالهم وجدانيًا على الأقل عن موطنهم، ومن جهة أخرى، تحقيق التجزئة عمليًا فى جسم جماعات المحلية.

أما عن مصرفالثابت أن الأقباط (الأرثوذكس المصريون) قد أعرضوا عن التعاون أو الإستفادة من التوسع التجارى الأوربى كما أن "بيوت التجارة الأوربية عندما بحثت عن عناصر عمل كوكلاء وتراجمة ومقاولين للتجار الفرنجة، اختارت فى الأساس أن تستعين باليهود كذلك رفضت الكنيسة القبطية أن يعترف بابا الأقباط بسيادة كرسى روما على الكنيسة المصرية فى مقابل بسط الحماية على القبط. ويصب هذا الموقف فى إطار الثوابت الإستراتيجية للكنيسة المصرية على مر التاريخ فى رفض أى محاولة للهيمنة الأجنبية عليها.

إن خط تطور القبط فى العصر العثمانى وحتى نهاية القرن الثامن عشر أتخذ منحنى مغاير لخط تطور بعض الجماعات المسيحية فى المشرق العربى، فإن هذا الخط الآخر" كان مقدرًا له أن يتطور، وبعد دخول الرأسمالية الأوربية فى مرحلة الإمبريالية، ليكرس مفهوم الأقلية الدينية، وذلك بما يسمح لهذه الأقلية أن تتمحور على ذاتها على أسس طائفية

أو إقليمية أو سلالية "أثنية"، ثم بما أدى بعد ذلك إلى ظهور نزعات تدعو الطائفية إلا إقامة "أوطان قومية" على أسس دينية . لقد حدث هذا فى أماكن كثيرة فى المنطقة، ولكنه لم يحدث فى مصر.

فى زمن محمد على باشا والى مصر، عندما جاء سفير دولة روسيا، والتي كانت تعد أكبر دولة مسيحية أرثوذكسية ويحكمها قيصر، جاء هذا السفير ليعرض على البابا بطرس موضوع حماية قيصر روسيا للأقباط، ولكن البابا بطرس رفض هذا العرض، ورد على السفير بهذه الجملة الذهبية (نحن في حمى من لا يموت).[١٠١]

٤- ارسال البطريرك كيرلس الرابع (١١٠) للحبشة لحل خلافات الحدود:

وقع في أيام البابا كيرلس الرابع خلاف بين الحكومتين المصرية والحبشية بسبب تعيين الحدود بينها، وقيل أن السلطان عبد المجيد العثمانى هو الذي أوعز إلى سعيد باشا خديوي مصر بأن يرسل بطريرك الأقباط إلى البلاد الحبشة لعقد اتفاق بينه وبين ثيودور ملك الحبشة Tewodros II أو Theodore II الذي كان قد تعدى على بعض نقاط الحدود في إقليم هرر Harrar وحدثت مشاكل للتابعين في ذلك الوقت للحكومة المصرية العثمانية، فجهزت له باخرة، وقام البطريرك بهذه المهمة السياسية حيث طلب البطريرك من النجاش أن يرد لبلاد مصر ما أخذه منها، فأجابه إلى طلبه بسرور لكن عاد الأنجليز و أوقعوا بين البطريرك و النجاش فأهانة و لكنة تراجع عندما علم بالمكيدة التى دبرها الانجليز ليوقعوا مصر و الحبشة فى حرب و عاد البطريرك لمصر فحقد علية الانجليز فأوقعوا بينة و بين سعيد باشا الذى أمر بدس السم له و تنيح البابا بسلام .

٥- موقف البطريرك البابا ديمتريوس الثاني (١١١) من الأرساليات الاجنبية :

عرض الأمر على الخديوى اسماعيل فأمر بتوفير مركب بخارى لقداسة البابا ديمتريوس ليطوف البلاد على نفقة الخديو الخاصة لتثبيت الإيمان الأرثوذكسى أمام طوفان الإرساليات و البعثات التبشيرية البروتستانتية .

حيث في هذه الفترة، ازداد النشاط التبشيري في بلاد مصر و بلاد الشام ؛ فقد تعددت الإرساليات التبشيرية، وأبرزها:

الإرساليات الكاثوليكية و منها إرساليات اليسوعيين واللعازاريين التي هي من أقدم البعثات التبشيرية ؛ إذ قدمت إلى المنطقة في أوائل القرن السابع عشر، وطورت نظاماً تعليمياً هدفه خدمة احتياجات الموارنة والطوائف الكاثوليكية، وافتتحت العديد من المدارس سواء للذكور أو الإناث ، وأسست جامعة القديس يوسف ببلاد الشام التي قامت بدورها بتعليم اللغات القديمة والحديثة والأدب والطبيعيات. ووسع اليسوعيون مجال عملهم، فامتد إلى دمشق وحلب وفلسطين والأردن ومصر، ودخلوا ميدان الطباعة، وبنوا

101 [أنظر سيرة البابا بطرس الجاولي، سنكسار٧ طوبه].

المستشفيات والمؤسسات الخيرية. اما الإرساليات البروتستانتية فيعود تاريخ بدء نشاط الإرساليات البروتستانتية إلى العام ١٨٢٠ في القدس ومن ثم تركز ذلك النشاط في بيروت وما حولها، حيث قامت بتأسيس العديد من المدارس للذكور والإناث على حد سواء. ومن اكثر الإنجازات أهمية للبعثات الأمريكية تأسيس الكلية السورية الإنجيلية في بيروت عام ١٨٦٦، وهي الكلية التي درّست العلوم الطبية والطبيعية والدينية والعقلية والأدبية والفلسفية. وكان التدريس باللغة العربية من أهم ميزاتها. وكرست مطبعة الإرسالية في بيروت لطباعة الكتب الدينية والتعليمية باللغة العربية وجرى تأسيس جامعات في مصر وتركيا كان لها دور أساسي في تطور ونمو الأفكار والحركات السياسية المحلية. أما الإرساليات البروتستانتية البريطانية، فقد انتشر نشاطها في القدس وسورية والأردن ومصر" إذ تأسست جمعية C. M.S وامتد نشاطها إلى القدس والناصرة والسلط ويافا ورام الله وغزة وعكا والرملة والكرك.

و هناك ايضا الإرساليات الروسية حيث أتاحت اتفاقية كوجك قينارجه التي وقعت بين روسيا والدولة العثمانية عام ١٨٨٤ الفرصة لبدء النشاط التبشيري الأرثوذكسي في القدس وقامت بتأسيس جمعية فلسطين الإمبراطورية عام ١٨٣٧ بقصد دعم النشاط الديني والثقافي الروسي في القدس، وتبنت برنامجاً لتعليم الأرثوذكس في مدن الناصرة ورام الله وحيفا ويافا، وعلمت باللغة العربية.

٦- موقف البطريرك كيرلس الخامس (١١٢) فى أزمة أثيوبيا :

اوفد الخديوى أسماعيل البابا كيرلس الرابع ليزيل سوء التفاهم الذى حدث بين مصر وأثيوبيا فأنهى مهمته وأزال العلاقات المتوترة بين البلدين وأبرمت معاهدة صداقة بين مصر وأثيوبيا .

٧- موقف البطريرك كيرلس الخامس (١١٢) فى عهد الخديوى اسماعيل من أزمة الديون :

امام ضغط القوي الوطنية بقيادة فضيلة الأمام الأكبر محمد المهدي العباسي وفضيلة المفتي والبابا كيرلس الخامس وحاخام اليهود في مصر ، اضطر الخديو إسماعيل لقبول اللائحة الوطنية التي قدمها إليه كل هؤلاء الوطنيين من رموز الوطن ، ليبدو معبرا عن الآمال الوطنية ويتخلص من النظارة الأوروبية المتمثلة في الوزيرين الاجنبيين . قدمت وزارة توفيق باشا استقالتها ، وكلف اسماعيل باشا شريف باشا بتشكيل أول حكومة وطنية (٧ ابريل ٥ يوليو ١٨٧٩) . شعر المصريون بجسارة وقوة وفاعلية الوحدة الوطنية وابتهجوا لنجاح حركتهم السامية ، وقام وفد من كبار الشخصيات المصرية المرموقة بالتوجه إلي قصر عابدين لتقديم الشكر للخديو اسماعيل ، كان من بينهم البابا كيرلس الخامس ، بطريرك الكرازة المرقسية . واقيمت احتفالات وطنية ابتهاجا بالعهد

الجديد ، حضره البابا كيرلس الخامس في دار السيد علي البكري نقيب الاشراف مع كبار رجال الدولة في يوم ٩ ابريل ١٨٧٩ ، وكان علي رأس الحضور الخديو اسماعيل نفسه . وفي يوم ٢٢ ابريل من العام نفسه اصدر الخديو مرسوما ماليا للخروج من الأزمة المالية ومنع التدخل الأوروبي والحيلولة دون إعلان إفلاس حكومة مصر .

و جدير بالذكر أن الخديوى أسماعيل هو أول حاكم فى التاريخ يمنح أعلى رتبة للمسيحيين فى ذلك العصر وقد أستحقها نوبار باشا . ونرى الأقباط فى هذا العصر يبنون مساجد فقد انشأ مرقس بك يوسف فى عام ١٨٦٥م مسجداً فى طنطا ، وأنشأ قلينى فهمى باشا مسجداً آخر وكنيسة بعزبته بالمنيا . وسمح الخديوى أسماعيل لبطريرك الأقباط كيرلس الرابع بإنشاء مدارس للبنين بجوار البطريركية واخرى للبنات بحارة السقايين وكانت هذه المدارس بالمجان وكان يلتحق بهذه المدارس مسلمين ومسيحيين والذين تخرجوا منها وصلوا إلى مراكز عالية حتى أن بعضهم وصل إلى يصبحوا رؤساء وزارات مثل بطرس غالى باشا وحسين باشا ورشدى يوسف بك وهبة وعبد الخالق ثروت باشا هذا غير الكثيرين من الوزراء والعيان والمستشارين . أما البطريرك كيرلس الرابع فقد كانت له صداقة مع كثيرين من اعضاء الحكومة وكذلك شيخ الأزهر .قد اوفد الخديوى أسماعيل البابا كيرلس الرابع ليزيل سوء التفاهم الذى حدث بين مصر وأثيوبيا فأنهى مهمته وأزال العلاقات المتوترة بين البلدين وأبرمت معاهدة صداقة بين مصر وأثيوبيا. أمر بحضور قسيس من قسوس الأقباط وعمدة من عمد الأقباط للتوقيع والموافقة عند خروج أحد الأقباط عن الدين المسيحى إلى الدين الاسلامى وإقرارهما بأن ذلك تم بمحض رغبة المتأسلم و بدون أى ضغوط عليه و بمحض إرادته و بعد تصديقهما على الإقرار يحفظ فى المديرية و كان ذلك سنة ١٨٦٣م . عند تنظيم شوارع مصر كان يقتضى أن يمر شارع كلوت بك بمقر البطرخانة القديمة لكى يصير مستقيماً ، فعرض الخديو إسماعيل على الأنبا ديمتريوس البطرك آنذاك أن تقوم الدولة ببناء بطريركية جديدة أكبر ودار للبطرك (مقر باباوى) أفخم ، ولكن عند رفض الأنبا ديمتريوس هذا العرض قال الخديو (لتكن إرادة البطريرك و لتبق الكنيسة كما هى) ، وتم إلتفاف شارع كلوت بك من حول البطرخانة كما هو الحال اليوم . تبرع الخديو إسماعيل بألف وخمسمائة (١٥٠٠) فدان من أملاكه الخاصة لصالح المدارس القبطية تشجيعاً منه لهذه المدارس لما تنامى إلى علمه سعى هذه المدارس فى تعليم الطلاب والطالبات العلوم واللغات الأجنبية . أمر بتوفير مركب بخارى لقداسة البابا ديمتريوس ليطوف البلاد على نفقة الخديو الخاصة لتثبيت الإيمان الأرثوذكسى أمام طوفان الإرساليات و البعثات التبشيرية البروتستانتية . فى عصره كان يتم ترشيح وإنتخاب الأقباط لمجلس الشورى وكذلك قام بتعيين قضاة من الأقباط . أسماعيل باشا أول حاكم منح رتبة الباشوية إلى

قبطى و هو نوبار باشا (يوجد شارع بإسمه للآن) كما عين واصف باشا فى منصب كبير التشريفات .

وكان عصراً متسامحا قام بعض الأراخنة الأقباط ببناء مساجد للمسلمين فى البلاد فى طنطا والمنيا رداً على كرم الخديو إسماعيل ، وفى السنوات الاولى من حكم أسماعيل باشا الذى أصبح فيما بعد الخديوى أسماعيل بعد زيارة السلطان عبد العزيز ، أصبحت له مكانة دولية خاصة بين الدول فقام بالتفاوض راساً مع الدول الأوربية فى موضوع إستبدال المحاكم القنصلية بالنظام القضائى المختلط .استوعب الخديو إسماعيل معني المواطنة وسبق عصور عديدة في تطبيقها بشكل يكاد يكون نموذجياً . حرص إسماعيل علي تفعيل المواطنة في المدارس والدواوين وفي الشوارع ودور العبادة وحتي البرلمان منذ نشأته عام ١٨٦٦ ، لم يفرق الخديو بين مسلم ومسيحي علي كل المستويات ، وقد حرص علي أن تتضمن قوائم البعثات العلمية إلي أوروبا أسماء العديد من الأقباط

٨- موقف البطريرك كيرلس الخامس (١١٢) من الثورة العرابية و تأييدة لها و رفض حماية التاج البريطاني لاقباط مصر :

فى عهد الخديو توفيق ابان الثورة العرابية وبعد قيام الاسطول البريطانى بضرب الاسكندرية سارع الخديوى توفيق الى الاسكندرية ليعيش تحت حماية الانجليز فاجتمع العرابيون فى القاهرة واصدروا قرارا بخلع الخديو توفيق فى ٢٣ يوليو ١٨٨٢ ولم يتأخر البابا كيرلس الخامس عن المشاركة ووقع القرار وقد عومل البابا كيرلس معاملة غير كريمة بعد فشل الثورة العرابية.وأراد الإنجليز أن يتقربوا للاقباط على حساب الاغلبية المسلمة فأرسلوا المندوب السامي، الذي جاء ليساوم البابا كيرلس الخامس على حماية التاج البريطاني لاقباط مصر، فما كان من البابا العظيم إلا أن قال له:

(يا ولدي إن الأقباط والمسلمين يعيشون جنباً إلى جنب منذ أقدم العصور، ويتعايشون في البيت الواحد. وفي المصلحة يجلسون في مكاتب مشتركة، ويأكلون من أرض طيبة واحدة، يشربون من نيل واحد، ويتلاحمون في كل ظروف الحياة في السراء والضراء، ولا يستطيعون أن يستغنوا عن بعضهم بعضا، ولن نطلب حماية نحن الأقباط إلا من الله ومن عز مصر) ومضى الرجل محملا بالخيبة وكان ذلك بداية مضايقات لاقباط مصر من الاستعمار البريطانى لكن هكذا الاقباط وسيظلون لا يعرفون حماية الا من الله .. ولا ينتظرون سوى رحمته .. ويفتخرون انهم زرع هذه الارض وثمرتها .

و عقب الاحتلال البريطانى لمصر عام ١٨٨٢م، اتبع الانجليز سياسة **(فرق تسد)** بين المسلمين والأقباط، ولكن محاولاتهم فشلت أو لنقل أنها على الأقل لم تؤت ثمارها التى توقعوها. لكنهم عاودوا تشجيعهم لمدعى التبشير لعلهم يفلحون. وفى سبيل هذا الهدف قابل القنصل الأمريكى ومعه دكتور يوحنا هوج كبير المبشرين الأمريكيين البابا كيرلس

الخامس. وخلال الزيارة زعم هوج أنه يستطيع طمأنة البابا الجليل فقال لـه بأن المدارس الأمريكية لا تعمل أكثر من تعليم الإنجيل لتلاميذها وتلميذاتها. فكانت هذه الكلمات بمثابة الشرارة إذ فجرت ثائرة البابا اليقظ فقال لـه: «الإنجيل الطاهر! وهل الأمريكان وحدهم هم الذين عندهم الإنجيل؟ ولماذا لا يعلمونه لعبيدهم إذا كان عندهم؟ لماذا يذهب الأخ إلى الحرب ضد أخيه؟»، فى إشارة منه إلى الحرب الأهلية التى اندلعت آنذاك بين سكان الولايات الشمالية وسكان الولايات الجنوبية من أجل الإبقاء على العبودية أو إلغائها.

وأضاف البابا قائلا: «لماذا جاءوا إلى مصر بكلماتهم الناعمة الطيبة؟ إن الإنجيل عندنا قبل أن تولد أمريكا فى الوجود. إننا لا نحتاج إليهم ليأتوا ويعلمونا فنحن نعرف الإنجيل أحسن منهم».

٩- البابا يوساب الثاني (١١٥) و تأييد ثورة ٢٣ يوليو ١٩٥٢ :

أصدرت الكنيسة القبطية الأرثوذكسية ثانى بيان تأييد لحركة الضباط الأحرار ثم كان عيد الميلاد المجيد، الموافق ٧ يناير من عام ١٩٥٣م، عيداً مختلفاً ليس فقط بالنسبة للمسيحيين ولكن أيضاً لكل المصريين، فقد كان أول عيد خاص بالمسيحيين يأتى بعد قيام ثورة ٢٣ يوليو ١٩٥٢م، تلك الثورة التى قامت بقيادة مجموعة من ضباط الجيش المصرى أطلقوا على أنفسهم اسم "الضباط الأحرار"، والذين كان يتزعمهم اللواء محمد نجيب على ما بدا فى أول الأمر أمام المصريين والمجتمع العالمى، وإن تبين بعد ذلك أن جمال عبد الناصر هو القائد الحقيقي لذلك التنظيم، وأن ناصر ورفاقه من شباب الضباط قد اتخذوا من اللواء محمد نجيب واجهة لهم وقائداً اسمياً حتى يكتسبوا ثقة ومصداقية المجتمعين المصرى والدولى.

فى ذلك الوقت اهتم الرئيس اللواء محمد نجيب، والذى يُعد أول رئيس لمصر بعد الثورة، بتهنئة المواطنين المصريين المسيحيين وكذا أبناء الطوائف المسيحية الشرقية عامة بعيد الميلاد المجيد، حيث قال خطاباً تمت إذاعته من دار الإذاعة المصرية، أكد فيه الكثير من معانى المواطنة والوحدة والإخاء التى تربط بين المواطنين المصريين وبعضهم البعض على اختلاف انتماءاتهم الدينية.

وقد اهتمت الصحف بنشر خطابه آنذاك، ومن تلك الصحف على سبيل المثال جريدة (قارون)، وهى جريدة سياسية أدبية جامعة، أسبوعية صدرت فى مدينة الفيوم بصعيد مصر سنة ١٩٢٤م لصاحبها زكى يوسف الفيومى (١٨٩٢- ١٩٧١م)، والذى كان أديباً وصحفياً وعضواً بنقابة الصحفيين المصريين، واستمرت جريدته فى الصدور إلى أوائل التسعينيات من القرن العشرين تحت إشراف ابنه يوسف الفيومى.

فـى عـدد (قـارون) الـصادر بتـاريخ الـسبت ١٧ ينـاير ١٩٥٣م، نـشرت الجريـدة خطـاب رئـيس مـصر آنـذاك اللـواء محمـد نجيـب، تحـت عنـوان "الـدين لله، والـوطن للجميـع.. مـن تهنئة الرئيس فى عيد الميلاد.. أذيعت من دار الإذاعة"، حيث جاء فيه:

"إخـوانى الأقبـاط، وأبنـاء الطوائـف المـسيحية الـشرقي إنـه ليسرنـى، بمناسـبة عيـد المـيلاد المجيد أن أقدم لكم وللمسيحيين فى البلاد العربية وغيرها أجمل التهانى بحلول هذا العيد، وأطيب التمنيات لكم بأعياد مقبلة سعيدة، يظلل العالم فيها الخير والبركة والسلام.

و إنى- إذ أتحدث إليكم، لأتمثل مريم البتول والسيد المسيح، عليهما السلام، وقد جاءا إلى مصر ونزلا بهذا الوادى الذى أراد الله له أن يكون منزلاً للرحمة والمحبة والتسامح.

ولقد عاش المسلمون والمسيحيون فـى مـصر بـل أقـول عـاش المواطنـون المـصريون فـى مـصر علـى اخـتلاف نحلهـم وطـوائفهم إخوانـاً متحـابين متعـاونين لا يحـدث بيـنهم إلا مـا يحدث بين الأهل والإخوان فهم أبنـاء وطـن واحـد، تتجـاور حقـولهم ومـساكنهم وأعمـالهم، وقد اختلطت دماؤهم فى ميدان الجهاد فسقت أرض الوطن.

وإنـى لأوصـى مـواطنى جميعـاً، مـن مـسلمين وأقبـاط بـالتراحم والتـواد والتعـاطف، كمـا أوصيهم بضيوف بلادنا من أجانب.

إن المـصريين جميعـاً أبنـاء لمـصر، وكـل مـصرى علـى وطنـه عزيـز، وكلهـم فـى محبـة الوطن سواء".

كما نـشرت جريـدة (قـارون) أيـضاً جـزءاً مـن رسـالة البابـا يوسـاب الثـانى ١١٥ (١٩٤٦-١٩٥٦م)، تحـدث فيهـا عـن معـانى الـسلام والرحمـة والبـذل والتـضحية، كمـا إنـه امتـدح شـعار (الاتحـاد والنظـام والعمـل) وهـو الـشعار الـذى تبنتـه ثـورة ٢٣ يوليـو آنـذاك، مُبينـاً أنهـا ذاتهـا مبادئ الكتب المقدسة.

قـال البابـا يوسـاب الثـانى فـى رسـالته:(ذكـرى المـيلاد العجيـب فـى كـل مظاهرهـا. ذكـرى السلام والرحمة والبذل والتضحية والمجد والعظمة، ولـن ينـسى العـالم تـاريخ المـذود لأنـه تـاريخ المعجـزات الخالـد فـى سـجل الـدنيا، فقـد تلاقـى عنـده الملـوك والعظمـاء بالمـساكين والفقراء، وتقابل ملائكة السماء بسكان الغبراء، ينشدون آية (المجد لله فـى الأعـالى وعلـى الأرض الـسلام وبالنـاس المـسرة).ومـن حـسنات الـزمن أن يهـل عيـد المـيلاد علـى مـصر وشـعارها- الاتحـاد والنظـام والعمـل، وهـى مبـادئ الكتـب المقدسـة والأنبيـاء الأطهـار والمجاهدين المخلصين).

فمن الجدير بالذكر أنه تحت عنوان "إذاعـة القـداس" قالـت جريـدة (قـارون) عـام ١٩٥٣م أنه (أُذيع ليلـة العيـد المجيـد قـداس المـيلاد مـن الكنيـسة البطرسـية بالقـاهرة. وقـام بالـشعائر الدينية نيافة الأنبا توماس مطران الغربية والبحيرة وتولى شرح كلمة العيد جنـاب القمـص جرجس إبراهيم الوكيل العام للبطريركية. وهذه أول مرة يُذاع فيها من محطة الإذاعة).

١٠- البابا كيرلس السادس ووثيقة تبرئة اليهود و رفض العدوان الأسرائيلى على الأراضى المصرية :

كانت هناك محاولات للوقيعه بين جمال عبد الناصر والبابا كيرلس السادس ومن اهمها فى اكتوبر ١٩٦٥ قامت الدنيا ولم تقعد علي مشروع لوثيقة اليهود " بمؤتمر الفاتيكان الثاني قدّم الألماني (الكاردينال بيا) وثيقة تبرئ اليهود من دم المسيح. وبرأت الأجيال اليهودية من تولي وزر صلب المسيح، كما أنها حاولت حصر الجريمة في أقل عدد ممكن من الكهنة ورؤساء الشعب اليهودي،كما جاء بالوثيقة " فإن ما ارتكب أثناء آلامه كما كانت تتضمن أن اليهود الذين صلبوا المسيح هم القادة والرؤساء وأصحاب الرأي فيهم الذين عاشوا من ألفي عام ، ولا يمكن أن يعزى إلى جميع اليهود الذين كانوا عائشين إذ ذاك، ولا إلى يهود أيامنا (فلماذا تشمل اللعنة يهود اليوم وهم لم يشتركوا فى الخطيئة التي ارتكبها أسلافهم؟!)

وتعود الوثيقة للحديث عن آلام المسيح المصلوب، فتقول: (ما حصل للمسيح من عذابه لا يمكن أن يعزى لجميع الشعب اليهودي.. فإن الكنيسة كانت ولا تزال تعتقد بأن المسيح قد مر بعذابه وقتله بحرية بسبب ذنوب جميع البشر، ونتيجة حُبٍ لا حدَّ له).

ورأي البابا كيرلس السادس في وثيقة تبرئة اليهود أن المسيحيين جميعا متفقون تماما على ان المسيح قد صلب وأن اليهود هم الذين صلبوه واليهود أنفسهم يقرون بأنهم صلبوا المسيح واليهود طبقا لنصوص الانجيل هم الذين صاحوا يوم صلب المسيح بقولهم (اصلبوه.. دمه علينا وعلي اولادنا من بعدنا)

ونلاحظ في هذه الوثيقة تعارضاً صريحاً مع النصوص الإنجيلية، المصرحة بدور اليهود بقتل المسيح على الصليب، ومنها قول بولس: " اليهود الذين قتلوا الرب يسوع، وأنبياءهم، واضطهدونا نحن" (تسالونيكي الاولى ٢ : ١٥).

وهذه التبرئة لم تكن لها اهداف دينية فى العلن انما اهداف سياسية بحتة ونتائج سياسية تترتب على اعتراف الاقباط بتلك الوثيقة فإسرائيل تعتمد على عطف العالم الاروبي والامريكي أدبيا وماديا داخل الالة الاعلامية المدعومة من قبل اليهود وهذه الوثيقة تعد جوا مساعد لإسرائيل وتهيئ لها مزيدا من العطف والوثيقة تتجاهل ما فعله اليهود فى عرب فلسطين مسيحيين ومسلمين ومازالوا يوقعونه علي أهل البلد المنكوب وتجاهلت الوثيقة أيضا ان البلاد العربية فى حالة حرب مع اسرائيل ولذلك عورضت الوثيقة فى مجمع الفاتيكان كما طالب كرادلة الشرق بإسقاط هذه الوثيقة نهائياً ولقد سقت من ضمائرنا ومشاعرنا " ان يهود اليوم مازالوا علي افكارهم للمسيح وإنكارهم به أما انهم مازلوا علي افكارهم للمسيح فهم برهنوا علي تصديقهم لأفعال أجدادهم وتأييدهم للحكم الذي اصدره أسلافهم علي أنفسهم وعلي أحفادهم "دمه علينا وعلي اولادنا "

ما ان الوثيقة تندد بالظلم الذي لاقاه اليهود وتتجاهل الظلم الذي أذاقه اليهود للمسيحيين ابتداء من المعاملة غير الانسانية التي عاملوا بها سيدهم والمعاملة الشريرة الاثمة التي عاملوا بها العذراء الطاهرة ورسل المسيح والقديسين وجميع المؤمنين بالمسيح

١١-موقف البابا شنودة الثالث (١١٧) من اتفاقية كامب ديفيد و التطبيع مع اليهود و ثورة ٢٥ يناير ٢٠١١ و رفض التدخل الأجنبى فى مصر .

موقف البابا شنودة من اتفاقية كامب ديفيد

فى افتتاح دورة مجلس الشعب في ١٩٧٧، وفي هذه الجلسة الشهيرة أعلن الرئيس السادات استعداده للذهاب للقدس بل والكنيست الإسرائيلي وكان فى ذلك الوقت يحتاج الى تايد الشعب فأنشأ السادات الحزب الوطني الديمقراطي وتولى رئاسته، وزادت قبضته العنيفة على القوى المعارضة لتوجهاته، ثم لجأ إلى الاستفتاء الشعبي على شخصه، وطلب من عدة قيادات رئيسية بمصاحبة الرئيس اثناء الزيارة وهو ما عرف وقتها بسياسة التطبيع وهذا ما رفضه البابا شنودة كمثل اتجاه عريض من الشعب كما أكد البابا أن الأقباط لن يزورا القدس حجا والأراضي الفلسطينية تحت الاحتلال وايضا احتجاجا على الاستيلاء على أحد الأوقاف القبطية في القدس وهو "دير السلطان" وله مقولة شهيرة ان الاقباط لن يدخلوا القدس الا وايديهم فى أيدى اخواتهم المسلمون والقدس حرة ، وذلك رغم أن البابا أيد السلام مع إسرائيل لكنه رفض الذهاب إلى إسرائيل مما اضطر السادات الى السيطرة على جميع أطراف المعارضة من جميع الجهات لحين الانتهاء من اتفاقية كامب ديفيد وذلك ما يعرف بأحداث سبتمبر ١٩٧٧ حيث تم القاء القبض على حوالي ١٥٠٠ شخص من جميع الفئات المعارضة من بينهم السياسيون كما قام باعتقال كثير من القيادات الدينية داخل سجن المرج وطره كما انه حدد اقامة البابا بدير الانبا شنودة وعمل علي تكوين اللجنة الخماسية وهم الأنبا صموائيل أسقف الخدمات "متنيح"، والأنبا غريغوريوس أسقف البحث العلمي"متنيح"، والأنبا مكسيموس مطران القليوبية "متنيح"، والأنبا يوأنس أسقف الغربية "متنيح"، والأنبا أثناسيوس مطران بني سويف "متنيح"، وبعد وفاة الأنبا صموائيل يوم ٦ أكتوبر تم اختيار الأنبا باخميوس مطران البحيرة الحالي الجدير بالذكر ان اللجنة لم تمارس أي عمل. وكان الرئيس السادات كان يستعين بالقمص متي المسكين، وأعتقد أنه له دخل كبير في تحديد الأسماء. حسب رأي الانبا بسنتي السكرتير الشخصي للبابا أثناء أزمة ١٩٨١ .

البابا شنوده الثالث وموقفه من التدخل الاجنبى

من اهم اقوال البابا شنودة الثالث (١١٧) فى موضوع التدخل الاجنبى و حماية المسيحين كأقلية **(لو امريكا هتحمي الاقباط في مصر وهتفرض الحماية الدولية علي مصر .. فليموت الاقباط ولتحيا مصر)**

خبر نشر ب"روزاليوسف" ٢٠١١/٦/٣٠ عن وجود محاولات جادة من قبل قيادات الكنيسة القبطية لاقناع نشطاء أقباط المهجر بالعدول عن فكرة مطالبتهم بالحماية الدولية علي المنشآت القبطية في مصر. وأشارت المصادر إلي أن البابا شنودة الثالث بابا الإسكندرية وبطريرك الكرازة المرقسية عبر عن استيائه عقب تقديم بعض الشخصيات القبطية في المهجر طلباً للكونجرس الأمريكي من أجل الحماية الدولية للأقباط.

يقر الاستاذ عبد الله السناوي بجريدة العربى عدد مارس ١٩٩٤ قائلاً: (**اختلف كما تشاء مع البابا شنودة ولكن عليك تسلم أن عزوفه الصارم عن استخدام المفردات الطائفية الانعزالية في تصريحاته ومواقفه قد جنب مصر مصير أقطار عربية أخرى جرت إلى الحروب الأهلية**.)

هذا إلى جانب شهادة الدكتور مصطفى الفقي بجريدة المصرى اليوم عدد ١٥ نوفمبر ٢٠٠٧، بأن تاريخ الكنيسة يتحدث عن البابا كيرلس الرابع باعتباره **(أب الإصلاح)** إلا أنه سيتحدث قطعًا عن البابا شنودة باعتباره **(أب الهوية الوطنية الحديثة للأقباط)**، وأضاف أن له يرجع الفضل في دفع الأقباط إلى الساحة القومية، حتى أن الجماهير تلقبه (بطريرك العرب) لمساندته للقضية الفلسطينية، وأتذكر أنني طالبت سيادته بتزكية شخصيات قبطية للتعيين في مجلس الشورى ففوجئت به يملي عليَّ أسماء بعض المسلمين على رأسهم (الدكتورفرج فودة) قائلاً ليس يعنيني دين من سوف يتم تعينه بل ما يعنيني هو إيمانه بالوحدة الوطنية ونبذه التطرف ودعوته للمحبة والتسامح.

من محبة كنيستنا لمصر انها تصلي من اجلها في كل قداس و في كل صلواتها (كجنة الرب كأرض مصر) (تك ١٠:١٣) فهي تصلي من اجل احتياجات المصريين

- مياة الانهار (بؤونه- بابه/ يونيو- اكتوبر)
- الزروع و العشب (بابه- طوبه/اكتوبر- فبراير)
- اهوية السماء و نباتات الحقل (طوبه-بؤونه/ فبراير- يونيو)
- الصلاه من اجل النحل و العسل و القمح و المخازن
- الصلاه من اجل السلام في كل ارض مصر: .... مداخلنا و مخارجنا ..... الرئيس و الجند و الوزراء
- الغلاء و الوباء و سيف الاعداء
- الصلاه من اجل جميع المرضي و المسافرين
- الطلبة و ايضا العاطلين لا تهتموا بشىء(تتهمموا) بل فى كل شىء بالصلاة والدعاء مع الشكر لتعلم طلباتكم لدى الله " .

كذلك فقد رفض الأقباط بشدة جميع أنواع وطرق فرض الحماية عليهم أو إنقاذهم من ناحية جميع المستعمرين والغزاه الذين جاؤا يتذرعون بمقولة حماية الأقباط ، رغم ما

كان يعانيه الأقباط من الظلم والاضطهاد والقسوة. والحقيقة أن أكذوبة الترحيب هذه، هي الأكذوبة الشهيرة التي يتذرع بها ويطلقها دائما كل مستعمر أو فاتح أو محتل، يكاد لا يشذ عنها أحدا منهم على مدى التاريخ وفي كل مكان، هي ستار شفاف يحاول الفاتح أو الغازي أو المحتل أن يغطي به دوافعه الحقيقية، متوهما أنه قد استطاع أن يخفي الحقيقة، وأن يضفي على وجوده صفة الشرعية بأن الأهالي هم الذين استنجدوا ورحبوا به، ولا مانع عنده من أن يلصق بالمواطنين تهمه الخيانة ليسقط عن نفسه جريمة العدوان على الاخرين . حدث هذا ويحدث ليس فقط مع من فتحوا أو احتلوا أو استعمروا مصر، بل مع غالبية الشعوب التي نكبت بالفتح أو تعرضت للغزو أو الاستعمار، هي نفس الحجة والأكذوبة وهو هو نفس الأسلوب الملتوي والمخادع لتبرير الأحداث و نجدة فى العصر الحديث فأمريكا تقول أن العراقيين هم من استنجدوا بهم ليخلصوهم من حكم صدام حسين و العالم كله يرى حال العراق المفكك لأن الخلاص من الحاكم الظالم يجب أن يكون بيد أبنائة و ليس باستدعاء محتل اجنبى .

و نقلا عن جريدة الأهرام اليومى[١٠٢] خبر يقول (البابا شنودة يجدد رفضه للتطبيع مع إسرائيل)

استأنف البابا شنودة الثالث بابا الاسكندرية وبطريرك الكرازة المرقسية محاضرته الاسبوعية بعد غياب استمر ثلاثة أسابيع للعلاج في الخارج وجدد البابا في محاضرته رفضه التطبيع مع اسرائيل. مؤكدا أن الأقباط لن يذهبوا إلي القدس للحج إلي الأراضي المقدسة هناك إلا مع إخوانهم المسلمين. ورفض البابا بشدة السماح بالاجهاض في إجابته سؤال لإحدي السيدات تطالب بالتخلص من جنين لأن لديها طفلين ولا تريد طفلا ثالثا وقال لها البابا إن الروح تدب في الجنين منذ اليوم الأول وغير مسموح بالإجهاض من الناحية الدينية تحت أي سبب.

وأكد البابا أن الكنيسة لم تحتم بالسلطة في أي وقت من الأوقات وأنها تحتمي دائما بالاله القوي وذلك في تعليق منه علي سؤال لأحد الحاضرين عما أورده الأب متي المسكين في أحد كتبه.

١٢- البابا تواضروس: المسيحيون يحتمون بالله أولا وإخوتهم المصريين ثانيًا فقط..وحرق الكنائس ثمن للحرية

بطريرك الأقباط لروسيا اليوم[١٠٣]:تم الاعتداء على أكثر من ١٠٠ موقع مسيحى يمثل كنيسة أو مدرسة للراهبات أو ملجأ أطفال بابا الإسكندرية وبطريرك الكرازة المرقسية الأنبا

---

[102] الاهرام اليومى ٢٠١١/١/٢١ بقلم أشرف صادق

تواضروس، خرج عن صمته فى حوار مع قناة «روسيا اليوم». بابا الأقباط الأرثوذكس الذى لم يُتِمّ عاما على اختياره، كان جريئـا، سواء فى الشأن الداخلى أو فى ردوده على الموقف الخارجى من الأحداث فى مصر، فى حواره الذى رأت «التحرير» إعادة عرضه على صفحاتها.

■ بماذا تصف الحالة المصرية الحالية؟

- هى حالة مخاض، وحالة المخاض تعنى ألمًا، لكن يقابلها ولادة جديدة وإنسان جديد.

■ وما سبب ما وصلت إليه مصر؟

- أسباب كثيرة ومتراكمة وليست وليدة اللحظة، ولكن أهم الأسباب يتلخص فى كفاءة الإدارة، فإدارة دولة بحجم مصر يجب على من يتصدى لها أن يكون على قدر هذه الكفاءة، فغياب الكفاءة أو ضعفها تسبب فى كل ما نحن فيه.

■ هل هناك ترابط بين معاناة المسيحيين فى العراق وسوريا ومصر؟

- ربما يكون هناك ترابط، لست متأكدا مئة فى المئة، لكن فيه نوع من الضغط على الوجود المسيحى فى الشرق الأوسط بصفة عامة، يمكن العراق نسبة كبيرة من المسيحيين هناك تركوها، ربما يكون لهدف خبيث، لكن الحالة المصرية مختلفة، لأن الأقباط من جذور أرض مصر، لذا بيأخذوا كلمة أقباط، المسيحيون فى أى مكان فى العالم يطلق مثلا عليهم مسيحيّو الغرب، أما فى مصر للمسيحيين عنوان مختلف هو «قبطى» التى تعنى مصرى.

■ مَن المستفيد من استمرار الطائفية فى المنطقة؟

- التفتيت، بعض الدول تضع فى اعتبارها إضعاف منطقة الشرق الأوسط، وتأتى لتفتيتها، يمكن معاهدات «سايكس بيكو»، القديمة والحديثة توضح ذلك، لكن الإضعاف جعلها دويلات صغيرة، وأرجع وأقول مصر حالة خاصة فهى عبر التاريخ لم تنقسم ولم تندمج، هى كذلك كما خلقها ربنا، ولها وضعية خاصة للذين يضعون أفكارا وخططا، مصر بالذات تحكمها قوانين إلهية قبل أن تكون بشرية، ولاحظى أن منطقة الشرق الأوسط هى المنطقة الأغنى فى البترول وزرعت فى وسطها إسرائيل، وهذا العمل تم منذ ٦٠ سنة أو أكثر قليلا، وظهور زعامات فى الوطن العربى تقلق الغرب كثيرا مثل زعامة جمال عبد الناصر، أو صحوة الشعوب تقلق الغرب أيضا، الغرب ربما يكون المستفيد، ربما تخطيط من الولايات المتحدة الأمريكية أو تخطيط من بعض الدول الغربية، لا أملك وثائق فى يدى حتى أستطيع أن أجزم، لكن ربما كما تقول الصحف.

■ وما المغزَى من حرق أكثر من ٥٠ كنيسة يوم فض اعتصامى رابعة والنهضة؟

---

[103] http://tahrirnews.com/news/view.aspx?cdate=01092013&id=e44fb1ac-df57-4086-8b74-ee92572e9dc3

- هذا ثمن الحرية، فقد تم الاعتداء على أكثر من ١٠٠ موقع مسيحى يمثل كنيسة أو مدرسة للراهبات أو ملجأ أطفال، بصورة بربرية على هذه المواقع، بالإضافة إلى أكثر من ١٠٠٠ بيت ومحل عمل للأقباط فى مناطق مختلفة، بصورة كارثية، أعادتنا لعصور الغابات القديمة، حيث لا قانون أو شريعة، والهدف أن المسيحيين يقعون فى المسلمين، ونحن ننتبه إلى هذا جيدا.

■ هل هناك خطر لتصاعد الصدام الطائفى؟ ومَن المسؤول عنه؟

- هناك عوامل آنيَّة، وعوامل تراكمية خلال الزمن، مثلا التعليم فى المدارس لو أخذ ناحية دينية وحض على كراهية الآخر وعدم قبوله، الطفل هيكبر وسيأخذ خط العنف والإرهاب فهنا ناحية تربوية، أو يريد أن ينتقم من الدولة فيأتى على ورقة الأقباط، وهكذا حال الأقباط عبر تاريخهم الطويل، الكنيسة القبطية تسمى كنيسة الشهداء وتدعَى «أم الشهداء»، والتقويم القبطى بدأ حسب التاريخ الميلادى عام ٢٨٤ ميلادية وهى السنة التى اعتلى فيها دقلديانوس عرش الإمبراطورية الرومانية وهو أشهر إمبراطور اضطهد المسيحيين فى العالم.

■ هناك من يعتقد أن المحبة غابت بين المصريين؟

- لا.. المحبة والجيرة والشعور الإنسانى المتبادل ونقاوة النية، موجودة وباتساع.. منذ خمسة أيام، زارنى ١٢ شخصا من رموز العمل الوطنى منهم القاضى والصحفى والفنان، كلهم أتوا ليقولوا «حقك علينا»، طبعا مشاعرهم الطيبة تفرح القلب، ومصر لا تزال بخير.

■ هل يمكن للإرهاب أن ينتصر فى مصر؟

- الإرهاب هو النغمة النشاز، فالمرض استثناء فى حياة الإنسان والأصل هى الصحة وبالتالى فى حياة الدول الإرهاب استثناء، والأصل هو الحياة الطبيعية.

■ هل هناك احتمال للتدخل الخارجى فى مصر؟

- نرفضه تماما ونرفض أى شخص أو جهة أو دولة تتدخل فى شؤوننا الداخلية، تحت أى ذريعة، يعنى مثلا تدخل تحت ذريعة حماية الأقلية، أى الأقباط، نحن نرفض أى حماية، نحن نحتمى بالله ونحتمى بإخوتنا المصريين فقط.

■ وما رأيك فى التعديلات الدستورية؟

- التعديلات الدستورية لا تزال تحت المناقشة والحوار، واللجنة المشكَّلة من خبراء ١٠ ثم لجنة الخمسين التى تمثل كل أطياف المجتمع المصرى، الكنيسة ممثلة فيها، وحسب ما قُدِّم فإنها تعديلات مقبولة، وأحب أن أشير إلى أن الدستور يجب أن يكون رضائيا وتوافقيا، ولا يصح أن يوافق عليه ٦٠٪ من الشعب، المفروض أن يكون دستورا يصل لأعلى درجة من الإرضاء يعنى ٩٠٪ مثلا.

■ ماذا عن هجوم أردوغان على شيخ الأزهر؟

- قبل هذه المقابلة كنت أحدِّث شيخ الأزهر وأعلن تضامنى معه، ونرفض المساس بالرموز الوطنية والدينية، وهذا التطاول وهذه البذاءة عندما تخرج من شخص يحتل منصبا حكوميا رفيعا فإنه أمر غير مبرر وغير مقبول.

■ حضرتك كنت طبيبا صيدليًا، ما روشتة العلاج لمصر؟

- ينبغى أن نعمل على جمع كل أطراف الشأن المصرى، ويستثنى كل من حمل سلاحا أو تسبب فى عنف، وشىء طبيعى أن المسلمين يكون لهم رؤى متنوعة وكذلك المسيحيين، فالحياة بُنيت على التنوع، والروشتة يكون فيها دواء رئيسى، أو العلاج الأول، وهو القانون وإعمال القانون بكل حسم، وبناء قانون قوى وفعال ونافذ هو ما يضبط البلد، مع هذا العلاج هناك علاج فرعى فى التعليم والمساواة وعدم التمييز والإعلام وعدم الإساءة.

■ لماذا لم يعد الأقباط ورقة ضغط فى يد الإدارة الأمريكية؟

- لأن الإدارة الأمريكية تقيِّم قراراتها على أساس المنفعة والمصلحة، وممكن تضرب عرض الحائط بأقرب قريب وأكثر صديق للأسف، لكن المبادئ الإنسانية والأخلاقية التى تحكم العلاقات غائبة، كما ذكرت فى الماضى كانوا يكبّرون موضوع عشان كنيسة صغيرة وقع لها حادث، فكانت ورقة الأقباط وورقة التدخل والأقليات، أما اليوم مع هذا الكم الضخم وما حدث مع الكنيسة ولم تحرك ساكنا، والحقيقة هذه علامة استفهام كبيرة.

الأقباط المسيحيون فى مصر بيهاجروا لدول كبيرة، ورغم هجرتهم، انتماؤهم المصرى لا يقل ولا يضعف، والأحداث التى وقعت مؤخرا فى الشهرين الماضيين، فيها اعتداء صارخ على الأقباط، ولأنهم جزء من الشعب المصرى وقفوا وقفة شعب، الثورة هى وقفة شعب، ساندها الشرطة والجيش والقضاء والإعلام، والشعب بمكوناته من مسلمين ومسيحيين، ولما الشعب يدافع عن الشرطة والجيش والثقافة والقضاء والفن هذا دوره، أما أن الإدارة الأمريكية لا تستمع إلى صوت شعب وإلى كل هذه الأركان التى تكون البيت المصرى، وتستمع فقط وبدعايات كاذبة إلى صوت جماعة أو حتى صوت حزب، كله مغلوط ومرفوض تماما، وهنا يظهر معدن الرجال، وإذا كان الأقباط تعرضوا لضيق، فلم يظهر الصديق، وحسابات المصالح، ولا أجد إجابة، ربما كان فى تفكير معين فى منطقة الشرق الأوسط الكبير وربما كان التنفيذ لجماعات معينة، ربما هذا الأمر كما نقرأ فى الصحف والميديا العالمية وكانت النتيجة المشروع الذى بنوه تفكك واضمحلّ وكل الخطط القائمة عليه انتهت، والنتيجة مش هنقف مع الأقباط، ومع المصريين كلهم.

■ هل «الإخوان» تحرِّض على الجيش المصرى؟

- الجيش المصرى قوى وعظيم وله قادة عظام وشرفاء، يتعرضون لهجمة شرسة، وهو أحد أغراض الجماعة.

■ هل الجيش صمام أمان لمصر؟

- طبعا صمام أمان لمصر، والجيش المصرى له خصوصية فهو يمثل كل مصر، وليس طائفيا، وكل من فى الجيش أولادنا وإخوتنا، ويعملون بطريقة الضبط والربط، لذا هى المؤسسة المنضبطة جدا على أرض مصر، وكما ظهر فى الأحداث الأخيرة أنها صمام الأمان، وأجمل ما حدث أنها لا تطمع فى السلطة وهذا شىء مهم، وإن كان لها وجود فى السلطة فى أى درجة من الدرجات فهذا للضبط والربط وهو فى صالح الشعب.

■ ما أسباب سقوط حكم الإخوان؟

- أخطاء غياب الكفاءة، كما قلت، هناك مثل مصرى يقول «الطمع يقلّ ما جمع»، هناك أسطورة مصرية جميلة، تتكلم عن واحد قيل له اركب الحصان وارجع قبل الغروب، مشى مسافة كبيرة، وظل يتمادى، وعندما جاء الغروب كان قد مات.. هم نجحوا ووصلوا إلى السلطة ولم تكن فى هدفهم المعلن، بل المعلن كان المشاركة لا المغالبة، فصارت المغالبة فى كل شىء، وطريقة اطمع اطمع، فكانت النتيجة أن ذهب كل شىء.

■ هل أنت متفائل للأيام القادمة؟

- متفائل جدا، فلا يستمر ليل، لكن سيأتى نهار، وأعتقد حيوية الشعب وصحوته الأخير ستكون مصدر النهار.

الصعوبات التى تواجه تطبيق المواطنة

١- المواطنة وإشكالية الطائفية :

مع بداية فترة السبعينات بدأ الحديث عن الطائفية وتبلور ما يمكن تسميته بالطائفية النصوصية والفكرية. حيث بدأ إنتاج نصوص فكرية حول تقسيم البشر كل حسب دينه وما يستتبع ذلك من إعلاء لقيم على أخرى وما يتضمنه ذلك من بذور عدم المساواة والرغبة فى التميز والتسديد على الآخر بل وممارسة العنف نحوه، بما يحقق نوعًا من الطائفية المادية بل هناك من أجتهد فبدأ الحديث عن الأقباط باعتبارهم "أهل ذمة" الأمر الذى مثل تراجعًا حاسمًا عن المواطنة التى تحقق المساواة بين الجميع فى الوطن الواحد ولكن لم يزل المناخ الطائفى قائمًا بدرجة أو أخرى رغم جهود دؤوب كثيرة لتجاوز هذا المناخ من قبل الدولة أو روافد من الفكر الدينى المستنير الى أنتجت أدبيات تصب فى إتجاه المواطنة.

٢- المواطنة وإشكالية صعود الدعوة لحقوق الإنسان الأقليات :

مع التحولات العالمية ونشوء ما يمكن تسميته بالمجتمع الكونى والسوق الكونية، وتداخل المصالح الإقتصادية بين بلدان العالم، وإن كان ليس بقدر متكافئ، فلقد أعطى البعض نفسه (الطرف الأقوى بالطبع) حق التدخل فى شئون الدول الأخرى حرصًا على مصالح

الطرف الأقوى، ولإحكام السيطرة الكاملة التى تبدأ بالإقتصادى وتنتهى بالثقافى مرورًا بالإجتماعى والسياسى. ويتم التدخل تحت مظلة حقوق الإنسان / الأقليات إلا أن الإشكالية هنا تكون مركبة بسبب عالمية هذه الدعوة، وأيضًا بسبب أن قضايا التكامل القومى، والعلاقة بين المسلمين والأقباط، وأوضاع الأقباط، باتت تناقش على ارض حقوق الإنسان الأقليات. وهو أمرًا يمثل مسارًا مختلفًا عن مسار المواطنة. وبتنا نشهد نمو تيار يستبدل حقوق الإنسان الأقليات بالمواطنة. فبينما حقوق الإنسان تتحدث عن حقوق الإنسان المدنية:حق أى إنسان فى حريته أن يعبر عن نفسه، وبينما حقوق الأقليات تعنى حقوق جماعة متميزة عن الأخرى فى التحرك نحو المشاركة فى السلطة العامة فى "بلاده" من خلال المؤسسات الشرعية، والفرق واضح بل حاسم، الأمر الذى مهد لأن يأخذ قانون الحرية الدينية الأمريكى كل هذا الاهتمام ويصبح التطور الطبيعى لدعاوى حقوق الإنسان فالأقليات دوما فى حاجة إلى مظلة دولية.

من كلمات الأنبا موسى - أسقف الشباب بالكنيسة الأرثوذكسية - :

(نحن، كأقباط ، لا نشعر أننا أقلية ، لأنه ليس بيننا وبين إخواننا المسلمين فرق عرقي " إثني " لأننا مصريون ، وأتجاسر وأقول : كلنا أقباط ، بمعنى أنه يجري فينا دم واحد من أيام الفراعنة .. هناك طبعًا التمايز الديني ، لكن يظل الأقوى والأوضح الوحدة العرقية .. نحن أقلية عددية فقط ، ولكن هذا لا يجعلنا نشعر أن هناك شرخًا بيننا وبين إخواننا المسلمين .. ونحن نحيا العربية لأنها هويتنا الثقافية .. نحن مصريون عرقًا ولكن الثقافة الإسلامية هي السائدة الآن ، كانت الثقافة القبطية هي السائدة قبل دخول الإسلام ، وأي قبطي يحمل في الكثير من حديثه تعبيرات إسلامية، يتحدث بها ببساطة ودون شعور بأنها دخيلة ، بل هي جزء من مكوناته .. ومصر دائما دولة مسلمة ومتدينة ، ولكن بدون تطرف ، ولو عشنا ، كمسلمين وأقباط ، وفي إطار الصحوة الدينية المصحوبة بصحوة وطنية فسيكون المستقبل أكثر من مشرق)

٣- المواطنة وإشكالية الثروة :

أحيانًا فى إطار التدليل على صحة التكامل الوطنى بين المسلمين والأقباط تجد كلامًا يقول أن مجال الاستثمار مفتوح أمام الأقباط وأن رجال العمال القبط يمثلون عنصرًا رئيسيًا فى الواقع الإقتصادى المصرى. وهذا الكلام يوجد ربطًا قسريًا بين المواطنة والثروة. بحيث يتم الربط بين القدرة المالية والثروة المترجمة فى قدرة استثمارية وبين وضعهم كمواطنين يعيشون على أرض هذا الوطن. وهذا المنهج ينطلق من علاقة شرطية بين الثروة - المال وبين المواطنة كفكرة وممارسة، فإمتلاك المال واستثماره يعنى إمكانية ممارسة المواطنة، بل تصبح المواطنة الأخيرة هلى المقابلالموضعى للمال. صحيح أن مفهوم المواطنة قد أرتبط تاريخيًا بالوضع الإقتصادى للأفراد وبمدى ما يملكون إنطلاقًا

بمبدأ أن الفرد الذى لا يملك شيئًا ولا يدفع ضريبة ليس مواطنًا، إلا أنه مع إتساع مجالات التعبير وصعود طبقات - فئات إجتماعية لا تصنف ضمن من يمتلك الثروة - المال، يصبح من حق هؤلاء أن يشاركوا فى إدارة البلاد ويقتسموا مواردها مع الآخرين، وبالقطع فإن الأقباط ليسوا من رجال الأعمال فهم موزعون فى جسم المجتمع المصرى بكل طبقاته وفئاته أى ليسوا كتلة صماء يتماثل فيها أعضاؤها. وربما تكون هناك بعض المشكلات التى تعانى منها الأقباط الذين لا يمتلكون الثروة من أبناء الفئات الوسطى الفقيرة لذا يجب الإنتباه.

٤- المواطنة وإشكالية تقديم البيروقراطية على المثقف – السياسى :

من الأمور اللافتة للنظر التى يشهدها مجتمعنا منذ فترة أنه عند معالجة بعد الآثار التى تترتب على بعض الاحتقانات الطائفية أو التى تتحول إلى طائفة (حادثة الكشح)، وهو أن الذى يكلف بعلاج هذه الآثار يكون "البيروقراطية" أو الجهاز الإدارى المصرى، الذى يتسم بذهنية ونفسية تحكمها اللوائح والبنود تهدف دائما إلى الضبط والإحتواء لا تعطى مجا ً لا للإبداع أو الغوص فى لب الأمور حثًا عن المستجدات. لذا نجد الماكينة البيروقراطية فى كل مرة تعيد إنتاج نفس الرؤى والأفكار وتعالج الأمر بالإحتواء باستخدام نفس الآليات فلا نجد حاجة إلى ضرورة التجديد والتطور، خاصة أمام ظاهرة مستمرة ومتكررة على مدى زمنى يزيد على ربع قرن. وما يثير الحزن أنه أحيانًا يستخدم الجهاز الإدارى منطق "دولة ما قبل المواطنة" فى التعامل مع الأقباط بإعتبارهم جماعة أو طائفة وليسوا مواطنين. وربما يكون الأستثناء هنا، ومن واجبنا أن نذكر ذلك. هو موقف وزير الأوقاف حين بادر بحسم قضية عالقة عبر سنوات أعنى قضية الأوقاف القبطية بقرار / إجراء إدارى.

هموم الأقباط :

فى ضوء ما سبق نجد أنه من الأهمية بمكان إختيار المقارنة الملائمة لتناول هموم الأقباط. وأتصور هذه المقاربة تنطلق من تجنب وضع الأقباط فى تقابل مع المسلمين أو تجاور مع آخرين وإنما تضع الأقباط بإعتبارهم مكونًا ثريًا ذا تنوع طبقى، وفئوى.. الخ، من مكونات الجماعة الوطنية، أيضًا فأن ردود أفعالهم هى نفسها ما يسلكها الآخرون نتيجة لنفس الأسباب والدوافع، فمث ً لا قضية المشاركة السياسية أو العزوف عنها يمكن إعتبارها نموذجًا عمليًا للتوافق الذى يجمع بين الأقباط والمسلمين فى هذه القضية ولنفس الأسباب والدوافع.

أيضًا تنطلق مقاربتنا المقترحة من تحديد الأرضية التى ينطلق منها حديثنا عن هموم الأقباط، خاصة وأن الحديث عنها تأرجح بين حديثين كلاهما مُر. الحديث الأول ما يمكن تسميته بالحديث "الطائفى" والثانى بالحديث "الأقلوى".

فبالنسبة للأول: الحديث الطائفى، والذى أنطلق من تقسيم الجماعة الوطنية على أساس دينى الذى يحمل ضمنًا تمجيدًا لقيم طائفة على حساب أخرى وخلق نوع من عدم التكافؤ بسبب أن الطائفة الغالبة تحاول أن تجد مخرجًا لأبناء الطائفة الأخرى فى شكل هبات ومنح تأويليه. أما الحديث الثانى، الحديث الأقلوى فهو حديث يجعل من الأقباط جماعة مستقلة وكتلة واحدة صماء كونهم أقلية من حيث العدد والإنتماء الدينى مستخدمين الإثباتات الأثنية مع تضخيم التباين والأخلاق بينهم وبين باقى أعضاء الجماعة الوطنية.

ومع ضجيج الحديث "الطائفى" والحديث "الأقلوى" توارى حديث" المواطنة" التى هى الأرضية التى نراها المنطلق لأى حديث عن هموم الأقباط. فالمواطنة تعنى التكافؤ بين الجميع الذين يعاشون على أرض الوطن، وتعنى أيضًا أن هناك حركة وطنية تشارك الجميع وأنجزوا معًا إنجازات وطنية وأخفقوا أيضًا معًا. وإن الحديث عن الهموم يكون بمشاركة الجميع والبلوغ معًا لحلول من واقع المسئولية المواطنية المشتركة دون نظرة استعلائية من طرف لآخر، ودون استقلال طرف دون عن الآخر.

وبهدف قطع الطريق على التدخل الأجنبى، فأنه من الواجب أن نعمل نوعًا من النقد الذاتى لواقعنا خاصة فيما يتعلق بالشأن القبطى، خاصة ونحن نؤكد على أننا ننطلق فى تعاملنا معه على أرضية المواطنة. وللتذكير دون الدخول فى تفاصيل، ونرصد عددًا من الهموم الخاصة بالشأن القبطى حيث هناك نوعان من الهموم :

اولا : الهموم الدينية المؤسسية : مثل بناء الكنائس والأوقاف و يمكن القول إنه قد قطع شوط فى طريق حل مشكلة الأوقاف من جهة، كذلك قضية بناء الكنائس .

ثانيا : الهموم الحياتية :

١- *المناخ الطائفى* :

أن الإستمرار المتصاعد للممارسات الطائفية لمواجهة ضد الأقباط (فكريًا - وماديًا) كمًا، وكيفًا، كمًا من حيث مرات حدوثها وكيفًا من حيث نوعية وأسلوب تنفيذها، على مدى ما يقرب من ربع قرن الآن (من الخانكة فى ١٩٧٢ إلى الخصوص ٢٠١٣) له آثر فيه لاشك نمو المناخ الطائفى.

وبدً لا من ان تؤدى الصحوة الدينية إلى دعم الجماعة الوطنية بحيث تمثل استمرارًا للمنجزات المشتركة التى حققتها معًا مكونات الجماعة الوطنية فإنها وكما يقول د. أسامة الغزالى حرب: "أدت إلى التزايد الشعور بالذات فى مواجهة الآخرين وإلى الرغبة فى إبراز أوجه التمايز عنهم مما يخلق مناخًا عامًا قابً لا للأستثمار والإشتعال على أيدى العناصر المتعصبة أو المتطرفة التى ترى فى نفى الآخر وإضطهاده مخرجًا لأزماتها العديدة)أن إستمرارية المناخ الطائفى يعتمد على :

١- الطائفية النصوصية والفكرية.

٢- الطائفية العملية.

٣- الطائفية السياسية .

أولا: *الطائفية النصوصية والفكرية* :

ونقصد بها التعامل مع النصوص وتفسيرها بما يدعم المناخ الطائفى؛ فالقراءة المتأنية لأدبيات الحركة الإسلامية المعاصرة حول الموقف من الأقباط تعكس. على حد تعبير د. سعد الدين إبراهيم "قراءة قلقة" ليست واضحة ومتسقة.

فالإختلاف فى الدين مسألة يترتب عليها تفاوتًا فى الحقوق والواجبات فى الدنيا والآخرة من جهة النظر الإسلامية صحيح أن هناك رافدًا من روافد الفكر الإسلامى يؤمن بإطلاق المساواة فى كل أمور الدنيا وفى مقدمتها حق المواطنة الكاملة وما تنطوى عليه من حقوق وواجبات ، من التكافؤ فى الفرص بما فى ذلك تقلد جميع المناصب العامة إلا أن هناك رافدًا آخر فى فكر الحركة الإسلامية لا يسلم بهذه المساواة الكاملة بين المسلمين وغير المسلمين، فالإسلام لا يرتب لأهل الكتاب غير الحماية وحرية الاعتقاد والممارسة الدينية والرحمة والبر، فى مقابل أدائهم للجزية.

وكنموذج لأدبيات هذا الرافد، نقرأ لعبد الجواد يس فى كتابه "مقدمة فى فقه الجاهلية المعاصرة" أن "المجتمع المصرى اليوم فى حقيقة أمره مجتمع جاهلى محصن، وأن الدعوة اليوم بصدد التوجه إلى هذا الشعب بالإسلام من جديد... وأن على الدعوة أن تنهض لفتح مصر جديد". الجهاد والفتح هما وسيلة الإسلام لإبلاغ الناس ودعوتهم . ويواصل الكاتب لذلك يحلو للأقلية النصرانية فى مصر أن تتحدث كثيرًا عن "الوحدة الوطنية" فهم فى ظلها والمسلمون سواء، فلا جزية يعطونها عن يد وهم صاغرون، ولا إحساس بالدينونة لحكم المؤمنين. وأما فى ظل دولة الإسلام أيا كان أسمها – فلا مفر من الجزية، ولا مشاركة فى الحكم ولا إعتماد عليهم فى دفع ولا جهاد، وإنما هم دومًا فى حالة ينبغى أن تشعرهم بقوة الإسلام وعظمته وسموه وبره وخيره وكرمه وسماحته، أى فى حالة تدفعهم - على الجملة للدخول فيه إختيارًا) .

ثانيًا: *الطائفية العملية* :

وأقصد بها عمليات العنف الطائفى التى تمثل النتيجة المنطقية للطائفية النصوصية والفكرية. ففى تفسيره للعنف الموجه للأغيار الدينيين (غير المسلمين) يؤكد أ. نبيل عبد الفتاح على أن "هذا العنف يكشف علاقة غير مرئية بين (السلوك ونظام التفسير الدينى لصورة الآخر ووجوده وإضفاء المشروعية على الأساس المادى والمعنوى بكيانه"

نفس المعنى يؤكده د. أسامة الغزالى حرب فى معرض دعوته إلى ضرورة الإصلاح الدينى حيث يقول: "أن فى ذلك الحضور الدينى المتسع كمًا وتنوعًا، لا يواكبه تحسن

كيفى سواء فى السلوكيات السائدة فى المجتمع، أو فى الشروح.(والتفاسير والاجتهادات حول النصوصية الدينية"

ثالثا: الطائفية لتدين الحركة السياسية :

تدين الحركة السياسية اى تحول العمل العام السياسى والإجتماعى إلى عمل دينى أصبحت بموجبة حلبة الصراع السياسى والإجتماعى مجالا للمنافسة لا بين تيارات سياسية متعددة بل بين إسلام ولا إسلام، بين مسلمين وغير مسلمين، وقد أدى هذا إلى أن ينظر إلى الأقباط باعتبارهم جماعة طائفية مستقلة يجب التعامل معهم ككتلة واحدة بدون تنويعات واعتبارات بجملتهم طرفًا من أطراف العملية السياسية.[104]

استغلال مسائل الأحوال الشخصية للأقباط سياسيا

يعتبر المبدأ العام في قانون الأحوال الشخصية المصري أن المصريين يخضعون في تنظيم أحوالهم الشخصية لشرائعهم الدينية. وتتعدد الشرائع الدينية المنظمة للأحوال الشخصية في مصر بتعدد الديانات والمذاهب والطوائف، فالأحوال الشخصية للمسلمين تنظمها مختلف التشريعات الصادرة في هذا الشأن. والمسيحيون تطبق شرائعهم على تعدد مذاهبهم ومللهم وطوائفهم بشكل عام على أرض الواقع .

وقد نصّت المادة السادسة من قانون إلغاء المحاكم الشرعية والمجالس الملّية ٤٦٢ لسنة ١٩٥٥ -الذي ما زال ساري المفعول حتى يومنا هذا- على جعل الشريعة الإسلامية واجبة التطبيق على غير المسلمين في منازعات أحوالهم الشخصية في حالة اختلاف الطائفة أو الملّة بين الزوجين.

ومن الطبيعي أن ينظر الأقباط إلى هذا النص على أنه يمثل تمييزاً بين المسلمين وغيرهم لأنه يقضي بتطبيق الشريعة الإسلامية على غير المسلمين. ووفقاً لأحكام الشريعة كما هي مطبّقة في مصر، يتعين على الذكور غير المسلمين اعتناق الإسلام كي يستطيعوا الاقتران بنساء مسلمات، ولكن لا يشترط اعتناق النساء غير المسلمات الإسلام كي يتزوّجن مسلمين، كما يحظر على النساء المسلمات الزواج من رجال مسيحيين.

ووفقاً لأحكام الشريعة، كما تفسّرها الحكومة، يجب أن تطلّق الزوجة غير المسلمة التي تعتنق الإسلام من زوجها غير المسلم. وفي بعض الحالات بتحول الزوجة إلى الإسلام، تتولّى سلطات الأمن المحلية سؤال الزوج غير المسلم عمّا إذا كان راغباً

---

104 سمير مرقس مشاركة الشباب القبطى فى الحياة السياسية بين المحددات العامة والصعوبات الخاصة

في التحول إلى الإسلام، فإذا اختار عدم التحول، تبدأ إجراءات الطلاق، وتعطى حضانة الأطفال للأم.

وفي قوانين الميراث، لا تتمتع الأرامل المسيحيات لأزواج مسلمين بأي حق في الميراث بشكل تلقائي، وإن كان من الممكن منحهن قسماً من التركة من خلال الوثائق الوصائية. وبموجب الشريعة، يفقد المتحولون عن الإسلام جميع حقوق الميراث، ونظراً لأن الحكومة لا توفر أية إجراءات قانونية للمتحولين من الإسلام إلى المسيحية لتعديل سجلاّتهم المدنية لكي تعكس وضعهم الديني الجديد، فقد لا تتم الإشارة إلى فقدان حقوق الميراث في الوثائق المدنية.

والجدير بالملاحظة، أنه لا توجد حتى الآن تقنينات رسمية للأحوال الشخصية لغير المسلمين، بل ما زال الأمر متروكاً للتقنينات غير الرسمية ولتعليمات الآباء الكنسيين وقراراتهم. هذا الوضع الخاص بتعدد مصادر القاعدة القانونية وعدم ثبوتها في مسائل الأحوال الشخصية عند غير المسلمين، وإلى حد ما عند المسلمين، في غياب نص تشريعي، يترك آثارا سلبية على علاقات الأحوال الشخصية في مصر. ومن الأمثلة على ذلك الحكم الذي أصدرته المحكمة العليا في مصر بتطليق أحد المفكرين البارزين (وهو المرحوم نصر حامد أبو زيد) من زوجته، وكلاهما مسلم، بناءً على طلب حسبة مستند إلى أرجح الأقوال من مذهب أبي حنيفة. وليس خافياً ذلك العنت الذي يلاقيه بعض الأزواج المسيحيين لأن القانون الكنسي، إذا صحّ التعبير، يمنع الطلاق، ويرفض إيقاعه حتى بين زوجين توقفت أية علاقة بينهما، بل استحالت .

وتُشكّل المطالبة بإقرار قانون خاص، ذي طابع ديني، للأحوال الشخصية القبطية إحدى الإشكاليات الكبرى في العلاقة بين الدولة والكنيسة، نظراً لقوانين الكنيسة الصارمة في مجال الأحوال الشخصية، التي تجد معارضة حتّى في أوساط من المواطنين المصريين الأقباط.[١٠٥]

---

105 محمد نور فرحات، "الدين والدستور في مصر"، دراسة
٢٠١٠/٧/٢٠ http://www.pidegypt.org/download/Constitutional-forum/farahat.pdf

محاوله الأقباط على التحرك نحو الإندماج فى المجتمع و المشاركة السياسية :

ليس أدل من النشاطين الإقتصادى والإدارى، للتدليل على حضور الأقباط فى جسم المجتمع المصرى، الأمر الذى سهل إلى حد كبير، من جهة، إمكانية تجاوز أى أحداث تشدد يتعرضون لها من حين لأخر. ومن جهة أخرى تدعيم مسيرة الحركة الأستقلالية الى سوف تظهر ظهورها الواضح فيما بعد مع تولى محمد على وتأسيس ما أصطلح على تسميته بالدولة الحديثة فى مصر، وتجسد الجماعة الوطنية وتكامل مكوناتها وبزوغ المواطنة. وسوف نحاول الاقتراب من هذين النشاطين، لعل ذلك يسهم فى صورة عن واقع الأقباط فى مصر إبان العصر العثمانى ونزوعهم نحو الأندماج فى المجتمع.

النهضة الفكرية

اتخذت حالة يقظة الوعي القومي عند المسيحيين طابعاً طويلاً متواصلاً . ويمكن أن نتبين ملامح هذه اليقظة منذ القرن التاسع عشر وعلى جميع المستويات: الثقافية والسياسية والاجتماعية والتعليمية والاقتصادية.

ولقد برزت ملامح التحول لدى المفكرين المسيحيين من خلال وسائل متعددة تمثلت في:

أولا : الجرائد و المجلات القبطية و منها :

١- جريدة الوطن ١٨٧٧ - ١٩٣٠ م

فى ١٨٧٧/١١/١٧م صدرت جريدة الوطن وقد تولى رئيس تحريرها ميخائيل عبد السيد فى الفترة ١٨٧٧- ١٨٩٧م ورأس تحريرها وجدى أبراهيم فى الفترة ١٩٠٠- ١٩٢٤ ثم رأس التحرير فى الفترة ١٩٢٤ - ١٩٣٠م وكانت جريدة الوطن أول جريدة يصدرها مصرى بمصر وكانت تطبع فى المطبعة البطريركية (التى أستوردها الأنبا كيرلس الرابع) وكان ميخائيل عبد السيد أول من ردد مصر للمصريين ، وكان هدف الجريدة والخط الذى تتبعه هو الدعوة للوحدة الوطنية ووحدة عنصرى الأمة المسلمين والأقباط فى جامعة واحدة هى الجامعة الوطنية المصرية ، فكتب ميخائيل عبد السيد : " إن البلاد مرتاحة من آفة التعصب هى المرتقبة إلى ذرى المجد والسعد - وعلى خلاف ذلك فإن البلاد المتمكن منها هذا الداء هى المنحطة إلى الحضيض التأخر والنذالة " ثم يفسر هذه العبارات فيشرح أسبابها : " سبب ذلك أن الممالك المرتاحة من هذه الافة تكون الجدارة والأهلية فيها هى الركن الرسمى المهم فى التربية والتوظف بخلال البلاد الممزقة بهذه القرية فتكون فيها المحسوبية فى عجب إذاً نشأ فيها الجهل والظلم والتأخر عن المكارم "

وقد إختلفت هذه الجريدة مع وزارة صدقى باشا فأمر بتعطيلها منذ ذلك الوقت فلم تصدر مرة أخرى .

٢ - جريدة مصر اليومية ١٨٩٥ - ١٩٦٦م

كانت فكرة إصدار جريدة مسيحية غير طائفية بمعنى إشتراك مندوب من جميع الطوائف فى إصدارها فمثل الأقباط ألرثوذكس بها : تادرس شنودة المنقبادى .. والطائفة الإنجيلية : أخنوخ فانوس .. والطائفة الكاثوليكية : حليم بك غالى .

وكان بطرس غالى باشا وراء إصدار هذه الجريدة حيث أوعز إلى تادرس شنودة المنقبادى بإنشاء جريدة مصر لتكون لسان المسيحية وتؤيد الحكومة .

وكان تادرس شنودة المنقبادى يرى أن الطائفية شئ والوطن شئ آخر ولا يجب أن يتداخل الإثنين فيقول : وقد يحتمل أن يكون أبناء الوطن الواحد مختلفى المذاهب ومتباينى المشارب والأديان على أن ذلك لا يجب أن يتخذ ذريعة إلى إهمال المصالح الوطنية العامة والإحجام عن خدمة البلاد ما دامت الجامعو الوطنية أخذه من القلوب بكل مأخذ وروح الغيرة الملية مالئة صدور الجميع ما دام حكام الأمة بعاملون جميع أفرادها حسبما تقتضيه أحوال العدالة وقوانين المساواة "

وحدث أن أعتذر أخنوخ وحليم ثم أصدرها تادرس وصدر العدد الأول يوم ١٨٩٥/١١/٢٢م وتوقفت يوم ١٩٧٧/٢/٣م وكان ممن رأس تحريرها توفيق حنين ومسعد صادق ورمزى و.. سلامة موسى .

٣- مجلة الحق ١٩٨٣م أنشأها يوسف منقريوس أول ناظر للمدرسة الإكليريكية

٤- مجلة التوفيق أصدرتها جمعية التقفيق عام ١٨٩٧م

٥- مجلة الكنيسة الأرثوذكسية صدرت ١٩٠١م

٦- مجلة الصوت الصارخ صدرت فى عام ١٩٠١م ، ١٩٠٧م

٨- مجلة الفتى القبطى أصدرتها جمعية الإيمان ١٩٠٥م

٩- مجلة الرابطة المسيحية أسسها فرج جرجس ١٩٠٧

١٠- مجلة الشعب القبطى والراوى القبطى ١٩٠٨م

١١- مجلة الكرمة أنشأها حبيب جرجس ١٩١٤م

١٢- المجلة الوطنية ١٩١٥م

١٣- المجلة القبطية ١٩٠٧م

١٤- مجلة الراعى الصالح بالأسكندرية فى ١٩٣٠م

١٥- مجلة مدارس الأحد المصورة ١٩٣١م

١٦- مجلة المنارة أصدرها القمص سرجيوس ١٩٢٧م

١٧- مجلة الصخرة

١٨- مجلة اليقظة صدرت سنة ١٩٣٠م

١٩- مجلة مار جرجس وهى دينية إجتماعية فكاهية أصدرها فؤاد باسيلى فى سنة ١٩٤٩م

٢٠- مجلة الأصدقاء أصدرتها جمعية الكتاب المقدس

٢١- مجلة رسالة المحبة سنة ١٩٣٤م أصدرتها جمعية المحبة بجزيرة بدران .
٢٢- مجلة الرجاء سنة ١٩٥١م
٢٣- مجلة مدارس الأحد ١٩٤٧م رأس تحريرها من ١٩٤٩ - ١٩٥٤م نظير جيد (الذى أصبح فيما بعد قداسة البابا شنودة الثالث) .
٢٤- جريدة وطني أسسها أنطون سيدهم في عام ١٩٥٨.
٢٥- مجلة الكرازة القبطية أسسها البابا شنودة الثالث فى سنة ١٩٦٤.

ساهمت الصحافة القبطية بدور ملحوظ في تطور الوعي القومي المصرى .

ومن أبرز الموضوعات التي ركزت عليها الصحافة فى بداياتها :

الخلاف والشقاق بين الأقباط والمسلمين في بداية القرن المنصرم (العشرين) ، والذي تجلى في الكتابات الصحافية المتبادلة في الفترة ١٩٠٨- ١٩١١م ، والذي زاد احتدامه بسبب فكرة إنشاء "الجامعة الاسلامية " على أساس أنه "لا وطن مع الدين ولا دين مع الوطن" ، فضلاً عن المقال الذى فجر الأزمة ، والذي كتبه الشيخ عبد العزيز جاويش ، بجريدة اللواء الناطقة بلسان الحزب الوطنى – آنذاك – بعنوان "الإسلام غريب في بلاده" والذى أثار حفيظة الأقباط ، الذين كانت لهم مطالبهم السياسية و القومية .

وعلى الرغم من السياسة التى كان يتبعها المحتل الإنجليزى وهى سياسة "فرّق تسُد" واستغلال "جورست" في تصعيد حدة الصراع بين الأقباط والمسلمين لاسيما بعد اغتيال بطرس باشا غالى رئيس الوزارة في فبراير ١٩١٠ على يد "الورداني" (أحد شباب الحزب الوطنى) وعلى الرغم من رفض قداسة البابا كيرلس الخامس لفكرة انعقاد المؤتمر مؤيداً من بعض الأعيان الأقباط مثل قلينى فهمى باشا ، لكن عاد قداسته وكلف نيافة الأنبا مكاريوس مطران أسيوط (البابا مكاريوس فيما بعد) بحضور المؤتمر .

وعلى الرغم من أن الاجواء جميعها كانت مشحونة، بل لم تكن مشحونة في تاريخ الأمة المعاصر مثلما كانت في هذه الفترة. مما حدا بإصرار الأقباط على عقد المؤتمر في موعده ٦- ٨ مارس ١٩١١ مما أثار حفيظة المسلمين فقرروا قبل أن تنتهى جلسات المؤتمر القبطى عقد مؤتمر إسلامى.

على الرغم من كل ذلك فأن المؤتمرين يعتبروا منظومتين مصريتين تهدفان إلى مصالح الوطن وقطعتا دابر المستعمر والمتطرفين من استغلال الأجواء لتفتيت الوطن .

حيث كانت قرارات المؤتمرين متشابهتين سياسيا :

- فالمؤتمر القبطى ينادى بضرورة المساواة بين المصريين، ولا تمييز إلا بالكفاءة، والمؤتمر الاسلامى ينادى بأن المصريين عنصر واحد ويغض عن المعتقد الدينى.

- والأول ينادي بضرورة تمثيل جميع العناصر المصرية في المجالس النيابية، والثاني يؤكد قلة النواب الأقباط.

- المؤتمر القبطى ينادى بأن يحصل الأقباط على حقوقهم في التعليم الأهلى بصفتهم مشاركين في دفع الضرائب، والمؤتمر الاسلامى يؤكد أن جميع الحقوق والمرافق العامة يجب أن تكون على الشيوع.

بل وأكثر من ذلك لم يستطع مريدو الانقسام أن يلهو الجبهتين (القبطية والاسلامية) عن عدوهم المشترك " المحتل "، نقول هذا لانه كان مرتقباً لنشوب حرب أهلية ، ولكن طال انتظاره وكانت قمة الصراع هى بداية انحساره ليهيء المناخ الجماعة الوطنية لبزوغ شمس الثورة الكبرى (١٩١٩) و يتشابه ما حدث مع الوقت الراهن حيث وصلنا عام ٢٠١٣ لمرحلة بزوغ فكرة الحرب الأهلية من جديد لكن تدخل الجيش بقيادة سيادة وزير الدفاع عبد الفتاح السيسى الى نزع فتيل الأزمة بعزل الرئيس محمد مرسى المنتمى لجماعة الأخوان المسلمين أحد المحرضين على الحرب الأهلية .

فى النهاية جاءت قرارات المؤتمرين (فيما عدا المطالبة بعطلة يوم الأحد للأقباط) متماثلة تماماً .

ثانيا : الفخر بالأصل القبطى والتغني بأمجاده السابقة وأخلاقه المميزة ؛ إذ بحث المسيحيون الأقباط في أصل الجنس القبطى وصفاته الأخلاقية و منها الايمان و الطهارة و العفة و الأمانة والشجاعة فى مواجهة الأضطهاد ، وتغنوا بمجد القديسين الأوائل و الشهداء ومكانتهم فى الأرض و السماء .

ثالثا : برزت الدعوة إلى المحبة والتضامن مع المسلمين ، طالب الكتاب المسيحيون عبر صحفهم المختلفة بضرورة الاتحاد و المحبة بين أفراد المجتمع، وذلك بهدف بناء مجتمع متماسك يكون نموذجاً لصيغة التقدم المنشود تحديداً على اختلاف طوائفها ومللها ؛ فالمحبة هي المحور الذي يدور عليه خير الوطن، واليد الجامعة لأفراد الأمة، وأساس التمدن، ودونها لا تقوم للوطن قائمة.

رابعا : رفع شعار مصر للمصريين : تبلور هذا الشعار في سياق الحملة التي شنها الكتاب المسيحيون على البعد الديني للوطن، فكان لا بد من إحلال بدائل روحية مكان الرابطة الدينية، مثل الحس الوطني، والمواطنة الصالحة، وحرية الأديان. ومن هنا نشأت لدى الكتاب المسيحيين رغبة عميقة في تقديم رابطة الوطن على رابطة الدين في جميع مسارات الحياة.

خامسا : شدد المسيحيون الأقباط على ضرورة تعليم المرأة ؛ اهتم البابا كيرلس الرابع بتعليم المرأة ، وعمل على تعليمها وتهذيبها في مدرسة خاصة بها وكانت الأولى في مصر، وقد اقتدت الحكومة به، ونظرت إليه كرائد اجتماعي وفتحت بعده مدارس البنات، إذ إن صلاح الأمة يبدأ بإصلاح المرأة ، فهي المدرسة التي يجب إعادة تأهيلها ثقافياً ومعرفياً ، الأمر الذي نحتاج إليه من أجل تقدم الأمة.

سادسا : الدعوة المستمرة إلى الأخذ بأسباب تقدم الأمم المتمدنـة ، من مثل النقد القائم على أسس ومبادئ صحيحة هدفها الصالح العام، ونشر ثقافة التقدم، والتطلع إلى الأمام من خلال الصحف والدوريات والتيقظ وحسن الإدارة والابتعاد عن التشيع المذهبي والتعصب الديني، والتركيز على دور مفكري الأمة وقادتها الذين بمقدورهم تقويم المبادئ ووحدة الأفكار، والاقتباس من الغرب، وتعلم اللغات، وتدقيق البحث، والتحلي بالمروءة والعزم والثبات واحترام الآخر، ولكنهم طالبوا بألا نبالغ في الاقتداء بالغرب، وبأن نفهمه تماماً بكل عناصره الإيجابية والسلبية.

سابعا : الأخذ بالتربية القومية التي تقوم على إعداد الأمة للحياة القومية، وتوحيد الأمة ومساعدتها على تأدية رسالتها إلى الإنسانية، فالتكافل والتكامل بين القوى الاجتماعية، سواء كانت إسلامية أو مسيحية، ضروريان وارتقاء المسيحيين منوط بالمسلمين، والعكس صحيح ولكون الرسالة هذه تحقق السعادة والرقي للمجتمع، وهذا لا يتأتى إلا بالتربية الصالحة.

ثامنا : الدعوة إلى التمرد على الدولة العثمانية متمثله فى محاولة المعلم يعقوب تجنيد شباب الأقباط و التحالف مع قوات الحملة الفرنسية و بعد ذلك تعاون الأقباط مع محمد على باشا لبناء مصر الحديثة .

الأسس التي ارتكز إليها التيار العلماني العروبي :

أ- فصل الدين عن الدولة :

اكد الكتاب المسيحيون ضرورة فصل الدين عن الدولة، وذلك بسبب الأضرار الناجمة عن المزج بين السلطتين وتعرض كل منهما لمصالح الأخرى، وبسبب تحكم السلطة الدينية بالسلطة المدنية، واستحالة الوحدة الدينية نتيجة التنوع والاختلاف بين البشر وهما السبب المباشر للكثير من الفتن والاضطرابات في الإسلام والمسيحية. فرأيهم أن لا مدنية ولا عدل ولا أمن ولا حرية ولا علم ولا فلسفة ولا تقدم في الداخل إلا بفصل السلطة الدينية عن المدنية.

ب- الدعوة إلى حكم ديمقراطي حر:

دعا الكتاب المسيحيون إلى ضرورة تبني نظام الحكم الذي يقوم على أسس ديمقراطية، من عدل وحرية ومساواة أي على غرار الدول الأوروبية التي كانت قد استقرت تجاربها الديمقراطية بعد صراعها العنيف مع رجال الدين وذلك انطلاقاً من إيمانهم بمشاركة الشعب في الحكم ووضع التشريعات التي يجب أن تطبق على الجميع وتؤهلهم لمعرفة حقوقهم وواجباتهم تجاه الدولة، وادانة السلطة السياسية المطلقة، وضرورة تقييد سلطة الملك بالدستور وسيادة القانون، والاهتمام بالصالح العام والحكم المقيد بشرائع من وضع الأمة، وانتخاب الحاكم من قبل الشعب .

د- الحريـة : هـي أن يتمتـع الإنسان بكل مـا فيـه نفـع لـه دون الإضـرار بغيره أو الأخـلال بالتعاليم المسيحية أو الأضرار بأية ديانـه أخرى ، وتشمل حريـة الأفراد، والحريـة الأدبيـة، والحرية السياسية، فعبر الحرية يمكن للفرد أن يحقق الإبداع على المستوى الشخصي ومن ثم الوطني.

فى ضوء ما سبق أتصور أن الجماعة الوطنية المصرية بكل عناصرها: الدولة والمجتمع المـدنى، المـسلمون والأقبـاط، التيـارات الـسياسية والإتجاهـات الفكريـة، رجـال الـدين والمدنيون...، مطالبة بما يلى:

أولا: نبذ كافة الأفكار التى سبق عرضـها عن مفهوم المواطنـة و الطائفيـة و الأقلويـة من وجدان و تعليم الشعب المصرى لأنهـا كلهـا رسخت للأنقسام و اقنعت جيلا من الأقبـاط بأنهم أقل شأنا من المسلمين فى الوطن مما أثرعلى نفسيتهم و مشاركتهم السياسية فى بناء الوطن و اقنعت أجيالا من المسلمين بـأن الأقبـاط ليسوا مـساويين لهم فـى الحقوق و لـيس عليهم لوم فى ذلك لأن هذا كله خطيئة رجال السياسة المسلمين و المـسيحين و لـيس خطـأ المـسيحية فـنحن جميعـا متـساويين أمـام الله و أننـا يجـب علينـا الخـضوع للـسلطة المدنيـة بالمشاركة بأيجابية فى تقدم بلادنا مثلما شارك الأقباط فى ثورة ١٩١٩ و ثورة ٣٠ يونيو

ثانيا : الغاء كافة المؤسسات التى تهدف لحل مشكلات المسيحين و المسلمين خارج نطـاق قوانين الدولـة لأن جميع هذة المؤسسات ساهمت فى أنشاءها ساسة الحكومات السابقة كان الغرض منها أثبات الفرقـة و الأنقسام كـأمر واقـع فهـى مثـل القضاء الأجنبـى داخـل دولـة لديها مؤسساتها القانونية و قضائها الوطنـى فالغرض منها أهدار حقوق فئـة معينـة لـصالح فئة أخرى و لا نخدع بالأحاديث التـى يقولهـا المسئولين عن هذة المؤسسات مهمـا كانـت تبدو لصالح المسيحين لأن قرارات هذة المؤسسات غير ملزم لأحد و لا يحل شئ فهـى كالجلسات العرفية التى أقاموها لحل مشكلات المسيحين و المسلمين و النهاية لا حلول بل مسكنات .

ثالثا : البدء بوضع خطة إعلامية وتعليمية مدروسة تعنى بما يلى:

أ- الترويج للقومية المصرية وحدة الشعب و المصير وبثهما فى شتى الأشكال الإعلامية.

ب- إنعـاش الـذاكرة الوطنيـة بـالمواقف الإيجابيـة للمـصريين عمومـا متحـدين المـسيحين و المسلمين مع عدم تسليط الضوء على انجازات كلفريق على حدى بـل علـى أن تعـاون الطـرفين حقـق الأنجـازات و التـى كـان لهـا دور كبيـر فـى نهـوض الجماعـة الوطنيـة المصرية.

ج- إعادة صياغة كتب التاريخ المدرسى لتوضيح فـى كل عصر دور العنصر القبطـى و المسيحى فـى الحكم و مشاركته الأجتماعيـة لأخوتـه المسلمين فـى المصير و المعانـاه و

الفرح و النظر بموضوعية لسير الحكام الذين حكموا مصر عبر كافة العصور بدون محاباه و التأكيد على وحدة تاريخ مصر والاستمرارية الحضارية عبر العصور .

د- إلقاء الضوء على كفاح أقباط و مسلمين مصر ضدد الطغاة و محاولتهم تأسيس مجتمع مدنى ديمقراطى ودور الكنيسة الوطنية عبر العصور مع التركيز على أنه لا يوجد عصر قبطى و عصر أسلامى لأن أعتبار تاريخ مصر مراحل و انتهت يسئ فهمة من قبل المتشددين المسلمين و يصيب الأقباط بالغربة لأنهم أقباط من عصر أنتهى حسب كتب التاريخ و يذكر الأسلامين بأنهم أمام معركة مع الدولة المدنية فى حين أن كلا من العصر القبطى و العصر الأسلامى مازال قائما حتى وقتنا هذا لأننا بداخلنا أفكار أجدادنا الأقباط و المسلمين فلا يمكننا فصل ديننا عن حياتنا لكن أنظمة الحكم تتطور و الدين ثابت فلا داعى للخلط بين أنظمة الحكم و الديانات .

رابعا : أيضاح فوائد الأعتماد على الآخر فى شتى الهياكل المؤسسية والإيقان أن حضور الآخر إنما يعكس قدرة الثقافة المعاصرة على قبول التنوع و تحقيق منافع اقتصادية و حماية للشعب من الحكام الطغاه و أعطاء الأمثله على ذلك من الحياة الواقعية حيث يحل المسلمين محل المسيحين فى اعيادهم و العكس و بقاء المسيحين لحراسة المصليين المسلمين فى ميدان التحرير أثناء ثورة ٢٥ يناير و أيضاح أن العبرة فى مشاركة الأخر ليست بالعدد لكن بالأنجاز فقد يكون قبطى واحد فى وزارة لكنه مفيد للشعب كله و قد تكون وزارة بها خمسة أقباط لكنهم معدومى الكفاءة فما الفائدة أذا ارددنا ان نبنى بلادنا يجب ان نهتم بالكفاءة المهنية فى كافة المناصب قبل الديانة .

خامسا: خلق مساحات عمل مشتركة على المستوى الأهلى من خلال عمل مؤسسات خيرية مشتركة بين المسيحين و المسلمين تشجع كلا من الطرفين على أحترام الأخر و أحتوائة .

خامسا: عمل خطة اقتصادية تشمل كافة طوائف الشعب المصرى يجب أن يشارك الجميع كانها حرب و لكن الحروب فى العصر الحديث اصبحت حروب اقتصادية و دول مثل اليابان و الصين وجدت ان شعوبها فى حالة الحرب تنتج بأقصى ما لديها لكن الحروب دموية و تفنيهم فاتجهوا الى الحرب الاقتصادية فكل عامل فى الصين و اليابان يعتبر فشله فى تحقيق خطة بلادة الاقتصادية كفشل الجندى فى المعركة و انه عار على وطنة و بلاده و لا يستحق شرف جنسيتة و بذلك تقدمت بلادهم من كافة الجوانب الاقتصادية و السياسية و العسكرية .

قائمة المراجع:

- سيف أبو يوسف، الأقباط والقومية العربية، ط١، (بيروت: مركز دراسات الوحدة العربية،١٩٨٧).

- أسامة سلامة، الأقباط في مصر، ط ١، (القاهرة: دار الخيال للنشر، ٢٠٠٢).

- طارق البشري، المسلمون والأقباط في إطار الجماعة الوطنية، (القاهرة: الهيئة المصرية العامة للكتاب، ١٩٨٠).

- عبد السلام إبراهيم البغدادي: الوحدة الوطنية ومشكلة الأقليات في أفريقيا، ط٢، (بيروت: مركز دراسات الوحدة العربية، ٢٠٠٠).

- عبد السلام بغدادي، الوحدة الوطنية ومشكلة الأقليات في أفريقيا، ط٢، (بيروت: مركز دراسات الوحدة العربية،٢٠٠٠).

- علاء الأسواني، هل نستحق الديمقراطية؟، (القاهرة: دار الشروق، ٢٠١٠).

- غالي شكري، "الأقباط في وطن متغير"، (القاهرة: دار الشروق، ١٩٩١).

- فدوى النصيرات، المسيحيون العرب وفكرة القومية العربية، ط١، (بيروت: مركز دراسات الوحدة العربية،٢٠٠٩).

- محمد السيد حسين، النزاعات الأهلية العربية العوامل الداخلية والخارجية، ط٢، (بيروت: مركز دراسات الوحدة العربية،٢٠٠١).

- محمد سعيد العشماوي، الإسلام السياسي، ط١، (القاهرة: دار سيناء، ١٩٨٧).

- مقال عزمي بشارة، "الثورة المصرية الكبرى: آفاق ومخاطر"، موقع المركز العربي للأبحاث ودراسة السياسات، معهد الدوحة، شباط\فبراير، ٢٠١١.
http://www.dohainstitute.org/Home/Details?entityID=5d045bf3-2df9-46cf-resourceId=d68eee33-37f6-419f-95d6-&90a0-d92cbb5dd3e4fd59266566de

- أبو سيف يوسف، الأقباط والقومية العربية، (بيروت: مركز الدراسات العربية، ١٩٨٧)، ط١، ص ١٥.
&http://www.embassyofegypt.be/index.php?option=com_content catid=1:articles-fixes&id=23:religious-freedoms-in-egypt&view=article

- جاك تاجر، أقباط ومسلمون من الفتح العربي إلى عام ١٩٢٢، طبعة حديثة، (القاهرة: الهيئة المصرية للكتاب،٢٠١٠)، ص ٢٤١ -٢٥٣.

- سليم النجيب: "الأقباط في العهد المملوكي والجمهوري"، ٢٠١٠/٧/٢٤
http://www.coptichistory.org/new_page_4313.htm

- سيف أبو يوسف، الأقباط والقومية العربية، ط١، (بيروت: مركز دراسات الوحدة العربية،١٩٨٧)، ص ١٥٢

- سليم نجيب: " أوضاع الأقباط قبل وبعد ثورة يوليو"، موقع الحوار المتمدن ٢٠٠٣/٦/٢٨
http://www.ahewar.org/debat/show.art.asp?aid=8257
- تطور الفكر السياسى جزء الثانى جورج سباين ترجمة حسن جلال العروسى ص ٦٩
- غالي شكري، "الأقباط في وطن متغير"، (القاهرة: دار الشروق، ١٩٩١)، ص ٦١.
- أسامة سلامة، الأقباط في مصر، ط ١، (القاهرة: دار الخيال للنشر، ٢٠٠٢)، ص ٢١٧.
- محمد السيد حسين، النزاعات الأهلية العربية العوامل الداخلية والخارجية، ط٢، (بيروت: مركز دراسات الوحدة العربية،٢٠٠١)، ص ١٧٥.
- محمد سعيد العشماوي، الإسلام السياسي، ط١، (القاهرة: دار سيناء، ١٩٨٧)، ص ١٧٩.
- انظر: ما هو عدد الأقباط في البرلمان المصري؟، موقع كلمة:
http://www.alkalema.net/persecuate/persecuate13.htm
- محمد العجرودي، "مصر ترد على مزاعم التمييز ضد الأقباط لمدير منظمة العمل الدولية"، صحيفة الأهرام، السنة ١٣١، العدد ٤٤٠٠٤، ٢٠٠٧/٥/٣٠.
- فكري عابدين،"القاهرة ثلث ثروة مصر بيد الأقباط"، موقع إسلام أون لاين ٣٠-٥-٢٠٠٧
&http://www.islamonline.net/servlet/Satellite?c=ArticleA_C
cid=1180421166600&pagename=Zone-Arabic-News/NWALayout
- عزت أندراوس، "حكومة مصر واضطهاد الأقباط في التعليم"، موقع موسوعة تاريخ أقباط مصر، ٢٠١٠/٦/١٧
http://www.coptichistory.org/new_page_985.htm
- جرجس بشرى، "القضاء المصري يرسي مبدأً قانونيا بترميم الكنائس في مصر دون الحاجة إلى أي تصاريح من جهات الإدارة"، صحيفة الأقباط متحدون، ٤-٤-٢٠١٠
A=16153&http://copts-united.com/Arabic2011/Article.php?I=745
- د. برهان غليون، المسألة الطائفية ومشكلة الأقليات، سينا للنشر، القاهرة ١٩٨٨.
- د. سامر سليمان، من مقاومة التمييز الديني إلى الدفاع عن المساواة بكافة أنواعها: نحو تطوير مناهج عمل المناضلين ضد التمييز الديني.
- د. سامر سليمان، من الدين لله والوطن للجميع إلى الدين لله والدولة للجميع: الحركة الديمقراطية في مواجهة المسألة الطائفية.
- د.مصطفى الفقي، الأقباط في السياسة المصرية، دار الشروق ١٩٨٥.
- د.فرج فودة، د. يونان لبيب رزق، خليل عبد الكريم، الطائفية إلى أين؟ دار المصري الجديد، القاهرة، ١٩٨٧.

الفهرس